KLETTERSTEIGFÜHRER DOLOMITEN
MIT BRENTA, FLEIMSTALER ALPEN, GARDASEEBERGEN, MENDELKAMM UND VICENTINER ALPEN

HÖFLER · WERNER

Klettersteigführer Dolomiten

mit Brenta, Fleimstaler Alpen,
Gardaseebergen, Mendelkamm
und Vicentiner Alpen

Mit 99 Bildern,
21 farbigen Kartenausschnitten
im Maßstab 1: 50 000
und zwei Übersichtskarten im Maßstab 1: 200 000

BERGVERLAG RUDOLF ROTHER GMBH · MÜNCHEN

Umschlagbild:
Auf dem Pisciadù-Klettersteig, im Hintergrund die Fanesgruppe
Foto: H. Höfler

Bild gegenüber dem Titel:
Klettersteig Gerardo Sega
Foto: P. Werner

Die Tourenbeschreibungen dieses Führers stammen von:
Hilde Frass (†), Bozen (Tour 10, 11, 14, 15, 31, 32, 57, 83, 85, 86, 90, 92), Franz Hauleitner, Wien (Tour 94), Horst Höfler, München (Tour 20, 40, 50, 52–56, 60–62, 64–66, 70, 75–78, 80, 81, 84, 91, 93, 96, 98, 99, 148, 149, 153), Helmut Pitsch, Hannover (Tour 137–142), A. H. Ronsdorf, Amsterdam (Tour 97, 150, 156), Angelika Pröls, Holzkirchen (Tour 71–73), Paul Werner, München (Tour 1–7, 13, 16–19, 21–23, 28–30, 33, 36, 41–46, 51, 67, 82, 110, 111, 115–125, 130–136, 143, 151, 152, 154, 155, 157, 158), Wolfgang Zeis, Altenerding (Tour 63).

Die Seiten 291 bis 303 wurden in gekürzter Form und mit kleinen Änderungen seitens der Autoren dem „Kleinen Führer durch die Brentagruppe" von Helmut Pitsch entnommen. Das Kapitel „Felsenwege der Schiaragruppe" (Seite 234) stammt von A. H. Ronsdorf, Amsterdam.

Die Ausarbeitung aller in diesem Führer beschriebenen Touren erfolgte nach bestem Wissen und Gewissen der Autoren. Die Benützung dieses Führers geschieht auf eigenes Risiko. – Soweit gesetzlich zulässig, wird eine Haftung für etwaige Unfälle und Schäden jeder Art aus keinem Rechtsgrund übernommen.

2. Auflage 1989
Alle Rechte, ausgenommen Texte und Bilder von Anzeigen, bei der Bergverlag Rudolf Rother GmbH, München.
ISBN 3 7633 3370-3
Gesamtherstellung Rudolf Rother GmbH, München
(2191/7281)

Vorwort

Die Zeiten ändern sich. Innerhalb von fünf Jahren ist der „Klettersteigführer Dolomiten" um 42 (!) Touren umfangreicher geworden. Er enthält jetzt nicht weniger als 108 gesicherte Routen.
In meinem Vorwort zur 1. Auflage 1983 hatte ich geschrieben: „Ein Schlußstrich für den Bau neuer Eisenwege tut not. Bei aller Freude, mit der die Autoren selbst diese Routen begehen – sie sind doch schwerwiegende Eingriffe in die Urlandschaft Gebirge. Wir meinen, daß es jetzt genug Vie ferrate gibt."
Wer hätte sich an diesen Appell halten sollen?
Niemand!
Aber welche Blüten hat das Klettersteigbauen getrieben?
Warum, um Himmels Willen, installiert man immer häufiger Eisenwege in einem Felsgelände, in dem Bergsteiger, für die ja ursprünglich die gesicherten Routen angelegt worden sind, ohne die „Krücke Drahtseil" ganz und gar nicht mehr zurecht kämen? Dergleichen führt doch den ganzen Sinn (oder ist's überhaupt Unsinn?) der Vie ferrate ad absurdum!
Lassen wir doch einmal an der Via attrezzata Rino Pisetta oder an der Via ferrata Costantini an entscheidender Stelle Sicherungen beschädigt sein. Was dann? Reichen Können, Kraft und Kondition für einen Rückzug?
Ich sage – und das stellt Klettersteige „modernster Bauart" *absolut in Frage:* Wer heute in eine der schwierigsten gesicherten Kletterrouten einsteigt, muß mindestens bis zum IV. Grad freiklettern können (Es ist – nehmen wir das Sportklettern einmal beiseite – beim konventionellen alpinen Klettern nach wie vor ungeschriebenes Gesetz, daß man jeweils immer einen Schwierigkeitsgrad mehr „draufhaben" muß, als die Anforderung der gewählten Führe dies verlangt; die anspruchsvollsten Dolomiten-Klettersteige kommen *trotz der Sicherungen* in etwa einem III. Grad im freien Klettern gleich!).
Ich möchte Klettersteigführer mit exakten Routenbeschreibungen ganz allgemein in Frage stellen! Warum ich den vorliegenden trotzdem noch für berechtigt halte, ergibt sich weniger aus der Tatsache, daß hier Textbeschreibungen so akribisch genau wie für Freiklettertouren stehen (wofür insbesondere Paul Werner zu danken ist), sondern aus dem „Drumherum". Die Bearbeiter – allen voran die verstorbene Hilde Frass und, zu Teilen, auch Paul Werner – haben, so meine ich, „über den Horizont hinausgeschaut", und alpine Erschließungs- und Kriegsgeschichte (und einiges mehr) minde-

stens gleichrangig zu den reinen Routentexten in das Werk einfließen lassen.

Also gut. Ein Appell an die Verantwortlichen, keine weiteren Klettersteige mehr zu bauen, ist „in den Wind gesprochen". Die nächste Auflage dieses Führers wird wiederum soundsoviele neue gesicherte Felsenwege enthalten. Und damit ziehen wir schön gleich mit der zwischenzeitlich entstandenen Konkurrenz! (Oder übertreffen sie sogar mit originalen und/oder originellen Inhalten.) Der „Klettersteigkuchen" ist, Gott sei Dank, so groß, daß sich ein halbes Dutzend Büchermacher ihre Scheiben abschneiden können! Gönnen wir's uns...

München, im Sommer 1988   Horst Höfler

Inhaltsverzeichnis

Über Klettersteige im allgemeinen 12
Über die Sicherheit auf Klettersteigen 14
Sicherheitsausrüstung – oft belächelt 14
Über die Selbstsicherung auf Klettersteigen 15
Abkürzungen, Tourennummern, Hinweis zum Kartenteil ... 18/19

Westliche Dolomiten (Einführung) 20

Peitlerkofelstock
  1 Peitlerkofel, Südgrat 23
  2 Tullen, Günther-Messner-Steig 25

Geislergruppe
  3 Sass Rigais, Überschreitung 28

Puezgruppe
  4 Piz Duledes, gesicherter Steig 31
  5 Große Tschierspitze, gesicherter Steig 34
  6 Tschierspitze V, Klettersteig 36
  7 Sass Songher, gesicherter Steig 38

Langkofelgruppe
  10 Plattkofel, Oskar-Schuster-Steig 40

Schlerngebiet
  11 Roßzähne und Maximilianweg 43

Rosengartengruppe
  13 Rotwand und Via ferrata Masarè 46
  14 Santnerpaß 49
  15 Kesselkogel, Überschreitung 52
  16 Passo di Lausa, Scaletteweg 55

Latemargruppe
  17 Großer Latemarturm, Sentiero attrezzato Campanili
     del Latemar 58
  18 Punta Polse, Sentiero attrezzato Attilio Sieff 61

Sellagruppe
  19 Piz Selva, Pößnecker Steig 64

20 Pisciadù-Klettersteig, Via ferrata Brigata Tridentina 67
21 Boèseekofel, Via ferrata Piz da Lec 71
22 Piz Boè, Lichtenfelser Steig 73
23 Piz Boè, Via ferrata Cesare Piazzetta 75

Marmolatagebiet
28 Cima Dodici – Sass Aut – Punta della Vallaccia –
  Sentiero attrezzato di Sass Aut dedicato a
  Franco Gadotti 79
29 Collàc, Via ferrata dei Finanzieri 82
30 Sass de Roca, Sasso Bianco, Sentiero attrezzato
  dedicato a Lino Pederiva 85
31 Bec de Mezdì, Via delle Trincèe 88
32 Marmolata, Westgrat zur Punta Penia 91
33 Cima Ombretta, Sentiero attrezzato
  Cima Ombretta 95
34 Cima di Costabella, Via alta attrezzata Bepi Zac 98
35 Cima del Uomo, Via ferrata Bepi Zac 101
36 Cima dell'Auta Orientale,
  Via ferrata Paolin-Piccolin 105

Palagruppe
40 Via ferrata Bolver-Lugli, Cimone della Pala 108
41 Via ferrata del Velo, Cima della Madonna 112
42 Sentiero attrezzato Dino Buzzati 119
43 Cima di Val di Roda, Sentiero attrezzato
  Nico Gusella 121
44 Croda Grande, Via ferrata Fiamme Gialle 124
45 Forcella dell'Orsa, Sentiero attrezzato del Dottore 127
46 Monte Agnèr, Via ferrata Stella Alpina 131

Östliche Dolomiten (Einführung)..................135

Pragser Dolomiten
50 Hochalpenkopf, Olanger Klettersteig 137

Fanesgruppe
51 Heiligkreuzkofel, gesicherter Steig 139
52 Cunturinesspitze, gesicherter Steig 142
53 Via ferrata Barbara 145
54 Monte del Vallon Bianco, Via della Pace 146
55 Südliche Furcia-Rossa-Spitze, gesicherter Steig 148
56 Südliche Fanisspitze, Via Cesco Tomaselli 150

57 Kleiner Lagazuoi, Felstunnel 154

Tofanagruppe
60 Col Rosà, Via Ettore Bovero 156
61 Tofana di Rozes, Via Giovanni Lipella 158
62 Tofana di Mezzo, Via ferrata Giuseppe Olivieri 162
63 Tofana di Dentro, Via ferrata Lamon 166
64 Tofana di Dentro, Via ferrata Formenton 167

Buchensteiner Berge
65 Col di Lana, gesicherter Steig 169
66 Hexenstein, gesicherter Steig 170

Nuvolaogruppe
67 Averau und Nuvolao, gesicherte Steige 172

Cristallogruppe und Pomagagnonzug
70 Punta Fiames, Via Michielli (Strobel) 175
71 Monte Cristallo, Höhenweg Ivano Dibona 178
72 Monte Cristallo, Via ferrata Renè de Pol 182
73 Cristallo-Mittelgipfel, Klettersteig Marino Bianchi 184

Sextener Dolomiten
75 Monte Piano, Hauptmann-Bilgeri-Gedächtnissteig 186
76 Monte Piana, Heeresbergführer-Steig 188
77 Nordöstliche Cadinspitze, Via Merlone 189
78 Monte Campedelle, Bonacossa-Weg 191
80 Paternkofel, gesicherter Kriegssteig
   De Luca – Innerkofler 193
81 Paternkofel, Schartenweg 195
82 Toblinger Knoten, rekonstruierter Kriegssteig 197
83 Sextener Rotwand, gesicherter Steig 200
84 Sextener Rotwand, Via ferrata Mario Zandonella 203
85 Via ferrata Aldo Roghel – Cengia Gabriella 205
86 Alpiniweg, Strada degli Alpini 209

Sorapìsgruppe
90 Die Umrundung der Sorapìsgruppe 212
   Gesicherter Klettersteig Francesco Berti 212
   Gesicherter Touristensteig Carlo Minazio 214
   Gesicherter Klettersteig A. Vandelli 216

Civettagruppe
91 Civetta, Via ferrata degli Alleghesi 219
92 Civetta, Via ferrata Attilio Tissi 223
93 Palazza Alta, Via ferrata Fiamme Gialle 227

Moiazzagruppe
94 Cresta delle Masenade, Cima Moiazza Sud,
   Via ferrata Gianni Costantini 230

Die Felsenwege der Schiaragruppe (Einführung) 234

96 Via ferrata Zacchi 235
97 Via ferrata Sperti 238
98 Via ferrata Berti 241
99 Via ferrata Marmòl 242
   Tourenvorschläge für die Verbindung der einzelnen
   Schiarawege 243

Fleimstaler Alpen und Vicentiner Alpen (Einführung) 246

Fleimstaler Alpen
110 Gronton und Cima Bocche, Via attrezzata del Gronton .. 247
111 Cima d'Asta, Sentiero attrezzato Giulio Gabrielli 250

Trientiner Voralpen
115 Croce del Chegùl, Sentiero attrezzato Giordano Bertotti . 253
116 Val Scura, Sentiero Clemente Chiesa 255

Monte-Pasubio-Massiv
117 Sentiero alpinistico attrezzato delle Cinque Cime
    dedicato a Gaetano Falcipiero 257

Lessinische Alpen
118 Monte Cornetto und Monte Baffelan, gesicherte Steige . 261
119 Cima Carega, Via ferrata Carlo Campalani 264
120 Cima Madonnina und Cima Carega, Sentiero alpinistico
    Cesare Battisti 268
121 Cengia Pertica, Via ferrata Giancarlo Biasin 272
122 Torrione Recoaro, Sentiero alpinistico del Vaio Scuro
    und Sentiero Alto del Fumante 275
123 Monte Gramolòn, Via ferrata Angelo Viali 279

Monte-Grappa-Massiv
124 Monte Grappa, Sentiero attrezzato Carlo Guzzella 282
125 Monte Boccaòr, Sentiero attrezzato Sass Brusai 285

Brenta (Einführung) 288

Die wichtigsten Talorte 291
Die wichtigsten Zugänge zum Klettersteigsystem 293

Die Schutzhütten im zentralen Bereich der Brenta und
ihre wichtigsten Anstiegswege und Querverbindungen . 294
Überblick über das Klettersteigsystem 301
Zusammenstellung der Wegzeiten von Hütte zu Hütte . . 302

Zentrale Brentagruppe
130 Sentiero Alfredo Benini 304
131 Sentiero delle Bocchette Alte 307
132 Sentiero delle Bocchette Centrale 311
133 Via delle Bocchette (Sentiero SOSAT) 313
134 Sentiero Orsi 316
135 Sentiero Brentari und Sentiero dell'Ideale 319
136 Sentiero Ettore Castiglioni 322

Gipfelbesteigungen im Bereich der Klettersteige
137 Cima del Grostè, 138 Cima Sella, 139 Cima Brenta,
140 Monte Daino, 141 Cima Tosa, 142 Cima Pratofiorito . . . 324

Nördliche Brentagruppe
143 Sentiero Gustavo Vidi, Sentiero Claudio Costanzi 329

Mendelkamm und Gardaseeberge (Einführung) 335

Mendelkamm
148 Rhönberg, gesicherter Steig durch die Ostflanke 335
149 Unterfennberg, Margreider Klettersteig 337
150 Burrone-Steig 339

Salurner Berge
151 Via attrezzata Rio Secco 342

Gardaseeberge
152 Cima Palon, Via ferrata Pero Degasperi 345
153 Dos d'Abramo, Via ferrata Giulio Segata 348
154 Klettersteig Monte Albano 351
155 Klettersteig Gerardo Sega 353
156 Sentiero attrezzato Corne de Bes, Monte Baldo 356
157 Rocchetta, Via dell'Amicizia 358
158 Cima Capi, Via ferrata Fausto Susatti 361
159 Sentiero attrezzato dei Colodri 363
160 Cima Garzolet, Via attrezzata Rino Pisetta 364

Einteilung der Klettersteige nach ihrer Schwierigkeit 366
Register 370
Anhang: farbige Kartenausschnitte im Maßstab 1 : 50 000 . . . 376

Über Klettersteige im allgemeinen

Hermann Huber, der bekannte Münchner Alpinist, vergleicht das Bergsteigen mit einem Baum, der viele Äste ausgebildet hat: Klettern, Sportklettern, Eisklettern, Skibergsteigen und so weiter. Ist das Klettersteige-Gehen auch ein solcher Ast? Seiner Beliebtheit zufolge könnte es sogar einen recht starken Sproß darstellen.

So vielfältig die landschaftlichen Eindrücke und so unterschiedlich die Schwierigkeiten der Alpenklettersteige sind, so differenziert kommen die Meinungen aus der alpinen Szene über die Vie ferrate. Reinhold Messner ist dafür, weil er so viele begeisterte Menschen auf den gesicherten Steigen angetroffen hat. Der Münchner Sportkletterer Sepp Gschwendtner lehnt sie kompromißlos ab, da schwerwiegende technische Eingriffe in den Fels unabdingbar sind. Der Braunschweiger Kletterer Richard Goedeke bezieht in seinen Dolomiten-Kletterführern anspruchsvolle Eisenwege in die Bewertungsskala technischer Kletterei mit ein (zum Beispiel „A0" für Via Costantini oder Via Zacchi). Der Mühldorfer Buchautor Sepp Schnürer hingegen sieht das Klettersteig-Gehen als eigenständige Variante des Bergsteigens und plädiert sogar für eine separate Schwierigkeitsbewertung. Interessant ist dabei Schnürers Feststellung: „Bei einer dementsprechend kritischen Würdigung wird sich dann auch zeigen, daß manche Route den Titel „Klettersteig" sicher nicht verdient und besser als normale Wandertour betrachtet werden sollte."

Solange jedoch eine offizielle Schwierigkeitsskala fehlt, reicht die Palette von einfachen, gesicherten Wegen, die auch ein bescheidener Bergwanderer ohne Furcht zu meistern vermag, bis zu Vie ferrate, welche bereits an Freikletterschwierigkeitsgrade II und III erinnern.

Als auf Veranlassung von Johann Stüdl im Jahre 1865 der Großglockner-Südwestgrat mit Sicherungen „gezähmt" worden war, geschah dies, um die vermeintlich zu hohen Schwierigkeiten der Führe herabzusetzen. Es wäre aber wohl niemandem eingefallen, von einem „Klettersteig" zu sprechen. Auch die Brenta-Eisenwege galten zunächst nicht als Klettersteige im heutigen Sinn. Die S.A.T. (Società Alpinistica Trentina) begann zwar in den dreißiger Jahren mit deren Bau, jedoch nur, um die langwierigen Anmarschwege zu den Einstiegen der Kletterrouten zu erleichtern. Erst nach dem Zweiten Weltkrieg wurden die Arbeiten zugunsten der Bergwanderer fortgeführt, bis schließlich die klassischen Teilstücke des Bocchetteweges, des heutigen „Sentiero delle Bocchette Centrale", fertiggestellt waren. Damit wurde es auch Bergwanderern möglich, sich in einem Gelände zu bewegen, das bis dahin den Kletterern „gehörte".

Es wäre damals kaum jemandem der Gedanke gekommen, Bergwanderer, die den Bocchetteweg begangen hatten, als Klettersteig-Geher zu bezeichnen. Der Begriff tauchte zu dem Zeitpunkt auf, da Klettersteige Mode geworden waren: meiner Erinnerung nach etwa Anfang der siebziger Jahre.

Ende der sechziger Jahre erschien der hier vorliegende Führer zum ersten Mal. In den Dolomiten gab es zum Teil schon sehr lange sogenannte „Eisenwege" (Pößnecker Steig 1903!), die sich durchaus nicht immer mit den Normalanstiegen identisch zeigten, sondern oft selbständige Routen darstellten. Allein in der Brentagruppe hat man sich bis heute an das Prinzip gehalten, gesicherte Steige nicht bis zu den Gipfeln voranzutreiben. Andernorts ignorierte man solche „Spielregeln" von vornherein: Die Klettersteige der Nördlichen Kalkalpen, Dolomiten und Julischen Alpen (nur in den Ostalpen gibt es Eisenwege als eigenständige Routen) leiten auf meist sehr bekannte Berge, und dort eben bis zum höchsten Punkt.

Nun trieb diese Entwicklung während der letzten Jahre seltsame Blüten. Einerseits wurden Klettersteige mit einer derartigen Menge an Sicherungen gebaut, daß man sich angesichts der im 30-cm-Abstand gesetzten Klammernreihen schwertut, noch Fels zu sehen. Andererseits bestand (und besteht), besonders im Dolomitenraum, der Zwang, immer schwierigere Vie ferrate einzurichten. Nicht wenige der neuen Anlagen locken Eisenwegaspiranten in Steilfels, der ohne Sicherungen Kletterei des V. oder gar VI. Schwierigkeitsgrades verlangen würde! Zwei Extreme, die so selten gar nicht sind. Gerade die anspruchsvolleren Klettersteige fordern zahlreiche *Bergwanderer* heraus; nicht alle sind den Schwierigkeiten gewachsen. Wie viele Klettersteigfreunde besuchen vorher einen Grundkurs im Fels, der die beste Voraussetzung für das sichere Begehen schwieriger Eisenwege gewähren würde?

Über die Sicherheit auf Klettersteigen

Klettersteige sind gar nicht selten anspruchsvolle Unternehmungen, die Erfahrung in vielen Bereichen des Bergsteigens verlangen. Auf einen Nenner gebracht:

- gute Kondition
- Übung in fast jedem alpinen Gelände
- Freikletterkönnen mindestens im III. Grad

Fest steht, daß man an nicht wenigen Dolomiten-Vie-Ferrate tatsächlich *klettern* muß! Nehmen wir eine Via Bolver-Lugli am Cimone della Pala oder eine Via Fiamme Gialle am Palazza Alta in der Civettagruppe, so sind solche gesicherten Steiganlagen nicht eben kurze Turnübungen, sondern sie beanspruchen auch sogenannte erfahrene Bergsteiger ganz nett! Deshalb auch die Empfehlung für Kondition und Übung in (fast) jedem Gelände wie Schrofen, Schnee, Eis, steilem Gras und so weiter.

Damit sind auch schon einige *Gefahren,* die an Klettersteigen „drohen", umrissen. Geübte, klettergewandte und körperlich belastbare Bergsteiger sind auf Eisenwegen kaum gefährdet. Was eine Klettersteigtour trotzdem recht spannend machen kann, wären:

- beschädigte Drahtseile (Verletzungsgefahr an gerissenen Seillitzen)
- fehlende Sicherungen (dann heißt es Freiklettern!)
- Vereisung (fordert Übung auch im Bewältigen schlechter Verhältnisse)
- Blitzschlaggefahr

Klar, daß man an einem Tag, da mutmaßlich mit Gewittern gerechnet werden muß, gar nicht in einen Eisenweg einsteigt! Und wenn man nun trotz aller vorsichtiger Vorausplanung in ein solches Schlamassel gerät? In diesem Dolomiten-Klettersteigführer stand jahrelang folgender Satz, sozusagen ein „Patentrezept": „Bei Gewittern fort von Eisenleitern und Drahtseilen". Gut und schön. Aber das bedeutet wiederum: Freiklettern! Wie viele unter den Begehern gesicherter Steige können es?

Sicherheitsausrüstung – oft belächelt . . .

Bei meiner ersten Bekanntschaft mit dem Bocchetteweg im Jahr 1970 waren mir Schilder aufgefallen, die eine Selbstsicherung mittels eines Reepschnurstranges samt Karabiner empfohlen hatten. In jüngster Zeit wurde die *Sicherheitsausrüstung für Klettersteige* nach und nach verfeinert:

- Steinschlagschutzhelm
- Brust-/Sitzgurtkombination oder Komplettgurt
- Seilstück mit etwa 3,50 Meter Länge (11 mm-Einfachseil)
- zwei Spezial-Klettersteigkarabiner mit Expreß-Schnellsicherung
- Klettersteigbremse

Über die Selbstsicherung auf Klettersteigen

Man knüpft das Seilstück so in den Anseilgurt ein, daß zwei etwa armlange Stränge entstehen. An deren Enden knüpft man je eine Schlinge, in die die Karabiner eingehängt werden. Diese wiederum läßt man in die Stahlseile einschnappen und ist so, zumindest bei Querungen oder an nicht allzu steil verlaufenden Seilen, optimal gesichert. – Zwei Karabiner werden deshalb verwendet, weil man mit nur einem in dem Moment des Umhängens an der Drahtseilverankerung *nicht* gesichert wäre. Bei zwei Karabinern befindet sich einer während der Umhängephase noch vor der Verankerung und dient so als Selbstsicherung.

Verlaufen die Stahlseile senkrecht oder diagonal, darf die beschriebene Selbstsicherung nicht mehr Verwendung finden. Bei Stürzen entlang senkrechter oder diagonal verlaufender Seile können Fangstöße in der Größenordnung von über 2000 kp auftreten. Der Sicherheitskreis im DAV hat bei Fallversuchen nachgewiesen, daß bei solchen Belastungen die Selbstsicherung (Reepschnur, Halbseil, Einfachseil), die Klettersteigkarabiner, das Stahlseil und auch Verankerungen (!) zu Bruch gehen können.

Mit einer *Klettersteigbremse* kann dieser Gefahr entgegengewirkt werden. Prinzip und Anwendung sind denkbar einfach (siehe Abbildung 1). Die Klettersteigbremse ist so konstruiert, daß sie bei Sturzbelastung auf ein Seilstück mit einer bestimmten Bremskraft kontinuierlich bis zum Knoten beziehungsweise Karabiner des zweiten Seilstücks durchrutscht. Dadurch fällt der Stürzende zwar bis zu einem Meter weiter, die Fangstoßspitze von möglicherweise über 2000 kp wird jedoch auf ein Drittel reduziert (siehe Abbildung 2). Bedauerlicherweise entsprechen noch nicht alle auf dem deutschen Markt befindlichen Klettersteigbremsen den technischen Anforde-

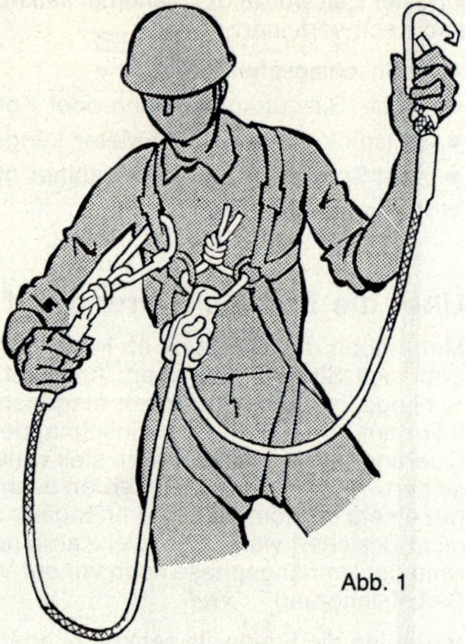

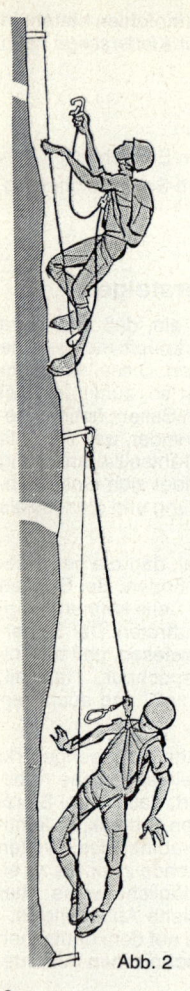

Abb. 1

Abb. 2 *Zeichnungen: Sepp Lassmann*

SECONDO LA U.I.A.A. - NACH U.I.A.A. - SUIVANT U.I.A.A. - ACCORDING TO U.I.A.A.

IN SICUREZZA PER UNA BUONA SALITA
INDISPENSABILI: CASCO, IMBRAGATURA, COMPLETO DA VIA FERRATA
A) CORDA ① U.I.A.A. B) DISSIPATORE D'ENERGIA, C) DUE MOSCHETTONI A GHIERA AUTOMATICA CON D) FERMACORDA

SICHER KLETTERN!
NOTWENDIG: HELM, ANSEILGURT, KLETTERSTEIG-SET
A) U.I.A.A. ① SEIL, B) ENERGIEABSORBER, C) ZWEI KARABINER MIT AUTOMATIKVERSCHLUSS, D) SEILFIXIERUNG IM KARABINER

POUR UNE ESCALADE EN SECURITE
INDISPENSABLE: CASQUE, BAUDRIER, SET POUR «VIA FERRATA»
A) CORDE ① U.I.A.A. B) ABSORBEUR D'ENERGIE, C) DEUX MOUSQUETONS A VIROLE AUTOMATIQUE AVEC D) BLOQUEUR POUR CORDE

PRECAUTIONS FOR A SAFE CLIMB
NECESSARY: HELMET, HARNESS, «VIA FERRATA» SET
A) U.I.A.A. ① ROPE, B) ENERGY ABSORBER, C) TWO SELF-LOCKING CARABINERS WITH D) ROPE FASTENING DEVICE

KONG S.p.A. - ITALY

rungen. Wichtig ist, daß die Klettersteigbremse nur mit vom Hersteller eingeschlauftem Seilstück angeboten beziehungsweise erworben wird. Andere Seilstücke können zu niedrige oder zu hohe Bremskräfte zur Folge haben und damit den Sicherheitsgewinn wieder zunichte machen.

Interessant in Sachen Sicherheit auf Klettersteigen erscheint auch noch die Idee einer italienischen Bergausrüstungsfirma: Eine übersichtliche Kunststofftafel weist in Wort (mehrsprachig) und Bild auf richtiges Verhalten und eventuelle Gefahren beim Begehen von Klettersteigen hin (Abbildung 3). Vom Sommer 1986 an werden diese Tafeln nach und nach an den Einstiegen der italienischen Klettersteige angebracht.

Die *allgemeine Ausrüstung* darf bei Klettersteig-Gehern als bekannt vorausgesetzt werden. Zusätzlich wichtig: strapazierfähige **Handschuhe.** Zum einen schützen sie vor Verletzungen, die etwa abgerissene Drahtseillitzen verursachen können; zum anderen kann man sich mit „griffigen" Handschuhen besser an den Seilen halten. Dies insbesonders, wenn sie naß sind. Auch die Kenntnis des Alpinen Notsignals sollte selbstverständlich sein. Bei einzelnen Touren ist im Text selbst noch auf Besonderheiten hingewiesen. Auf längeren und in größere Höhen führenden Routen sollte ein Biwaksack nicht fehlen.

Abkürzungen

AVS	Alpenverein Südtirol
B.	Betten
bew.	bewirtschaftet
Bez.	Bezeichnung
CAI	Club Alpino Italiano
DAV	Deutscher Alpenverein
km	Kilometer
kp.	Kilopond
L.	Lager
M.	Matratzen
m	Meter
Min.	Minuten
nördl.	nördlich
östl.	östlich
Pkw	Personenkraftwagen
Rif.	Rifugio, Hütte
S.A.T.	Società Alpinistico Tridentini

südl.	südlich
u. a.	unter anderem
u. U.	unter Umständen
vgl.	vergleiche
westl.	westlich

Tourennummern

Um bei weiteren Auflagen Ergänzungen in die Tourennummernfolge, ohne auf a, b, c usw. zurückgreifen zu müssen, einfügen zu können, wurde in diesem Band eine Reihe von Nummern absichtlich freigehalten. Es handelt sich hierbei um 8 – 9, 12, 24 – 27, 37 – 39, 47 – 49, 58 – 59, 68 – 69, 74, 79, 87 – 89, 95, 100 – 109, 112 – 114, 126 – 129 sowie 144 – 147.

Hinweis zum Kartenteil

Höhenangaben und, teilweise, auch Schreibweisen von Bergnamen etc. unterscheiden sich zwischen Führertext und Karten mitunter beträchtlich. Wo es sich nur um geringfügige Differenzen gehandelt hatte, wurden die Höhenquoten des Textes denen der Karte angeglichen. In anderen Fällen erschien es den Verfassern günstiger, die Höhenangaben im Führer nicht abzuändern. Beispiel: La Palazza Alta (Tour 93) wird auf dem entsprechenden Kartenausschnitt mit 2555 Meter angegeben. Richtig dagegen ist 2255 Meter.

Westliche Dolomiten

Die Westlichen Dolomiten umfassen das Gebiet zwischen Etsch und Eisack im Westen und der Linie Gaderbach – Andrazbach – Cordevole im Osten.

Schlern und Rosengarten, deren zusammenhängende Dolomitmassive das Tschamin- und Purgametschtal in felsstarrendem Bogen umschließen, sind nicht nur ein Kletterparadies ersten Ranges, sie locken auch den Klettersteiggeher mit lohnenden Zielen, die einen vorzüglichen Einblick in den westlichen Eckpfeiler der Dolomitenwelt bieten. Der Zugang – von Bozen ins Eggental und über den Karerpaß ins Fassatal – ist für den motorisierten Bergsteiger aus dem deutschen und österreichischen Sprachraum naheliegend und problemlos.

Der Schlern, tragender Westpfeiler der Dolomiten, überragt mit dem mächtigen Aufbau seiner stockartigen Hochfläche die Seiser Alm und das Mittelgebirge von Völs und Kastelruth. Den Nordrand des Schlernplateaus bildet der Burgstall, von dessen gewaltigem Nordwestabsturz sich ein schlankes, frei stehendes Felsturmpaar abgesplittert hat: die Euringer- und Santnerspitze – alpines Wahrzeichen des geschichtsträchtigen Schlern. Ein noch grandioseres Schaustück bietet das Herz des benachbarten Rosengartens: Die Vajolettürme.

Die Tschierspitzen und der Sass Songher, markante Felsklötze in der nördlichen Kulisse der Grödner-Joch-Straße, hängen über das Karrenplateau der Gardenaccia und die Puezspitzen unmittelbar mit der Geislergruppe zusammen. Der isolierte kleine Felsstock des Peitlerkofels ist über Kreuzjoch, Sobutsch und Kreuzkofeljoch nur sehr locker an das Massiv nördlich des Grödner Jochs angebunden.

Wer sich zum ersten Mal an einem Klettersteig versuchen möchte, ist mit den problemlosen Zielen nördlich des Grödner Jochs gut beraten: Sass Songher und zwei der Tschierspitzen mögen mit ihren trotzigen Wandfluchten dem Unkundigen drohen – dem Bergsteiger bieten sie problemlose Normalwege, und die harmlosen Bänder und gutmütigen Gratrücken mit ihren relativ bescheidenen Eiseneinlagen werden sicherlich manchen Klettersteiganfänger zu größeren Taten beflügeln. Als solche wiederum bieten sich der Sass Rigais und der Peitlerkofel an – hier kann sich der bescheidenere Bergwanderer bereits mit einem echten Klettersteigerlebnis bereichern. Für den geübten Ferratisten sind die beiden Touren ein problemloser und aussichtsreicher Hochgenuß. Während der isolierte

Peitlerkofel am besten vom hintersten Villnößtal zu erreichen ist, liegen Sass Rigais, Tschierspitzen und Sass Songher an der zentralen Ost-West-Paßstrecke quer durch die Dolomiten. Auch hier erweist sich das Grödner Joch als idealer Ausgangspunkt.

Der Langkofel, 1896 erstmals von Paul Grohmann und Gefährten erstiegen, hat mit seinen kühnen Türmen und Zinnen seit jeher alle Bergsteigergenerationen fasziniert und zu Vergleichen mit einer gotischen Kathedrale hingerissen. Die Gipfel dieser Felsgruppe, die im Halbkreis das Langkofel- und Plattkofelkar umschließen, sind mit Ausnahme des Plattkofels durchwegs nur auf schwierigen Führen zu erreichen. Der Oskar-Schuster-Steig durch die abweisende Plattkofel-Nordwand nützt ein natürliches Rinnen- und Schluchtensystem und ist nur sparsam gesichert – die Begehung ist weitgehend Klettererlebnis.

Die Sella, ein Plateaugebirge auf nahezu rechteckiger Basis, prägt mit ihren scharfen Konturen die Silhouetten der vier ladinischen Haupttäler. Eine mächtige, ungeschichtete, pfeilerförmig abklüftende Dolomitenbank bildet eine ringsum vortretende breite Schutterrasse, die sich stellenweise zu einem schmalen Felsband verengt. Über diesem Terrassenband baut sich mit drohenden Steilwänden ein zweites, höheres Dolomitriff auf, aus dem sich wiederum einige pyramidenförmige Felsgipfel zu beherrschender Höhe erheben. Der Kontrast zwischen dem massigen unteren Felssockel und dem tausendfach gebänderten und zerklüfteten Aufsatz gibt der Sella ihren unverwechselbaren Charakter. Der Pisciadù-Steig, ein Denkmal der Klettersteig-Baukunst, bietet bei einem ausgewogenen Maß an technischer Perfektion ein Höchstmaß an ungetrübtem Felsengenuß. Auch der anspruchsvolle Pößnecker Steig, dessen Sicherungen 1981 endlich instand gesetzt wurden, gehört zu den Rosinen im großen Vie-ferrate-Kuchen, während man die Via ferrata Cesare Piazzetta am Piz Boè als eine der auf Seite 13 erwähnten „seltsamen Blüten" bezeichnen muß.

Die Marmolata schließlich führt den Klettersteig-Geher in die höchsten, vergletscherten Regionen der Dolomiten und verlangt von ihm die Kraft, Ausdauer und Besonnenheit für eine lange Tour in Fels und Eis. Die Via delle Trincèe dagegen ist ein verhältnismäßig kurzer, jedoch sportlicher und schwieriger Klettersteig, der in manchen Phasen an die Via Tomaselli in den Östlichen Dolomiten erinnert. Collàc, Cima Dodici / Sass Aut und Cima dell'Auta Orientale sind

ebenfalls Gipfel der Marmolatagruppe; Berge, die allerdings im Schatten der Dolomitenkönigin stehen. Erstere im Südwesten von ihr, die Cima dell'Auta südöstlich abgerückt. Nichtsdestoweniger sind die Klettersteige auf diese „Namenlosen" lohnend und noch verhältnismäßig wenig besucht.
Auch in der bis vor kurzer Zeit noch sehr einsamen südlichen Marmolatagegend gibt es jetzt Klettersteige: am unbekannten Dreitausender Cima del Uomo und an der durch den Gebirgskrieg 1915/17 traurig-berühmten Costabella, der Karl Springenschmid mit seinem Buch gleichen Titels ein literarisches Denkmal gesetzt hat.

Die Palagruppe, zwischen Cismon und Cordevole aufragend, zeichnet sich durch schlanke Gipfelgestalten und größten Reichtum an phantastischen Felsbildern aus. So gilt der berühmte Cimone della Pala als Muster kühnster Felsbildung. Charakteristisch ist das ausgedehnte felsige Hochplateau (Pala-Hochfläche), das sich hinter der Gipfelreihe des Hauptkammes in einer Höhe von 2500 m bis 2600 m ausbreitet. Bemerkenswert ist auch die Vergletscherung. Durch die Errichtung mehrerer Klettersteige ist die Palagruppe, lange Zeit nur ein Paradies guter Kletterer, auch zu einem Traumziel erfahrener Ferratisten geworden. Die durch Wanderwege verbundenen gesicherten Routen am nördlichen und südlichen Ende der Hauptkette bieten ein Höchstmaß an Spannung, Abwechslung und Erlebnisfülle. Zentraler Ausgangspunkt ist San Martino di Castrozza.
Die Klettersteige auf die Croda Grande und auf den Monte Agnèr befinden sich im Pala-Südzug. Besonders der Eisenweg auf den M. Agnèr, den Beherrscher dieses Teiles der wilden Pala, ist hier erwähnenswert. Er zählt zu den großen Zielen der Vie-ferrate-Geher.

1 Peitlerkofel, 2875 m, Südgrat

Peitlerkofelstock

Der mächtige isolierte Gipfelstock ragt frei aus dem ihn umgebenden Wald- und Almengürtel zu beachtlicher Höhe auf. Nach Norden und Westen brechen die bis zu 600 m hohen Wände senkrecht ab, hier verlaufen Kletterrouten des IV., V., VI. Grades. Über den unschwierigen Südgrat jedoch führt ein gut gesicherter, eher problemloser und sehr viel begangener Klettersteig zum Gipfel, der wegen seiner hervorragenden Aussicht berühmt geworden ist: Bei klarem Wetter umfaßt der Rundblick die Glocknergruppe, die Rieserfernergruppe, die Zillertaler, die Stubaier und Ötztaler Alpen, die Ortlergruppe, ja sogar die großen Gipfel der Ostschweiz. Besonders eindrucksvoll ragen im Süden Wände und Türme der Dolomiten aus den Tälern empor.

Zugang: Von St. Peter im Villnößtal fährt man am besten mit eigenem Pkw über St. Magdalena auf schmaler Autostraße bis zur Zannser Alm, 1680 m, Gasthof und Berghotel. Von der Alm folgt der Weg südostwärts dem Tschantschenönbach (St.-Zeno-Bach), bis er diesen nach 10 Min. überquert. Nun rechts links ab auf den Adolf-Munkel-Weg (Nr. 33) und etwas steiler durch den Wald bis zur Gampenalm (Malga Gampi) mit kleiner Gastwirtschaft; bis hierher auch mit Pkw. Nordostwärts weiter, einen vom Sass Bronsoi herabziehenden Rücken querend, in 1 – 1½ Std. bis zur Schlüterhütte, 2301 m.

Aufstieg: Von der Hütte ostwärts auf breitem Weg in 5 Min. zum Kreuzkofeljoch (Passo di Poma), 2340 m, hier halblinks auf den oberen Weg und schließlich nordwärts, in Richtung des bereits sichtbaren Peitlerkofels, nahezu eben in ½ Std. in die Peitlerscharte, 2357 m; Wegkreuz.
Halbrechts schräg den Hang empor in die weite Mulde, die von einem Wildbachtobel durchrissen wird. In steilen Kehren weiter bis zur Wegteilung: Rechts steil und teilweise mit leichter Kletterei in harmlosem Felsgelände empor, links völlig unschwierig, dafür aber länger, bis zur Vereinigung der beiden Wegvarianten. Weiter zur Scharte zwischen dem Großen und dem Kleinen Peitlerkofel, von hier steigt der Südgrat steil zum Hauptgipfel auf. Feste Drahtseile und in den Fels gehauene Stufen leiten anregend und unterhaltsam weiter, nur eine kurze Unterbrechung der Seile fordert einfache

Am gesicherten Südgrat des Peitlerkofels Foto: Ziegast

Kletterei (I). Wieder gut gesichert, zuletzt über problemlose Geröllstrecke, auf den schuttbedeckten Gipfel mit eisernem Kreuz.

Abstieg: Wie Aufstieg; wer nicht zurück zum Auto muß, kann von der Peitlerscharte ostwärts nach Untermoj oder Campill oder, westwärts, nach Halsl absteigen.

Höhenunterschied: Zannser Alm 1680 m – Schlüterhütte 2301 m – Peitlerkofel 2875 m.

Gehzeiten: Zannser Alm – Schlüterhütte 1 – 1½ Std. Schlüterhütte – Peitlerkofel 2 Std.

Schwierigkeit: Trittsicherheit und Schwindelfreiheit erforderlich, technisch unschwierig.

Stützpunkt: Schlüterhütte (Peitlerkofelhütte), ital. Rif. Genova, 2301 m. Erbaut 1898 auf Anregung des berühmten Bozner Bergsteigers Johann Santner und auf Kosten des Dresdners Franz Schlüter. Die stattliche Hütte steht 5 Min. unterhalb des Kreuzkofeljochs. Bew. vom 1. 6. bis 1. 10., 65 B., 20 M. Siehe Karte Nr. 1.

2 Tullen, 2653 m, Günther-Messner-Steig
Peitlerkofelstock

Diese Rundtour in den Aferer Geiseln erschließt keine gigantische Felsszenerie, sondern eher einen liebenswerten, romantischen Felsengarten in der Heimat der Bergsteigerfamilie Messner. Die Aferer Geiseln, ein Felskamm, der wie eine Aussichtsgalerie parallel zur Nordwandseite der Geislerspitzen entlangzieht, können nun, meist südseitig knapp unterm Grat, überschritten werden. Der nördliche Abschnitt des Rundwegs, der in der Peitlerscharte seinen höchsten Punkt erreicht, ermöglicht eine vollständige Umrundung des Nordteils der Aferer Geiseln. Eilige mit Ausdauer und Kondition können die Überschreitung zumindest mit einer Besteigung des Peitlerkofels verbinden. Wegen der Zweckmäßigkeit und Bequemlichkeit eines gemeinsamen Talorts und Stützpunkts wird im folgenden die Wegroute mit Ausgangspunkt Schlüterhütte empfohlen, von der aus man die beiden gleichermaßen unschwierigen Touren auch an einem Tag bewältigen kann. Da die Durchquerung des Tales nördlich der Aferer Geiseln keinerlei Klettersteigcharakter aufweist, wurde hier nicht näher auf diese Abstiegsvariante eingegangen.

Zugang: Wie bei Tour 1 bis zur Schlüterhütte, 2301 m (Peitlerkofelhütte, Rif. Genova).

Aufstieg: Auf dem flachen Wegstück zur Peitlerscharte, etwa halber Strecke von der Hütte, zweigt an einem Hinweisschild links der Günther-Messner-Steig ab. Der Pfad führt über die Steilwiese auf den Kamm und dort eben nach rechts bis zu einem grasigen, flachen Schartl, wo man sich westwärts wendet. Unter senkrechtem Wandabsturz nördlich des Grates fast eben zu einem Schartl, bei dem man wieder auf die Südseite gelangt. Auf aussichtsreichem Band, stets die Geislergruppe vor Augen, hinauf bis zum Grat. Eine kurze Seilsicherung führt zu einer senkrechten Leiter, über die man absteigt (hier mündet von unten ein Steig). Der Pfad zieht nun wieder nach rechts und führt an der grasigen Südflanke in leichtem Auf und Ab, stellenweise auch mit steileren Gegenanstiegen dahin. Von einer kurzen Wegstelle am Grat hat man wieder einen Blick in die Nordseite. Nach Abstieg entlang mehrerer Gratzacken steigt man durch eine steile, wilde Schlucht an der Nordflanke, in der im Frühsommer noch Schneereste liegen, abwärts. Dann an der Südflanke wieder auf die Grathöhe. Man folgt dem Grat und steigt erneut in die Nordflanke ab, die man längs von Seilsicherungen quert. Bald sieht man das hohe Gipfelkreuz auf dem Tullen. Vorher geht es aber nochmals steil in einer längeren, drahtseilgesicherten Rinne hinab bis ins Kar. Man kann nun in knapp 20 Min. auf einer Pfadspur den Tullen besteigen und von dort das herrliche Gipfelpanorama genießen.

Abstieg: Der weitere Wegverlauf ist von oben teilweise einzusehen. Zunächst bummelt man gemütlich durch ein begrüntes Hochtal. Unter den Felsen „Auf den Kofeln" an einem Schild (Caseril, 32A) scharf links ab. Mit leichtem Gegenanstieg gelangt man zu einem schönen Aussichtspunkt. Ein landschaftlich herrlicher Abstieg durch ein Crescendo der Alpenflora leitet das Finale dieser Tour ein. Am ersten Wegabzweig an der steilen Südflanke bleibt man links, nimmt einen letzten Gegenanstieg in Kauf und landet nach weiterhin schönem Abstieg an einem trockenen Bachbett, das in den rauschenden Kasserillbach mündet. Die Wege zu beiden Seiten dieses Baches führen bald zum Ausgangspunkt Zannser Alm.

Höhenunterschied: Zannser Alm 1680 m – Schlüterhütte 2301 m – Tullen 2653 m; Gegenanstiege insgesamt etwa 400 m.
Gehzeiten: Zannser Alm – Schlüterhütte 2½ Std., Schlüterhütte – Tullen etwa 3–4 Std., Abstieg vom Gipfel zur Zannser Alm etwa 2½–3 Std.
Schwierigkeit: Bei normalen Verhältnissen unschwierig.
Stützpunkt: Schlüterhütte, 2301 m (näheres siehe Tour 1).
Hinweis: Wer den Peitlerkofel und den Günther-Messner-Steig bequem an *einem* Tag bewältigen will, sollte auf der Schlüterhütte übernachten, zuerst den Peitlerkofel besteigen und den Gedächtnissteig als Abstiegsvariante wählen. Eine vollkommene Umrundung der Aferer Geiseln fordert in jedem Fall einen eigenen Tag, für den als Ausgangspunkt nur das sogenannte Russiskreuz, 1729 m, zu empfehlen ist. Es steht 500 m westlich der Einmündung der Straße durch das Villnößtal in die „Brixner Dolomitenstraße".
Siehe Karte Nr. 1.

Der Günther-Messner-Steig quert das Kar unterhalb des Tullen, des höchsten Gipfels der Aferer Geiseln. Er kann über den Ostrücken ohne Schwierigkeiten erstiegen werden.   *Foto: P. Werner*

3 Sass Rigais, 3025 m, Überschreitung
Geislergruppe

Der Hauptgipfel der Geislergruppe hat zwei Gesichter: extrem abweisend die ins Villnößtal abfallende Nordflanke, behäbig und mäßig steil die Grödner Seite, über die der teilweise gesicherte Normalanstieg die tausend Höhenmeter erstaunlich leicht gewinnt.
Ohne empfehlenswerte Modekletterführen ist der Sass Rigais kaum ein Magnet für ehrgeizige Felsartisten. Doch für trittsichere Dreitausendersammler und Liebhaber eines harmonischen dolomitischen Landschaftserlebnisses bedarf der größte Felsstock in den Geislern keiner weiteren Empfehlung. Allein der Blick über die zirbenbestandenen Almmatten von Cisles zum im Gegenlicht aufsteigenden Langkofel ist die Fahrt ins Grödental und auf den Col Raiser wert.
Der Sass Rigais ist nebenbei ein renommierter Aussichtsberg und der äußere Horizont füllt sich mit Marmolata, Pelmo, Antelao, Tofana, Pala, Rosengarten, Schlern, Brenta, Adamello, Presanella, Ortler, Ötztaler, Stubaier, Zillertaler, Venediger und Großglockner, davor die eindrucksvollen Nahblicke zu Sella, Lang- und Plattkofel, sowie die benachbarten Geislergipfel.

Zugang: Von St. Christina, 1427 m, fährt man auf gutem Sträßchen längs des östlichen Ufers des Rio Cisles bis zur Talstation des „Telecabina". Nun am bequemsten mit dem Stehgondellift auf den Col de Raiser, 2107 m, der Liftanstieg kürzt den Fußweg Nr. 1 (Fahrweg, für Pkw gesperrt) durch das Cislestal um eine gute Stunde ab. Auf Weg Nr. 4 erreicht man in 20 Min. über blumige Matten leicht abwärts die Geislerhütte, 2037 m. Vom Col de Raiser führt in nordöstlicher Richtung ein beschilderter Pfad auch direkt in Richtung Sass Rigais, so daß man nicht erst zur Geislerhütte abzusteigen braucht. Man folgt dieser Beschilderung bis zum Wegabzweig zur Mittagsscharte.

Aufstieg a): Von der Geislerhütte führt der markierte Steig Nr. 13 nordwärts über gebuckeltes Almgelände. Nach etwa 10 Min., auf 2123 m, benützt man den unteren Pfad gegen Osten, der den Hang

Die höchsten Gipfel der Geislergruppe. Von links: Mittagsscharte, Sass Rigais, Wasserrinnental mit Salièresscharte und Furchetta. *Foto: Brandl*

bequem quert und den blockdurchsetzten Weideboden des Plan Ciantièr, etwa 2300 m, erreicht, aus dem der Sass Rigais emporwächst. Man folgt nun nicht weiter dem Weg Nr. 13, sondern den roten Markierungspflöcken, die in die steile Schuttrinne der Forcella di Mesdì (Mittagsscharte) links einschwenken. Durch diese aufwärts, bis eine nicht zu übersehende Wegteilung unter gelben Felsen nach rechts zu einer ausgewaschenen Rippe und zum ersten Drahtseil führt, das einer plattigen Wandstelle die Schwierigkeit nimmt. Nach den gutgriffigen, gesicherten Schrofen des ersten Felskopfes steigt man in vielen Serpentinen auf schmalem Steig über den mit einzelnen Rasenstücken ausgepolsterten, steinigen Mittelteil bis zu einer flachen Felsschlucht. An ihrem oberen Rand weisen die roten Farbzeichen schräg nach rechts aufwärts zu den gegliederten Felsen unter dem Südostgrat. Ein fixes Drahtseil weist den Weiterweg zur Vorkuppe, von der in leichtem Auf und Ab über die etwas ausgesetzte, aber festen Fels aufweisende Gratschneide der Gipfel betreten wird.

b): Zunächst wie Aufstieg a) bis zur Wegverzweigung Forcella di Mesdì – Wasserrinnental (Val Salières), hier hält man sich rechts und gelangt durch das weite, immer steilere Kar in das schrofige Felsgelände unter der Furchetta. In steilen Kehren hinauf bis zur düsteren Salièresscharte, 2696 m, die den Aufbau des Sass Rigais von jenem der Furchetta trennt. Hier über eine breitere Rinne aufwärts zum eigentlichen Wandfuß. Eine glatte, 10 m hohe Wandstufe, die anspruchsvollste Stelle des Klettersteiges, wird mit einigen Eisenstiften und einem Drahtseil bewältigt. Der weitere Aufstieg führt unschwierig und stets gut bez., teilweise über gut gesicherte Bänder, über die plattige, geröllbedeckte und steilere Ostflanke auf den Gipfel.

Abstieg: Wie Aufstieg a) oder b).

Höhenunterschied: Geislerhütte 2037 m – Sass Rigais 3025 m. Höhendifferenz der Klettersteige: Anstieg a) etwa 450 m, Anstieg b) etwa 320 m.
Gehzeiten: Col de Raiser – Geislerhütte 20 Min., Geislerhütte – Sass Rigais 3 – 3½ Std.; Abstieg 2 Std.
Schwierigkeit: Für etwas Trittsichere eine Genußtour.
Stützpunkte: Geislerhütte (ehemalige Regensburger Hütte), ital. Rifugio Firenze in Cisles, 2037 m, CAI, bew. von Mai bis Mitte Oktober, 52 B., 40 L. – Schutzhaus Col Raiser, 2106 m, an der Bergstation des Gondelliftes, bew. Juni bis Ende September, 25 B. Besitzer Luis Schenk, I-39047 St. Christina, Col Raiser, Tel. 0471/76302.
Siehe Karte Nr. 2.

4 Piz Duledes (Piz Duleda), 2909 m, gesicherter Steig

Puezgruppe

Der Piz Duledes steht ziemlich genau zwischen dem beliebten Klettersteigberg Sass Rigais und der bekannten Puezhütte; als eindrucksvoller Gipfel zeigt er sich nur von Norden, wo er mit steilen Wänden zum obersten Villnößtal abbricht. Ein Gang über seine harmlose Südseite ist zwar kein aufregendes Klettersteigabenteuer, aber auch nicht gerade nur eine „Ausweichtour" für Schlechtwetter – etwa wenn der Sass Rigais zu riskant wird. Für Anfänger und Kinder ist der Piz Duledes eine ideale Sache. Der landschaftlich ungewöhnlich schöne, verlängerte Abstieg über den Col da la Pieres ist ein Genuß für jeden. Dieser Weg vom karstigen Hochplateau in die blühenden Edelweißwiesen unter dem Felsenkranz, dann wieder der abrupte Wechsel der alpinen Szenerie beim Betreten der düsteren Schlucht unter der Forcella di Pizza mit ihren morbiden Erosionsformen – das sind unvergeßliche Eindrücke!

Zugang: Wie bei Tour 3.

Aufstieg: Von der Geislerhütte (Rif. Firenze) folgt man dem Hinweis Col Roa. Der Weg (Nr. 2/3) führt zunächst zum Bachbett hinunter, quert es und zieht sich durch das romantische Hochtal, immer längs des breiten, ausgetrockneten und sandigen Bachbetts empor. Kurz vor dem Talschluß, an dem großen Markierungsfelsen, folgt man dem Weg nach rechts und steigt in dem sich allmählich verengenden Tal gemächlich zur Wegteilung Forcella Roa (Nr. 3) – Forcella di Sielles (Nr. 2). Dort links in den sich nun wieder weitenden, felsumrahmten Schutt- und Geröllkessel. Die Route führt zunächst über sanft ansteigende Wiesenmulden, dann etwas steiler durch letztes, blockdurchsetztes Gras und schließlich in das Kar unter dem Gipfelkranz. Links zieht sich der Steig zur Forcella della Roa, 2617 m, rechts unmittelbar zur Forcella Nives, 2740 m. Auf fast ebenem Verbindungsweg gelangt man westwärts bequem zu den Felsen unterhalb der Forcella Nives. Sie sieht von weitem recht finster und abweisend aus, besonders, wenn man die steile Schneerinne an ihrem südlichen Rand erkennt. Der Durchstieg erweist sich jedoch als überraschend einfach. Aus einer Rinne führen Seile am nördlichen Rand der Schlucht zum Sattel empor. Ein markierter Geröllpfad leitet zum Gipfel.

6 Tschierspitze V, 2520 m, Klettersteig
Puezgruppe

Die bekannte und vielbegangene Große Tschierspitze, die auf gesicherter Route problemlos zu besteigen ist, hat in einer ihrer westlichen Nachbarspitzen einen ernsthaften „Konkurrenten" bekommen: Klettersteigliebhaber würden allemal den niedrigeren Gipfel mit dem wesentlich rassigeren Aufstieg bevorzugen, wenn sie wählen könnten. Aber man kann bequem alle zwei Gipfel besteigen, selbst wenn nur ein halber Tag – etwa bei Ankunft oder Abschied – zur Verfügung steht. Ein bequemer Weg verbindet beide Einstiege.

Ausgangspunkt: Grödner Joch, 2121 m.

Aufstieg: Direkt gegenüber dem alten „Grödner-Joch-Hospiz", etwa 200 m westlich unterhalb der Paßhöhe, zweigt neben der „Cartoleria" ein ehemaliger Fahrweg nach links ab. Nach etwa 15 Min. endet dieser Weg an einer kleinen privaten Hütte. Dort muß links, über das Rinnsal, und auf einem Pfad etwa 100 m bis zum aussichtsreichen Kamm, wo man auf alten Fahrspuren sehr schnell die Bergstation der Kleinkabinenbahn Danterceppies, 2298 m, erreicht (weithin sichtbare Richtfunkantenne, Wegweiser am Restaurant). Hierher gelangt man auch auf einer etwas eintönigen und längeren geschotterten Fahrstraße, die direkt an der Paßhöhe, am modernen Gasthof „Cir", nordwärts in vielen Kehren emporführt (Fahrverbot). Etwa 80 Höhenmeter über den grasigen Kamm empor, dann über steile Schrofen zu den ersten roten Punkten am Fels. Eine schluchtartige Rinne am linken Rand empor (I) und an ihrem oberen Ende nach rechts zur ersten kleinen Leiter. Am Drahtseil über die erste Rippe empor zu einer kleinen Kanzel, dann über ein mäßig steiles Wandl zu einem kleinen Einschnitt. Ein recht anspruchsvolles, luftiges Wandstück, das auf einer erdigen Kanzel endet, ist die eigentliche Delikatesse dieser Mini-Ferrata. Ein kurzes Seil führt auf ein flaches Gratstück, von dem sich der Gipfelblock aufbaut. Man umgeht ihn rechts, ein letztes Seil leitet durch einen Spalt von hinten auf den kleinen Gipfelplatz.

Abstieg: a) wie Aufstieg.
b) Am Seil durch den Riß hinab zur Kanzel östlich des Gipfelblocks (etwa 15 Höhenmeter). Von dort führt ein kleines Geröllband (Seil)

nordwärts zur Scharte hinunter. In der sehr steilen, schluchtartigen Rinne auf schmalem Pfad zum Ausstieg.

Höhenunterschied: Grödner Joch 2121 m – Tschierspitze V 2520 m.
Gehzeiten: Grödner Joch – Tschierspitze V 1¼ – 1½ Std., Abstieg ¾ Std.
Schwierigkeit: Mäßig schwierig, stellenweise recht luftig, aber sehr kurz; wesentlich anspruchsvoller als der Hauptgipfel.
Stützpunkte: Keine.
Hinweis: Der Verbindungsweg von der Bergstation Danterceppies, 2298 m, zur Baita Clark, 2222 m, ermöglicht einen bequemen Übergang zum gesicherten Steig auf die Große Tschierspitze; beide Gipfel können bequem an einem halben Tag bestiegen werden.
Siehe Karte Nr. 2.

Aus der Lehrschriftenreihe des Österreichischen Alpenvereins

Dr. A. Schneider
Wetter und Bergsteigen
Tatsachen – Erfahrungen – Beobachtungen – Vorhersage.

Richtige Wetterbeobachtung – Temperaturverhältnisse im Gebirge – Wolken als Wetterkünder – Luftdruck und seine Erscheinungsformen – Wind – Niederschlag – Typische Alpenwetterlagen – Besondere Wettergefahren.

Zahlreiche ein- und mehrfarbige Abbildungen, Skizzen, Tabellen und Wetterkarten mit dazugehörigen Satellitenfotos. 4. Auflage 1981.

Zu beziehen durch alle Buchhandlungen

Bergverlag Rudolf Rother GmbH · München

7 Sass Songher, 2665 m, gesicherter Steig
Puezgruppe

Gegen Corvara und Colfuschg bricht der Sass Songher – markantes Wahrzeichen dieses Wintersportzentrums – mit jähen Wänden und in wild zerklüfteten Türmchen, Spornen und Rippen ab.

Durch diese Südflanke soll Luis Trenker schon mit fünf Jahren am Seil seines Vaters geklettert sein. Heute führt von der Rückseite, über den breiten gutmütigen Nordrücken, eine sehr einfache Weganlage auf den Gipfel, der schon wegen seiner prächtigen Aussicht lohnend ist: Großartig zeigt sich die nahe Sella, aus dem fernen Norden blinken die Gletscher der Zillertaler, der Rieserfernergruppe und der Hohen Tauern herüber. Umfassend ist der Tiefblick auf Corvara.

Zugang: Von Corvara zum Ortsteil Colfuschg, 1615 m. Parkplatz beim Kirchhof, bei der Talstation des Sessellifts oder, nach steiler Steigung auf schmaler Dorfgasse, am Ende des Ortes hinterm Weidezaun.

Aufstieg: Von Colfuschg nordwärts steil empor auf die sanft ansteigenden Weideflächen des Tales Pradat (Val Stella Alpina). Vorbei an der Edelweißhütte und weiter auf Weg Nr. 4 in den blockübersäten Talkessel in Richtung Tschampatschjoch bis zu dem barocken Bildstöckl aus dem Jahre 1730; 200 m dahinter zweigt nach rechts Weg Nr. 7 ab. Hierher gelangt man in kürzester Zeit bei Benützung des Sesselliftes Pradat, der in wenigen Minuten zur Capanna Pradat, 2039 m, emporschaukelt; von hier fast ebener Verbindungsweg zur Wegabzweigung. Nun quer über steile Gras- und Geröllhänge, streckenweise unter Felsaufbauten und hohen gelben Bruchwänden aus Hauptdolomit. Auf breiten Bändern nach rechts zu steilen Grashängen, hier in Kehren empor, zuletzt unter Wandfluchten nach rechts in 1¼ Std. zur Sass-Songher-Scharte. Südostwärts auf Weg Nr. 7 den breiten Schutthang bis unter die Gipfelfelsen empor. Hier nach links und über leichtes Felsgelände, wo nötig drahtseilgesichert, in Kehren bis zur oberen Gipfelabdachung und zum Gipfelkreuz.

Abstieg: Wie Aufstieg; wer nicht zum Ausgangspunkt zurück muß, kann von der Sass-Songher-Scharte ostwärts nach La Villa abstei-

Der Sass Songher mit seinen steilen Südabstürzen.
Foto: Verkehrsverein Colfuschg

gen oder die – relativ kurze – Tour durch eine Rundwanderung bis zur Puezhütte oder zur Gardenacciahütte ausdehnen.

Höhenunterschied: Colfuschg 1615 m – Sass Songher 2665 m.
Gehzeiten: Colfuschg – Sass Songher 3 Std.; bei Benützung des Sesselliftes 2¼ Std.
Schwierigkeit: Technisch problemlos, auch für Kinder und Anfänger zu empfehlen.
Siehe Karte Nr. 2.

10 Plattkofel, 2964 m, Oskar-Schuster-Steig
Langkofelgruppe

Das dreieckige, in Samtmatten eingelagerte, gleichmäßig geneigte Riesenschild des Plattkofels gehört, zusammen mit dem gotischen Langkofel und dem Schlernmassiv, zum bekannten Panorama der Seiser Alm. Ganz anders, abweisend, ist die Nordflanke, die von verwirrenden Eisschluchten und hohen Steilrinnen zerhackt ist. Der Aufstieg durch dieses wilde Felslabyrinth über den teilweise gesicherten Oskar-Schuster-Steig bietet ein Maximum an Spannung und Erlebnis. Alpine Erfahrung, Schwindelfreiheit, etwas Gewandtheit im Fels, gutes Wetter und eisfreie Verhältnisse sind die unerläßlichen Voraussetzungen für diese Tour. Der Plattkofel ist übrigens der einzige Gipfel in der Langkofelgruppe, der über seine Südflanke auch für Bergwanderer zugänglich ist.

Zugang: Vom Sellajoch empfiehlt es sich, den Gondellift bis zur Toni-Demetz-Hütte in der engen Langkofelscharte, 2681 m, zu benützen. Man erspart sich 500 mühsame Höhenmeter. Der mit Nr. 525 bezeichnete Steig senkt sich jenseits der Scharte steil durch ein oft mit Schneeresten angefülltes Blockgewirr zwischen himmelhohen Felsen ins Langkofelkar hinunter, bis zu einem Schotterkessel. Auf dessen linker Wölbung steht die Langkofelhütte, 2253 m.

Aufstieg: Der nicht ganz einfache, aber bezeichnete Aufstieg über die Plattkofel-Nordseite windet sich zu Beginn unter den zerrissenen Wänden der Langkofelkarspitze und unter dem kleinen Plattkofelgletscher hindurch, passiert das trümmerübersäte Plattkofelkar und zieht ziemlich steil, manchmal über ein hartes Schneefeld, zum Felseneinstieg. Ein Schrofenband zwischen zwei tiefen Schluchten führt nach rechts auf einen kleinen Felsabsatz. Immer genau den Markierungsflecken folgend, durchsteigt man, mehr oder weniger ausgesetzt, kleine Risse, Geschröf, schmale Bänder und Geröllstufen, kommt zu einer Scharte (sehr oft vereist) mit aufregendem Tiefblick, quert unter einer dunklen Kaminreihe durch, verliert nach

Der mächtige Plattkofel von der Seiser Alm.   *Foto: Fuchs-Hauffen*

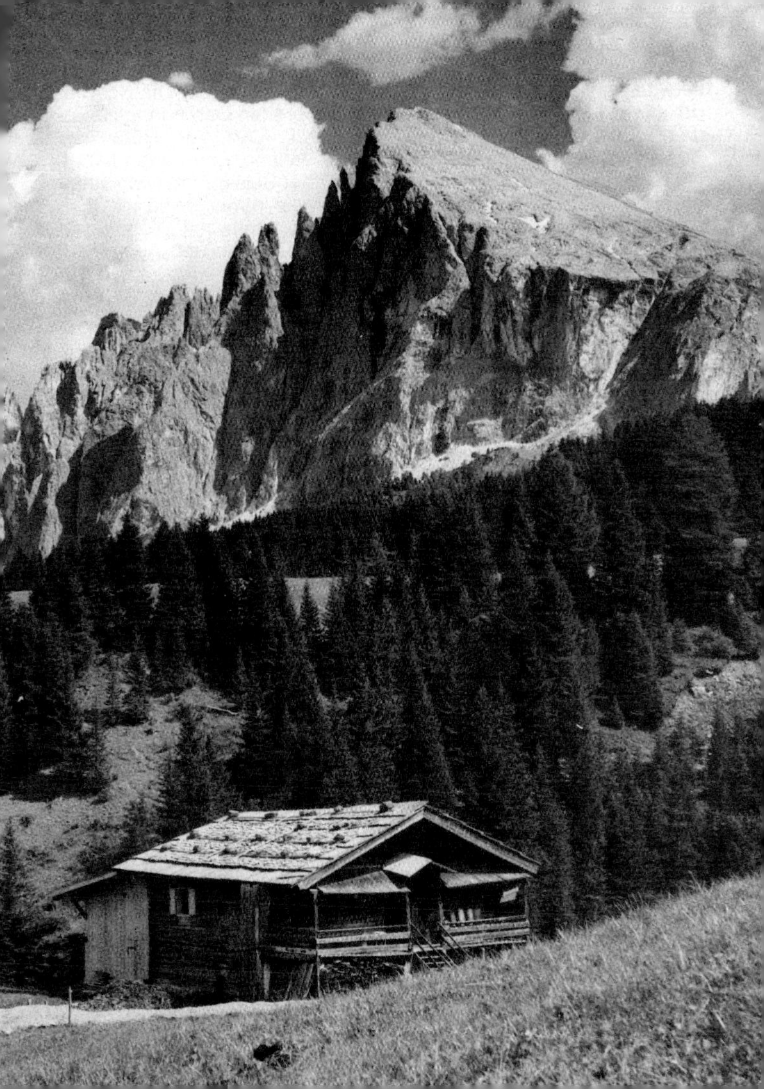

links querend etwas an Höhe und steht vor einer glatten Wand. Diese wird an Drahtseilen erstaunlich leicht überwunden. Die Schwierigkeiten sind nun mit dem Erreichen der breiten Geröllrinne zu Ende. Brüchiges, aber leichtes Geschröf führt zur Höhe der Ausstiegsscharte. Von hier dem Kamm entlang zum nahen Mittelgipfel mit großem Kreuz. Die Rundsicht über Seiser Alm, Dolomitengruppen und nördliche Gletschergipfel ist wie immer grandios. Doch den Hauptreiz bildet der Einblick in die dolomitische Wunderwelt des Langkofels mit ihren tausend Zinnen, Zacken und Abstürzen, die auf Rufweite gegenüberliegt.

Abstieg: Die schräge, nach Süden geneigte Riesenebene des Plattkofels ist im Spätfrühling eine beliebte Skihochtour. Auf Steigspuren, teilweise mit Steinmanndln und roten Zeichen markiert, geht es das schottrige Platt hinunter. Über wellige Rinnen, Geschröf und Rasenabsätze gelangt man unschwierig, aber nicht sehr freudsam, bis zur schon vom Gipfel aus sichtbaren Plattkofelhütte am Fassajoch. Ein würdiger Ausklang ist nun das genüßliche Hinüberbummeln über den Friedrich-August-Weg (Markierung 617/4) bis zum Sellajoch. Entlang den felsigen Südwänden von Zahnkofel, Innerkoflerturm und Grohmannspitze – alle bestückt mit schwierigsten Kletterführen – schlängelt sich der Steig aussichtsreich und ohne nennenswerte Steigung bis zur breiten, grasigen Rodellascharte, 2310 m, die über Wiesenmatten zum Sellajoch hinunterleitet.

Höhenunterschied: Langkofelhütte 2253 m – Plattkofel 2964 m.
Gehzeiten: Abstieg Langkofelscharte – Langkofelhütte ¾ Std. Über den Oskar-Schuster-Steig auf den Gipfel 2½ Std. Abstieg zur Plattkofelhütte 1 Std.; Höhenweg zum Sellajoch 2 Std.
Schwierigkeit: Der Oskar-Schuster-Steig ist keine Route für Unerfahrene; gehörige Trittsicherheit, Schwindelfreiheit und Orientierungsvermögen im Fels sind Bedingung. Vereisungs- und Steinschlaggefahr!
Stützpunkte: Sellajochhaus, 2180 m, CAI, 62 B., ganzjährig bew. (nahebei Rif. Valentini, 2200 m, privat, ganzjährig bew.). – Demetzhütte, 2681 m, 18 B., 32 M., ganzjährig bew. – Langkofelhütte, 2253 m, 13 B., 37 M., bew. von Mitte Juni bis Ende Sept. – Neue Plattkofelhütte am Fassajoch, 2297 m, 35 B., 14 M., Fließwasser, Zentralheizung. Geöffnet von Ende Juni bis September.
Hinweis: Bei unsicheren Verhältnissen – Neuschnee, Vereisung – in der Langkofelhütte Informationen einholen. Herrscht Nebel, Vorsicht beim Abstieg übers Platt, zu weit links gerät man in Steilabbrüche.
Siehe Karte Nr. 3.

11 Roßzähne, 2653 m, und Maximilianweg

Schlerngebiet

Die seltsamen Gebilde, die den Südrand der Seiser Alm abschließen, erinnern tatsächlich an ein paar total verrottete Backenzähne. Diese nebeneinander fein säuberlich aufgereihten, verwitterten Zacken – eben die Roßzähne – schauen dem „Tierser-Alpl"-Schutzhaus bei jedem Fenster herein. Im Jahre 1968 entschloß sich der Hüttenwirt Max Aichner, dem Anstieg auf den höchsten Punkt dieser eindrucksvollen Kulisse die Schwierigkeit zu nehmen. Er fixierte vier Seile mit insgesamt 150 m Länge, vergrößerte ein paar Felstritte und Griffe ... und seine „Mini-Ferrata" und Hütten-Attraktion war fertig.

Die Fortsetzung dieses kurzen Steiges ist der „Maximilianweg"; anspruchsvoller, streckenweise etwas brüchig und schon reichlich luftig, führt er bis zur Roterdspitze. Hier ist geschichtsträchtiger Boden – Heimatforscher fanden am Hang vor dem Gipfel späteiszeitliche Topfscherben und eine vorgeschichtliche Armbrustfibel. Auch der Schlern, aussichtsreicher Ausklang des empfehlenswerten Rundweges, ist eine uralte kulturhistorische Stätte: Der nahe Burgstall gegenüber der unvergeßlichen Berggestalt der Santnerspitze, Fundplatz späteiszeitlicher, bronzezeitlicher und römischer Funde, war vermutlich eine vorgeschichtliche Kultstätte, die noch in der römischen Kaiserzeit Verehrung genoß.

Zugang: Das Tierser-Alpl samt Schutzhütte, 2440 m, erreicht man am schnellsten vom Westrand der Seiser Alm – Bellavista, 1834 m (Parkplatz, Bus-Station, Orientierungstafel). Auf gutem Weg Nr. 7 bis zum Hotel „Goldknopf", 2070 m. Hier beginnt Steig Nr. 2, der in Serpentinen steil zur Roßzähnscharte, 2499 m, hinaufzieht, und auf der Südseite mit wenig Höhenverlust beim Tierser-Alpl-Haus endet.

Aufstieg: Hinter der Hütte führt die rote Markierung durch ein kurzes Kar zum Südfuß der Roßzähne mit der ersten Seilsicherung. Es geht um ein Felseck und durch eine Schlucht in eine deutlich eingerissene Scharte, die den Blick auf die Seiser Alm freigibt. Nochmals an Seilen über einen kleinen Absatz links hinauf und zum Gipfel.

Abstieg: a) Gleich wie Anstieg.

b) Vom Gipfel über die steile, grasige Südwestflanke zu einem mit 30-m-Seil erleichterten Nordwandl hinunter. In der Scharte beginnt der lange Grat, den der Hüttenwirt „Maximilianweg" getauft und gut markiert hat. Teilweise mit vergrößerten „Naturtritten" ausgestattet, führt der oft schmale Steig hinüber bis zur Roterdscharte. Hier beginnt links, wegen der anfänglichen Steilheit mit einem 25-m-Drahtseil versehen, der Steig durch das Schotterkar. Er erreicht zwischen der Abzweigung „Bärenloch" und Tierser-Alpl bequem den Schlernweg Nr. 4. Hübscher ist es, in kurzer Schrofenkletterei – immer gut markiert und den Grataussteig mit einem fixen Drahtseil erleichtert – die nahe Roterdspitze, 2658 m, zu ersteigen. Der Blick über Seiser Alm, Schlern und Rosengarten lohnt die kleine Mühe. Nun westwärts, Richtung Schlern sanft absteigen, bis man auf Weg Nr. 4 trifft, der über die weite, begraste Karrenfläche verfolgt wird, bis zur Einmündung des Schlern-„Touristensteiges" mit Nr. 1, der rechts, schottrig und plattig über den Latschenhang in Serpentinen nördlich abwärts führt. Bei den ersten Lärchenbäumen rechts Nr. 5 wählen und weiter über einen Bacheinschnitt zur Saltner-Schwaige auf der Seiser Alm. Bei der Kurve im nächsten Bachgraben trifft man auf die rote Markierung „S", die zuerst über Grasrücken ansteigend, dann eben über Almwiesen mit prächtigem Blick zum Lang- und Plattkofel, die Bergstation des „Panorama"-Sesselliftes erreicht. Müde fahren mit ihm abwärts, Konsequente gehen zu Fuß auf Markierung 7 weiter bis Bellavista, wo sich die Runde schließt.

Höhenunterschied: Parkplatz Bellavista 1834 m – Roßzähnscharte 2499 m; Tierser-Alpl 2440 m – Roßzähngipfel 2653 m.
Gehzeiten: Bellavista – Scharte – Tierser-Alpl 3 Std., bei Benützung des Panorama-Sesselliftes ½ Std. weniger. Klettersteig zum Gipfel ½ Std.; „Maximilianweg" zur Roterdspitze 1½ Std. Abstieg über den „Touristensteig" bis Bellavista 3 Std.
Schwierigkeit: Die „Mini-Ferrata" auf die Roßzähne ist wegen ihrer Kürze auch für Ungeübte nicht anstrengend. Die Gratüberschreitung auf dem „Maximilianweg" sollten nur Trittsichere, keinesfalls jedoch Neulinge unternehmen. Sie ist teilweise ausgesetzt und brüchig. Der Rest ist eine landschaftlich wunderschöne, instruktive Wanderung.
Stützpunkt: Schutzhaus „Tierser-Alpl", 2440 m, privat, 26 B., 36 M., bew. Mitte Juni bis Anfang Oktober.
Tip: Vom Tierser-Alpl auf gutem Weg Nr. 4 in 2 Std. zum Schlernhaus wandern, dort übernachten, um am nächsten Morgen den Sonnenaufgang in 2500 m Höhe zu erleben.
Siehe Karte Nr. 3.

Roßzähne (rechts) und Maximilianweg zur Roterdspitze.   Foto: Ghedina

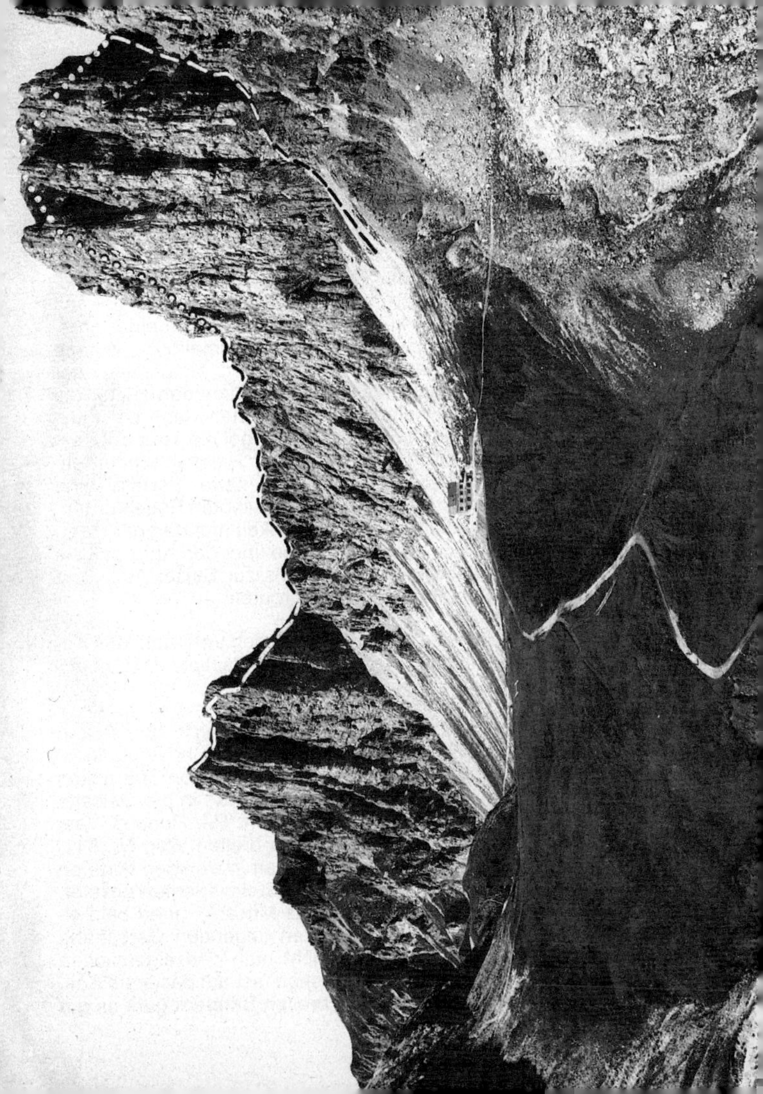

13 Rotwand, Roda di Vael, 2800 m, und Via Ferrata Masarè

Rosengartengruppe

Kurzweilig bis amüsant, spannend, sportlich, aber nicht verwegen – so könnte man die neue Klettersteigführe im südlichsten Felskamm der Rosengartengruppe charakterisieren. Man kann sie genußvoll mit einer Besteigung der Rotwand verbinden und zu einer wunderschönen Tagestour abrunden. Nutzt man den bequemen Sessellift am Karerpaß, so verkürzt sich der Zugang zu einer anregenden, überraschend aussichtsreichen Bummeltour. Kommt schlechtes Wetter auf, findet man an mehreren Abschnitten der Route schnelle Abstiegsmöglichkeiten zur schützenden Hütte, die gleichermaßen zentral wie malerisch am östlichen Rand der Felsarena steht. Schließlich kann man bei Zeitmangel die Tour auf Teilabschnitte beschränken und notfalls zu einer Halbtagesunternehmung verkürzen. Auf jeden Fall ist die neue Ferrata eine Bereicherung des „Klettersteigangebots" im beliebten Rosengarten. Nicht zu verachten ist schließlich die Möglichkeit mehrtägiger Überschreitungen vom Süden der Latemargruppe über den Karerpaß bis in den nördlichen Rosengarten, ja sogar bis zur Seiser Alm. Und dies durchwegs auf leichteren Klettersteigrouten!

Zugang: Mit dem Doppelsessellift etwas westlich unterhalb des Karerpasses bequem und aussichtsreich zum Rif. Paolina, 2125 m (erste Fahrt 8.00 Uhr).

Aufstieg: Von der Bergstation zieht ein breiter Weg mäßig steil in einer knappen halben Stunde südostwärts zum Christomannos-Denkmal, einem großartigen Aussichtspunkt am breiten Südrücken mit einem riesigen Bronzeadler. Der Weg führt nun in die Ostseite und leitet fast eben in einer Viertelstunde zum Rif. Roda di Vael (Rotwandhütte), 2280 m. Nun nicht auf dem breiten Weg Nr. 541, sondern auf dem Pfad direkt ostwärts, bis man in wenigen Minuten auf den Wegweiser trifft, der alle drei Klettersteigvarianten anzeigt. Man wählt den Pfad nach links (Via Ferrata Masarè), quert bald einen wilden Trümmerkessel und steigt den folgenden Geröllhang schräg empor. In steilen Kehren erreicht man den eigentlichen Südgrat. Ein weiterer Wegweiser zeigt schon fast auf das erste Seil, das in die Westseite hinüberleitet. Auf breiten Bändern geht es gut

Die Via ferrata Masarè auf die Rotwand. Foto: P. Werner

gesichert durch die Flanke, bis ein kurzer, rassiger Kamin auf ein luftiges Wandstück an der Ostflanke hinausführt. Bald in kühnem Auf und Ab zwischen wilden Gratürmen hindurch, dann wieder über erdige Bänder unterm Grat entlang. Ein längerer Abstieg an der gestuften Ostflanke des letzten Gratturms führt zu einem steilen Grasrücken. Man steigt über den Pfad aufwärts und trifft an einem herrlichen Aussichtspunkt auf den (ersten) direkten Zugang von der Rotwandhütte, der hier einmündet (ggf. Notabstieg über einen rassigen Klettersteig mit Kamin in einer halben Stunde zur Hütte). Bald steht man vor dem Naturwunder der Fensterlwand. Ein riesiges, natürliches Felsloch durchbricht hier die schmale Wand. Am Ende des steilen Grasrückens folgt nun ganz überraschend die anspruchsvollste Klettersteigpassage des Weges: Ein kurzes, aber teilweise senkrechtes Wandstück wird an einem Seil und mit Hilfe einiger Klammern sehr luftig gequert. Unmittelbar hinter dieser Stelle mündet der zweite Zustieg von der Rotwandhütte in den Klettersteig (ggf. Notabstieg in 40 Minuten zur Hütte). Nach einer kleinen Leiter und ein paar kurzen Seilen steigt man über den grasigen, oben flachen Gipfelosthang empor bis zum Kreuz.

Abstieg: Der Abstieg über den breiten, gegliederten und gestuften Nordgrat mit seinen tadellosen Sicherungen ist ein problemloses, kurzweiliges Klettersteigvergnügen mit herrlichem Blick auf die wilden Vajolontürme und das gegenüberliegende Felspanorama. Die Rast am Vajolonpaß, 2650 m, ist ein Augenschmaus ohnegleichen: Ostwärts überblickt man den Vajolonkessel bis zur Rotwandhütte, westwärts blinken die Türme des Latemar durch die Wände beidseits der Schlucht. Auf steilen Schuttserpentinen westwärts hinab bis zum Panoramaweg 549. Wer geradewegs absteigt, gelangt auf Weg 539, der direkt zum Rif. Paolina führt. Wenn man die einzigartige Schau auf die senkrechte, glatte Rotwand genießen will, kann man auf dem herrlichen Panoramaweg auch weiterbummeln, bis man wieder auf das Christomannos-Denkmal trifft. Von dort in zehn bis fünfzehn Minuten zum Rif. Paolina, wo man die letzte Talfahrt mit dem Sessellift um 18.30 Uhr bequem erreicht.

Höhenunterschiede: Karerpaß 1745 m – Rif. Paolina 2125 m – Rotwandhütte 2280 m – Rotwand 2800 m.
Gehzeiten: Karerpaß – Rif. Paolina zu Fuß auf Weg 552–542 etwa 1½ Std., Rif. Paolina – Rotwandhütte ¾ Std., Rotwandhütte – Punta Masarè 1 Std., Punta Masarè – Rotwand 3¼–3½ Std. Abstieg Rotwand – Vajolonpaß ½–¾ Std., Vajolonpaß – Rif. Paolina 1¼–1½ Std.; gesamte Rundtour von der Paolinahütte aus etwa 7 Std.
Schwierigkeit: Via Ferrata Masarè mäßig schwierig; kurze Klettersteigpassage oberhalb der Fensterlwand schwierig. Gesicherter Abstieg von der Rotwand zum Vajolonpaß unschwierig.
Stützpunkte: Rif. Paolina (Bergstation des Sessellifts), 2125 m, bew., Rotwandhütte (Rif. Roda di Vael), 2280 m, bew., ausreichend Übernachtungsmöglichkeiten.
Hinweis: Von der Rotwandhütte führt der Weg 541 *direkt* zur Vajolethütte, 2243 m; im letzten Drittel dieses Weges kann man ostwärts zum Rif. Catinaccio, 1920 m, und zum Rif. Gardeccia, 1949 m, absteigen. Dieser Weg ist unter Umständen eine ideale Verbindung zwischen den wichtigsten Stützpunkten für Klettersteigunternehmungen im Rosengarten. Siehe Karte Nr. 4.

14 Santnerpaß, 2761 m, Kölner Hütte – Vajolethütte

Rosengartengruppe

Der Name des Rosengartens, dessen Zacken und Zinnen, Felsköpfe, Türme und rötliche Wandfluchten die großartige alpine Kulisse von Bozen bilden, ist aufs engste verbunden mit der Laurin-Sage; schon ein Bozner Spielmannsgedicht aus dem 13. Jahrhundert erzählt von Laurin, dem „künic lobesam" der Zwerge.
Im Kampf mit Dietrich von Bern und dessen Gefährten verliert der Zwergenkönig sein Reich im „holen berc" des Rosengartens und wird schließlich als Gefangener nach „Bern" (= Verona!) gebracht, wo er die Taufe empfängt und mit Dietrich einen Freundschaftsbund schließt.

Der Santnerpaß ist ebenso wie die berühmte Santnerspitze nach dem kühnen Bozner Bergsteigerpionier Johann Santner benannt, der schon 1878 über die Steilabstürze der westlichen Laurinswand den Zugang zu diesem Paß fand.

Wer sich über den Santnerpaß ins „Gartl" begibt, dringt in die Herzkammer des Rosengartens ein. Während des zweistündigen Aufstieges erlebt man alles, was bei jeder Dolomitentour stets so begeistert: Gut markiert führt der Steig oft hart am Rande von Abgründen entlang, zwängt sich durch wildzerrissene Schattenschluchten, überwindet engbrüstige Scharten und ein steiles Schneecouloir. Darüber helle Felsen, zerzackte Kämme, pralle Wände, mit denen Sonne und Wolken ihr Farbenspiel treiben. Und immer wieder großartige Nah- und Tiefblicke. Ein schneller Kulissenwechsel, und man wird als überraschendes Finale ins weite, freundliche Rund des Gartls entlassen. Plötzlich steht man vor dem klassisch schönen Bild der drei Vajolettürme, einem der eigenartigsten und schönsten Schaustücke der Dolomiten.

Zugang: Zur Rosengarten-(Kölner)Hütte, ital. „Rifugio A. Fronza alle Coronelle", schwebt man kräftesparend 500 Höhenmeter mit dem Laurin-Gondellift von der Nigerstraße (5 km vom Karerpaß) herauf. Man kann aber auch vom Grandhotel „Karezza" mit der Sesselbahn zur Paolinahütte hochfahren, und dann gemütlich über den Panorama-Hirzelweg, Nr. 549, unter den senkrecht abgeschnittenen, rotgelben Felswänden, fast eben in 1½ Std. zur Rosengartenhütte wandern.

Aufstieg: Markierung Nr. 542 windet sich gleich hinter der Liftstation über den schrofigen Absatz zu einer Schutterrasse mit Wegteilung. Der linke, manchmal etwas abschüssige Schottersteig zieht sich eine Weile nördlich bis zum Felsmassiv des Rosengartens hin. Dann wird's spannend. Über Eisenklammern steigt man hinauf in eine kleine Einsattelung und jenseits gleich hinunter in eine seichte Schlucht. Eine Eisenleiter und Drahtseile helfen zu einem höherstehenden, markanten Turm, und über einen Steilabsatz 30 m abkletternd geht es in die „Eisrinne" hinein. Die Querung des besonders im Frühsommer oft beinharten Couloirs ist die delikateste Stelle der ganzen Santnerpaß-Route. Die Drahtseile sind häufig beschädigt oder unter dem Schnee begraben. Für das risikolose Traversieren des etwa 20 m breiten, steil nach unten abbrechenden Firnfeldes ist unter Umständen die Mitnahme von Steigeisen vorteilhaft. Links über ein gut griffiges, drahtseilgesichertes Wandl in ein letztes Schartl hinauf. Zum Abschluß noch einmal vertikale Stifte und Halteseile, dann vermittelt ein gutmütiger Riß den Ausstieg ins Gartl. Die nahe, kleine Santnerpaß-Schutzhütte in aussichtsreicher Lage ist wie geschaffen für eine gute Rast in König Laurins Felsenreich.

Abstieg: Zunächst geht man den weiten Kessel in Richtung Gartlhütte hinunter, zu Füßen der Vajolettürme. Immer den deutlichen roten Markierungen folgend, steigt man ziemlich steil über plattige Geröllabsätze weiter zur Vajolethütte ab. Von dort auf gutem Steig Nr. 546 in ½ Std. nach Gardeccia, 1949 m (siehe Route 15).
Will man die Rosengarten-Umrundung schließen, quert man unter der gewaltigen Ostwand durch und weiter gegen das Tschagerjoch, 2630 m, Markierung 541–550, hinauf. Jenseits gelangt man auf Zickzack-Geröllpfad und kurzen, harmlosen Felsrippen direkt zur Rosengartenhütte mit ihrer Liftstation.

Höhenunterschied: Rosengartenhütte 2339 m – Gartl 2621 m; Vajolethütte 2243 m – Tschagerjoch 2630 m.
Gehzeiten: Rosengartenhütte – Gartl 2 Std.; Abstieg zur Vajolethütte 1 Std.; über das Tschagerjoch zum Laurinlift – Rosengartenhütte 2½ Std.
Schwierigkeit: Der teilweise gesicherte Santnerpaß ist unschwierig, Trittsicherheit und Bergerfahrung sind allerdings Voraussetzung.
Stützpunkt: Rosengartenhütte, 2339 m, CAI, bew. von Mitte Juni bis Ende September. – Santnerpaß-Hütte, 2734 m, privat, 8 B., bew. von Ende Juni bis Ende September. – Gartlhütte, 2621 m, privat, 34 B., 30 M., bew. von Mitte Juni bis Ende September. – Vajolethütte, 2243 m, CAI, 51 B., 44 M., bew. von Mitte Juni bis Ende September.
Hinweis: Besondere Vorsicht ist bei Vereisung und Hartschnee in der Santnerpaß-Rinne geboten. Siehe Karte Nr. 4.

Tip: Geübte Felsgeher können vom Gartl aus in 1½ Std. die 2981 m hohe Rosengartenspitze erklettern. Normalführe III und II, teilweise ausgesetzt, aber immer gut griffig.

Die Südlichen Vajolettürme, landschaftlicher Höhepunkt des Santnerpaß-Klettersteigs. *Foto: Frass*

15 Kesselkogel, 3004 m, Überschreitung
Rosengartengruppe

Der Kesselkogel – ital. Catinaccio – steht mit seinen gebänderten Steilflanken im Mittelpunkt der gesamten Rosengartengruppe. Als einziger Gipfel dieses verzauberten Felsenreiches reicht er über die Dreitausend-Meter-Grenze und lockt auch schon aus diesem Grund alljährlich eine stattliche Zahl von Bergsteigern an.

Schon im Jahre 1876 gelangte der Bozner „Bergsteigervater" Johann Santner etwa über den heutigen Westanstieg auf den Gipfel. Mag seitdem die Erschließung auch manches verändert haben – der aufregende Tiefblick zum Antermojasee, die Panoramasicht über dolomitisches Zackengewirr hinweg zur Eiskönigin Marmolèda und zu den ferneren Zentralalpengletschern ist dieselbe geblieben. Ebenso hat sich die Route auf der Westseite kaum geändert.

Seit 1973 bietet sich eine höchst lohnende Kesselkogel-Überschreitung an. Von der SAT-Trient wurde zusammen mit dem Wirt der Antermojahütte auch die unschwierige Nordostflanke markiert und mit einigen Sicherungen ausgestattet. Im oberen Teil wird sie – ähnlich wie die Westseite – von einem breiten Band durchzogen, das auch hier die Aufstiegsroute bestimmt.

Zugang: Zwischen Pera und Mazzin im Fassatal zweigt eine asphaltierte Bergstraße zur Gardecciahütte ab (6½ km). Oder auch mit der Seilbahn von Vigo di Fassa nach Ciampedì und von dort auf Weg Nr. 540 eben in ¾ Std. nach Gardeccia und auf Weg Nr. 546 zur Vajolethütte.

Aufstieg: a) An der Vajolethütte vorbei auf Markierung 584 mäßig ansteigend zum Grasleitenpaß, auf dessen Kimme die kleine Privathütte „Rifugio Passo Principe" steht und eine Aufschrift zum Einstieg des gesicherten Klettersteiges verweist. Nach einem kurzen Schotterkar beginnt die erste drahtseilgesicherte Querung nach links. Damit es nicht langweilig wird, durchschlüpft man einen schluchtartigen, gutgriffigen Kamin, der in eine etwas ausgesetzte, abschüssige Passage übergeht. Auf einer fixen Leiter steigt man einige Meter zu einer schmalen Rippe hinunter. Dann wieder aufwärts, meist drahtseilgesichert, über leichte Wandstellen bis zur Einmündung des alten Steiges, der kurz unterhalb des Antermojapasses beginnt und nur noch selten begangen wird. Von nun an ge-

Der Klettersteig an der Kesselkogel-Westflanke. Foto: E. Höhne

winnt man Höhe auf einem breiten Band, das quer aufwärts durch die ganze Westflanke zieht und in einem engen, aber deutlich eingeschnittenen Schartl endet.

Neugierige schauen jenseits tief hinunter in den Grasleitenkessel. Der Aufstieg geht aber etwas unterhalb rechts weiter, ziemlich gerade über Felsrippen und Geschröf hinauf (Steigspuren und Steinmännchen beachten) bis zu einem eher schneidigen Grat samt nördlichem Vorgipfel. Ein kleiner Bogen gegen Süden und in wenigen Minuten erlebt man beim großen Metallkreuz Aussichts- und Gipfelglück.

b) In der großen, blockbesetzten Ebene, dem Antermojakessel, ¼ Std. westlich des Sees und der Hütte, 2497 m, steht fast in der Mitte ein großer Block mit Hinweis auf die „Ferrata" und roten Zeichen, die sich auf Pfadspuren über die Mulde westlich fortsetzen. Wo das Fels- und Schottergelände beginnt, zeigt sich ein deutlicher Steig mit anfänglich guten, dann schwachen Markierungsflecken. In leichtem Bogen etwa ½ Std. über Geröll und leichte Wandstufen bis zu einem sattelartigen Felsrücken, der zum eigentlichen Wandaufbau überleitet, empor.

Ab hier folgt man nun den Drahtseilen, überwindet auf zwei Leitern griffarme Felsen und erreicht das große Geröllband, das die Ostflanke von rechts nach links durchzieht. Nach einigen Engstellen und über leichtes Geschröf dringt man bis zum Südgrat vor und von diesem, sich nach Norden wendend, bequem auf den Gipfel.

Abstieg: Wie Aufstieg a) oder b).

Höhenunterschied: Gardeccia 1949 m – Grasleitenpaß 2599 m; Beginn des Klettersteiges – Kesselkogel 400 m. Antermojakessel – Beginn des Klettersteiges 200 m, – Kesselkogel 300 m.
Gehzeiten: Gardeccia – Grasleitenpaß 2 Std.; Klettersteig 1½ Std.; Antermojahütte – Gipfel 2½ Std.
Schwierigkeit: Aufstieg a) für Trittsichere und Schwindelfreie problemlos. Aufstieg b) etwas anspruchsvoller, vor allem auch wegen der schattseitigen Lage bei Neuschnee und Vereisung.
Stützpunkte: Gardecciahütte, 1949 m, privat, 36 B., bew. von Mitte Juni bis Anfang Okt. (nahebei noch zwei weitere private Hütten: Catinaccio und Stella Alpina). An der Gardecciahütte kleiner Supermarkt! – Vajolethütte, 2243 m, CAI, 51 B., 44 M., bew. von Mitte Juni bis Ende Sept. – Grasleitenpaß-Hütte, 2599 m, privat, 12 B., bew. von Ende Juni bis Ende Sept. – Antermojahütte, 2497 m, CAI-SAT, Trient, 8 B., 36 M., geöffnet von Juni bis Mitte September.
Hinweis: Unternimmt man die landschaftlich erlebnisreiche Überschreitung Grasleitenpaß – Kesselkogel – Antermojakessel und will dann wieder zurück zum Grasleitenpaß, so muß man vom Antermojakar 1 Std. Aufstieg (Markierung 584) auf den Antermojapaß, 2769 m, in Kauf nehmen. Jenseits über Geröllsteig ½ Std. hinunter zum Grasleitenpaß, 2599 m. Natürlich kann man das ganze auch umgekehrt praktizieren.
Hinweis: Bei sommerlichem Neuschneefall Rutschgefahr auf Geröll und Platten, besonders im letzten Teilstück. Bei starken Regenfällen ist Aufstieg b) sehr steinschlaggefährdet.
Tip: Vom Grasleitenpaß in 2 Std. über den Molignonpaß, 2598 m, zur Tierser-Alpl-Hütte und Seiser Alm. Siehe Karte Nr. 3.

16 Passo di Lausa, 2700 m, Scaletteweg
Rosengartengruppe

Rassige Klettersteigpassagen sucht man am Scaletteweg vergebens; was man aber findet, sind großartige, weiträumige Landschaftsbilder in einer Ruhe und Einsamkeit, wie man sie am vielbegangenen Weg von der Gardecciahütte zum Kesselkogel nur an wenigen Stellen erlebt. Was für Genießer ein schöner, stiller Tag abseits der großen Wege ist, kann für ausdauernde Gipfelsammler eine willkommene Zugabe sein: die beliebte Überschreitung des Kesselkogels (Tour Nr. 15) mit einem weit ausholenden Weg durch die Larsècgruppe abzurunden. Der häufige, überraschende Wechsel von Landschaftsbildern und Stimmungen lohnt jedenfalls die große Schleife.

Zugang: Rif. Gardeccia, 1949 m, oder Rif. Catinaccio, 1920 m, zu erreichen wie bei Tour 15.

Aufstieg: Unmittelbar vor der letzten Holzbrücke, vor dem großen, schuttbedeckten Parkplatzgelände unterhalb des Rif. Gardeccia, steht das Hinweisschild für Weg 538 („Rif. Antermoja"). Der Weg leitet sofort in den dichten Latschengürtel. Nach wenigen Minuten an der ersten Wegabzweigung rechts. Zunächst tief unter den Steilwänden des Torre Gardeccia teilweise fast eben, teils sogar leicht fallend ostwärts und unter den ersten, senkrechten Felsausläufern queren. Durch lichten Hochwald bis zu einer weiten, begrünten Reise, wo sich der erste Blick zur Schlucht des Scalettepasses auftut. Man quert bequem über die flachen, fast vollkommen vergrasten Schuttströme. In der am frühen Morgen noch schattigen Schlucht geht es nun steil, jedoch völlig problemlos nordwärts empor. Einige Klammern erleichtern den ohnehin einfachen Aufstieg über Schuttpfade und kurze Felsstufen. Im oberen Drittel gibt es sogar einige Seilsicherungen. Dann weitet und verflacht sich die Schlucht wie ein Trichter. Am oberen Ende überrascht eine weite, in Terrassen nördlich aufsteigende Hochfläche. Man sieht den turmartigen Cogolo di Larsec, links davon den fernen Kesselkogel und zu Füßen das im Sommer stets trockene, flache Seebecken des Lac sec. Nach kurzem Bummel über ein „brettlebenes" mooriges Wiesenstück wird das Gelände wieder steiler. Der Pfad zieht durch eine karge Geröllandschaft und über kurze flache Altschneefelder hinauf. Ein nach

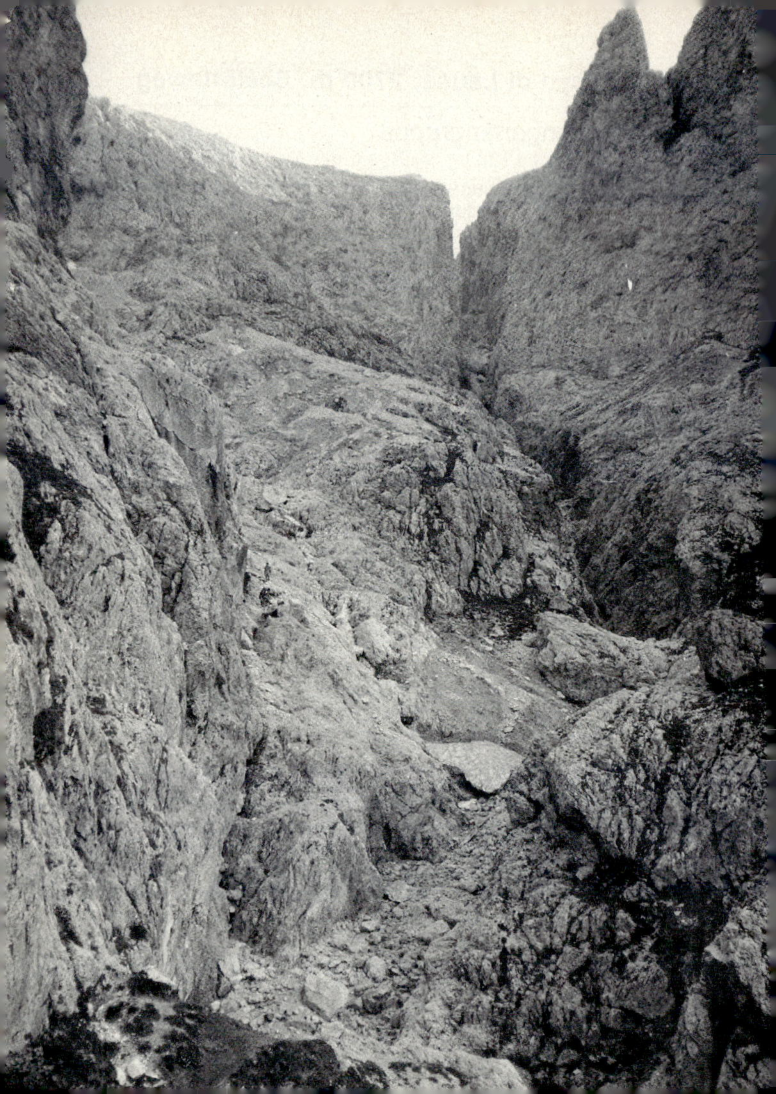

rechts (südöstlich) weisendes Schild („Sentiero Paola") markiert den weiten Passo Lausa, der den Blick auf die kühnen Felsgestalten nördlich des Antermojasees freigibt. Genußvoll bummelt man nun in der aussichtsreichen Felsarena abwärts. Nach kurzem Gegenanstieg über eine flache Kuppe wird bald der zauberhafte Antermojasee sichtbar, und wenig später steht man vor dem Rif. Antermoja, 2497 m.

Rückweg: Vom Rif. Antermoja taleinwärts auf landschaftlich großartigem Weg am See vorbei und im trockenen Flußbett weiter bis zu einem großen Felsblock (Hinweis „Via Ferrata"). Hier hat man nun die Wahl zwischen zwei Möglichkeiten: dem „normalen", vergleichsweise bequemen Rückweg über den Antermojapaß, oder einer Überschreitung des Kesselkogels von Osten nach Westen mit zwei Zustiegsvarianten.

Bequeme wählen den Weg geradeaus durch die flache Schlucht zwischen Kesselkogel und Cima Scalieret und erreichen nach wenig mühsamem Anstieg den Antermojapaß, 2769 m. Dort bietet sich noch ein bequemer, einstündiger Gipfelbummel zur Cima Scalieret, 2887 m, an. (Gesamtgehzeit vom Paß zum Gipfel und zurück 1½ – 1¾ Std.)

Vom Antermojapaß leitet ein Pfad quer durch die Kare und Schneefelder unter der Westwand des Kesselkogels zum Grasleitenpaß hinab. Spätestens hier, am winzigen Rif. Passo di Principe, 2601 m, ist es mit Ruhe und Beschaulichkeit vorbei. Den nachmittäglichen Abstieg zum Ausgangspunkt Gardecciahütte teilt man an manchen Wochenenden mit großen Scharen von Bergsteigern und Wanderern.

Wer noch ausreichend Kondition hat, sollte sich bei gutem Wetter keinesfalls die Überschreitung des Kesselkogels entgehen lassen (siehe Aufstieg b) von Tour 15).

Höhenunterschiede: Rif. Gardeccia 1949 m – Passo di Lausa 2700 m – Rif. Antermoja 2497 m – Antermojapaß 2769 m.
Gehzeiten: Rif. Gardeccia – Passo di Lausa – Rif. Antermoja – Antermojapaß – Rif. Gardeccia (Rundweg) 6 Std., mit Überschreitung des Kesselkogels 8 – 9 Std.
Schwierigkeit: Für Trittsichere völlig problemlos. Orientierungsschwierigkeiten bei Nebel.
Stützpunkte: Siehe Tour 15; zusätzlich ggf. Rif. Antermoja, 2497 m.
Siehe Karte Nr. 4.

Die Schlucht, die zum Scalettepaß führt. *Foto: P. Werner*

17 Großer Latemarturm, 2842 m, Sentiero attrezzato Campanili del Latemar

Latemargruppe

Die Latemargruppe südlich des Karerpasses stand immer ein wenig im Schatten des herrlichen Rosengarten, der auch mit Wegen und Hütten besser erschlossen war. Mit dem 1982 errichteten Klettersteig und dem ebenfalls neuen Rifugio Torre di Pisa ist nun eine sehr attraktive Durchquerung dieser romantischen Dolomitengruppe möglich geworden, bei der die beiden höchsten Gipfel mühelos erstiegen werden können. Der Steig durchzieht in durchschnittlich 2700 Meter Höhe die meist nur mäßig steilen südseitigen Flanken der 2800 Meter hohen Latemartürme, die mit Steilwänden nach Norden hin abbrechen. Er verläuft überwiegend auf natürlichen Bändern und im Gehgelände, die Sicherungen konnten auf einen Teil der Route beschränkt bleiben. Im Bereich der beiden Zustiege sowie der fünf Scharten, die atemberaubende Tiefblicke bieten, gibt es jedoch auch recht rassige Passagen. Der großenteils problemlose Gang in luftiger Höhe wird jedenfalls mit zahlreichen Überraschungsmomenten gewürzt, die die Gesamtlänge der Wege vergessen lassen.

Zugang: Der kürzeste Zugang ist der von der Meierlalm, 2037 m, die man von Obereggen, 1561 m, am Westabhang der Latemargruppe gelegen, auf gutem Sträßchen nach 3,7 km erreicht (Hinweisschilder am höchsten Punkt der Straße oberhalb von Obereggen). Die gemütliche Almwirtschaft bietet neben einfacher Verköstigung einen ausreichenden Parkplatz. Auf die sommerliche Fahrbereitschaft der Sessellifte sollte man sich nicht unbedingt verlassen, doch führt ein Lift von Obereggen auch direkt auf den Weg Nr. 22, der in der Nähe der Meierlalm verläuft.

Aufstieg: Von der Meierlalm steigt man in wenigen Min. direkt zu der von dort sichtbaren Bergstation eines Sessellifts empor (hierher auch bei eventueller Liftauffahrt von Obereggen). Man trifft auf Weg 22, der bald sehr steil auf einen schuttbedeckten Gratausläufer hinaufführt. Dort gelangt man auf den von Predazzo emporführenden Weg und erreicht nach steilem Aufstieg das gastliche Rifugio Torre di Pisa, 2675 m, im südwestlichen Teil der Latemargruppe, nahe dem bizarren Felszirkus, gelegen. Von hier folgt man Weg 516 zu-

nächst bis zum Grat und steigt kurz in einen schneegefüllten Felskessel ab, der von Zinnen, Türmen und Graten umrahmt ist. Ein geröllbedeckter Pfad führt an der Ostseite eines hoch aufragenden Felskammes nordwärts weiter und quert die riesige Steinwüste des Valsordakessels mit ihren rätselhaften, tiefen Felsspalten. Kurz nach einer markierten Abzweigung zum Bivacco Latemar, oberhalb eines Hubschrauberlandeplatzes, erreicht man einen weiten grasigen Rücken im Felsgrat, die Forcella dei Campanili. Hier führt ein steiler Pfad in wenigen Min. zum Beginn des Klettersteiges – Weg 511 – empor (große Hinweistafel in genau 2600 m Höhe). Auf steiler Pfadspur in wenigen Min. über die geröllbedeckte Flanke hinauf zum ersten Seil. Es leitet unschwierig quer an einer Wand entlang und führt bald über ein flaches Band zu einem grasigen Fleck. Ein weiteres Seil führt über eine Scharte und auf den nächsten Felsrücken. Über eine grasdurchsetzte Schuttflanke schräg empor und auf fast ebenem Geröllpfad bequem weiter bis zum nächsten drahtseilgesicherten Schartl. Bald quert man unmittelbar hintereinander zwei kleine Senken, aus denen der Blick nordwärts durch einen markanten Zwillingsturm versperrt wird. Bei der darauffolgenden, langen Querung einer mäßig steilen Schuttreise befindet man sich schon an der Südflanke des Hauptgipfels. Etwa in der Mitte der Flanke erkennt man ober- und unterhalb des Steiges „Abfahrtsspuren" im Geröll. Unmittelbar oberhalb dieser Stelle ist der von hier nicht deutlich sichtbare Hauptgipfel. Er könnte weglos und teilweise auf Steigspuren mit Steinmanndln unschwierig in etwa 20 Min. erreicht werden.
Dieser Hauptgipfel, der Diamantidi-Turm (Großer Latemarturm, Cimon del Latemar), 2842 m, bietet unvergleichliche Tief- und Ausblicke nach allen Richtungen!

Der Sentiero selbst leitet nach einem kleinen Schartl wieder in eine felsigere Szenerie. Über mehrere schuttbedeckte Rippen gelangt man zu einem senkrechten Abbruch. Eine Eisenleiter mit versetzten Sprossen führt in die nächste Scharte hinab und jenseits kurz wieder hinauf. Über das letzte Stück des Klettersteigs geht es steil hinab in die weite, grasige Forcella Grande del Latemar, 2620 m, in der sich das Bivacco M. O. Mario Rigatti befindet. Auch wenn man sich nun zum Rückweg (und nicht zur Überschreitung in Richtung Karerpaß) entschließt, empfiehlt sich Konditionsstarken noch der Aufstieg zum nächsten Gipfel mit dem großen Kreuz, der Östlichen Latemarspitze, 2791 m. Der steile bez. Pfad kann in $1/2 - 3/4$ Std. bewältigt werden.

Abstieg: a) Von der Forcella Grande del Latemar führt der „Normalweg" 18 – einige hundert Meter tiefer – wiederum quer durch die Südflanke der Latemartürme zurück in die Nähe des Klettersteig-Ausgangspunktes unterhalb der Forcella dei Campanili. Der Weg ist einfacher und kürzer als die Via Ferrata. Man trifft auf die Abzweigung zum Bivacco Latemar und kann auf dem Umweg über dieses Biwak den herben Reiz des Valsordakessels näher kennenlernen. Bald gelangt man wieder auf den Hauptweg 516, der zum Rifugio und zur Meierlalm zurückführt.

b) Wer das Problem der Rückfahrt vom Karerpaß zur Meierlalm durch einen Gefährten mit eigenem Pkw gelöst hat, kann von der Forcella Grande del Latemar auf Weg 18 steil in $\frac{1}{2}$ – $\frac{3}{4}$ Std. zum Östlichen Latemargipfel aufsteigen. Von dort führt Weg 18 problemlos und gut bez. längs des Grates bis hinab zum Karerpaß, 1745 m (Rückfahrt mit öffentlichen Verkehrsmitteln unmöglich!).

Höhenunterschied: Meierlalm 2037 m – Rif. Torre di Pisa 2675 m – Cimon del Latemar 2842 m. Höhenunterschiede innerhalb des Klettersteigs etwa 200 m.

Gehzeiten: Meierlalm – Rifugio Torre del Pisa 1½ Std., Rifugio Torre del Pisa – Forcella dei Campanili 1 Std., Forcella dei Campanili – Forcella Grande del Latemar 1½ Std.; Rückweg auf Weg 18 zum Rif. Torre del Pisa 2 Std.; Abstieg zur Meierlalm 1 Std.; Gesamtgehzeit 7 Std.; Gesamtgehzeit bei zusätzlicher Besteigung des Großen Latemarturms und der Östlichen Latemarspitze etwa 9½ Std.

Schwierigkeit: Fast waagrechter Wegverlauf in südseitigem Fels- und Schuttgelände. Sehr gute Sicherungen und problemlose Gangbarkeit in beiden Richtungen machen den Steig zu einer unschwierigen, wenn auch langen Tagestour.

Stützpunkte: Rifugio Torre del Pisa, 2675 m, privat, 16 B., L., bew. von Anfang Juni bis Mitte Oktober; Bivacco M.O. Mario Rigatti, 2620 m, Notunterkunft mit neun Liegen; notfalls auch Bivacco Latemar, 2355 m, etwas abseits des Hauptweges.
Siehe Karte Nr. 5.

18 Punta Polse, 1450 m, Sentiero attrezzato Attilio Sieff

Latemargruppe

Nördlich von Ziano di Fiemme erheben sich oberhalb eines steilen Waldgürtels senkrechte, verschieden hohe Felswände. Oberhalb des Ortskerns steht vor einer geschlossenen Wand ein breiter, deutlich isolierter Felsturm mit einem großen weißen Kreuz. Der Klettersteig dort hinauf ist überraschend rassig und originell und lohnt durchaus den etwas eintönigen Aufstieg durch den Waldgürtel.

Für den volkskundlich Interessierten bietet sich vor dem Einstieg ein sehr seltenes Dokument verflossenen Hirtenlebens. An den Felsen des Wandfußes finden sich, auf mehrere hundert Meter Länge verstreut, wohl an die 500 Rötel-Inschriften, bestehend aus Initialen und Jahreszahlen sowie einer Reihe zusätzlicher graphischer Vermerke. Der größte Teil der Jahreszahlen stammt aus der Zeit zwischen 1750 und 1800, aber auch von 1800 bis 1925 findet man zahlreiche Inschriften, vereinzelt sogar primitive Tierdarstellungen. Fast 200 Jahre lang haben sich hier die Hirten an den Felswänden verewigt – für jeden Weidesommer einen Eintrag.

Der Waldgürtel zwischen Tal und Fels war ursprünglich ein für jeden Dorfbauern nutzbares Weidegebiet, das Vieh wurde während der Weidedauer mehreren Berufshirten anvertraut, die vermutlich auch nachts hier oben weilen und das Vieh vor dem Versteigen hüten mußten.

Zugang: Ziano di Fiemme, 954 m, liegt 3,5 km südwestl. unterhalb Predazzo. Direkt gegenüber der Kirche, auf der anderen Straßenseite, befindet sich der Dorffriedhof. Dahinter führt ein Asphaltsträßchen vorbei, wenige Schritte höher findet man bereits eine Hinweistafel auf den Zugang in den Wald.

Aufstieg: Der schöne schattige Promenadeweg quert bald eine Forststraße. Hier geht man nach links über die Kehre hinaus und gelangt schon 10 m dahinter zum Hinweis auf den Klettersteig. Über einen sehr steilen, jedoch schattigen Pfad geht es jetzt in vielen Kehren etwas eintönig zum Wandfuß, wo die Inschriften der ehemaligen Hirten faszinieren. Längs dieser Wand nach links zum ersten

Seil bei der Gedenktafel. Am Rand der senkrechten Felswand teils über Steilstufen, teils über flachere grasige Bänder an einem festen neuen Seil empor. Über ein schuttbedecktes Band quer hinüber zur senkrechten Wand der Punta Polse, an deren Rand man an einem Seil (spärliche Tritte im lehmigen Grund) emporklettert. Es folgt eine originelle Passage durch einen „Schliefkamin": Man arbeitet sich am Seil unter mächtigen Klemmblöcken empor. Mit Hilfe eines weiteren Seiles durch eine sehr steile, erdige Rinne und zu einem Standplatz am kleinen Joch zwischen Felswand und Punta Polse. Die letzte Steilstufe auf den Felsturm ist sehr gut gesichert.

Abstieg: Nur wie Aufstieg.

Höhenunterschied: Ziano di Fiemme – Punta Polse 490 m.
Höhe des Klettersteigs: Etwa 130 m.
Gehzeiten: Ziano di Fiemme – Punta Polse 1¾ Std., Abstieg 1 Std.
Schwierigkeit: Kurzer, jedoch rassiger und technisch anspruchsvoller Klettersteig; nichts für Kinder und Anfänger.
Stützpunkte: keine.

Passage am Sentiero attrezzato Attilio Sieff.   *Foto: P. Werner*

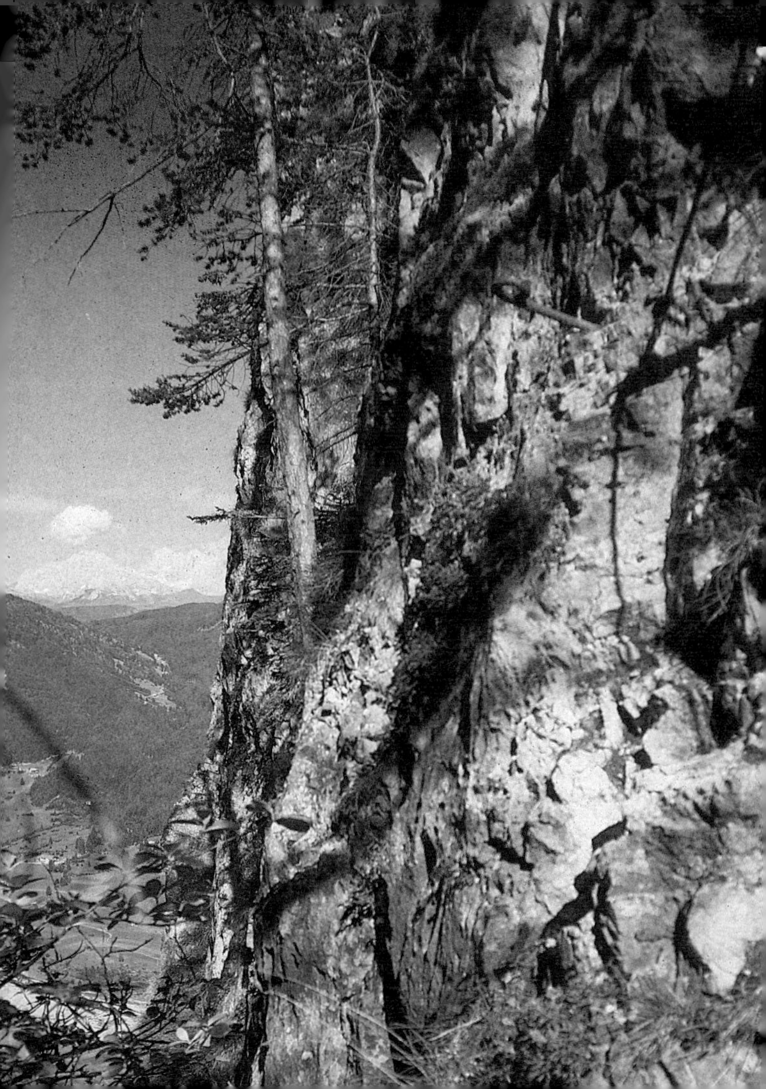

19 Piz Selva, 2941 m, Pößnecker Steig
Sellagruppe

Der Pößnecker Steig ist der älteste gesicherte Felsenweg in den Dolomiten. Bereits im August 1907 erreichten die Bozner Paul Mayr und Georg Haupt ungefähr auf dem heutigen Anstieg den westlichen Plateaurand der Sella und den Piz Selva. Das geht aus einem Bericht in der Österreichischen Alpenzeitung von 1908, Seite 203, hervor. Diese alpinen Pioniere haben auf Anhieb die ideale Führe durch die abweisende Felsenmauer gefunden, die in der heutigen Schwierigkeitsskala ungefähr mit dem IV. Grad bewertet würde. Ein paar Jahre später wurde die Route von der Sektion Pößneck des DAV unter dem Namen „Pößnecker Weg" – ladinisch „Le Mèsules" – mit Klammern, Eisenleitern, Drahtseilen und ausgehauenen Tritten auch für klettertechnisch weniger versierte, aber auf alle Fälle schwindelfreie Bergsteiger erleichtert. Ein Felsenweg, für den das Prädikat „landschaftlich großartig" zutrifft.

Seine Begehung setzt trotz aller Steighilfen alpine Erfahrung, Sicherheit im Fels und absolute Immunität gegen Tiefblicke voraus. Ungeübtere fühlen sich am Seil des sicheren Partners auf diesen Himmelssprossen entschieden wohler. Sie genießen dann ohne Unbehagen das Erlebnis des Höhersteigens im dolomitischen Fels, wie es sonst nur frei Kletternden zuteil wird.

Zugang: Vom Sellajoch quert man ostwärts auf gutem Steig, vorbei an einem Kiosk (Weg Nr. 649), über Gras und Schutthalden zu den markanten Sellatürmen hinüber und geht auf halber Karhöhe längs der Wandfluchten bis etwa 500 m nördlich des dritten Turmes. Bei der grau-schwarzen, wasserüberronnenen Wand, gegenüber einem kleinen, aus dem Kar aufragenden Felszacken, befindet sich der Einstieg, genau unter dem tiefsten Einschnitt der sich darüber aufbauenden Westbastion.

Aufstieg: Das Drahtseil leitet über den senkrechten Felsfuß in eine steile Wandpartie neben einem Rinnsal. Von hier in einen düsteren Spalt, der sich bis zu einer völlig senkrechten Wandstelle entlangzieht. Die glatte Felsmauer ein freistehender Pfeiler bilden einen schmalen Kamin, der mit Hilfe von Sicherungen erklettert wird. Der Ausstieg aus diesem Kamin auf die winzige Gipfelkuppe des Pfeilers ist sehr luftig. Über eine kurze Eisenleiter etwa 150 m über

dem Karboden überaus exponiert von der Pfeilerkuppe auf die nun sehr ausgesetzte, senkrechte, freie Wand hinüber. Nun die restlichen 100 Höhenmeter über versetzte Risse und Kamine stets sehr ausgesetzt bis zu einer kesselartigen Schuttstufe empor – hier darf man beruhigt aufatmen, denn seelische und technische Anforderungen dieser Art sind nun nicht mehr zu erwarten.
Der Steig quert nun die schrofige Flanke nach links und führt in einer gut gesicherten Schlucht vergleichsweise bequem über die letzte steile Felsstufe auf die schuttbedeckte Hochfläche des Sellastockes. Auf leichtem Gehgelände geht's nun zur verwitterten Schrofenkuppe des Piz Selva, 2941 m; der hier oben reichlich profillose Gipfel ist ein beherrschender Punkt in der Silhouette der zerrissenen Karrenhochfläche, mit einem aufregenden Blick zum gegenüberliegenden Langkofel und der hinter der südlichen Plateaukante gleißenden Marmolata.
Beim **Weiterweg** über den Altopiano di Mesules kommen Gipfelsammler und Aussichtsgenießer voll auf ihre Rechnung. In weitem Bogen führt Markierung Nr. 649 nordwärts zur Gamsscharte, 2919 m. Bei der prachtvollen, fast ebenen Höhenwanderung kann man zwischen dem Piz Gralba und der Westlichen Mesules über kleine Wegabweichungen insgesamt acht flachdachige Gipfel mitnehmen, allerdings alle unter der Dreitausendmetergrenze. In der Scharte stößt man auf die Gabelung mit dem Weg Nr. 666, dem Verbindungsweg Bamberger Hütte – Pisciadùhütte.

Abstieg: Da man meist die senkrechte Aufstiegspassage im Abstieg vermeiden möchte, kommt der Wahl des Abstiegs, schon im Hinblick auf die Rückkehr zum Ausgangsort, besondere Bedeutung zu.
a) Wer die Tour durch einen besonders luftigen Abstieg würzen will, wählt den Pisciadù-Klettersteig, auf dem man ohne besonderen Umweg das Grödner Joch erreicht. Auf Weg Nr. 666 links hinab bis zur Pisciadùhütte, von hier ab siehe Tour 20 (im umgekehrten Sinn).
b) Von der Pisciadùhütte durch das Val Setus (siehe Abstieg von Tour 20) auf kürzestem Wege zum Grödner Joch.
c) Von der Scharte südwärts, nach rechts und auf halbem Wege zur Bamberger Hütte rechts ab auf Weg Nr. 647 und durch das Val Lasties auf die südseitige Paßstrecke zum Sellajoch.
d) Von der Gamsscharte auf Weg Nr. 666 bis zur Bamberger Hütte, von hier auf Weg Nr. 651 durch das berühmte Val de Mesdì (Mittagstal) bis kurz vor Colfuschg.
e) Von der Bamberger Hütte in weitem Bogen hinüber zur Pordoispitze, von hier zu Fuß oder mit der Seilbahn zum Pordoijoch.

Die Westseite der Sellagruppe mit dem Verlauf des Pößnecker Steiges.
Foto: Ghedina

Höhenunterschied des Klettersteiges: Etwa 800 m.
Gehzeiten: Bis zum Piz Selva 3 – 3½ Std. Abstieg je nach Route 2½ – 4 Std.
Schwierigkeit: Nur für sehr trittsichere und schwindelfreie Bergsteiger, Klettergewandtheit unbedingt notwendig. Teilweise sehr ausgesetzte Passagen.
Stützpunkte: Sellajochhaus, 2180 m, CAI, 62 B., ganzjährig bew. (nahebei Rif. Valentini, 2200 m, privat, ganzjährig bew.). – Boèhütte, 2871 m, CAI, 28 B., 20 M., bew. von Anfang Juli bis Ende Sept. – Pisciadùhütte, 2583 m, CAI, 18 B., bew. von Anfang Juli bis Ende Sept.
Hinweise: Bei kaltem Wetter nicht zu früh in die morgendliche Schattenwand einsteigen, häufig vereist. Nebel auf der Hochfläche macht die Orientierung problematisch – genau die Markierungen einhalten. Wegen der eventuell notwendigen Rückkehr zum Sellajoch gegebenenfalls rechtzeitig Busverbindung erfragen! Ideal ist es, wenn man vor Beginn der Tour einen „Zweitwagen" am vorgesehenen Abstiegsort bereitstellen kann. Der Pößnecker Steig gehört zu den am meisten begangenen Klettersteigen der Dolomiten. Insbesondere für den August ist von diesem Unternehmen abzuraten. Siehe Karte Nr. 6.

20 Pisciadù-Klettersteig, Via ferrata Brigata Tridentina

Sellagruppe

Der zweite gesicherte Felsenweg in der Sellagruppe ist einer Initiative des CAI Bologna und einem anonymen Finanzier zu verdanken. Die Route leitet durch eine der wildesten und romantischsten Falten der Nordflanke, rechts neben dem Wasserfall, bis auf den Schuttbalkon hinauf, der den ganzen Sellastock umrundet. Dort oben ist genügend Platz für den Pisciadùsee und das freundliche Schutzhaus. Bei der Erstellung des vorzüglich und geschickt angelegten Klettersteiges war der Hüttenwirt und Bergführer Germano Kostner, zusammen mit Alpinisoldaten aus dem Trentino, maßgeblich beteiligt. Deshalb auch der offizielle Name: „Via ferrata Brigata Tridentina – Gesicherter Pisciadù-Klettersteig." So steht es auf einer Tafel bei Kilometer 8 an der Straße Grödner Joch – Colfuschg, die auf den Beginn des Eisenweges hinweist. Bis zum Abfluß des Wasserfalles ist die Führe, die mit 440 m fixen Seilen und 130 Eisenklammern ausgestattet wurde, teilweise recht ausgesetzt, aber immer gut gesichert, griffig und aufregend schön.

Der zweite Abschnitt wurde erst im Sommer 1968 beendet, wiederum unter der Anleitung und Mithilfe des ladinischen „Pisciadù-Königs" Germano. Noch luftiger und eine Spur schwieriger führt dieser obere Abschnitt über Drahtseile, Leitern und eine Hängebrücke bis auf die Höhe des Exnerturmes und mitten hinein in eine klassische Felsszenerie, die sich rings um den jadegrünen See aufbaut. Die elegante Mauer der Cima Pisciadù, Kanten, Grate, Wände und der kühngeformte Boèseekofel steilen sich aus schneegefleckten Schuttkaren in den blauen Südhimmel. Ein farbenumspieltes, prächtiges Dolomitenbild, das sich vom Hüttenplatz aus unvergeßlich einprägt.

Zugang: Wer am Grödner Joch parkt, benützt zuerst Weg Nr. 666, der fast eben unter der breiten Wandflucht östlich entlangführt und die unteren Ausläufer des Val Setùs querend, dann ohne Nummer den Pisciadù-Wasserfall erreicht. Die interessantere Möglichkeit: Mit dem eigenen Wagen (oder zu Fuß über die Wiesen abkürzend) ungefähr 2½ km die Straße Richtung Colfuschg abwärts. Bei einer Schuttgrube Talstation der Hüttenmaterialbahn und guter Parkplatz, 1950 m.

Aufstieg: Links auf ausgeprägtem Steig durch die letzten Bäume zum Fels. Die ersten Sicherungen, massive Eisenklammern, überwinden die unterste, meist feuchte Felsstufe. Darüber auf Steig bis zum Wasserfall. Kurz vorher Einmündung der Grödner-Joch-Variante. In der rechten Wand (im Aufstiegssinn) des Wasserfalltales mit anregender Turnerei über Drahtseile und Eisenstifte – einmal führt eine Passage bis nahe an die Kaskade heran – steil und luftig in einen Schrofenkessel. Wer von Sprossen und Metallseilen genug hat, der kann hier bequem nach links ausscheren (alte Verankerungen, verblaßte Markierungen) und über geröll- und rasendurchsetzte Steigspuren längs des Baches zur Hütte aufsteigen. Kletterfreudige steigen mit Drahtseilhilfe rechts empor zu einer sehr steilen Wandstufe. Eine ausgesetzte Linksquerung (bevorzugter Fotostandpunkt!) leitet den sehr exponierten Schlußanstieg ein. Durch eine steile, kaminartige Rinne empor, dann rechts zu einer fast senkrechten Leiter, über sie hinauf und luftig weiter bis knapp unter den auffallenden Exnerturm, 2470 m. Die letzte Überraschung ist ein kühn konstruierter Pendelsteg, der einen tiefen Felsspalt überbrückt und zum rotmarkierten Weg führt, auf dem das Terrassenband samt Hütte bald sichtbar wird.

Abstieg: Von der Hütte auf markiertem, teils gesichertem Steig östlich ins Mittagstal. Durch dieses hinab und noch vor dem letzten Steilabfall links (westlich) über Grashänge unterhalb der Masoreswände entlang wieder zum Pisciadù-Klettersteig, den man oberhalb der ersten mit Eisenklammern gesicherten Wandstufe erreicht.

Höhenunterschied: Vom unteren Einstieg (1950 m) bis zur Pendelbrücke etwa 550 m.
Gehzeiten: Aufstieg 2½ – 3 Std. Abstieg 2 Std.
Schwierigkeit: Erster Teil mäßig schwierig, zweiter Abschnitt technisch anspruchsvoller, außergewöhnlich luftig; durchwegs perfekt gesichert.
Stützpunkt: Grödner Joch, 2130 m (einige Gasthäuser). Pisciadùhütte, 2583 m, CAI, 18 B., bew. von Anfang Juli bis Ende September.
Hinweise: Nur für wirklich schwindelfreie und felsgewohnte Bergsteiger, bei gutem Wetter ab Mitte Juli. Auch der Pisciadù-Klettersteig zählt zu den überaus beliebten Vie ferrate. Hier kann man evtl. bei sehr frühem Aufbruch dem Hauptrubel entgehen.
Tip: Bei genügend Zeit bietet sich die Besteigung des aussichtsreichen, unschwierigen Pisciadù-Gipfels, 2985 m, an. Ab Hütte ungefähr 1½ Std.
Siehe Karte Nr. 6.

Die Sellagruppe von Nordosten mit Pisciadù-Klettersteig und Abstiegsroute durch das Mittagstal. Foto: W. End

- Sass dal Lec, 2935 m
- Castello dei Camosci, 2929 m
- Forc. Sass dal Lec
- Campanile, Campidél, 2529 m
- Brüneckar Turm, 2523 m
- Val Setus
- Hütte
- Exnerturm, 2496 m
- Masores
- Vallon del Pisciadu
- Masores
- Bec de Mesdi, 2961 m
- Torre del Pisciadu, 2882 m
- Cima del Pisciadu, 2986 m
- Dent de Mesdi, 2888 m
- Zwischenkofel, 2908 m
- Abstieg ins Mittagstal
- Val de Mesdi

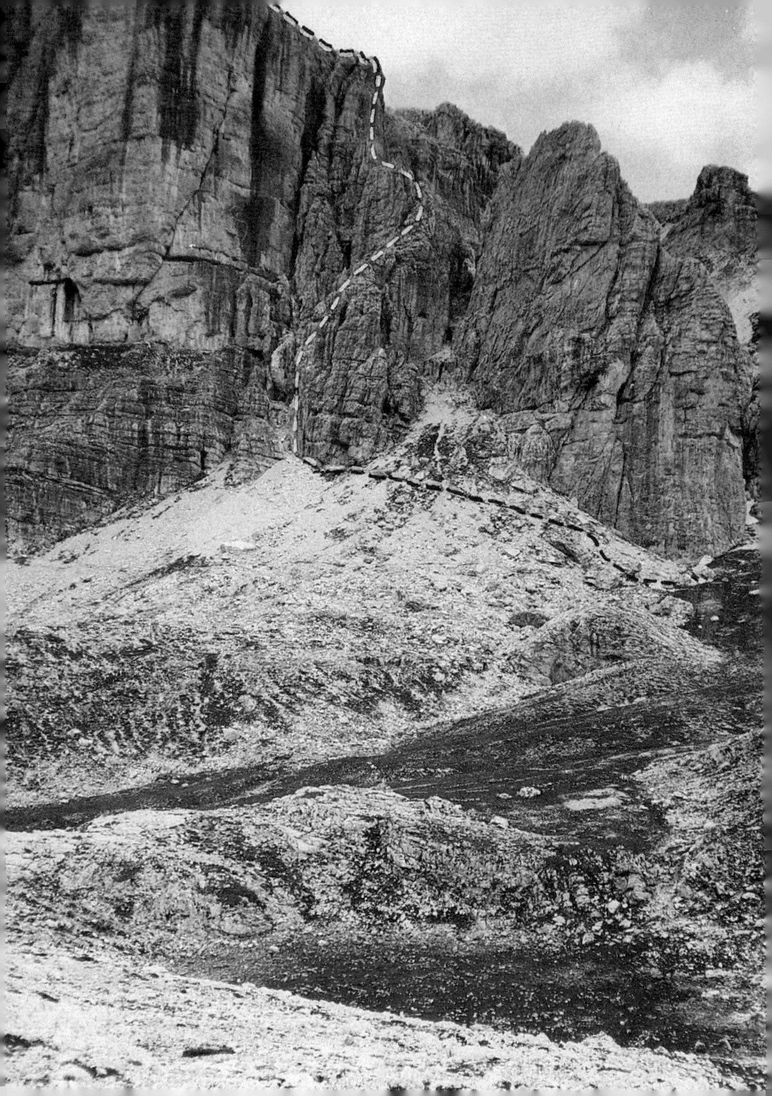

21 Boèseekofel, Piz da Lec, 2908 m, Via ferrata Piz da Lec

Sellagruppe

Der früher wenig beachtete Gipfel am östlichen Rand des Val de Mesdì, über den Normalweg eher eintönig zu besteigen, gehört seit 1984 zum Klettersteigprogramm in der Sellagruppe. Die Ferrata ist kurz, aber rassig, der Zustieg bei Benützung der Lifte denkbar bequem. Die Halbtagestour eignet sich gut für einen Ankunfts- oder Abfahrtstag, Konditionsstarke können am gleichen Tag auch noch den Piz Boè besteigen. Vom Gipfel bietet sich ein ungewohnter, umfassender Tiefblick ins Val de Mesdì, dem dieser Berg seine steile Westwand zuwendet. Der Boèseekofel ist ideal für ein „Familientreffen am Gipfel": Während die Ferrata auch anspruchsvolle Genießer befriedigt, ist der Normalweg jedem halbwegs schwindelfreien Bergwanderer zuzumuten.

Zugang: a) Von Corvara mit der modernen Großkabinen-Seilbahn „Funivia Boè" zur Bergstation Crep de Mont, 2198 m, und von dort mit Doppelsessellift weiter zur Bergstation Vallon, 2553 m.
b) Vom Passo di Campolongo, 1876 m, 400 m nördlich hinab zum Hotel Boè, 1867 m. Unmittelbar nördlich des Hotels führt ein breiter geschotterter Fahrweg steil in einigen großen Kehren, an einer Alm vorbei, in 1 Std. zur Bergstation Crep de Mont. Mit dem Sessellift zur Bergstation Vallon oder zu Fuß auf Weg 638, am idyllischen Boèsee vorbei und im übrigen meist in Nähe der Lifttrasse, dorthin.

Aufstieg: Von der Bergstation Vallon wandert man westwärts kurz über einen felsigen Hügel hinweg und kommt an einer winzigen offenen Hütte vorbei (rechts zweigt hier ein sehr steiler, nicht markierter Zugang zum Normalweg ab). Hier links weiter und auf einem geröllbedeckten Band rasch zu den Felsen. Gleich hinter einem Überhang befindet sich der Einstieg. Über ein kurzes Band um den ersten Klotz herum, dann folgen steile Felsstufen. Das Seil führt nun nach rechts in die große Schlucht und zieht über gut gangbare Stu-

Die Via ferrata Piz da Lec führt an der teilweise senkrechten, jedoch stark gegliederten, 180 Meter hohen Wand oberhalb des Vallonkessels auf den Boèseekofel. *Foto: P. Werner*

fen, stellenweise sehr steil, jedoch kaum ausgesetzt empor. Man quert ein Wandl, steigt in einer kurzen Verschneidung empor und überwindet – erstmals reichlich exponiert – einige senkrechte Wandstücke. Ein schuttbedeckter Absatz lädt zum Verschnaufen ein. Dann folgt eine letzte Mutprobe: zwei fast senkrechte, sehr ausgesetzte längere Leitern. Wer schließlich den leicht abdrängenden Ausstieg mit Hilfe mehrerer Klammern gemeistert hat, darf erleichtert aufatmen: Die nun folgende Felsstufe unter dem Schutz eines kleinen Überhangs ist harmlos. Seile führen noch kurz über einige breite, flache Bänder zu den Ausstiegsschrofen. Ein bequemes, breites Geröllband leitet in flachen Serpentinen auf weites schuttbedecktes Gelände. Der Gipfel wird von Süden her über einen breiten Kamm erreicht.

Abstieg: Die Markierung des Normalweges (646) führt ostwärts über flache Felsstufen und Geröllflächen hinab. Rechts erkennt man einmal einen schluchtartigen Kessel. Nach etwas eintönigen Schuttfeldern folgen steilere Schrofen, an deren Ende eine Reihe von Klammern über den fast senkrechten Felssockel hinableiten. Abermals bummelt man bequem über eine aussichtsreiche, fast ebene Geröllfläche, bis eine Eisenleiter über die nächste Felsstufe hinunterführt. In steilen Serpentinen zu einem Schartl hinab, von dem man überraschende Tiefblicke auf den Boèsee genießt. Über niedrige Felsstufen abwärts und in leichtem Bogen um die Felsflanke herum nach rechts zur Bergstation Crep de Mont.

Höhenunterschiede: Corvara 1568 m – Passo Campolongo 1876 m – Bergstation Crep de Mont 2198 m – Bergstation Vallon 2553 m – Piz da Lec 2908 m; Höhe des Klettersteiges: etwa 240 m.
Gehzeit: Bergstation Vallon – Piz da Lec 2½ Std.; Abstieg 1½ Std.; Passo Campolongo – Bergstation Crep de Mont 1 Std.
Schwierigkeit: 240 Höhenmeter mäßig schwierig und teilweise recht ausgesetzt. Abstieg (Normalweg) problemlos, zwei kurze senkrechte Wandstufen sind tadellos gesichert.
Stützpunkte: keine.
Hinweis: Bei entsprechender Zeitplanung kann am gleichen Tag noch der Piz Boè über den Lichtenfelser Steig (Tour 22) oder auf dem Normalweg Roa di Pigolerz (Nr. 638) bestiegen werden; jeweils 2½ Std. von der Bergstation Vallon.
Siehe Karte Nr. 6.

22 Piz Boè, 3152 m, Lichtenfelser Steig
Sellagruppe

Unter dem runden Dutzend markierter Gipfelanstiege auf den Piz Boè ist der Lichtenfelser Steig vielleicht der beschaulichste und geruhsamste; kein Klettersteig im engeren Sinn freilich, eher eine Ausweichtour, wenn man bei zweifelhaftem Wetter auf eine rassige Ferrata im Bereich des Piz Boè verzichten muß.
Für Anfänger, weniger Geübte und auch für Kinder ist es jedoch eine recht anregende Sache, diesen an einigen Stellen gesicherten Steig zu begehen. Mit Liftauffahrt wird es nicht zu anstrengend, jedoch auch wieder nicht so bequem wie mit der Seilbahnauffahrt vom Pordoipaß.

Zugang: Mit Seilbahn und Sessellift oder auch zu Fuß wie bei Tour 21 zur Bergstation Vallon, 2553 m.

Aufstieg: An der Bergstation folgt man den Schildern „Boè" und wandert, vielleicht mit einem kleinen Abstecher über die schon weithin sichtbare Ruine der alten Vallonhütte, über das hügelige Geröllplateau. Dann wird der Pfad steiler, und eine starke Gabelung am Hang gegenüber der Ruine weist nach rechts („637 – Lichtenfels"). Man erreicht schließlich einen Felsenkessel. Bequeme breite Bänder mit teilweise aus dem Stein gehauenen Trittstufen führen, streckenweise von Drahtseilen begleitet, in Serpentinen an der östlichen Flanke des Kessels entlang in einen flacheren Trichter. Der Pfad zieht dann, einen weiten Bogen schlagend, auf flachen Bändern oberhalb des gesamten Kessels hinweg bis an die Südseite des schuttbedeckten Vorgipfels der Vallonspitze. Eine überraschend schöne, lohnende Wegpartie!
Nun betritt man eine weite Einsattelung mit geröllbedeckten Hügeln und Mulden. Danach folgen mit großen Steinmanndln markierte schuttbedeckte Stufen. Nach einer letzten flachen Terrasse zieht der Weg an der steileren Nordflanke auf einen breiten Gratrücken hinauf, der mit leichtem Gefälle an die eigentliche Nordostflanke des Gipfels heranführt. In steilen Serpentinen erreicht man den breiten Grat mit seinen großen Felsblöcken, der sehr anregend zum Gipfel führt. Kurz vorher mündet der Weg in den vielbegangenen Aufstieg von der Bamberger Hütte (Rif. Boè) ein.

Wegszenerie auf dem Lichtenfelser Steig. Foto: P. Werner

Abstieg: a) Wie Aufstieg.
b) Über den Normalweg „Roa da Pigolerz", Weg Nr. 638, gut bez. zurück zum Ausgangspunkt Bergstation Vallon. Dieser Weg führt vom Gipfel zunächst direkt südwärts (*nicht* dem vielbegangenen Abstieg zur Pordoischarte folgen), biegt aber bald ostwärts ab und folgt etwa den Bändern des Gipfelaufbaus bis zur Vereinigung mit dem Lichtenfelser Steig. Vorsicht: Man verlaufe sich beim Abstieg nicht in die schwierige Via ferrata Cesare Piazzetta!

Höhenunterschied: Bergstation Vallon 2553 m – Piz Boè 3152 m.
Gehzeiten: Bergstation Vallon – Piz Boè 2½ Std.; Abstieg a) oder b) je 1½ Std.
Schwierigkeit: Durchgehend unschwierig, nirgends exponiert.
Stützpunkte: Capanna Piz Fassa am Piz Boè, 3152 m, einfach bewirtschaftet. Siehe Karte Nr. 6.

23 Piz Boè, 3152 m, Via ferrata Cesare Piazzetta

Sellagruppe

Der „leichteste Dreitausender" der Dolomiten kann nun mit einem gegenteiligen Superlativ aufwarten – dem schwierigsten aller bisher gebauten Klettersteige! Dieses Prädikat gilt allerdings nur für etwa 150 Höhenmeter, die absichtlich extrem kraftraubend und anspruchsvoll angelegt sind.

Die im Sommer 1982 gesicherte Führe wäre im Urzustand stellenweise mit dem V. Grad zu bewerten. Der weitgehend senkrechte Teil der Felswand ist überwiegend südseitig gelegen, so daß Vereisung oder Nässe kaum zu befürchten sind.

Der Klettersteig wurde zu Ehren des Bergsteigers und Alpinautors Cesare Piazzetta aus dem nahen Arabba benannt, der vor einigen Jahren in Südafrika tödlich verunglückte. Seine Freunde und einige Spezialisten der Polizeischule Arabba haben das „alpine Meisterwerk" vollbracht: zwei Stunden schwerste Meißelarbeit für jede Verankerung, ohne jeden Maschineneinsatz. Zehn Tage dauerte es, bis der Zement ausreichend hart war. Dann erst konnte man die griffigen Seile straff einspannen.

Tafeln am Beginn des Zustiegs, Prospekte und andere Publikationen warnen vor den Schwierigkeiten dieser Ferrata. Man darf aber von folgendem ausgehen: Wer „Pößnecker" (Tour Nr. 19) und „Tomaselli" (Tour Nr. 56), den „Costantini" in der Moiazza (Tour Nr. 94), die „Stella Alpina" auf den Monte Agnèr (Tour Nr. 46) und den „Rino Pisetta" nördlich des Gardasees (Tour Nr. 158) gemeistert hat, kann getrost auch den „Cesare Piazzetta" angehen – selbstverständlich auch im Alleingang. Gute Verhältnisse sollte man jedoch unbedingt abwarten.

Zugang: Vom Pordoipaß, 2242 m, auf asphaltiertem Sträßchen mit Pkw in wenigen Min. ostwärts zum kleinen Parkplatz vor dem weithin sichtbaren deutschen Kriegerdenkmal. Vom Wächterhäuschen auf gutem Weg zu Fuß zum Mausoleum, 2229 m (Öffnungszeit 8.00 bis 19.00 Uhr).

Aufstieg: Der Pfad zum Einstieg beginnt direkt an der Nordseite des Mausoleums. Er ist zwar durchgehend, aber nur sparsam markiert. Streckenweise verläuft nur eine Trittspur durch die von Edelweiß übersäten Steilwiesen südlich der gesamten Felsabstürze. Der Pfad zieht oberhalb eines weit vorgelagerten Felssporns nordostwärts. Nach 1½ Std. steilem Anstieg gelangt man endlich an den senkrechten Fels, an dem auch die markierte Pfadspur Nr. 7 entlangzieht. Bald steht man vor dem Einstieg, in etwa 2600 m Höhe; die berühmte Hängebrücke ist von hier aus bereits gut sichtbar. Sehr griffige, tadellos verankerte und straff gespannte Seile von ausreichender Dicke führen zunächst etwa 10 m senkrecht über sehr trittarmen Fels empor. Die ersten 80 Höhenmeter sind nun tatsächlich stellenweise eine echte Kraftprobe: Die Seilführung wechselt zwischen senkrechten und schrägen Passagen und kurzen, trittarmen Querungen. Mit Hilfe von zwei Klammern erreicht man einen entscheidenden Tritt, von dem aus man sich über eine abdrängende Stelle hinaufziehen kann. Tritthilfen herkömmlicher Art sind übrigens an mehreren heiklen Stellen eingebaut. Die Führe zieht stets sehr ausgesetzt weit nach rechts hinüber. Schließlich leitet ein Schotterband nach links hinaus. Hier darf man beruhigt aufatmen – die Kraft- und Mutproben sind bestanden!

Ein kurzer Kamin, den man durchschliefen muß, führt zu der über eine tiefe Kluft gespannten Hängebrücke (links Sicherungsseil). Über gut gestuften Fels geht es dann problemlos weiter. Das Seil leitet an kurzen Bändern entlang, über niedrige, jedoch senkrechte Wandstücke empor und dabei weit ostwärts hinüber bis zu einer großen schuttbedeckten Aussichtsterrasse. Hier beginnt sich die senkrechte Wandstufe in mehrere, nur mäßig steile Rippen aufzulösen. Noch ein kurzer Aufschwung mit Seil, dann auf breitem Band nach links in das jetzt nicht mehr gesicherte, jedoch gut markierte Felsgelände, dessen Schwierigkeit an keiner Stelle den II. Grad überschreitet. Die Markierung führt geschickt zwischen kaum mannshohen Stufen und über Bänder empor nach rechts in die schon am Morgen sonnenüberstrahlte Südostseite. Nach Aufstieg in einer seichten Rinne folgt ein steiler, aber sehr kurzer kaminartiger Aufschwung, dem ein Eisenstift rechts unten und ein hervorragender Griff links oben die befürchtete Schärfe nehmen. Leichter Fels führt zu einem Band. Man folgt ihm nach links zu einem Hin-

Die Südseite des Piz Boè mit dem Routenverlauf der Via ferrata Cesare Piazzetta, die zu den absolut schwierigsten Klettersteigen überhaupt zählt.
Foto: P. Werner

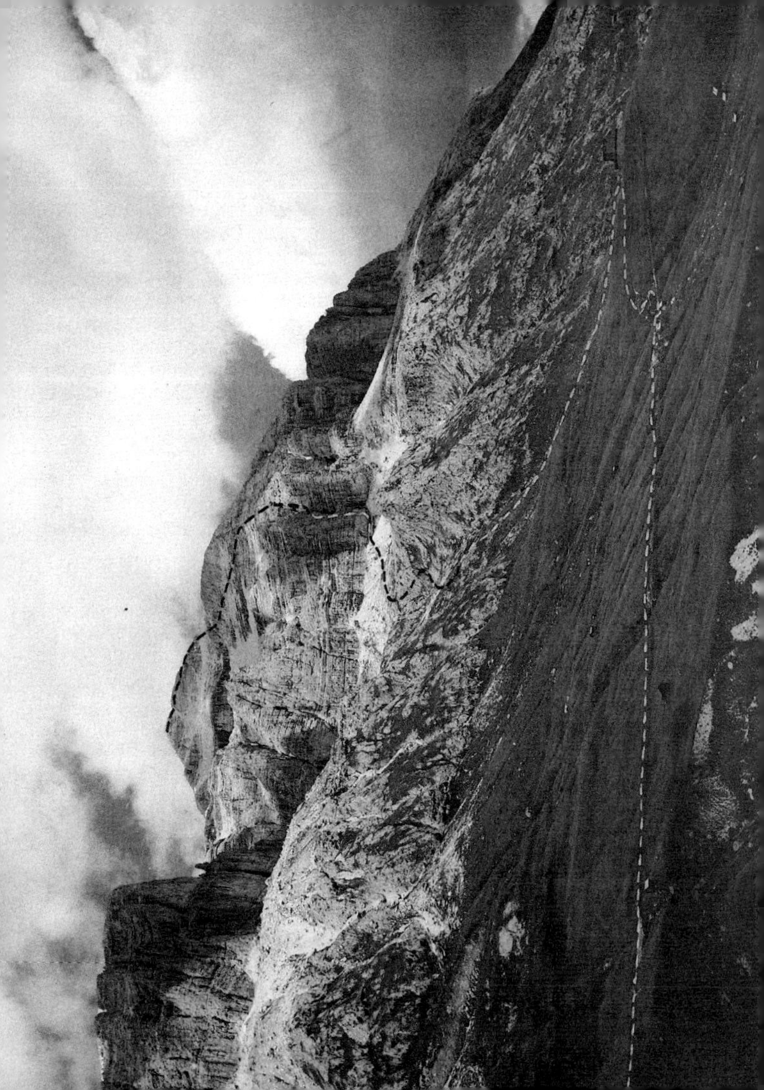

weisschild und klettert über eine gut gestufte flache Rippe hinauf. Auf einem Steig nach links zu einer erdigen Terrasse, von der man halblinks in ein Blockgewirr gelangt. Ein seichtes Kaminchen führt zur Einmündung in den Normalweg 638 von Corvara, auf dem man problemlos zum Gipfel steigt.

Abstieg: a) Wer zu seinem Auto zurück will, folgt am besten dem Normalweg (Nr. 627/638) zur Pordoischarte, 2849 m, mit kleinem Restaurant (Rif. Forcella Pordoi). Bequeme steigen zum Sass Pordoi, 2950 m, empor und fahren mit der Seilbahn zu Tal. Das Absteigen durch die berühmte Schlucht (Skiabfahrt) ist ebenfalls recht bequem. An ihrer Westseite erleichtern gute Seilsicherungen den Abstieg, der im Mittelteil Gelegenheit zum „Abfahren" im Geröll bietet. Wer sich am Ausgang der Schlucht stets halblinks hält, kann weglos durch sehr schönes Gelände – Wiesen und Blöcke – direkt zum Mausoleum gelangen.
b) Abstieg über Lichtenfelser Steig (s. Tour 22) oder auf dem Normalweg 638.
c) Abstieg durchs Val de Mesdì (s. Tour 19).

Höhenunterschied: Pordoipaß 2242 m – Piz Boè 3152 m, Höhe des Klettersteigs 300 m (2600 – 2900 m).
Gehzeiten: Kriegerdenkmal – Einstieg 1½ Std., Einstieg – Piz Boè 2 – 3 Std., Abstieg zu Fuß 1½ – 2 Std.
Schwierigkeit: Etwa 150 Höhenmeter außergewöhnlich anspruchsvoll, anstrengend und ausgesetzt, die restliche Route ist allenfalls mäßig schwierig, fordert jedoch freies Klettern im I. und II. Grad (nicht exponiert). Abstieg a) und b) völlig problemlos, Abstieg c) unter Umständen nur mit Pickel.
Stützpunkte: Capanna Piz Fassa am Piz Boè, 3152 m, einfach bew.; Rifugio Forcella Pordoi, 2849 m; Restaurant an der Bergstation Sass Pordoi, 2950 m; bei Abstieg durchs Val de Mesdì Rif. Boè (Bamberger Hütte), 2871 m.
Hinweise: Einstieg nur bei gutem, trockenem Wetter! Auf keinen Fall schwerer Rucksack! Auf lehmfreie Schuhsohlen achten!
Siehe Karte Nr. 6.

28 Cima Dodici – Sass Aut – Punta della Vallaccia, Sentiero attrezzato di Sass Aut dedicato a Franco Gadotti

Marmolatagebiet

Südöstlich des beliebten und vielbegangenen Rosengartens ragt das Massiv der Vallaccia aus dem Fassatal empor. Ein U-förmiger, nach Norden geöffneter Gebirgsstock umrahmt das schmale und überall steile Hochtal Vallaccia. Die Gipfel dieses „U" sind: im Nordosten der Torre di Vallaccia, 2143 m, im Südosten der Sasso delle Undici, 2563 m, im Süden die Punta della Vallaccia, im Südwesten der Sass Aut, 2376 m, und im Nordwesten der Cima Dodici, 2443 m. Der 1978 in den Fels gelegte Eisenweg erschließt die östliche Gipfelkette, er bietet ein eher beschauliches Klettersteigerlebnis abseits der großen Touristenströme, mit großartiger Aussicht auf die benachbarten Felsmassive – und mit einigen Überraschungen.

Zugang: Von Pozza di Fassa, 1320 m, mit dem Auto ins Val di San Nicolo bis zum Rasthaus Soldanella, 1450 m.

Aufstieg: Unterhalb der Brücke Wegweiser zum Bivacco Donato Zeni, Nr. 615. Auf anfangs gemütlichem, später stets steilem Pfad durch hochstämmigen Wald mühsam in das steile, einsame Hochtal. Ein Drahtseil leitet über eine Rampe eines zu querenden Felsblocks. Bald darauf erreicht man das Bivacco Zeni, etwa 2100 m, im engen Talschluß auf einem kleinen Plateau. Ein Wegweiser zeigt zum Einstieg des Klettersteigs, der in 5 Min. erreicht wird.

Das erste drahtseilgesicherte Felsband überrascht mit seiner kühnen Wegführung und einer sehr ausgesetzten Stelle. Einem kurzen Pfad in steilem Gehgelände folgen wieder gesicherte Felsbänder unter wilden Überhängen. Auf einem grasigen Steilpfad folgt bald eine gesicherte, harmlose Felsstufe. Ein weiterer, sehr steiler Graspfad führt in eine breite steile Schuttrinne, welche auf die erste Scharte, die Forcella Vallaccia, führt. Über eine Felsplatte abwärts und in weitem Bogen durch ein Kar auf einen breiten, grasigen Rücken. Ein zehnminütiger Abstecher nach rechts leitet auf die Cima Dodici, 2443 m, einen breiten Grasbuckel mit neuem Gipfelkreuz und großartigem Rundblick zu Latemar, Rosengarten und Marmolata. Eine sehr einfache Klettersteigpassage führt nun über

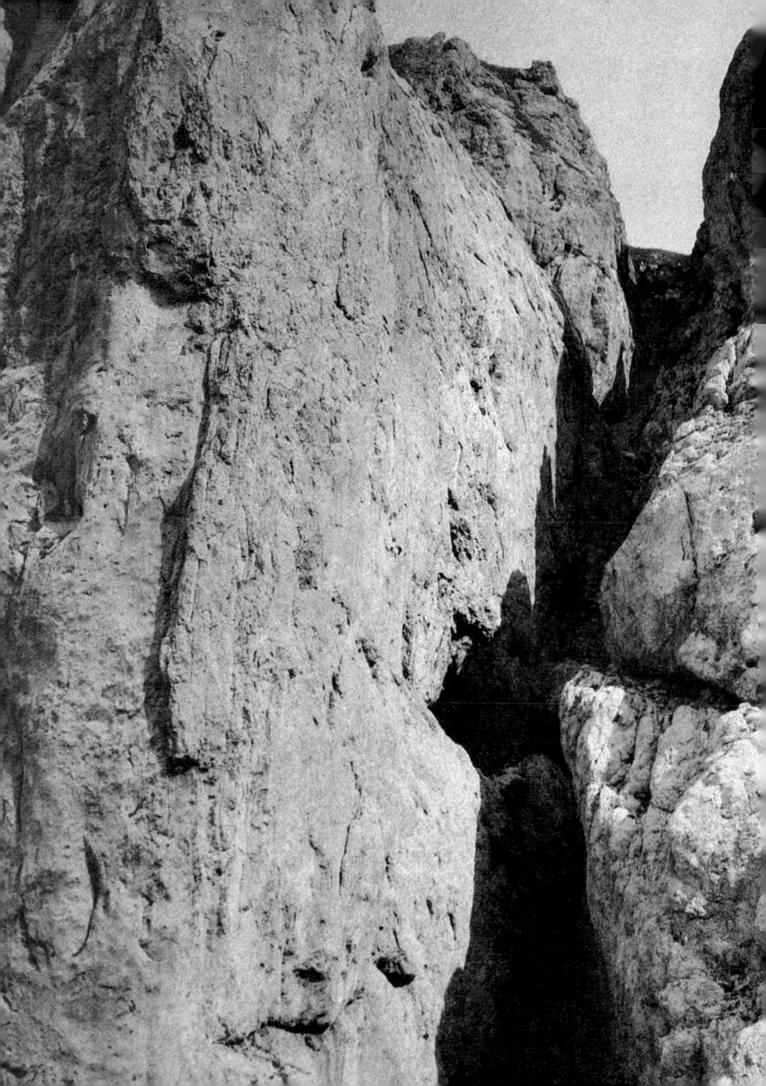

breite Felsbänder zum Gipfel des Sass Aut, 2376 m, einer Buckelwiese. Eine sehr dürftige Markierung weist durch das Grasgelände südwärts zu einer steilen, düsteren Felsschlucht. Man steigt an guten Drahtseilen etwa 100 m ab, bis rechts an der Felswand ein roter Kreis die überraschende Schlüsselstelle markiert. Hier, wo es scheinbar nicht mehr weitergeht, wendet man sich wenige Schritte nach links herum und findet ein Drahtseil, das in eine von mächtigen Klemmblöcken gebildete Grotte hinunterführt. Man schleicht durch das Felsgewölbe hinab und muß nochmals, gut gesichert, etwa 100 m absteigen. Am Fuße dieser Schlucht endet das Klettersteigerlebnis; eine längere aufsteigende Querung entlang von Steilwänden führt zunächst in einen Karkessel, dann auf eine grasige Scharte, von der man den dritten Gipfel, die Punta della Vallaccia, 2637 m – wiederum eine grasige Flanke – in wenigen Min. erreicht. Die Fernsicht ist erneut großartig und schließt auch die Palagruppe mit ein.

Abstieg: Vom grasigen Gratrücken unter dem Gipfel führt Pfad Nr. 624 zur Kreuzung mit dem Verbindungssteig zum Rif. Taramelli, 2046 m. Der etwa halbstündige Abstecher zur Hütte wird mit großer Gastlichkeit belohnt. Der weitere Abstieg leitet nun ins Valle dei Manzoni, wo eine Fahrstraße weiter talwärts ins Val San Nicolo zurückführt. Man berührt hier noch die große neue Manzonialm, 1820 m, sowie das "Rifugio Manzoni", 1792 m, eine ehemalige ältere Alm, jetzt Gastwirtschaft. Etwa 1½ km vor Soldanella kann man noch einen Blick in die rührende Capella di Crocefisso, 1522 m, tun, daneben einfacher Gasthof. Über einen Kreuzweg zum Auto zurück.

Höhenunterschied: Soldanella 1450 m – Cima Dodici 2443 m – Sass Aut 2376 m – Punta della Vallaccia 2637 m.
Gehzeit: Punta della Vallaccia etwa 4–5 Std. Abstieg etwa 3 Std.
Schwierigkeit: Am Beginn des Klettersteigs einige etwas exponierte Passagen, sonst technisch problemlos. Auf den grasigen Gipfelhochflächen bei Nebel schwierige Orientierung.
Stützpunkte: Bivacco Zeni, 2100 m, 9 Schlafplätze, kein Wasser. – Im Abstieg ggf. Rif. Taramelli, 2046 m (½–¾ Std. Umweg). – Rif. Manzoni, 1792 m, bew.
Siehe Karte Nr. 4.

Durch diese steile Schlucht führt der Abstieg vom Sass Aut.
Foto: P. Werner

29 Collàc, 2715 m, Via ferrata dei Finanzieri
Marmolatagebiet

Stand der klotzige Collàc einst kaum beachtet „am Rande des Weges" zur Marmolata, ist er heute, seit dem Bau der Ferrata und der Seilbahn, ein klassisches Klettersteigziel geworden. Die große Verschneidung, die in halber Höhe durch die westliche Hälfte der Nordwand emporzieht, lenkt die Blicke aller Klettersteigkenner, die auf der Paßstraße zwischen Canazei und Sellajoch fahren, auf sich. Diese Verschneidung, die etwa die Hälfte des Aufstiegs ausmacht, ist der Schlüssel des rassigen Felsgangs am Stahlseil, der ohne ermüdenden Zustieg gestartet werden kann. Wer die vergleichsweise kurze Tour beschaulich abrunden möchte, findet mehrere Möglichkeiten: Verlängerte Abstiege durch das Contrintal oder, zusätzlich, den großartigen, gesicherten Höhenweg Lino Pederiva (s. Tour 30).

Zugang: Von Canazei nach Alba (3 km), zur Talstation der Seilschwebebahn Ciampac (erste Fahrt 8.30 Uhr).

Aufstieg: Von der Bergstation, 2147 m, auf der Pistentrasse wenige Schritte östlich abwärts, bei der ersten Wegabzweigung scharf nach rechts und zu der schon von oben sichtbaren, großen Kiesgrube, 2090 m, hinab. Rote Pfeile weisen auf den Serpentinenpfad hin, der über den großen teilweise begrünten Schuttkegel zum Einstieg führt (2175 m, Gedenktafel). Durch eine seichte Rinne kurz an einem Seil empor zu einem weiteren Geröllpfad, dann am Seil über eine leichte Wandstufe nach links zu der großen Verschneidung. Nun geht es sehr anstrengend über teilweise glatte Platten empor, die besonders am Morgen noch feucht sind; eine sehr glatte, meist nasse Plattenpassage wird neuerdings an gestuftem, jedoch sehr steilem Fels umgangen. Noch vor dem Ende der Verschneidung führen Trittstifte über eine völlig senkrechte Wandstelle sehr luftig nach rechts empor auf mäßig steilen, schotterdurchsetzten Fels. Die größten Anstrengungen sind nun vorbei. Es folgt gegliederter Fels, das Seil zieht sich in der Fallinie über kleine Stufen und durch Rinnen bis zu einem kurzen Geröllband hinauf, wo man sich nach links wendet. Nach einigen leichteren Felsstufen folgen steile Rippen und Wandstücke, Rinnen und Kaminchen. Eine letzte steile Rinne führt endlich hinaus auf den Nordgrat, wo der Blick auf die Marmolata überrascht. Am Grat empor und durch eine leichte Rinne zum Gipfel.

Via ferrata dei Finanzieri, die letzten Meter kurz unterhalb des Gipfels.
Foto: P. Werner

Abstieg: a) Die Aufschrift „Ciampac" im Sattel zwischen Haupt- und Vorgipfel weist in eine breite, kurze Geröllrinne, vor deren senkrechtem Abbruch ein Seil durch einen schmalen Felsspalt nach rechts in eine kurze Verschneidung leitet. Auf bequemem Band nach rechts in eine geröllbedeckte Schlucht, durch die man problemlos an Seilen absteigt. Durch ein kleines Felstor gelangt man in die nächste Schlucht, in die man auf abschüssigen Pfaden am rechten Rand absteigt. Ein kurzes Seil leitet über die Gesimse nach rechts auf grasige Bänder, dann über weitere abschüssige, aber gesicherte Bänder bis zum rechten unteren Ende der Schlucht. Ein bequemes Grasband führt schließlich westwärts um die Wände herum und mit leichtem Gegenanstieg bis zur weiten grasigen Scharte zwischen Collac und Sasso Nero. Ein Felsblock mit der Aufschrift „Ciampac" weist den Abstieg über Almwiesen hinab zur Bergstation (Weg Nr. 644).
b) An der Scharte zwischen Collac und Sasso Nero ostwärts und dann in südöstl. Richtung auf Weg Nr. 613 weiter bis zum Passo di San Nicolo, 2338 m. Diese landschaftlich sehr schöne Höhenwanderung kann man nun mit einem Abstieg zum Rif. Contrin beenden und ggf. von hier am nächsten Tag zur Marmolata weitersteigen (Tour 32, vgl. auch Tour 33).
c) Zunächst wie Abstieg b), jedoch unmittelbar hinter dem Passo di San Nicolo links ab ins Pra Contrin, was den Rückweg zur Talstation erheblich verkürzt.
d) Zunächst wie Abstieg b), jedoch bereits östlich des Sass di Roca auf einem Pfad nordwärts ins Hochtal Ciamp de Mèz, einem Seitental des Val di Contrin. Man trifft auf halber Strecke auf den bekannten Zugangsweg zum Rif. Contrin (Weg 602) und erreicht bald die Talstation der Seilbahn.

Höhenunterschied: Einstieg 2090 m – Collac 2715 m.
Gehzeiten: Bergstation Ciampac – Collàc 2 Std. (im Abstieg 1½ Std.), Abstieg b) 4 Std., Abstieg c) 3 Std., Abstieg d) 2½ Std., Aufstieg von Alba zur Bergstation Ciampac zu Fuß 2 Std. (im Abstieg 1¼ – 1½ Std.).
Schwierigkeit: Ferrata dei Finanzieri im unteren und mittleren Teil schwierig und anstrengend; die Route ist streckenweise ausgesetzt und steinschlaggefährdet. Der Normalweg ist vergleichsweise einfach und auch im Abstieg wesentlich anspruchsloser.
Stützpunkte: Restaurant an der Bergstation Ciampac, in unmittelbarer Nähe vier weitere Restaurants (im Sommer teilweise geschlossen).
Hinweis: Bei entsprechender Ausdauer ist nach Ersteigung des Collàc noch ein Abstecher zum Sasso Bianco zu empfehlen (Tour 30).
Siehe Karte Nr. 7.

30 Sasso Bianco, 2431 m, Sentiero attrezzato dedicato a Lino Pederiva

Marmolatagebiet

Der aussichtsreiche, an einigen Stellen gesicherte Höhenweg bietet sich als willkommene Abrundung eines Klettersteigtages am Collàc an, ist aber, bei weniger gutem Wetter, auch ein brauchbares Ausweichziel, das sich zu einer Tagestour ausdehnen läßt. Der gut angelegte Steig führt vom Buffaure über den sanften Höhenrücken bis Brunec und dann durch die Nordhänge des Sass de Roca bis zum Passo San Nicolo. Man wandert dabei am kleinen Sass de Bianco vorbei, der ein Teil des stark befestigten österreichischen Verteidigungssystems war. Tiroler Feldwachen standen hier Sommer wie Winter, wie auch am Contrinpaß, auf der Punta di Nicolo, am Col Ombert, am Passo di Uomo und rund um die Costabella. Die gesamte Verteidigungslinie in den Fassaner Dolomiten hielt bis zur Auflösung der Front im November 1917 allen Angriffen stand.

Zugang: a) Am besten wie bei Tour Nr. 29 (Collàc) mit der Seilbahn zur Bergstation Ciampac.
b) Nach Besteigung des Collàc ist die Forcia Neigra, 2530 m, ein idealer Ausgangspunkt.
c) Für eine Tagestour kann man auch den Talort Pozza di Fassa (Ortsteil Meida) wählen und mit der Gondelbahn zur Bergstation Rif. Buffaure, 2020 m, emporfahren. Von dort führt der markierte Weg 613 über den Sass de Dama, 2430 m, zur Sella Brunec, 2428 m (Bergstation eines Skilifts vom Ciampac).

Aufstieg: a) Von der Bergstation Ciampac geht es teils durch blühende Almwiesen, teils über Pistengelände in 40 Min. zur Sella Brunec, 2428 m, Bergstation des westlichen großen Skiliftes, etwa 40 Höhenmeter unterhalb des Grates. Hier beginnt die Markierung 613. Man quert zunächst südseitig die mäßig steile Grasflanke einer hohen, rundlichen Kuppe. Dann verläuft der Pfad in leichtem Auf und Ab direkt am Grat. Er ist gelegentlich etwas schmal und luftig, bietet aber eine großartige Aussicht nach beiden Seiten. Bald ist das grasige Joch vor dem nun jäh aufragenden Felsstock aus dunklem Eruptivgestein erreicht. Der Pfad zieht mit wenigen Kehren in die Südflanke hinab und umgeht den gesamten Felsaufbau auf teilweise abwärts führendem Grasband. Es folgt eine aussichtsreiche, anregende Wegstrecke, die an den wenigen etwas ausgesetzten Stellen sehr gut gesichert ist. Am Fuß heller Kalkfelsen erreicht man ein Joch, von dem aus der Sass de Bianco voll ins Blickfeld rückt: Ein wild zersägter, niedriger Felskamm, der schon von weitem gähnende Kavernen zeigt. Man steigt noch einmal kurz auf weites Wiesengelände hinunter und steht nach wenigen Min. leichten Gegenanstiegs mitten in den ehemaligen Kampfstellungen des Ersten Weltkriegs. Ein kleiner Abstecher nach links führt quer durch den Kamm, der von Kavernen durchhöhlt ist. Die Westseite betritt man direkt über eine betonierte Brüstung. Wenige Schritte von dort steht noch ein betonierter Bogen mit der Jahreszahl 1917. Der höchste Gipfelzacken an der Nordseite ist ebenfalls mit wenigen Schritten erreicht. Am Rifugio Passo San Nicolo, 2340 m, gibt es die ersehnte Bewirtung.

b) Wer den Collàc bestiegen hat, für den empfiehlt sich ggf. der Zugang von der Forcia Neigra. Von dort auf dem bez. Weg 613 östlich des Sasso Nero in Richtung Passo San Nicolo. Man erreicht den Sentiero „Lino Pederiva" nahe beim Sasso Bianco und kann ihn als Rückweg zum Ciampàc benutzen.

Abstieg: Wie Aufstiege a) oder b) oder Fortsetzung des Weges zum Rif. Contrin, siehe Tour 32 Abstiege b), c), d).

Höhenunterschied: Ciampac 2147 m – Sella Brunec 2428 m – Forcia Neigra 2530 m – Sasso Bianco 2431 m.
Gehzeiten: Ciampac – Sella Brunec 40 Min., Ciampac – Forcia Neigra 1 Std., Rif. Buffaure – Sella Brunec 2 Std. Von der Sella Brunec oder von der Forcia Neigra zum Sasso Bianco etwa 1 – 1½ Std.
Schwierigkeit: Durchwegs leicht.
Stützpunkte: Wie Tour 29 (Collàc); Rifugio Passo San Nicolo, 2338 m, bewirtschaftet.
Siehe Karte Nr. 7.

Der Sentiero attrezzato dedicato a Lino Pederiva endet beim Sass de Bianco, einem Schauplatz des Gebirgskriegs 1915/17. Links im Hintergrund die Marmolata, rechts davon Cima Ombretta und Sasso Vernale mit seinem Hängegletscher.   *Foto: P. Werner*

Marmolata

Cima Ombretta

Sasso Vernale

31 Bec de Mezdì, 2733 m, Via delle Trincèe

Padonkamm, Marmolatagebiet

Einer jener Klettersteige, die auf alten Kriegsanlagen basieren, überschreitet den gezackten, dunklen Padonkamm und erreicht ihren Kulminationspunkt im Bec de Mezdì (auf der Kompaßkarte auch als „Mèsola", oder Mittagsspitze eingetragen). Obwohl dieser Steig nicht zu den längsten dolomitischen Ferraten zählt, darf er sich doch unter die interessantesten einreihen. Neben der prickelnden Spannung, wie es wohl weitergeht, bildet der Reichtum an Abwechslung und die Pracht seiner Aussichtspunkte den besonderen Reiz dieses nicht ganz leichten Eisenweges. Man könnte ihn vielleicht als sportliches Gegenstück zum benachbarten gemütlichen Bindelweg bezeichnen, der gleichfalls von der gegenüberliegenden, vergletscherten Marmolata überstrahlt wird.

Ein Bergführer aus Arabba, Gilberto Salvatore, hat den Steig angelegt und „Via delle Trincèe" getauft, was so viel wie „Schützengrabenweg" bedeutet. Tatsächlich führt diese Route durch engstes Kampfgebiet aus dem Ersten Weltkrieg mit zahlreichen Stellungen, die sich im schwarzen Lavagestein festgekrallt haben.

Zugang: Will man sich drei mühsame Aufstiegsstunden sparen, fährt man mit der Seilbahn von Arabba auf die Porta Vescovo, 2516 m; von Fedaja (Rif. Marmolata) auf steilem Steig 1¼ Std.

Aufstieg: Im Sommer erinnert auf der Porta Vescovo nichts an den winterlichen Pistenrummel, der sich von Dezember bis April dort oben abspielt. Nur einige Aussichtsfans schätzen den herrlichen Blick zur gegenüberliegenden, majestätisch hingebreiteten Dolomitenkönigin „Marmolèda" im silbrigen Firnmantel. Von der Bergstation wendet man sich zunächst östlich über steile Grasflanken, mit Felsbrocken garniert. Die roten Markierungspunkte bringen in etwa 20 Min. zu den Einstiegsfelsen mit einem Schild: „Ferrata delle Trincèe".

Der ganze Padonkamm besteht aus dunklem, kompaktem Ergußgestein. Gleich der Beginn hat es in sich: Ein etwa 35 m hoher, kleingriffiger Felsaufschwung muß überlistet werden. Ein nur locker angebrachtes Führungsseil leistet etwas Hilfe. Über grasiges Geschröf, Steinplatten (Eisengriffe) – aber immer noch recht luftig, oft mit Minitritten, dafür mit aufreizenden Tiefblicken – erreicht man

Hängebrücke an der Via delle Trincèe. Foto: W. Rauschel

den schmalen Grat. Drahtseile zeigen den Weiterweg an, der elegant und flüssig in stetem Auf und Ab längs der zerhackten Schneide bis zu einer schwankenden Hängebrücke führt. Sie überspannt einen tiefen Einschnitt.

Eine Verschnaufpause lohnt sich: Im Norden die klotzige Sellagruppe, rechts der Sass Songher, La Varella, Fanis und die anderen Cortineser Dolomitenkolosse. Doch immer wieder wird der Blick magisch angezogen von der glitzernden Marmolata. Der smaragdgrüne Fedajasee umschmeichelt kontrastvoll ihren Firn- und Felssockel.

Längs einer ziemlich glatten Platte abkletternd (nicht ganz einfach) und den nächsten Grataufschwung wieder hinauf, betritt man den höchsten Punkt des gesicherten Weges, den Bec de Mezdì. Nach dem nächsten Einschnitt findet sich ein alter Kriegssteig, daneben

Stellungen, eine Kaverne und eine verfallene Feldküche. Knapp darüber der Ostgipfel, dem man einen kleinen planierten Absatz eingekerbt hat, auf dem im Krieg Scheinwerfer postiert waren, die den österreichisch besetzten Col di Lana (siehe Tour Nr.65) anstrahlten.

Zum Abschluß noch ein ausgesetztes Band durch eine abfallende Wand und abdrängende, mit Klammern und Seilen gesicherte Felspassagen. Nach der letzten Sicherung wendet man sich nach rechts zu einem abschüssigen Grasband, das zu einer Scharte führt, die sich als Nest mit in Fels gehauenen Kriegsanlagen entpuppt. Rote Flecke weisen den Rückweg zur Seilbahnstation.

Wie gesagt, die „Ferrata delle Trincèe" ist kein Unternehmen für bergsteigerische Greenhorns. Wer dieser luftigen Tour gewachsen ist, darf außer der persönlichen alpinen Befriedigung, die diese keineswegs alltägliche Führe schenkt, auch ein nachhaltiges kriegshistorisches Dolomitenerlebnis mit nach Hause nehmen.

Abstieg: Mit der Seilbahn nach Arabba, oder von der Porta Vescovo über alte Kriegssteige die südlichen Rasenhänge hinunter nach Fedaja, ¾ Std.

Höhenunterschied: Arabba 1605 m – Porta Vescovo 2516 m – Bec de Mezdì 2733 m – Fedaja 2044 m.

Gehzeiten: Für die ganze Überschreitung von der Porta Vescovo zurück zur Seilbahnstation rechnet man 3 – 3½ Std.

Schwierigkeit: Trotz der relativen Kürze dieser gesicherten östlichen Padonkamm-Überschreitung ist die Route als technisch schwierig einzustufen. Nur für wirklich Felsgeübte, Trittsichere und Schwindelfreie. Besondere Vorsicht bei Schlechtwetter und Vereisung. Steinschlaggefahr an den Einstiegsfelsen.

Stützpunkt: Hotels und Gasthäuser in Arabba, 1605 m (ladinisch Reba). – Bergrestaurant (Selbstbedienung) auf der Porta Vescovo, 2516 m. – Rif. Marmolada-Fedaja, 2044 m, CAI, 72 B. und M., ganzjährig bew.

Tip: Abstieg gegen Fedaja; kurz vorher trifft man auf den bekannten „Bindelweg" (ladinisch „Vièl del Pan") Nr. 601, der westlich weiterführt zur Sessselliftstation Belvedere, bzw. zum Pordoijoch. Eine Panoramadelikatesse ersten Ranges, außerdem botanisch und geologisch sehr interessant; 2½ – 3 Std.

Hinweis: In der Scharte, wo die Via delle Trincèe endet, beginnt der Höhenweg „Delle Creste", der in östlicher Richtung leicht fallend zum Bivacco Ernesto Bontadini, 2696 m, und steil abwärts zum Rifugio Padon führt. Dieser Höhenweg ist an luftigen Stellen mit Drahtseilen gesichert und verläuft zum Teil durch alte Kriegsstollen (Taschenlampe notwendig). Wenn auch die Route im Vergleich mit der Via delle Trincèe unschwierig ist, bildet sie doch eine lohnende Fortsetzung des Klettersteigs. Vom Rifugio Padon auf Weg Nr. 699 Abstieg zur Straße Caprile – Fedaja. Gesamtzeit ab Beginn des Höhenweges 3 Std. Siehe Karte Nr. 8.

32 Marmolata, Westgrat zur Punta Penia, 3344 m

Marmolatagebiet

Der Gebirgsstock der Marmolata trägt nicht nur den höchsten Gipfel, sondern auch die größte Gletschermasse der Dolomiten. Gegen Süden stürzt der Gipfelaufbau mit jähen Wänden senkrecht in die Kare ab, gegen Norden ist die Abdachung flacher, statt kahler Wände finden sich hier die Eisströme und Firnlager, in die von der Nordseite her zwei riffartige, isolierte Felspfeiler, der Sasso delle Undici und der Sasso delle Dodici eindringen, kleine Felssporne zeigen sich auch weiter westlich. Die geschwungene Kammlinie über dem Gletscher trägt drei Erhebungen: die Punta Penia, 3344 m, das Traumziel der Bergsteiger aller Stilrichtungen und Schärfegrade, die Punta di Rocca, 3259 m, das Mekka der Sommerskifahrer, und den einsameren Mont Serauta, 3218 m. Nordwestlich dieses massigen Felsenkammes ist die enge Marmolatascharte eingeschnitten, von der sich westwärts der Felsbau des Großen Vernel mit seinen Nebengipfeln emporschwingt. Aus dieser Scharte erstiegen im Jahre 1898 zwei Nürnberger zum ersten Male den Gipfel über den sehr ausgesetzten Westgrat, nachdem die Erstbesteigung über den Normalweg, von Norden her, dem Pionier der Dolomiten, dem Österreicher Paul Grohmann, schon 1864 nach mehreren mißglückten Versuchen gelang. Über diesen Westgrat führt die mit zahlreichen Klammern, Eisenstiften und Drahtseilen gesicherte Steiganlage, die schon vor dem Ersten Weltkrieg errichtet wurde.

Dieser Klettersteig zwischen Fels und Firn bietet ein großartiges und sehr vielseitiges Dolomitenerlebnis. Wenn auch die Wegführung keine eigentlich schwierigen Passagen aufweist und Sicherungen und künstliche Tritte einen zügigen Aufstieg ermöglichen, so können doch ein plötzlicher Wetterumschwung, Neuschnee oder gar Vereisung sehr ernste Probleme mit sich bringen, besonders wenn einzelne Sicherungen zerstört sind. Dies ist häufig der Fall – der eisenhaltige Westgrat ist blitzgefährdet, die Schneide des höchsten Dolomitenberges zudem für plötzliche Wetterumschwünge bekannt. Wer der firnschimmernden Königin der Dolomiten auf die verschneite Gipfelkuppe steigt, muß daher über ausreichende Kraftreserven, genügend Hochgebirgserfahrung und den Verhältnissen angepaßte Ausrüstung verfügen, bei einem aufziehenden Gewitter jedoch den blitzgefährdeten Grat auf schnellstem Wege verlassen.

Zugang: Von Canazei, Hauptort des Fassatales, östlich nach Alba (2 km). Hier zweigt der Karrenweg Nr. 602 rechts nach Contrin ab. Nach einer waldigen Steilstufe spaziert man fast eben in das landschaftlich überaus reizvolle Contrintal hinauf zum Contrinhaus, 2016 m, in dem man nächtigt.

Aufstieg: Von der Hütte auf deutlichem Steig Nr. 606 in Richtung Ombrettapaß bis zur Wegteilung mit Hinweistafel. Links auf steilem Zickzack-Schuttsteig gegen die tief eingekerbte Marmolatascharte zwischen Vernel und Marmolata. Zuletzt mühsam durch eine gestufte Rinne und über eine Eisenleiter in die Scharte, 2896 m. Neben alten Kriegsunterständen beginnt der Einstieg zum Westgrat.

Die Ouvertüre ist schon recht luftig. Neben den Felskavernen unmittelbar empor, den Sicherungen über die erste glatte Felsstufe nach links folgend. Nach einer seichten Verschneidung weisen Stifte und Metallseile über ausgesetzte, abschüssige Platten ziemlich weit in die Nordflanke hinein. Abermals eine lange, exponierte Plattenreihe, die über massive Leitern erklommen wird, bis zu einem markanten Turm. Drahtseile umgehen ihn und leiten auf den obersten Firn (ab Scharte 1 Std.). Über Schneefelder und -kuppen unschwierig zum Gipfel Punta Penia, mit beschränkt bewirtschafteter Baracke.

Vom trigonometrischen Zeichen scheint die Aussicht fast grenzenlos: Von den Julischen Alpen bis nach Graubünden, von den Tauern bis zum Adamello und Ortler, über alle Dolomitengruppen hinweg bis zur venezianischen Tiefebene und zur Adria ist alles zu sehen, falls das Wetter mitmacht. In großer Tiefe die Einschnitte des Contrin- und Ombrettatales und auf der Nordseite der smaragdgrüne Fedajasee, der sich in die geschwungene Staumauer schmiegt.

Abstieg über den Normalweg: Ein schneidiger Firngrat senkt sich ausgesetzt und steil zu einer schrofigen, ungesicherten Felswand. Gut griffig klettert man 200 m über flache Rinnen und Kamine bis zur großen Randkluft ab, die nicht immer ganz einfach und harmlos zu überwinden ist. Der Weiterweg über den gemuldeten Marmolatagletscher schlängelt sich geschickt über einige Spalten und an schönen Brüchen vorbei. Meist ist er von alten Spuren gut vorgezeichnet. Zuletzt über ausgeaperte Felsplatten zum Berg-Chalet

Der Klettersteig über den Marmolata-Westgrat. Foto: Ghedina

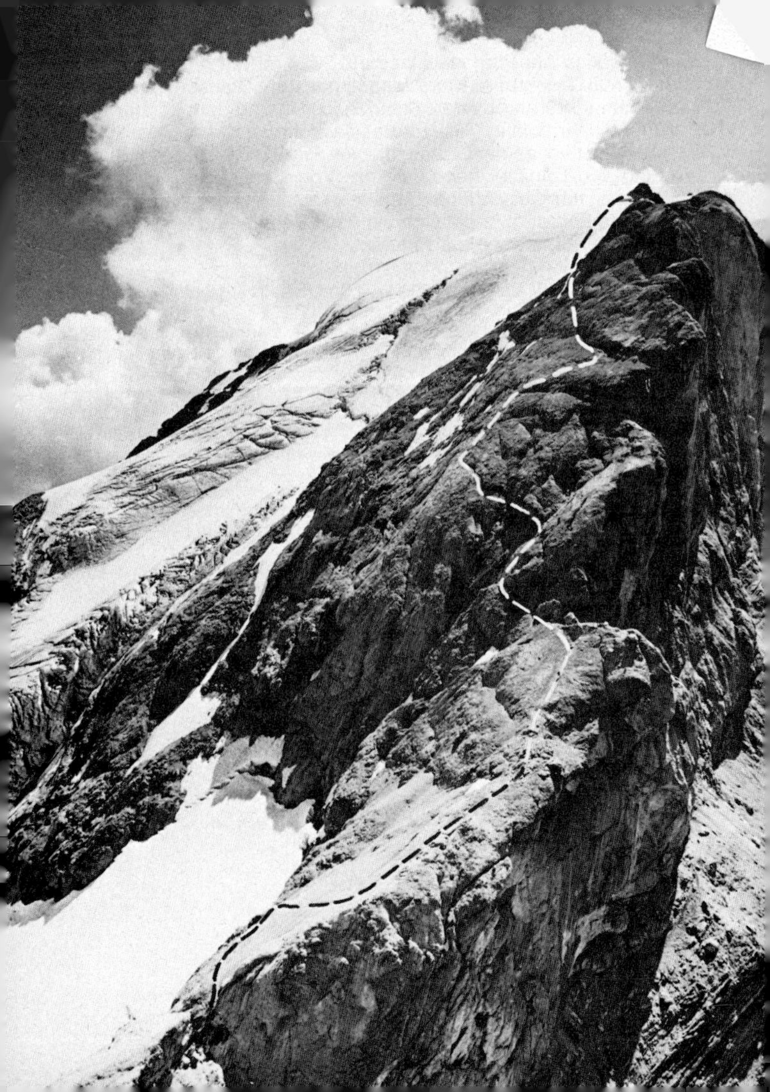

und Liftstation am Pian dei Fiacconi, 2626 m. Mit der Gondelbahn oder zu Fuß über steiles Moränengelände zum Stausee und Fedajasattel mit mehreren privaten Schutzhäusern und dem komfortablen Berghaus Marmolata (Rif. Ettore Castiglione, CAI). Das schöne Schutzhaus liegt an der Straße, die von Pian Trevisan, samt Busverbindung von Canazei heraufkommt. Von Osten, von Caprile und Sottoguda, führt bis Malga Ciapèla (Talstation der Gletscherseilbahn) eine Fahrstraße, die sich bis nach Fedaja und über die Staumauer zum Rif. Marmolata fortsetzt.

Höhenunterschied: Alba etwa 1500 m – Contrinhaus 2016 m – Punta Penia 3344 m.
Gehzeiten: Hüttenanstieg 2 Std.; Contrinhaus – Marmolatascharte 2½ Std.; Westgrat 2 Std., Abstieg zum Pian Fiacconi 2 Std. Von dort zum Fedajasee 1 Std.
Schwierigkeit: Der Marmolata-Westgrat ist für einen erfahrenen Bergsteiger bei guten Verhältnissen ohne nennenswerte Probleme, wenn alle in der Einleitung gestellten Bedingungen erfüllt sind. Bei Nebel können die Spalten und bei Vereisung oder Gewitter die Metallsicherungen gefährlich sein.
Stützpunkte: Contrinhaus, 2016 m (privat), bew. von Mitte Juni bis Mitte Oktober, 90 B. und M. – Gipfelhütte, 3340 m, geöffnet, Notlager, mit minimalem Notproviant (Bezahlung auf Vertrauensbasis). – Rif. Pian dei Fiacconi (Lift), 2626 m. – Rif. Marmolada-Fedaja, 2044 m, CAI, ganzjährig bew., 72 B. und M. – Gasthof Pian Trevisan (Bus), 1717 m.
Hinweis: Gletschererfahrung, Ausdauer auch in Höhen über 3000 m sowie warme Kleidung sind unerläßlich; ebenso, zumindest für den Abstieg über die Normalführe, Pickel, Seil und Steigeisen.
Siehe Karte Nr. 8.

33 Cima Ombretta, 3011 m, Sentiero attrezzato Cima Ombretta

Marmolatagruppe

Der wenig begangene Felskamm mit den drei Gipfeln steht unmittelbar vor der Südwand der Marmolata. Von keiner Stelle aus kann man ihre Dimensionen so vollständig überblicken, so eindrucksvoll und greifbar nahe erleben, wie von diesem harmlosen Gipfelzacken, dessen stolze Höhe allerdings vor jener der Dolomitenkönigin verblaßt. Ausdauernde können nach der Marmolatabesteigung dank eines guten Verbindungsweges noch am selben Nachmittag die Ombretta „mitnehmen", das erreichte Traumziel nochmals „von unten" betrachten und den Abstieg zum Rif. Contrin zu einem besonderen Landschaftserlebnis gestalten. Während des Ersten Weltkriegs verlief hier, über den Hauptgipfel, die italienische Frontlinie, die am Passo Ombretta ostwärts abbog und am Kamm des Piz Serauta ihre gefährlichste Position erreichte. Vom dramatischen Ringen an dieser Linie kann man sich auf der Cima Ombretta aus italienischer Sicht eine recht beklemmende Vorstellung machen: Auf der Punta di Rocca, 3259 m, war – in einer Eiskaverne – die höchstgelegene Gebirgskanone der gesamten österreichischen Dolomitenfront stationiert. Von dort aus beschossen die Österreicher über die 1000 m hohe senkrechte Südwand hinab die italienischen Nachschublinien im Val Ombretta.

Zugang: Zum Rif. Contrin wie bei Tour 32.

Aufstieg a) Vom Rif. Contrin zunächst wie bei Tour 32 auf Weg 606 in Richtung Marmolatascharte, etwa in halber Höhe des Anstiegs jedoch rechts ab und auf Weg Nr. 610 zu einem markanten Felstor. An einem meist ausgetrockneten winzigen See vorbei und hinauf zum Passo Ombretta, 2704 m, wo das Bivacco del Bianco steht. Man folgt nun einem alten verfallenden Militärsteig südwärts und steigt über Felsgelände mit alten, zerschlissenen Seilsicherungen empor. Ein steiler Geröllpfad führt mühsam über die Nordostflanke bis zum Grat, wo eine großartige Aussicht nach beiden Seiten für die Mühen des Aufstiegs entlohnt. Auf felsigem Grat zunächst eben, dann in Kehren ostwärts zum Hauptgipfel des dreigipfeligen Kammes (Gipfelkreuz, 3011 m). Mittelgipfel, 2983 m, und Westgipfel, 2998 m, sind nur schwierig zu erreichen.

b) Von der Marmolatascharte führt ein nicht bez., jedoch deutlich ausgetretener Pfad unter den Südwänden der Marmolata zum Passo Ombretta. Er ermöglicht einen raschen Übergang nach Marmolatabesteigung, ist aber auch dann von Nutzen, wenn man wegen ungünstiger Verhältnisse eine Marmolatabesteigung aufgibt und ersatzweise auf die problemlose Ombretta „ausweichen" möchte.

Abstieg: Vom Gipfel wieder zum niedrigsten Punkt des Grates hinab. Eine sehr spärlich bez. Trittspur führt nun schräg südwestlich hinab in die riesige öde Geröllwüste zwischen dem östlichen Gipfelkamm der Cima Ombretta und dem Sasso Vernale mit seinem sterbenden Hängegletscher. Der Pfad wendet sich in weitem flachem Bogen nach links und folgt teilweise einer Seitenmoräne zwischen zwei ehemaligen Gletschern, deren breit ausgeschürfte, tote Rinnen das vegetationslose, aber sehr eindrucksvolle Landschaftsbild bestimmen. Man gelangt schließlich an einen etwa 55 m hohen Steilabbruch, an dessen schwächster Stelle eine leider verfallende Drahtseilsicherung hinabführt. An einer kurzen Querung im oberen Teil fehlte 1985 das Seil über drei Meter hinweg (II), unten, in einem seichten Kamin, fehlen etwa sechs bis acht Meter Drahtseil (II). Danach hält man sich rechts, nahe den senkrechten Felswänden, und fährt in einer steilen Geröllreise ab, bis man sehr bald auf den vielbegangenen Weg 607 trifft, der zu dem schon von weitem sichtbaren Rif. Contrin hinabführt.

Höhenunterschiede: Rif. Contrin 2016 m – Passo Ombretta 2704 m – Cima Ombretta 3011 m (Ostgipfel).
Gehzeiten: Rif. Contrin – Cima Ombretta etwa 3½ Std., von der Marmolatascharte zum Passo Ombretta etwa ¾ Std., von dort zum Gipfel etwa 1¼ Std.
Schwierigkeit: Der Weg 610 ist bis zum Gipfel problemlos, ebenso der Übergang von der Marmolatascharte. Der 55 m hohe Abbruch des beschriebenen Abstiegsweges erfordert wegen zerstörter Seilstücke freies Abklettern (II) oder Abseilen; oberhalb dieses Felsabbruchs bei Nebel unter Umständen große Orientierungsprobleme.
Stützpunkte: Rif. Contrin, 2016 m, voll bew.; Bivacco Marco del Bianco am Passo Ombretta, 2704 m, Notunterkunft mit 9 Liegen, stets offen, kein Wasser.
Siehe Karte Nr. 8.

Das Bivacco Marco del Bianco, etwas südlich des Passo Ombretta, ein beliebter Stützpunkt für Marmolata-Südwand-Kletterer.
Der Passo Ombretta liegt hinter dem schwarzen Felsen. Von dort zieht ein Pfad schräg nach links zur Marmolatascharte. Foto: P. Werner

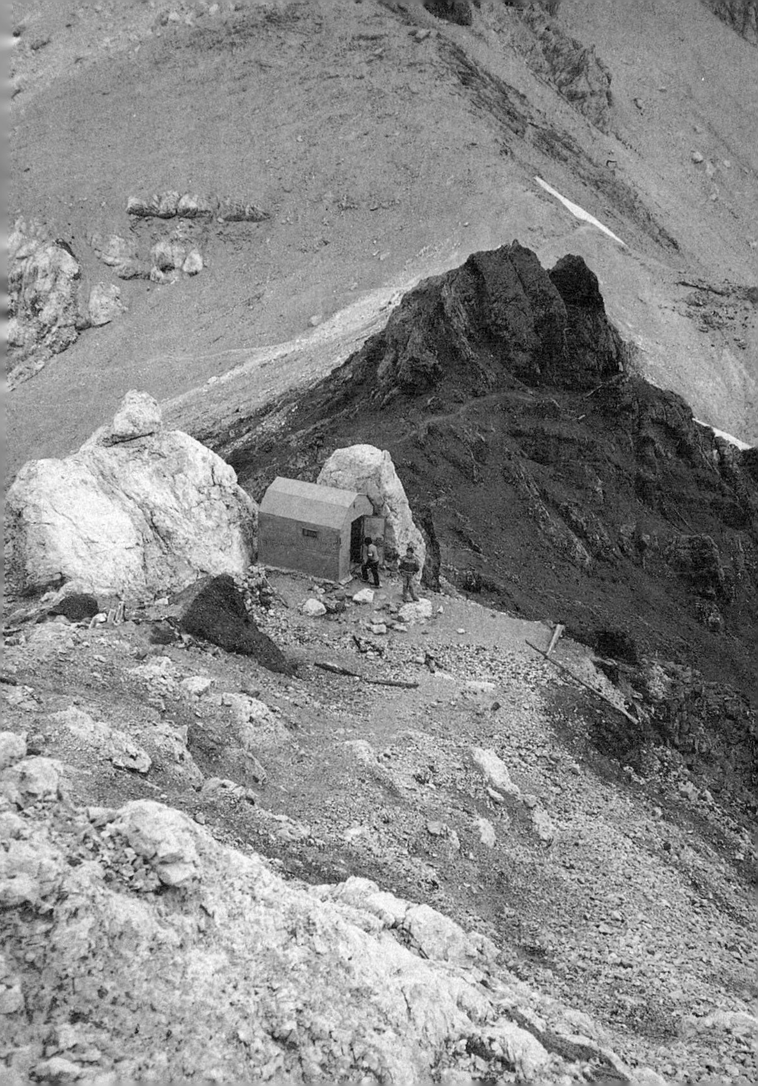

34 Cima di Costabella, 2762 m, Via alta attrezzata Bepi Zac

Marmolatagebiet

Nördlich des Passo Pellegrino ragt über den weiten grünen Matten der Campagnaccia ein beeindruckender Felskamm auf, der im Osten mit der Cima del Uomo, 3010 m, seinen höchsten Punkt erreicht. Kaum jemand auf dieser friedlichen Paßhöhe – einem Skizentrum in typischem Sommerschlaf – vermutet zunächst, daß er sich hier an einem Brennpunkt des Ersten Weltkriegs befindet. Der gesamte Felskamm war Teil der österreichischen Frontlinie. Hier versuchten die italienischen Alpini in das Fassatal einzudringen. Monatelang lagen sich die Gegner, oft nur wenige Meter voneinander entfernt gegenüber, aber die österreichischen Kaiserjäger und auch die Bayern des Deutschen Alpencorps hielten die heißumkämpfte Costabella unter größten Verlusten. Hier haben etwa 2000 Mann, teilweise auch durch Steinschlag und Lawinen, den Tod gefunden. Der Felskamm ist heute noch mit Stellungen gespickt und von Schützengräben durchzogen, mehrere Felstürme sind von Stollen und Kavernen unterhöhlt. Stacheldraht und Hunderte von alten Brettern rutschen seit Jahrzehnten meterweise die Nordkare hinab.

Durch dieses Freilichtmuseum eines zweijährigen Stellungskrieges führt ein gut gesicherter Höhenweg, der nur teilweise Klettersteigcharakter hat. Schwer zu sagen, was am meisten fasziniert an diesem vierstündigen Felsgang; die erschütternden Zeugnisse des Kriegsgeschehens, das unbeschreiblich vielfältige Panorama nach allen Richtungen oder das Auf und Ab des Weges durch verschiedenartige Felsformationen, abweisende Kare oder üppige Vegetationszonen? Unvergeßlich bleibt diese Tour allemal, und wer sie mit einem anregenden Finale würzen will, dem steht noch der rassige Gipfelsteig auf die Cima del Uomo offen.

Zugang: Westlich, etwas unterhalb der höchsten Stelle des Passo Pellegrino, 1919 m, steht die Talstation eines Sessellifts (1890 m), mit dem man bis auf 2160 m hinauffahren kann. (Betriebszeit 8.30 bis 17.00 Uhr). Der Fußweg, ein sehr bequemer Fahrweg, beginnt genau 200 m weiter westlich, an der Talstation des Schlepplifts Campigol (Hinweisschild und Marmordenkmal: 5. 10. 1916 BTG ALPINI „EXILLES") und führt zunächst nordwärts; nach ½ Std. bei der Wegteilung links ab zum Passo de Selles (Hinweis). Bald er-

Die Südseite des Costabella-Kammes vom Passo Pellegrino; rechts die Cima del Uomo.   *Foto: P. Werner*

reicht man die Bergstation des Sessellifts und steigt gemächlich weiter, bis man den Passo de Selles nach kurzem Steilanstieg erreicht. Hier überrascht, auf luftigem Kamm in 2600 m Höhe, die neue originelle „Bergvagabunden-Hütte" – ein idealer Ort für ein ausgiebiges zweites Frühstück!

Aufstieg: Am westwärts ansteigenden Kamm gelangt man gleich nach dem erschütternden Stacheldrahtkreuz zur Hinweistafel auf den Klettersteig mit dem Foto des hierorts verehrten Hütten- und Klettersteigbauers Bepi Zac. Man überschreitet nun Gipfel nach Gipfel: Lastei Piccolo, 2697 m, Lastei Grande, 2716 m, Cima della Campagnaccia, 2737 m, und wandert stets problemlos auf den Spuren der einstigen Hauptkampflinie. Auf der Cima di Costabella, 2762 m, wird es noch spannender und aussichtsreicher; der Weg führt durch einen längeren, niedrigen Kriegsstollen und quert mit einigen sportlichen Passagen teilweise an der Nordflanke weitere Gipfelpunkte mit 2705 m, 2726 m, 2730 m und 2697 m Höhe. An der Forcella di Ciadin, 2664 m, bietet sich im Notfall ein sicherer Abstieg ins Tal an. Nach einer etwas schwierigeren Passage, bei der man sich durch einen sehr engen Felsspalt zwängen muß, betritt man ein steiles Kar, durch das sehr mühsam aufgestiegen wird. Über einen leichten Steig an der Nordseite erreicht man zunächst eine Wanne und dann den Gipfel der Punta di Cadino, 2837 m. An der Cima del Colbel, 2805 m, trifft man auf einen gesicherten Anstieg, der von der Bergstation des obersten Schlepplifts hier heraufführt (Sentiero attrezzato Cima del Colbel). Er ermöglicht ebenfalls einen Notabstieg, ist aber auch als idealer Zugang für den Klettersteig auf die Cima del Uomo gesichert worden (siehe Tour 35).

Der letzte Abschnitt der anfangs nun wieder leicht ansteigenden Via alta folgt nun durchwegs natürlichen Bändern an der Südseite des nächsten Felsklotzes. Aus einer Reihe von freistehenden Felstürmen hebt sich deutlich der kühne „Torre California" (mit Beschriftung) ab, an dem gelegentlich die Extremen emporturnen. Der Weg wird nun felsiger. Ein kurzes gesichertes Kaminchen führt auf ein höhergelegenes Band. In stetem Auf und Ab, immer die wilde Westflanke der Cima del Uomo vor Augen, erreicht man schließlich über ein schräg emporführendes Seil quer durch eine Wand die letzte abdrängende Stelle, von der aus man die letzte Scharte vor der Cima del Uomo erreicht (offenes Unterstandshüttchen). Geübte werden nun die wesentlich rassigere Via ferrata auf die Cima del Uomo anpacken, für Anfänger empfiehlt sich hier jedoch der Abstieg ins Tal.

Abstieg: Über steiles Geröll in den Karboden abfahren und auf deutlicher Pfadspur zur Talstation des obersten Schlepplifts. Von dort führt ein Fahrweg westlich des Lifts zur Paßstraße.

Höhenunterschied: Passo del Pellegrino 1919 m − Passo de Selles 2600m − Cima di Costabella 2762 m (zahlreiche, teilweise lange Gegenanstiege!).
Gehzeiten: Passo del Pellegrino − Passo de Selles 2½ Std.; Via alta attrezzata Bepi Zac bis zur Scharte vor der Cima del Uomo je nach Schaulust 4−5 Std.; Abstieg 2 Std.
Schwierigkeit: Bis auf einige luftige Passagen unschwierig und problemlos, jedoch lang; Zwischenabstiege sind möglich.
Stützpunkt: Rifugio Passo de Selles (Bergvagabunden-Hütte), im Sommer einfach bew., Übernachtung nur im Notfall.
Hinweis: Die Fortsetzung des Klettersteigs auf die Cima del Uomo ist wegen ihres völlig anderen, wesentlich schwierigen Charakters als eigene Tour (35) beschrieben.
Siehe Karte Nr. 7.

35 Cima del Uomo, 3010 m, Via ferrata Bepi Zac

Marmolatagebiet

Der kühne Klettersteig durch die Nordwand des stolzen Dreitausenders ist als Fortsetzung und krönender Höhepunkt der Via alta attrezzata Bepi Zac gedacht. Im Gegensatz zum eher beschaulichen, gesicherten Höhenweg längs der österreichischen Frontlinie ist diese gesicherte Nordwandführe eine recht sportliche Sache. Der naturbelassene Fels der steilen, zerklüfteten Nordseite überrascht nicht nur mit einzigartigen Ausblicken auf die Marmolata-Südwand, sondern oft auch mit heiklen vereisten Passagen, an denen das Seil gelegentlich durch Beschädigungen unterbrochen ist. In jedem Fall zählt die kurze Überschreitung der Cima del Uomo zu den rassigen Klettersteigen der Dolomiten.

Zugang: a) Wie bei Tour 34 bis zur Scharte vor dem Gipfel, der Forcella Uomo; Gehzeit 5 bis 7 Std., höchster Erlebniswert.
b) Zunächst wie bei Tour 34 auf dem dort beschriebenen Fahrweg, bis man nach etwa ½ Std. die Wegabzweigung zum Passo de Selles erreicht. Hier geht man rechts über die Brücke (hölzerne Verbreiterung für Skiabfahrt) und folgt dem Fahrweg noch etwa 200 m; nun zweigt nach links hinauf (deutliche Markierungen) der alte, weitgehend durch Muren ruinierte Weg ab. Man geht noch etwa 50 m weiter und findet einen zweiten, nicht bez. neueren Fahrweg, der ebenfalls nach links hinauf abzweigt und zunächst noch parallel zum alten Weg verläuft. Diesem neueren Weg folgt man bis zur Bergstation des obersten Schlepplifts. Dort *nicht* dem kümmerlichen Hinweisschild nach rechts entlang, sondern auf Trittspuren direkt nordwärts über den zunächst grasigen Kamm empor. Der bald besser sichtbare und auch bez. Steig führt durch herrliche Vegetation sehr schnell in die Felsregion. Eine gute Drahtseilsicherung des Sentiero attrezzato Cima di Colbel leitet durch eine längere, seichte Verschneidung empor. An der sehr steilen Schuttflanke erreicht man schließlich eine flache Stelle im Gratrücken, wo man auf die „Via alta attrezzata" stößt, den gesicherten Höhenweg, der vom Passo de Selles bis zur Forcella Uomo führt. Diesem Höhenweg folgt man ostwärts bis zur Scharte (vgl. Tour 34).
c) Auf die Forcella Uomo gelangt man auch, wenn man von der Bergstation des obersten Schlepplifts dem erwähnten Hinweisschild

folgt und sich der schräg nach rechts ins Kar emporführenden bez. Pfadspur anvertraut. Zuerst noch gemächlich, später äußerst mühsam und zuletzt mit einem unangenehmen Geröllschinder bis zur Scharte empor (nur im Abstieg zu empfehlen).

Aufstieg: Von der Forcella Uomo östlich auf den Grat, durch einen engen Felsspalt ans erste Seil und luftig über das letzte Gratstück weiter, bis das Seil in die Nordwand hinüberleitet. Sehr luftig und trittarm über abdrängende Wandstellen weiter bis zu einem schmalen altschneegefüllten Felskessel zwischen der Gipfelwand und einem abgespalteten Turm. Kurz auf dem Altschneerest absteigen und über Schuttstreifen am Fuß der Wand schräg empor zu einer sehr brüchigen und oft vereisten kurzen Rinne. Dann leitet das Seil über wilde Felsrippen hinweg in die etwas brüchige, jedoch nicht so steile Nordostwand. In einer kurzen Lawinenrinne muß man mit abgerissenem Seil rechnen und sehr vorsichtig Schneereste queren. Über die letzten plattigen Wandstellen wieder problemlos an gutem Seil bis zum Gipfel.

Abstieg: Man folgt dem Hinweis „Rientro" und findet eine bez. Trittspur durch schuttbedecktes und steiles Gehgelände in der anfangs nur mäßig abfallenden Südseite. Dieser Normalweg führt zunächst gerade hinab, leitet aber in halber Höhe nach rechts auf abdrängende, schuttbedeckte Bänder unter den eigentlichen Felsaufbau. Auf dem gesamten Weg besteht große Steinschlaggefahr durch weiter oben Gehende. Von einer Scharte an kurzer Seilsicherung westwärts in eine breite Verschneidung hinab. Weiter schräg längs der senkrechten Südwand abwärts. Ein etwa 6 m hohes Kaminchen (II) ist meist mit einem Hanfseil gesichert und kann so problemlos abgeklettert werden. Auf nun breiteren Schuttbändern weiter, etwas unterhalb des Felsaufbaus hinab und bald wieder zu einem markanten Block ansteigen, dem gegenüber sich der Hinweis „P. Selle" befindet.

Cima del Uomo und östlicher Costabella-Kamm von Norden, vom Sentiero attrezzato dedicato a Lino Pederiva.   *Foto: P. Werner*

Cima dell'
Uomo

Hier nun direkt hinab ins Kar, wobei man kurz darauf zwischen zwei Wegvarianten wählen kann. Der direkte Abstieg führt geradeaus ins große Kar und wieder zur Bergstation des obersten Schlepplifts. Die Abzweigung nach links, ostwärts, leitet durch die wilde Felslandschaft eines südlich vorgelagerten Vorgipfels in Richtung Valle di Tasca und an den Fuß der extrem steinschlaggefährdeten Südwand (Hinweistafel!), der man nicht zu nahe kommen sollte. Der weitere Abstieg führt weglos unmittelbar durchs Kar hinab. Es ist weiter ostwärts eingelagert, und man muß sich meist weglos in Richtung Schlepplift halten, bis man auf den Fahrweg trifft, der zu einer primitiven neuen Almhütte und von dort ins Tal leitet.

b) Wer den verkürzten Aufstieg gewählt und noch ausreichend Zeit hat, kann bei dem Hinweis „P. Selle" am Südfuß der Gipfelfelsen (Ende des Normalabstiegs vom Gipfel) nochmals kurz zur Forcella Uomo zurücksteigen und die Via alta attrezzata zur Gänze oder teilweise zurücklegen (s. Tour 34 in umgekehrter Richtung).

Höhenunterschied: Passo Pellegrino 1919 m – Cima del Uomo 3010 m.
Gehzeiten: Passo Pellegrino – Forcella Uomo auf beiden Anstiegen je etwa 4 Std., Klettersteig zum Gipfel 1 Std., Abstieg von der Cima del Uomo zum Passo Pellegrino 2½ Std.
Schwierigkeit: Der Klettersteig zum Gipfel ist relativ kurz, jedoch sehr rassig und luftig. An zwei Stellen muß mit beschädigten Seilen und Vereisung gerechnet werden. Der Normalabstieg ist sehr steinschlaggefährdet.
Stützpunkte: Keine, das offene Unterstandshüttchen an der Forcella Uomo ist blitzschlaggefährdet.
Hinweis: Betriebzeit des Sessellifts von 8.30 Uhr bis 17.00 Uhr; Mittagspause.
Siehe Karte Nr. 7.

Achtung – nach Drucklegung eingegangen:

Der Klettersteig auf die Cima Uomo vom Passo Pellegrino aus ist nach einem tödlichen Absturz (Seilverankerung bei Belastung ausgebrochen!) abgebaut worden und wird vermutlich nicht mehr erneuert. Der Gipfel kann nur noch über den steinschlaggefährdeten Normalweg auf der Südseite begangen werden.

36 Cima dell'Auta Orientale, 2624 m, Via ferrata Paolin-Piccolin

Marmolatagebiet

Das Gebiet der Cime dell'Auta, etwas abseits der großen Klettersteigzentren Pala, Civetta und Marmolata gelegen, wird von deutschen und österreichischen Bergsteigern nur selten besucht. Wer sich zu einer Besteigung der Cima dell'Auta Orientale entschließt, wird einen befriedigenden Felsgang in weitgehender Einsamkeit erleben. Die anschließende Gipfelrast bietet ungewohnte Ausblicke, vor allem auf die Marmolatagruppe. Für den Abstieg kann man zwischen einem kurzen, kargen, einsamen und einem längeren, landschaftlich außergewöhnlich reizvollen Weg wählen: Zwischen dem hochgelegenen, tiefblauen Lago di Franzei und der von mediterraner Blumenpracht überwucherten Via alta dei Pastori zieht die alpine Flora in den sonnigen Südflanken alle Register.

Zugang: Von der Paßstraße zwischen Cencenighe und dem Passo San Pellegrino zweigt man in Caviola zu den Orten Colmèan und Fedèr ab. In der letzten großen Rechtskurve der Straße nach Fedèr zweigt unmittelbar nach der Brücke die kurze Stichstraße links nach Colmèan ab. Nun noch 450 m bis zum letzten Haus, „Al Bar Colmèan"; links oberhalb ausreichender Parkplatz.

Aufstieg: Ein Wegweiser und eine durchgehende Markierung führen durch die anfänglich verwirrende Zahl paralleler Wege. Der „richtige Weg" ist schmal, hohlwegartig und kreuzt einen neuen Fahrweg, leitet dann aber doch recht eindeutig durch den hochstämmigen, schattigen Wald zum Wildbach Caiado, den man quert. Von hier aus hat man einen guten Blick auf das Gipfelziel. Dann erreicht man in westl. Richtung bald das außergewöhnlich romantische Rif. Cacciatori, 1751 m. Ein Wegweiser führt nach kurzem Anstieg zur neuen, nicht minder romantischen, jedoch privaten Holzblockhütte Baita Giovanni Paolo I, 1850 m (hierher gelangt man auch, wenn man vom Rif. Cacciatori die blau bez. Alta via dei Pastori wählt und kurz nach dem Hüttenkapellchen am Wegweiser links emporsteigt). Wenig unterhalb des Hüttchens Wegweiser nach rechts, zu einem kleinen Brunnen. Unmittelbar davor geht es links empor (nicht geradeaus weiter, obwohl ebenfalls Markierungen). Der Pfad zieht nun sehr steil in der Fallinie zur Scharte empor, um-

Cima dell'Auta Orientale und Cima dell' Auta Occidentale.
Foto: P. Werner

geht einmal in leichtem Rechtsbogen einen begrünten Felsklotz und leitet mühsam im Geröll unter den ersten Felswänden schräg links hinauf zum Einstieg. Leitern, Klammern und tadellose Seilsicherungen führen über die erste, recht rassige Steilstufe westl. einer schluchtartigen Rinne. Schon nach 50 Höhenmetern rechts in die breite Rinne und an ihrer westlichen Seite mühsam durch Geröll empor. Am linken Rand wird bald ein kurzes Seilstück sichtbar. Das oberste Viertel der Schlucht ist eine üble Schuttreise, und man ist recht dankbar, wiederum am linken Rand der Felsen dünne Führungsseile zu finden, die über leichten gestuften Fels problemlos zur Scharte führen. Gleich am Fuß des östlichen Gipfelaufbaus findet man den ersten roten Punkt. Über kurze Bänder und durch kleine schuttbedeckte Rinnen etwas links des nur schwach ausgeprägten

Nordgrats bis zum ersten Seil, dann über Bänder mit Kehren bis zum ersten steilen Felsaufschwung, der mit einer kurzen Leiter überwunden wird. An Seilen geht es zuerst über einige kurze Gesimse, dann in Fallinie über wenig steilen Fels mit guten Tritten zu einer kleinen Aussichtskanzel. Ein breites Band führt nun, an einer kleinen Höhle vorbei, nach links zu einer kleinen Scharte, von der ein Seil und ein kurzer Pfad rasch zum Gipfel führen.

Abstieg: a) Wieder zum kleinen Schartl hinab und an einem Seil auf den kleinen nördl. Vorgipfel empor. An seinem grasigen Ostrücken auf schmalem Steig in eine breite begrünte Senke oberhalb des schon von oben sichtbaren Hubschrauberlandeplatzes hinab. Nach kurzem Gegenanstieg zieht der Pfad eben durch die sonnige, steile Südflanke einer verwitterten Gruppe dunkler Basalttürmchen und fällt abermals zu einem weiten grasigen Joch ab. Kurz vorher zweigt der rascheste Abstiegsweg (Via normale) scharf nach rechts ab, quert unter den senkrechten Südwänden über steile Grashänge und mündet noch oberhalb der Baita Giovanni Paolo I. in die Zustiegsroute.

b) Landschaftlich reizvoller, aber etwa ¾ Std. länger ist der Abstieg nach Osten zur Forcella Negher. Nördlich unterhalb des Steiges, der in weitem Bogen über dem Rand des riesigen begrünten Kessels dahinzieht, liegt überraschend schön der fast runde Lago di Franzei. Von der Forcella Negher, 2266 m, führt nun ein sich mehrmals verzweigender Weg mäßig steil durch üppige Almwiesen hinab zur Baita Colmont, 1954 m, einer kleinen, meist offenen, jedoch unbewirtschafteten Hütte. Westlich oberhalb von ihr markiert ein großer Felsblock die blau gekennzeichnete Alta Via dei Pastori, die mit einem zunächst unerfreulichen, aber kurzen Gegenanstieg beginnt. Dieser durch üppigste Alpenflora führende Pfad wird landschaftlich immer reizvoller und eigenartiger. Er quert sieben wasserführende, schluchtartige Rinnen und führt schließlich direkt zum Rif. Cacciatori zurück. Von dort auf der Anstiegsroute zum Ausgangspunkt.

Höhenunterschied: Colmèan, höchster Ortsteil etwa 1280 m – Cima dell'Auta 2624 m.
Gehzeiten: Colmèan – Cima dell'Auta 4½ Std., Abstieg a) 2½ Std., Abstieg b) 3 Std.
Schwierigkeit: Bis auf den schwierigeren ersten Steilaufschwung unschwierig bis mäßig schwierig; Abstiege leicht.
Stützpunkte: Baita dei Cacciatori, 1751 m, bew. Baita Giovanni Paolo I, 1900 m, und Baita Colmont, 1954 m, nicht bew. (Zuflucht bei Schlechtwetter). Siehe Karte Nr. 8.

40 Via ferrata Bolver-Lugli, Cimone della Pala

Palagruppe

„Ein Muster kühnster Felsbildung", „Das Matterhorn der Dolomiten", „Der allerschönste Palazacken", „Ein gotisches Fanal aus Stein"... mit solchen und anderen Superlativen wird der Cimone della Pala von alpinen Schriftstellern bedacht. Man muß die Augen tatsächlich auf Weitwinkel einstellen, um von den satten Almmatten der Baita Segantini aus – oberhalb des Rollepasses – den enormen Höhenunterschied bis zum rassigen Gipfel zu erfassen. Von der Ostschulter fällt wie ein Hermelinmantel der Travignologletscher herunter, und um den ziselierten Gipfelgrat zaubert der Wind ständig weiße Nebelchen. Diese fotogenste, phantastische Seite des Cimone hat es bereits vor mehr als hundert Jahren dem bergtüchtigen Engländer E. R. Whitwell angetan, der zusammen mit den hervorragenden Führern Santo Siorpaès aus Cortina und Christian Lauener aus dem Berner Oberland am 3. Juni 1870 bis zum Gipfel vordrang. Sie wählten dabei den „Eisweg" – typisch für die damalige Zeit – und erkletterten zum Schluß die Nordwestwand. Eine steinschlaggefährdete, langwierige Tour, die kaum noch begangen wird, seit 1889 Darmstädter und Gefährten den Normalweg über die Südostseite aufspürten.

Zum Jubiläum des 100. Jahrestages der Eroberung des Cimone wurde ihm im Sommer 1970 als noble Geburtstagsgabe ein gesicherter Felsenweg geschenkt. Die Idee stammt von der Führergilde San Martino di Castrozza, die dann der Bergführer-Pfarrer Don Martino Delugan aus Tèsero zusammen mit Saverio Scalet und Camillo de Paoli in dreiwöchiger Fleißarbeit realisierte. Die Kosten wurden größtenteils von der Bergsteigerfamilie Bolver-Lugli aus Fiera di Primiero getragen und die Ferrata deshalb nach ihr benannt.

Es ist eine der schönsten und in ihrer Linienführung sehr dynamische, eisenbeschlagene Route in den Dolomiten. Sie benützt in der breiten Westwand die „Higusi-Führe" (1921 von den Geschwistern Langes eröffnet). Mit über 500 m Drahtseil, mit bombenfesten Stiften und ausgemeißelten Tritten und Griffen bereichert, vermittelt der Aufstieg ein luftig-anregendes Emporturnen bis zur Südschulter. Zugleich ein intensives Einblicknehmen in das Reich souveräner Dolomitenkletterer, das dem weniger Geübten sonst verschlossen bliebe.

Zugang: Zum Col Verde wie bei Tour Nr. 41. Die erste Sesselliftfahrt am Morgen startet leider erst um 7.30 Uhr.

Aufstieg: Neben der Liftstation beginnt Steig Nr. 706 (Hinweistafel), der über Geschröf, Gras- und Schuttgelände in 1 Std. zum Einstieg, etwa 2250 m, führt (Gedenktafel Bolver-Lugli). Vorläufig ohne Sicherung – sozusagen als Feuerprobe für kommende Schwierigkeiten – über einen mit roten Punkten bez., steilen Schrofenvorbau hinauf zu den ersten Drahtseilen. Nun durch glattgescheuerte Rinnen und Kaminstücke auf einen großen Absatz. Von dort leiten die Führungsseile erst mäßig steil, dann immer luftiger zu einer etwa 50 m hohen senkrechten Wand hinauf. Sie und der danach folgende Kamin sind die schwierigsten und eindrucksvollsten Passagen. Über weniger steilen Fels wird der Wandrand, etwa 2950 m erreicht. Nun in 10 Min. zur Biwakschachtel „Fiamme Gialle", 3005 m. Auf den Cimone, 3185 m, weiterzusteigen ist kein leichtes Unternehmen, sondern eine ausgesprochene, teilweise recht exponierte Kletterei (II. und III. Grad). Ein enger Felstunnel zum Durchkriechen, ein häufig vereister Quergang, eine steile Turmwand, ein überhängender Kamin, eine scharfe Gratschneide sind die Finessen, die sich ein gewöhnlicher Ferrata-Geher ohne Bergführer kaum zumuten darf.

Bei gutem Wetter und guter Sicht sollte man es hingegen keinesfalls versäumen, über das Schneefeld des Ghiaccio di Travignolo nordostwärts und über unschwieriges Felsgelände auf die Cima della Vezzana weiterzusteigen – mit 3196 m der höchste Gipfel der Pala und eine Aussichtswarte ersten Ranges.

Abstieg: a) Von der Biwakschachtel zunächst in nordöstl. Richtung über unschwierige Schrofen gegen den Travignolopaß. Noch bevor man ihn erreicht über steilen Schutt (oft harter Schnee oder Eis) rechts abwärts in das Val dei Cantoni. In diesem hinab. Eine Steilstufe wird rechts im Schrofengelände umgangen, dann weiter über Schuttsteig und über Schrofen rechts heraus gegen den Passo Bettega, 2610 m, der mit einem kurzen Gegenanstieg erreicht wird. Jenseits unschwierig abwärts, dann wieder über Schrofen bis zu einer Steiggabelung. Links (südl.) ab zum Rif. Rosetta. Von dort entweder in 10 Min. zur Bergstation der Seilschwebebahn oder zu Fuß zum Col Verde und weiter nach S. Martino di Castrozza: der obere Teil des gesicherten Abstiegsweges von der Rosettahütte zum Col Verde wird selten begangen. Der Abstieg ist bei normalen Wetterverhältnissen problemlos und in jedem Falle einsam.

b) Von der Steiggabelung ist es auch möglich, über einen bez., steilen Direktabstieg zum Weg Rosettahütte – Col Verde zu gelangen (Zeitersparnis mindestens 1 Std.): Diese Route windet sich in raffinierter Weise durch die Schwachstellen der Cima Corona-Westabstürze. Zuletzt führt eine drahtseilgesicherte Steilwand (etwa 10 m) auf den obengenannten Weg, den man bereits in seinem unschwierigen Abschnitt erreicht. Für diese Abstiegsvariante sind absolute Trittsicherheit, Schwindelfreiheit und Klettergewandtheit (Stellen des Schwierigkeitsgrades I) unbedingt notwendig.

c) Wird vom Travignolopaß aus noch der höchste Palagipfel, die Cima della Vezzana, „mitgenommen", ergibt sich ein interessanter Abstieg über die **Via ferrata Gabitta d'Ignotti** zum Rif. Rosetta.

Vom breiten, schuttbedeckten Ostrücken der Cima della Vezzana über losen Schutt ostwärts hinab; mit Vereisung, beschädigten Seilen und Steinschlaggefahr muß gerechnet werden. Über den etwa 120 m hohen Felsriegel helfen Drahtseile, dann betritt man den spaltenarmen kleinen Val-Strut-Gletscher und erreicht bald danach das Bivacco Brunner, 2665 m. Nach der Wegverzweigung (links geht's zum Passo di Val Strut) führt der „Sentiero delle Farangole" (Nr. 703) geradewegs südwärts zum Pian dei Cantoni im obersten Valle delle Comelle. Hier leichter Gegenanstieg zum Rif. Rosetta.

Höhenunterschied: Col Verde 1965 m – Ausstieg Biwakhütte 3005 m – Travignolopaß 2983 m – Rosettahütte 2578 m, Höhenunterschied des Klettersteiges 400 m.
Gehzeiten: Col Verde – Tafel Bolver-Lugli 1 Std. – Klettersteig bis zur Schulter 2½ Std. Abstieg über Travignolo- und Bettegapaß zur Rosettahütte 1½–2 Std. – Col Verde 1½–1¾ Std. Abstieg von der Cima della Vezzana über die „Via ferrata Gabitta d'Ignotti" zum Rif. Rosetta 4–5 Std.
Schwierigkeit: Für schwindelfreie, trittsichere und klettergewandte Bergsteiger empfiehlt sich die „Via ferrata Bolver-Lugli" als sehr befriedigender Felsgang. Nicht einfach für weniger Geübte, sie gehören unbedingt ans Sicherungsseil. Fehlende Sicherungen erhöhen die Schwierigkeit beträchtlich.
Stützpunkt: „Bivacco Fiamme Gialle", 3005 m, Notunterkunft für 9 Personen, in erster Linie für die Begeher der schwierigen Routen des Nordwestgrates und der Südwestwand erstellt. – Rosettahütte, 2560 m, CAI, 66 B. und M., bew. Ende Juni bis Ende September.
Hinweis: Bei drohenden Gewittern sollte man den Klettersteig nicht begehen. Wegen der durchgehenden Drahtseile Blitzschlaggefahr! Klettern mehrere Partien gleichzeitig, Steinschlaggefahr! Für den Abstieg über die steilen Schnee-, evtl. Blankeishänge in das Val dei Cantoni sind Steigeisen kein Luxus. Siehe Karte Nr. 9.

Die breite Westwand des Cimone della Pala mit der Via ferrata Bolver-Lugli.
Foto: Gilli

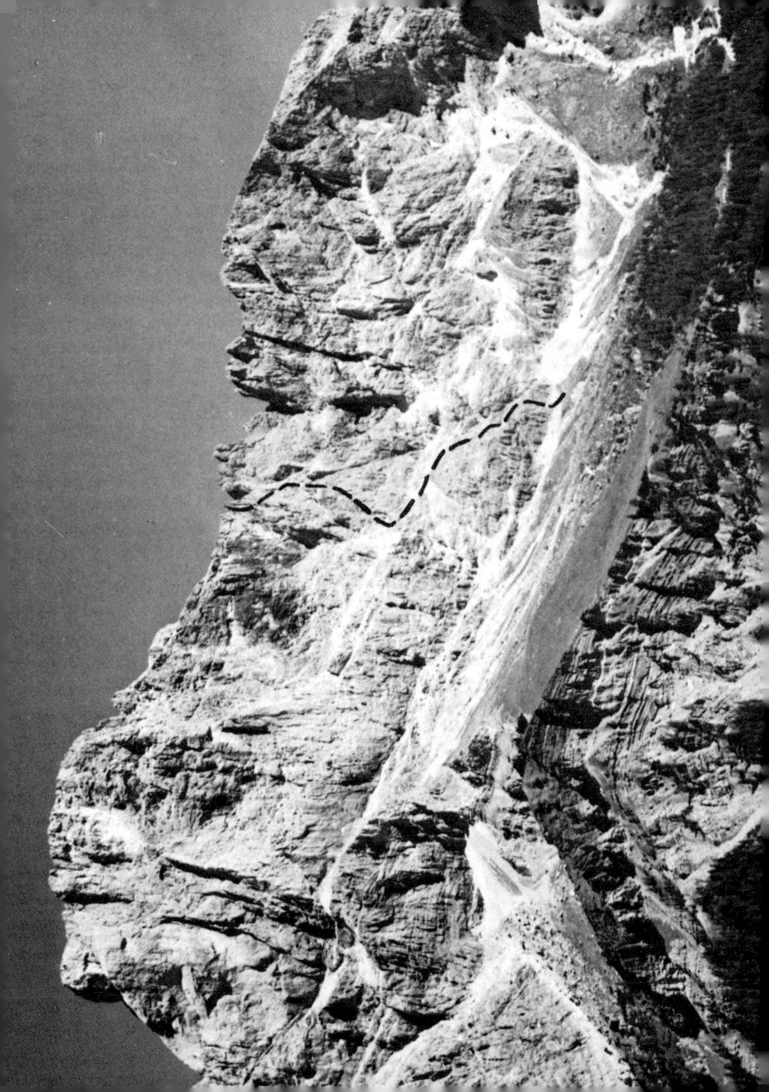

41 Via ferrata del Velo, Cima della Madonna,

Palagruppe

„Via ferrata del Velo" – „Schleierweg" – ein seltsamer Name für einen gesicherten Felsenpfad. Er wurde als Zugang zu einem Gipfel von gewisser Prominenz angelegt: die Cima della Madonna in der Palagruppe. Nicht minder prominent ist ihre „Schleierkante" (Spigolo del Velo), die im Jahre 1920 erstmals von Gunther Langes und erwin Merlet erklettert wurde. Der „Madonnenschleier" aus hellem kompaktem Fels fällt wunderschön geschwungen bis zu den grünen Almen und waldgesäumten Vorbergen nieder. Die Eleganz des ebenmäßigen Aufbaus läßt sich besonders eindrucksvoll von einem kleinen Felssattel zwischen der Cima di Ball und dem Sass Maòr bewundern. Über ihn führt als willkommen-kürzender Zugang für Kletterer die „Via ferrata del Velo". Dieses gesicherte Wegstück von der Pradidali-Hütte bis zur Scharte vermittelt auch einigermaßen erfahrenen Bergsteigern eine empfehlenswerte Rundtour, mit einem Maximum an Spannung und Abwechslung. Zudem wird man in einer Art instruktivem Schnellkurs mit einigen Eigenarten der südlichen Palagruppe bekannt gemacht. Gipfel, Zacken, Kanten, Pfeiler, Übergänge, Namen, die man vielleicht vom Hörensagen weiß, stellen sich bei dieser Tour persönlich vor. Für Geologen: die Palagruppe baut sich vorherrschend aus Schlerndolomit auf, der hier die „größte zusammenhängende Riffmasse von Südtirol und Venetien bildet". Dazu gehört auch das ausgedehnte Hochplateau in 2500 m Höhe, aus dem sich die zergliederte Gipfelreihe des Hauptmassivs herausschält. Hochalpine und optisch freudsame Effekte setzt die nicht unbeträchtliche Vergletscherung – Ghiaccialo della Fradusta, Travignolo, Focobòn, Pala usw. – in die sehr farbenfrohe Pala-Szenerie. Und für Botaniker wachsen in der Pala alle floristischen Dolomiten-Spezialitäten, samt zusätzlichen Seltenheiten, besonders in der „Primula"-Familie.

Zugang: a) Von der Hotelsiedlung S. Martino di Castrozza, einem beliebten Sommer- und Wintersportort südlich des Rollepasses, fährt man mit dem Sessellift zum begrünten Col Verde und wechselt dort in die Rosetta-Seilbahn über. In 7 Min. fährt sie auf 2609 m hinauf, zum südwestlichen Rand der Palahochfläche. Der kurze Seitensprung zum Rosettagipfel, 2742 m, lohnt sich unbedingt. Dank seiner vorgeschobenen Lage ist er eine erstklassige Aussichtswarte. Bei der nahen Rosettahütte, 2578 m, am Beginn der riesenhaft gewellten Karrenhochfläche, nimmt man Markierung 702/715 in Richtung Passo di Ball. Sie führt zunächst über einen Steilabsatz 200 Höhenmeter hinunter. Bei einem Block geht Nr. 702 talwärts ab und bleibt rechts liegen. Grandios der Weiterweg auf Nr. 715 unter der prallen Westwand der Pala di San Martino durch, die von ihrer kleineren, hübschen Schwester, der Cima Immink, flankiert ist. Rechts der zergliederte Val-di-Roda-Kamm. Mitten durch eine plattige Felswand wurde ein fußbreiter Steig eingekerbt, der, an abschüssigen Stellen drahtseilgesichert, zu einem Kessel leitet. Von hier, je nach Jahreszeit über Schnee- und Geröllfelder unschwierig zum Passo di Ball, 2449 m, hinauf. Dieser zu Ehren des englischen Dolomitenpioniers John Ball benannte Übergang – nebenan, südlich gleich der Campanile Pradidali – gibt einen prächtigen Blick frei zum Sass Maòr und dem Orgelpfeifen-Aufbau der Cima Canali. An deren Sockel steht die nette Pradidali-Hütte, 2278 m, für rastbedürftige Wanderer offen. Sie wird vom Ball-Paß in ¼ Std. Abstieg (östlich) erreicht. (1½ Std. ab Rosettahütte.)

b) Von San Martino oder von Fiera del Primiero mit Pkw ins Val Canali bis zum Rif. Cant del Gal, 1160 m; ausreichender Parkplatz, Übernachtungsmöglichkeit, Restaurant. Hier folgt man dem Weg Nr. 711, der bequem und nur mäßig steil bis „Pedemonte" emporführt: ein klassischer Rastplatz mit Sitzbänken, hierher führt von Fosne auch ein für Pkw gesperrter, teils verfallener Fahrweg. Auf Weg Nr. 709 (Weitwanderweg 2) steil und mühsam, aber sicher auf einem grasigen Felsausläufer am westlichen Absturz der Cima Canali bis zum Rifugio Pradidali.

Aufstieg: Beim Rif. Pradidali weist ein kleines Schild westwärts, auf den nichtmarkierten, aber deutlich ausgetretenen Pfad Nr. 739. Zuerst einen kleinen Hügel hinauf, dann in Serpentinen über einen splittrigen Steilhang sehr steil hinab in eine geröllerfüllte Felsschlucht. Hier ist ein kurzes Schneefeld zu queren, das im Spätsommer hart sein kann. Nun über Fels und Schutt hinab zum Felsaufbau, hinüber zum großen, roten Stern an der Wand, der schon von der Felskanzel hinter dem Schneefeld zu sehen ist. Die Via ferrata (bis zur Portònscharte als **„Via ferrata del Portòn"** bez.) beginnt mit zwei luftigen, senkrechten Klammernpassagen und leitet in faszinierend schöner Wegführung, durch Drahtseile ausreichend gesichert, meist sehr bis mäßig exponiert, quer empor durch die fast senkrechte Wandflucht der Cima di Ball. Der Steig verläßt hier über ein teils mangelhaft gesichertes Band die Wandflucht und führt in die tiefe Felsschlucht zwischen Cima di Ball und Sass Maòr. (Falls man auf dem gleichen Weg wieder zurück möchte, muß man sich den sehr schlecht bez. Ausstieg aus dieser Wand sehr genau einprägen; bei Nebel kann man hier sehr leicht in unwegsames Gelände geraten). Schwache, teilweise parallel verlaufende Pfadspuren führen nun sehr steil und mühsam durch die steinschlaggefährdete, stets düstere und kalte Geröllschlucht empor, bis ein lockeres, im oberen Teil schadhaftes Seil über das letzte schwierige Stück hinaufhilft. Mit wenigen Schritten auf schmalem Schuttpfad nach rechts erreicht man die felsige Einsattelung der Portònscharte, 2480 m. Der Ausstieg auf die Scharte kann bei Schnee oder gar Vereisung große Schwierigkeiten bieten und gefährlich sein, da keine vollständigen Sicherungen vorhanden sind. Die jenseits der Scharte unmittelbar ins Tal hinabführende Pfadspur führt durch das Val della Vecchia direkt nach San Martino, wird aber kaum begangen, da man sonst die Hälfte des Klettersteigvernügens versäumt (siehe auch Abstieg b).

Von der Scharte auf deutlicher, aber mangelhaft bez. Pfadspur in weitem Bogen nach links zuerst leicht bergab, dann fast eben, schließlich durch Geschröf leicht aufwärts. Der nun folgende Klettersteigabschnitt quer durch den hier etwas verflachten Wandaufbau der Cima della Madonna ist neuerdings vorbildlich gesichert und führt, zum Teil aufregend luftig abwärts, über dem senkrecht abfallenden unteren Wandaufbau der Nordseite hinüber zur Westseite der Cima della Madonna mit dem Rifugio Velo della Madonna, 2358 m.

Abstieg: a) Wer zum Ausgangspunkt San Martino zurück muß, folgt dem neu angelegten Weg Nr. 713, der direkt von der Hütte zuerst in eine weite Senke, dann, gut gesichert und teilweise aus dem Fels gesprengt, durch den westl. Wandaufbau bis an den Wandfuß herabführt. Der ältere Klettersteig ist hier aufgelassen. Nach 2 Std. Abstieg erreicht man im Waldgürtel den Weg 724, jetzt Fahrweg zur Talstation der Materialseilbahn. Hier rechts weiter und über die verlassene Malga Sopra Ronz mit ihren verfallenden Almhütten bis zu den ersten Villen von San Martino. Wer sich hier auf den asphaltierten Sträßchen stets rechts hält, gelangt ohne besondere Umwege oder Höhenverluste wieder zur Talstation des Sessellifts auf den Col Verde.

Die Via ferrata del Velo; links der Sass Maòr. *Foto: Gilli*

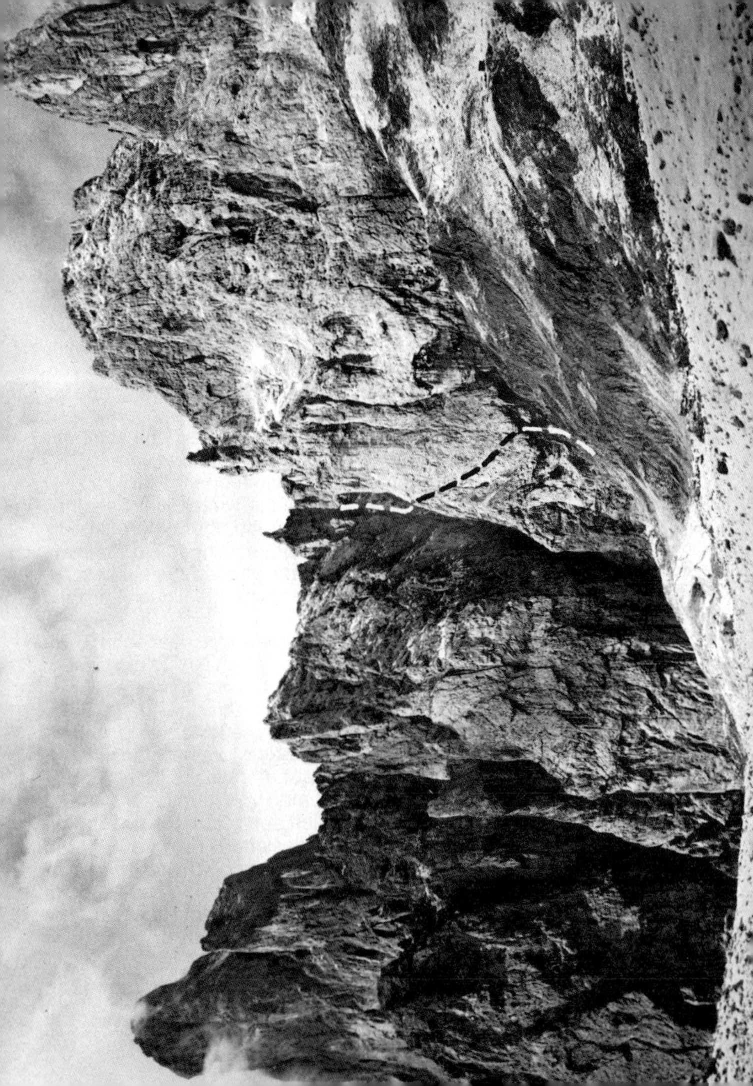

b) Abstieg über Weg 713: Dieser Abstieg verkürzt den Velo-Klettersteig beträchtlich, bringt aber um einen großen Teil der Klettersteiggenüsse und wird daher kaum begangen. Sofort westl. der Portònscharte hinab und, den roten Bez. folgend, in leichtem Geschröf, Schutt und zwischen großen Blöcken hindurch, rasch talwärts bis zu einem Felsabsatz mit Sicherungen. Die Markierung bis zu diesem Felsabsatz ist allerdings sehr mangelhaft und bei Nebel oder Neuschnee nicht zu finden. Weiter hinunter in das große Kar, bis man nach ½ Std. auf Weg Nr. 713 trifft.

c) Abstieg über den Sentiero Cacciatore: Für den, der das Rifugio Pradidali von Süden her, aus dem Val Canali, erreicht hat, ist der Sentiero Cacciatore der beste Abstieg. Schmale Bänder, eine wilde Felsschlucht, Wiesen voller Edelweiß und fast immer völlige Einsamkeit zeichnen diesen Weg aus. Vom Rif. Velo della Madonna zuerst auf Schuttpfad, zuletzt durch steiles Felsgelände, ausreichend bez., empor zur Cima Stanga, 2550 m (Weg Nr. 742). Nun sehr steil hinab durch schrofigen Fels, der sich zu einer Felsrinne verengt, bis zur Wegverzweigung mit dem rechts ableitenden Pfad Nr. 747 („Sentiero D. B."). Hier geradeaus, also links weiter, die Felsrinne hinab bis zum Grasansatz, nun links weiter und über eine Steilstufe zum Karboden; hier meist kleines, beinhartes Schneefeld. In leichtem Bogen nach links hinunter bis zu einem weiteren Felsabsatz; eine senkrechte etwa 10 m hohe Felsrinne ist drahtseilgesichert und problemlos.

Auf Grasbändern weiter hinab bis in eine wildromantische Felsschlucht mit großen Klemmblöcken (stets reichlich Trinkwasser). Aus diesem eindrucksvollen Felskessel leitet ein schmales Grasband fast eben heraus; einige luftige Stellen über der gähnenden Tiefe der Schlucht sind drahtseilgesichert. Der südwärts ausgreifende, breite, begrünte Felssporn ist ein idealer, steinschlagsicherer Rastplatz mit einzigartigem Rundblick auf die allseits aufragenden Felsmauern und Türme, rechts erblickt man von hier sogar das Rif. Pradidali. Zum Teil breite, teils aber auch sehr schmale und luftige Bänder, wo nötig ausreichend drahtseilgesichert, leiten nun herab an den Wandfuß. Entlang spärlicher Markierungen im trockenen Bachbett hinab bis an den Verbindungsweg Pedemonte – Fosne (hier Wegweiser „Sentiero Cacciatore 749"). In 5 Min. links nach Pedemonte und von hier in ¾ Std. zum Rif. Cant del Gal.

c) Abstieg über den Klettersteig Dino Buzzati: Siehe Tour 42 in umgekehrter Richtung.

Der Sentiero Cacciatore verläuft über weite Strecken hinweg auf natürlichen Bändern. *Foto: P. Werner*

Höhenunterschiede: Rosettahütte 2578 m – Wegteilung 702/715 etwa 2300 m – Passo di Ball 2450 m – Rif. Pradidali 2278 m – Portònscharte 2480 m – Rifugio Velo della Madonna 2358 m – San Martino di Castrozza 1460 m (Rif. Cant del Gal 1160 m).
Gehzeiten: Rosettahütte – Pradidalihütte 1½ Std., Portònscharte 1½ Std., Portònscharte – Rif. Velo della Madonna 1½ Std.
Abstiege: Portònscharte – San Martino 2½ – 3 Std., Rif. Velo della Madonna – San Martino 3 – 3½ Std., Rif. Velo della Madonna – Rif. Cant del Gal über den Sentiero Cacciatore 3 Std., über den Klettersteig Dino Buzzati 3½ – 4 Std.
Schwierigkeiten: Die Klettersteigpassagen der „Via ferrata del Velo" sind relativ kurz, der erste Abschnitt (bei der Pradidalihütte) führt aber streckenweise über sehr luftige Querungen, mit beschädigten Sicherungen auf diesem Abschnitt muß gerechnet werden; daher nur für Geübte. Schnee oder gar Eis vor der Portònscharte erhöhen die Schwierigkeiten beträchtlich. Bei Nebel Orientierung außerhalb der eigentlichen Klettersteigabschnitte sehr problematisch. Abstieg a) bei jedem Wetter problemlos. Abstiege c) und d) bei guten Verhältnissen unschwierig, bei Nebel hingegen problematisch. Von Abstieg b) bei Nebel dringendst abzuraten.
Stützpunkte: Rif. Rosetta, 2578 m, CAI, 66 B. und M., bew. von Ende Juni bis Ende September. Rif. Pradidali, 2278 m, CAI, 70 B. und M., bew. von Ende Juni bis Mitte September. Rif. Velo della Madonna, 2358 m, 70 B., bew. etwa vom 20.6. bis 30.9.
Hinweis: In der Palagruppe, wie in der Brenta, besonders im Herbst öfter hartnäckiger dichter Nebel! Abstiege a) und d) sind auf keinen Karten verzeichnet. Siehe Karte Nr. 9.

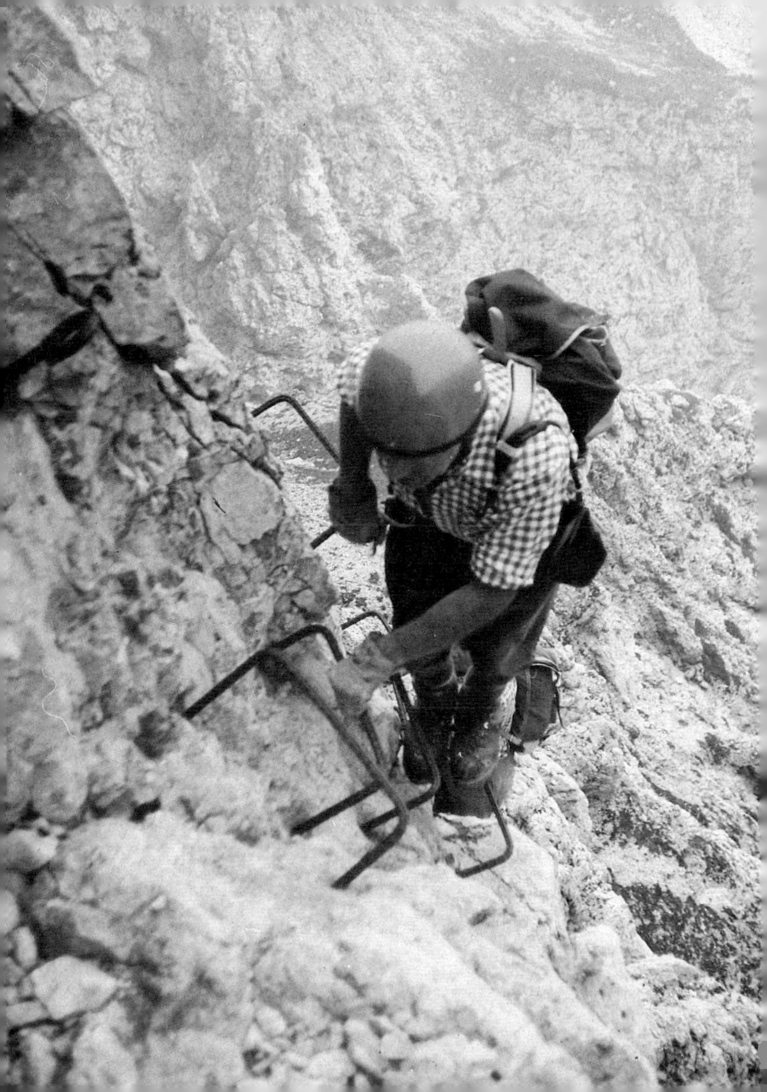

42 Sentiero attrezzato Dino Buzzati
Palagruppe

Dieser 1978 angelegte Klettersteig wird zwar kaum die Beliebtheit der beiden berühmten Vie ferrate der Pala erlangen, doch bereichert er in jedem Fall das „klassische" Klettersteigangebot um eine großartige Abstiegsvariante und eröffnet neue Möglichkeiten für abwechslungsreiche Rundtouren zwischen den Hütten Pradidali, Velo della Madonna und Cant del Gal. Der im Aufstieg zwar sehr anstrengende, aber bei guten Verhältnissen nur mäßig schwierige Steig führt aus der Almregion durch den Hochwald und die Krummholzzone bis an die Felstürme und senkrechten Wandfluchten des Cimerlo und in einem kurzen, aber überraschenden Felsgang bis auf den Grat der Cima Stanga.

Dieser einsame Steig ist nach dem einheimischen Dichter und Bergsteiger Dino Buzzati benannt worden; wer einen Tag fernab von den berühmten, vielbegangenen Routen erleben möchte, findet im Rundweg Sentiero Cacciatore – Via ferrata Dino Buzzati ein durchaus lohnendes Tagesziel in großer Einsamkeit.

Zugang: Von San Martino oder von Fiera del Primiero mit Pkw ins Val Canali bis zum Rif. Cant del Gal. Von hier folgt man mit dem Auto auf guter Sandstraße zuerst dem Wegweiser Rif. Piereni, dann bei der ersten Straßenverzweigung rechts aufwärts in Richtung Fosne (Wegweiser). Bei der nächsten Straßenkreuzung steht zum ersten Mal der Wegweiser „Sentiero attrezzato Dino Buzzati 747"; von hier noch 200 m bis zu einer bescheidenen Parkgelegenheit auf Fosne, einer Mahdalm in idyllischer Lage (vom Rif. Cant del Gal insgesamt 2,4 km).

Aufstieg: Dem deutlichen Wegweiser folgend zunächst auf bequemem Almweg, vorbei an einer verfallenden Alm, in etwa ½ Std. bis zur nächsten Wegverzweigung. Scharf links ab und etwa 10 Min.

Klettersteigpassage an der Via ferrata Dino Buzzati. Foto: P. Werner fast eben westwärts durch den Hochwald. Beim nächsten Wegweiser leitet der nun neu getretene Pfad fast gerade den Hang empor: zunächst noch durch schattigen Hochwald, dann durch eine kurze Latschenzone, schließlich über Geröll und zwischen einzeln aufragenden Felstürmchen bis zum ersten Wandl. Ein solides Drahtseil hilft über den gutgriffigen Riß empor (hier weist eine wohl ältere, irreführende, rote Bez. zu einem kleinen Kamin und zu einem Wandl). Nach dem Riß links hinauf (Drahtseile, etwas schwer zu finden), dann über einige Wandpartien in eine kleine Scharte. Hier nach rechts in eine Schlucht und auf Schuttsteig bis zu einer schrofigen Steilflanke. Sehr gut gesichert über diese empor. Nun folgt die große Überraschung: In einem steilen, nicht einmal mannsbreiten Felsspalt führt ein Drahtseil zu zwei schmalen Eisenleitern, die wieder ans Tageslicht bringen. Der Rucksack muß teilweise abgenommen werden – vor überschwerem Gepäck sei gewarnt! Ein herrlicher Aussichtsplatz lohnt die Mühe. Der weitere Weg führt über steiles, unzureichend bez. Grasgelände zu einer begrünten Schulter am breiten Westgrat des Cimerlo. Von hier in wenigen Min. zum kleinen Gipfelblock, 2499 m. Ein breites Schuttband leitet von der Schulter rechts ab bis zu einem kleinen, gesicherten Felsdurchschlupf, von hier durch eine breite kleine Scharte wieder in die Ostflanke, wo man auf gesicherten schrofigen Bändern bis zum breiten grasigen Grat zwischen Cimerlo und Cima Stanga absteigt. Auf ebenem Pfad zum „Sentiero Cacciatore" hinüber und nun steil und mühsam, aber problemlos zum Grat der Cima Stanga. Von hier zuerst in felsigem Geschröf, dann auf Schuttpfad zu dem schon vom Grat aus gut sichtbaren Rif. Velo della Madonna.

Abstieg: a) Sentiero Cacciatore (siehe Abstieg b) der Tour 41).
b) Siehe Abstieg a) der Tour 41.
c) Über die Via ferrata del Velo zum Rif. Pradidali (s. Tour 41 in umgekehrter Richtung). Von dort auf dem Normalweg hinab zum Rif. Cant del Gal (siehe Aufstieg b) der Tour 41 in umgekehrter Richtung).

Höhenunterschied: Von Fosne bis zum Grat der Cima Stanga etwa 1250 m.
Gehzeiten: Fosne – Rif. Velo della Madonna 4 Std.
Schwierigkeit: Bis auf einige technisch anspruchsvollere Stellen unschwierig, aber im Aufstieg sehr anstrengend. Bei Nebel wegen mangelhafter Bez. im hochgelegenen Wiesengelände unterhalb des Cimerlo, namentlich im Abstieg, abzuraten.
Stützpunkte: Rif. Velo della Madonna, 2358 m (siehe Tour 41).
Siehe Karte Nr. 9.

43 Cima di Val di Roda, 2790 m
Sentiero attrezzato Nico Gusella

Palagruppe

Ein einsamer Gipfel im Herzen der Pala, bequem zugänglich, mit überwältigenden und instruktiven Tiefblicken, das ist die Cima di Val di Roda. Ein Steig, der dem Fels nicht abgerungen ist, sondern den natürlichen Bändern und Rinnen des Geländes folgt, wenig begangen; kein Weg für besonderen sportlichen Ehrgeiz, sondern für den stillen Genuß einer Landschaft, die sich stellenweise in dramatischen Felsszenerien aufbaut, das ist der Sentiero Gusella. Der Steig ist allerdings keine selbständige Route: Zustieg oder Abstieg führen über andere Klettersteige, die einem wesentlich mehr abverlangen. Der Sentiero Gusella kann aber auch als willkommene Umgehung der schwierigen Via ferrata del Portòn dienen – sie gestattet einen wesentlich leichteren und landschaftlich ergiebigeren Übergang vom Rif. Pradidali zum Rif. Madonna del Velo.

Zugang: Wie Aufstieg a) oder b) bei Tour 41.

Aufstieg: Vom Rif. Pradidali, 2278 m, auf bequemem Steig nordwestwärts, mit mäßiger Steigung in einen von riesigen Felstrümmern erfüllten Kessel und bald auch auf den begrünten Passo di Ball, 2450 m, wo sich ein grandioser Blick nordwärts öffnet. Von hier ist auch fast die gesamte Schlucht zu überblicken, in die der hier beginnende Sentiero Nico Gusella hineinführt. Über flache Schneefelder und geröllbedeckte Pfade zunächst schräg, dann in wenigen kurzen Kehren empor zum Felsansatz, wo das erste Seil beginnt. Gesichert über leichten, mäßig steilen Fels, dann über einen kurzen abdrängenden Aufschwung. Am Seil umgeht man nun den unteren, steileren Teil der Schneerinne, dann an gut gangbarem Fels zum oberen Drittel der Rinne, die hier enger und etwas flacher ist. Meist führen gute Trittspuren problemlos empor. Bei sehr hartem Schnee sind jedoch ein Pickel oder auch Leichtsteigeisen dringend angeraten. Unter einem großen Überhang beginnt wieder ein Seil, das über ein kurzes Wandstück hinausleitet. Eine Rinne führt nach wenigen Metern Geröll zum flachen Grat, zur Forcella Stephen, 2680 m. Von hier leitet ein bequemes Steiglein in kaum mehr als 15 Min. zum Nordgipfel (großes neues Stahlrohrkreuz). Die Aussicht ist umfassend und bietet faszinierende Tiefblicke! In zwei bis drei Minuten ge-

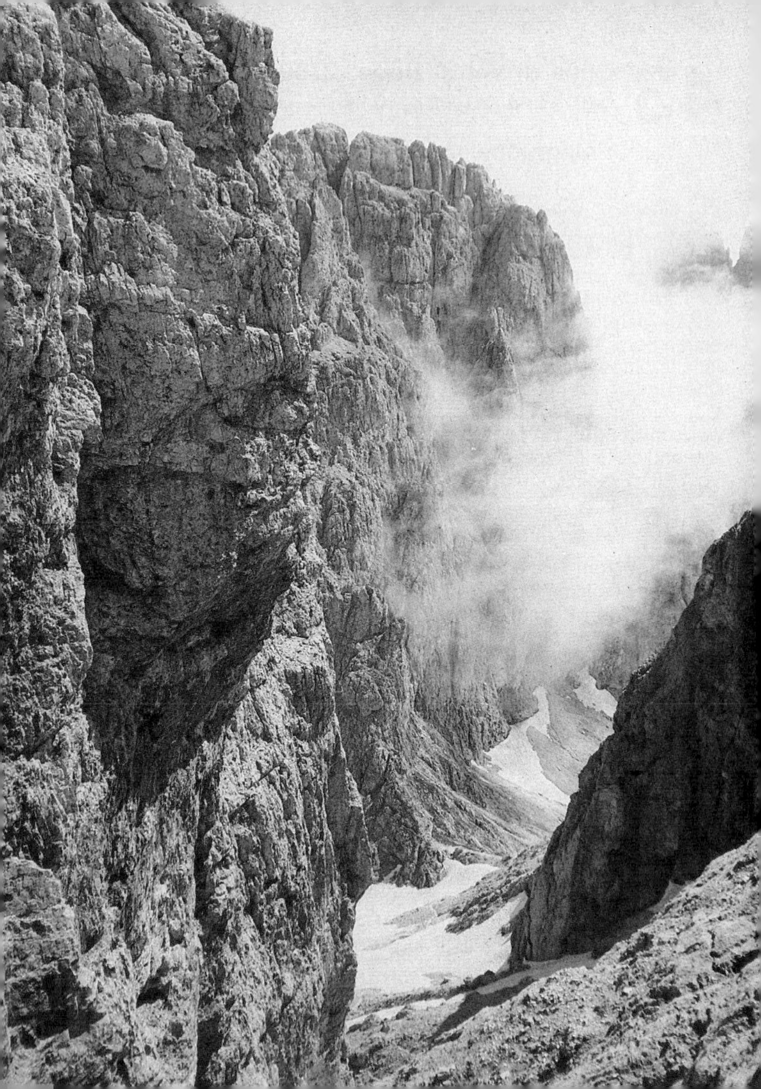

langt man südwärts über den einfachen Grat zum etwas höheren Südgipfel, wo sich ein besonders schöner Blick auf den Passo di Ball bietet. Nach dieser Mini-Gipfelüberschreitung kann man über kleine Felsstufen bis zu den südostseitigen Abbrüchen hinuntersteigen und auf Trittspuren zum Aufstiegsweg zurückqueren. Von der Forcella Stephen führt die Markierung des Sentiero Nico Gusella mäßig steil südwärts über gut gangbares, griffiges Felsgelände bis an den Fuß der Nordwand der Cima di Ball hinab. Ein Seilstück hilft über eine kurze, meist feuchte Felsrinne empor. Wesentlich spannender ist die nun folgende Querung des westlichen Felssockels der hier senkrecht aufragenden Cima di Ball. Seile leiten über etwas glatte, abschüssige Stellen. Nach einigen Schritten bergauf steht man im Joch an der Südwestseite der Cima di Ball. Markierungen führen über eine Steilwiese hinab. Im folgenden Blockgelände geht es kurz nach links. Nach einem Grasbuckel folgen ein flaches grasiges Rinnchen und eine kurze Querung halblinks, und plötzlich steht man an einer Wegkante, die den Blick auf die Nordwände der Cima della Madonna freigibt. In wenigen Minuten erreicht man über steiles Gras die Portònscharte.

Abstiege von der Portònscharte siehe Tour 41: a) Als Rückweg kommt also die sehr anspruchsvolle Via ferrata del Portòn in Frage, die zum Rif. Pradidali zurückführt.
b) Weniger anspruchsvoll ist die Fortsetzung der Tour über die Via ferrata del Velo mit Abstiegsmöglichkeit über den Sentiero del Cacciatore zum Rif. Cant del Gal (siehe Abstieg c) von Tour 41).
c) Bei entsprechender Zeiteinteilung ist vom Rif. Velo della Madonna auch ein Abstieg über den Klettersteig Dino Buzzati möglich.
d) Abstieg über Weg 713 siehe Abstieg b) von Tour 42.

Höhenunterschied: Rif. Cant del Gal 1160 m – Rif. Pradidali 2278 m – Passo di Ball 2450 m – Forcella Stephen 2680 m – Cima di Val di Roda 2790 m – Forcella Portòn 2480 m – Rif. Velo della Madonna 2358 m.
Gehzeiten: Rif. Cant del Gal – Rif. Pradidali 2½ Std., Rif. Pradidali – Cima di Val di Roda 1¾ Std., Cima di Val di Roda – Forcella Portòn 1½ Std., Forcella Portòn – Rif. Velo della Madonna 1½ Std.
Schwierigkeit: Bei guten Wetter- und Schneeverhältnissen unschwierig; bei Hartschnee in der Schlucht nur mit Pickel.
Stützpunkte: siehe Tour 41.
Siehe Karte Nr. 9.

Der Passo di Ball aus der Schlucht unterhalb der Forcella Stephen.
Foto: P. Werner

44 Croda Grande, 2837 m, Via ferrata Fiamme Gialle

Palagruppe

Die Croda Grande ist der zweithöchste Gipfel des Pala-Südzugs. Vom Talschluß der Valle d'Angheraz zeigt sich ihre eindrucksvolle Nordseite. Neben dem Normalanstieg aus Gosaldo kann man vom vielbegangenen Aufstieg zum Passo Canali eine anstrengende, aber interessante Gipfeltour unternehmen: Zwei Klettersteige führen durch die abweisende Felskette zwischen dem Vallon del Coro und der fast vegetationslosen Hochfläche, auf der das Biwak Reali als Stützpunkt und Notunterkunft aufgestellt wurde. Der Klettersteig „Fiamme Gialle" ist zwar nicht besonders lang, aber durchwegs rassig und anspruchsvoll. Der Abstieg über die nicht gesicherten Bänder der „Vani Alti" erfordert ein gewisses Maß an Übung im Fels. Bei einem der gefürchteten Nebeleinbrüche kann es leicht Orientierungsprobleme geben. Bei guten Verhältnissen aber erlebt man auf den hochgelegenen Abschnitten dieser Tour den ernsten, strengen Charakter der Pala, und das meist in vollkommener Einsamkeit.

Zugang: Von Primo di Fiera, 3,1 km ostwärts in Richtung Agordo, dann links ab ins Val Canali und noch einmal 3,5 km bis zum Rif. Cant del Gal, 1160 m. Von dort führt ein Sträßchen 2,6 km weit ins innerste Val Canali. Man darf allerdings nur 1,2 km weit, dafür neuerdings auf Asphalt fahren und findet in etwa 1300 m Höhe einen bequemen Parkplatz.

Aufstieg zum Bivacco Reali: Man wandert auf der Fahrstraße weiter, erreicht nach etwa 15 Min. den Steg über den Wildbach und steigt von hier in weiteren 45 Min. mäßig steil mit Kehren durch dichten Hochwald zum gemütlichen Rif. Treviso, 1630 m. Der Steig wechselt nun bald seinen Charakter. Eine kurze Strecke geht es durch lichten Föhrenwald, dann öffnet sich der Blick in den mächtigen felsumrahmten Geröllkessel. Rechts stehen die am Morgen noch schattigen Wände und Türme, links die schon sonnenüberstrahlten Gipfel jenseits der Talfurche. Man quert (im Frühsommer) bald das erste flache Schneefeld und steigt dann steiler an der rechten Seite des Hochtales, hart unter senkrechten Wänden entlang, durch die von riesigen Blöcken übersäten, im unteren Teil noch begrünten Halden. Nach einem wilden Sturzbach findet man, zwischen zwei bis weit in den Sommer schneebedeckten Geröllströmen, den Hinweis „Vani Alti" (Abstiegsroute). Bald folgt auch die Abzweigung zum Bivacco Reali (sehr schwer zu finden, da kein Hinweis). Der Pfad zieht sehr steil und mühsam empor und führt während des Frühsommers im oberen Teil über ein ausgedehntes Schneefeld. Unter dem Wandfuß nach links auf eine große Felsterrasse (etwa 2340 m), eine einzigartige Aussichtskanzel, die zu einer letzten Rast einlädt. Von hier abermals nach links zu den ersten Seilen, die an schmalen Gesimsen quer über Wandstufen in eine düstere Schlucht hineinführen. An ihrem rechten Rand luftig an einem Seil empor bis zu einem Rinnsal. Es folgt eine kurze Verschneidung, die rechts auf ein exponiertes, jedoch griffiges Wandstück hinausführt. Ausgesetzt am Seil empor. Eine schmale, geröllbedeckte Terrasse ermöglicht eine kurze Verschnaufpause, dann geht es über eine Kante nach rechts in ein seichtes Kaminchen. Ein gut gesichertes Band führt in den letzten steilen Schluchttrichter. Er ist fast immer mit Altschnee gefüllt, der das Stahlseil bedeckt. Die Querung ist je nach Schneelage problemlos bis heikel. Eine gestufte, zuletzt sehr steile Wand wird anstrengend am Seil in Fallinie erklettert, dann steht man überrascht am Ausstieg (Forcella del Marmor). Über unschwierige Felsstufen in wenigen Minuten zum winzigen Bivacco Renato Reali, 2650 m.

Gipfelaufstieg: Von der Biwakschachtel quer über das flache Schneefeld bis zu dessen südöstl. Rand, wo die Markierung für den Abstieg über die „Vani Alti" beginnt. Von hier überblickt man den unteren Teil des Gipfelaufstiegs, den man nur bei guten Sichtverhältnissen, keinesfalls bei Nebel, angehen sollte. Zunächst weglos hinab in den breiten, oft noch schneebedeckten Sattel vor dem Gipfelstock (Forcella Sprit). Auf deutlicher Pfadspur oder auch auf Schneespuren schräg ostwärts durch das Kar, unter der Gipfelwand empor und auf einem breiten natürlichen Felsband schräg hinauf zur Schuttreise unter dem eigentlichen Gipfelaufschwung. Von dort sehr steil und mühsam über Geröll in eine kleine Scharte. Dann in der Südostflanke auf Steigspuren über leichtes Felsgelände zum Gipfel mit umfassender Rundsicht.

Abstieg: Wieder zum Ausgangspunkt des „Gipfelabstechers" (Markierungsbeginn „Vani Alti") zurück (der gesamte Gipfelanstieg mit Rückweg erfordert etwa 2 Std.).
Vom Markierungsbeginn etwa 10 Min. leicht empor. Die Bezeichnung führt in der nur schwach geneigten Südflanke auf ein Felspla-

teau hinab, an dessen westl. Rand die Wegabzweigungen „Gosaldo" und „Rif. Treviso" auf Felsen gepinselt sind. Der hier in die gestufte Westwand leitende Steig nützt naturbelassene, nur mäßig steile Bänder und Verschneidungen und führt in großen Serpentinen bis ins Kar. Eine Sicherung ist nicht vorhanden, es sind lediglich in entsprechend großen Abständen Seilverankerungen gesetzt worden. Einige Passagen im Mittelteil sind etwas luftig. Weniger Geübte können an den Verankerungen mit einem Seil gesichert werden. Nur am Ausstieg sind vier Eisen so dicht gesetzt, daß man an dieser etwas schwierigen Stelle „klettersteigmäßig" absteigen kann. Der Weiterweg durch das anfangs sehr steile Kar ist mühsam, die Markierungen befinden sich im Frühsommer unter einem Schneefeld, in dem man bis zur Hälfte vorsichtig absteigen muß. Die Pfadspur führt meist in Fallinie längs von verblassenden Markierungen stets gleichbleibend steil zum Weg Nr. 707 hinab. Wer die Bezeichnung nicht findet, kann auch im Schneefeld absteigen, das auch an den engen, etwas steilen Stellen noch gangbar bleibt. Keinesfalls darf man dann aber die im Schnee querende Wegspur 707 übersehen. Der weitere Abstieg folgt dem Aufstiegsweg.

Höhenunterschied: Rif. Cant del Gal 1160 m – Rif. Treviso 1630 m – Bivacco Reali 2550 m – Croda Grande 2837 m. Höhe des Klettersteiges etwa 160 m.
Gehzeiten: Rif. Cant del Gal (Parkplatz auf 1300 m) – Rif. Treviso 1 Std., Rif. Treviso – Bivacco Reali 3 Std., Biv. Reali – Croda Grande 1½ Std.; im Abstieg wesentlich kürzere Zeiten.
Schwierigkeiten: Klettersteig Fiamme Gialle kurz, jedoch schwierig und exponiert; der Sentiero dei „Vani Alti" erfordert Trittsicherheit und Schwindelfreiheit auf nicht gesicherten Felsbändern. Auf den Hochflächen im Gipfelbereich bei Nebel Orientierungsprobleme.
Stützpunkte: Rif. Cant del Gal, 1160 m, voll bew., guter Ausgangspunkt; Rif. Treviso, 1630 m, voll bew., Nächtigungsmöglichkeit; Bivacco Renato Reali, 2650 m, Notunterkunft, 4 Liegen, stets offen, kein Wasser.
Hinweis: Der Plan, den „Sentiero dei Vani Alti" klettersteigmäßig zu sichern, läßt offensichtlich lange auf sich warten!
Siehe Karte Nr. 9.

45 Forcella dell'Orsa, 2330 m, Sentiero attrezzato del Dottore (Via attrezzata dell'Orsa)

Palagruppe

Der kurze, jedoch schwierige Klettersteig aus dem Jahr 1925 wird für einen Besuch dieses entlegenen Winkels der Pala kaum der Hauptgrund sein. Vielmehr ist es der Reiz der stillen nördlichen „Kehrseite" des beliebten Klettersteigdorados, das mit einer Reihe landschaftlicher Überraschungen aufwarten kann. Von keiner Seite zeigt sich der Monte Agnèr so abweisend, unnahbar und mächtig wie von Norden, wo er mit senkrechten Pfeilern und Wänden in das idyllische Valle di San Lucano abbricht. In keinem Felskessel der Pala liegen die Schneereste so lange wie in dem stillen Talschluß des Valle d'Angheraz, wo in etwa 1300 bis 1400 Meter Höhe üppig wuchernde Vegetation mit der eisigen Starre nie besonnter Kare und Schluchten in Kontrast steht. Der nordseitige Abstieg von der Forcella di Miel schließlich zieht so eindrucksvoll alle Register der landschaftlichen Schönheit der Pala, daß dieser Gang durch alle Stufen der alpinen Vegetation einen nachhaltigeren Eindruck hinterläßt als manche gerühmte Klettersteigpassage.

Zugang: Von der Straßenabzweigung in Taibon (Agordino) 7,9 km bis Col di Prà. Von dort auf geschotterter schmaler Fahrstraße geradeaus weiter hinauf und trotz Fahrverbotsschild noch genau 2 km bis zu einer Kehre mit Gedenktafel für Cesare Benvegnu, etwa 1050 m; darunter Weghinweis. Die Parkmöglichkeiten sind sehr beschränkt, ein weiterer kleiner Parkplatz befindet sich etwa 200 m weiter oben.

Zugang zum Bivacco Dordei: Von der Straßenkehre auf schmalem Pfad durch dichten Wald zunächst fast eben bis zu einem Fahrweg, der von Col di Prà heraufführt. Er ist teilweise steil und verengt sich schließlich zu einem Steig, der zu einem breiten, trockenen Bachbett leitet, jedoch sehr bald wieder nach rechts in dichten Laubwald einschwenkt. Man erreicht ein weiteres schmäleres Bachbett, in dem man bis zu den Karen im Talschluß weitersteigen kann. Die Abzweigung nach links zum Biwak ist bezeichnet, der Weg war aber 1985 durch Windbruch im jungen Laubwald fast ungangbar.

Aufstieg: Der Einstieg zum Klettersteig ist zwar bescheiden markiert, aber dennoch schwer zu finden. Eine gute Orientierungshilfe ist die breite, auffallend glatte, senkrechte Wand an der westlichen Seite des Talkessels. Links davor steht ein etwa nur halb so hoher Felsklotz. Links von diesem befindet sich, etwas verborgen, der Einstieg (etwa 1550 m). Lange, schwankende Seile ohne Zwischenverankerungen, dazwischen drei kurze Stahlleitern, führen am Rand einer Verschneidung fast senkrecht am düsteren Felsabbruch empor. Ein ebenfalls etwas locker verspanntes Seil zieht schräg rechts hinaus. Man ist nun in der Mitte der breiten Schlucht, genau oberhalb der aus dem Talkessel sichtbaren glatten Wand. Die Markierung führt wenige Meter an leichtem Fels empor, dann nach rechts durch Latschen zu einem zweiten Rinnsal, leitet kurz an dessen rechter Seite hoch und quert wieder nach links. Über Geröll- und Wiesenpfade am rechten Rand des linken Rinnsals hinauf, das man erst oben unter einer Steilstufe nach links quert. Am linken Rand der Schlucht empor. Vor einem Kessel zieht der Steig in die Felsen, die man anregend erklettert (I). Das Rinnsal wird nun zweimal gequert, dann geht es links hinauf zu einem Wiesenstück mit dürftiger Markierung. In der Mitte eines flachen, im Spätsommer ausapernden Schneefeldes steht ein Felszacken mit der Aufschrift „Miel". Er weist die Richtung in die kleine Schlucht am rechten Rand des Kessels, von wo der Steig sehr steil über felsdurchsetzte, blumenreiche Wiesenhänge wieder links emporquert. Man gelangt in einen weiten, meist schneegefüllten Kessel, von dem aus der weitere Wegverlauf zu erkennen ist. Auf einem geröllbedeckten Band links unter einer Steilstufe empor, dann wenige Meter an leichtem Fels zu einem letzten Schuttband unter der senkrechten Ostwand. Ein kurzes Seil sichert die engste Stelle, danach steht man in der Scharte. Die Höhenangabe „2472 m" bezieht sich auf den nördlich der Scharte aufragenden Gipfel. Von der Forcella dell'Orsa steigt man wenige Meter durch eine Schuttrinne ab und erreicht sehr schnell den Weg 705, auf dem man in etwa 20 Min. den Passo di Canali, 2469 m, erreicht (hier Wegabzweigung 708 zum Rif. Pedrotti).

Valle d'Angheràz aus der Forcella dell'Orsa.   *Foto: P. Werner*

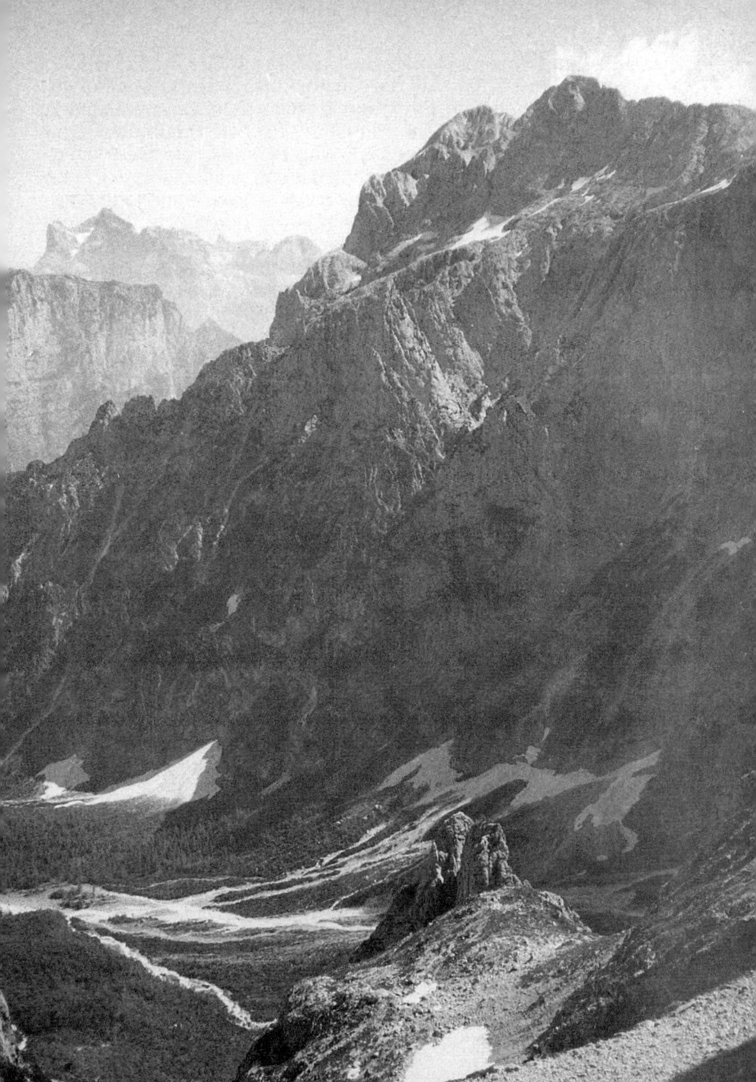

Abstieg: Vom Passo di Canali folgt man in genau nördl. Richtung der Wegmarkierung 705. Auf der karstigen Hochfläche ist Orientierungsvermögen nützlich. Ein Gegenanstieg führt zur weitläufigen Forcella di Miel, 2538 m. Erst dort ist der höchste Punkt der Rundtour erreicht. Von links mündet auch Weg 707 (bez.) ein. Der weitere Wegverlauf ist wesentlich deutlicher gekennzeichnet. Es folgt ein sehr langer Abstieg in nördl. Richtung der – zwar ohne jede Wegspur, jedoch mit deutlichen Markierungen – durch eine felsdurchsetzte karge Graszone führt. Einen landschaftlichen Kontrast bildet die große flache Wiese mit der alten Hirtenhütte (Casera, 1866 m), die man schon von weit oben sieht. Ab hier führt ein stets gut erkennbarer Weg durch üppige Alpenflora. Ein landschaftlich unvergeßlicher Akzent folgt nach der Querung des Wildbaches, der aus der senkrechten Ostwand herabrauscht: an einer freien Aussichtskanzel hat man einen einzigartigen Blick in die innerste Valle d'Angheraz, überragt von den kühnen Nordwänden und Pfeilern des Felskammes südlich des Monte Agnèr. Nun nimmt uns bald dunkler kühler Mischwald auf, der den Weg bis hinab zur Straße begleitet. Ein kurzer Bummel über die hier nur leicht fallende Strecke führt letztlich zum Ausgangspunkt.

Höhenunterschied: Parkgelegenheit in der vierten Straßenkehre am Wegbeginn etwa 1050 m – Forcella dell'Orsa 2330 m – Forcella di Miel 2520 m; Höhe des Klettersteigs etwa 200 m.
Gehzeiten: Ausgangspunkt – Forcella dell'Orsa 3¾ – 4 Std., Forcella dell'Orsa – Forcella di Miel 1 Std., beschriebener Abstieg 2½ – 3 Std.
Schwierigkeit: Klettersteigpassagen am Beginn der Schlucht (etwa 200 Höhenmeter) schwierig; Steinschlaggefahr. Alle übrigen Strecken unschwierig, jedoch sehr spärlich markiert. Bei Nebel dringendst abzuraten; insbesondere der Aufstieg zur Forcella di Miel ist dann sehr schwer zu finden.
Stützpunkt: Bivacco Dordei, 1380 m, Notunterkunft, 9 L., ganzjährig offen; in den Bächen ist nur während des Frühsommers Wasser.
Siehe Karte Nr. 9.

46 Monte Agnèr, 2872 m, Via ferrata Stella Alpina

Palagruppe

Im Gegensatz zum noblen San Martino di Castrozza mit seiner mondänen Hotellerie und seinem internationalen Treiben wirken die bescheidenen Orte im Valle Sarzana zunächst so, als hätten sie gerade an Klettersteigen kaum etwas zu bieten. Der Monte Agnèr, die eindrucksvollste Berggestalt im Südzug der Palagruppe, ist jedoch durch die 1977 erbaute Ferrata Stella Alpina zu einem Prüfstein für die Verwegeneren unter den Klettersteigfreunden geworden. In der Pala hat die „Stella Alpina" jedenfalls allen anderen Klettersteigen den Rang abgelaufen. Zusammen mit der „Rino Pisetta" (Tour Nr. 160), dem „Tomaselli" (Tour Nr. 56) dem „Costantini" (Tour Nr. 94) und der „Cesare Piazzetta" (Tour Nr. 23) zählt diese Ferrata zu den schwierigsten und anspruchsvollsten überhaupt: Mehrere weitgehend glatte, sehr steile Wände, die ungesichert mit dem V. Grad zu bewerten wären, sind ohne oder mit bescheidenen Tritthilfen an einem etwas zu dünnen Seil zu erklettern, und über die gesamte Wandhöhe von 300 m gibt es kaum eine Stelle, die man nicht als exponiert bezeichnen müßte. Der weitere Aufstieg über die spärlich markierten Flanken der Lastei d'Agnèr und schließlich der eigentliche Gipfelanstieg auf der schattigen Nordseite mit ihren ausgesetzten Bändern und ungesicherten Rippen ziehen alle Register eines rassigen Felsgangs, der durch schwindelnde Tiefblicke und ein umfassendes Gipfelpanorama reichlich gewürzt wird.

Zugang: Frassenè, 1083 m, auf der Paßstraße zwischen Agordo (10 km) und Fiera di Primiero (23 km) gelegen. Der Sesselliftbetrieb zum Rifugio Scarpa war seit 1985 eingestellt, eine Neukonstruktion der veralteten Anlage wird 1988 in Betrieb genommen.

Aufstieg zum Rif. Scarpa: In der Ortsmitte folgt man dem Hinweisschild und fährt auf der schmalen Straße, sich stets links haltend (an der ersten Kreuzung folgt man dem deutlichen Schild „Albergo Belvedere"), bis ans Ende des asphaltierten Teils. Dort sehr begrenzte Parkmöglichkeiten. Am Ende der Asphaltdecke Hinweisschild „Rif. Scarpa", Weg 771. Man folgt dem steilen alten Weg auf die Malga Losch, der in historischer Wegebautechnik mit großen Steinen gepflastert ist. (Die irreführend markierte Abzweigung nach links, schon 100 m nach Wegbeginn, *nicht* beachten – hier geradeaus!)

Der Monte Agnèr vom Rifugio Scarpa. Die Via ferrata Stella Alpina verläuft an der steilen Wand unterhalb des Lastei d'Agnèr und quert zur Scharte unter der Monte-Agnèr-Westwand, in der das Bivacco Biasin steht. Die Via del Nevaio zieht aus der schneegefüllten Schlucht empor. Foto: P. Werner

Dieser gepflasterte Weg ist mit rot-weiß-roten Markierungen und zusätzlich mit senfgelben Kreuzen gekennzeichnet. Er zieht geradlinig und gleichmäßig steil durch den Laubwald. Etwa auf halbem Zustieg quert man eine flache Schlucht (hier ist die alte Bogenbrücke der Pflasterstraße schon längst eingestürzt). Die Almzone erreicht man erst 20 Min. vor der Hütte, an der Talstation eines Sessellifts.

Aufstieg zum Bivacco Biasin: Vom Rif. Scarpa folgt man dem Schild „Via del Nevaio, 4 h", quert unter dem Felsen oberhalb der alten Almhütte (Malga Losch) mit weithin sichtbarer weißer Gedenktafel, und schlendert über blühende Wiesen bis zur Abzweigung der „Ferrata Stella Alpina" in 1885 m Höhe, die – aus gutem Grund – recht unauffällig markiert ist: Unter einer kurzen Schlucht weist ein kleiner gelber Pfeil aufwärts. Folgt man den gelben Punkten, so sieht man in 2045 m Höhe den Vermerk „Difficile" am Fels. Am linken Rand der Schlucht bis zu ihrer halben Höhe empor, dann führen die gelben Punkte rechts an die Wand. Rechts empor (II) und auf einem Band aus der Schlucht heraus. An gut gestuftem Fels wenige Meter aufwärts (II), bis ein deutlicher Pfad auf grasigem Sporn in 10 Min. zum Beginn der Seilsicherung führt. Die folgenden 300 Höhenmeter sind fast senkrecht und fordern viel Kraft. Etwa in halber Höhe quert man sehr luftig nach links, dann geht es wieder nahezu senkrecht empor. Am Ausstieg helfen drei Eisenstifte über die letzte, vollkommen senkrechte Wandstelle hinauf. Vom Ende der Seilsicherung auf 2310 Meter quert man kurz nach links (II) und steigt anschließend durch eine Rinne empor. Ein grasiger Pfad führt bis zum Hinweis „Guardate e non toccate". Hier, inmitten seltener Alpenflora, sieht man zum ersten Mal schräg oben das Biwak, das sich jedoch bald wieder den Blicken entzieht.

Grasige Pfade führen nun längere Zeit schräg rechts empor. Am ersten flachen, meist trockenen Rinnsal geht es zunächst links hinauf, dann über schräge Platten und breite, ausgetrocknete Rinnsale wieder in etwas schwierigeren Fels. Unterhalb eines markanten Grateinschnitts leitet die Markierung steiler empor und führt dann unter plattigen Felsen auf breitem Band wieder nach rechts abwärts. Am Ende einer längeren, etwas ausgesetzten Querung wird die Biwakschachtel wieder sichtbar, diesmal „greifbar" nahe. Ein bequemes Band führt in eine Schlucht, an deren Rand man bis zur ersten Scharte emporsteigt und dort erstmals nach Norden schauen kann. Von hier führt ein „Sentiero alpinistico non attrezzato" in 3 Std. nach Col di Prà. Vor diesem ungesicherten Abstieg wird dringendst gewarnt (Abstiegsbeschreibung im Biwak)! Über steileren, gut gangbaren Fels in wenigen Schritten zur Biwakschachtel in 2645 m Höhe.

Aufstieg zum Gipfel: Vom Biwak nordwärts hinauf zu den ersten Seilsicherungen. Luftige, spärlich gesicherte Bänder führen zunächst fast eben gegen die Nordseite. Dann in einer flachen Rinne empor und auf breitem schrägem Geröllband und an einer plattigen griffigen Rampe schräg aufwärts. Über einen tiefen schmalen Spalt hinweg und an einer etwa 15 Meter hohen Kante empor. Dann auf einem bequemen Band etwa 40 m nach links (Steinmann). Nun wieder in Fallinie hinauf (nicht nach links in die steilen Schneefelder) und über Wandstufen mit guten Tritten und Griffen (I) bis zu einem seichten Kamin, der durchstiegen wird. Danach führen die Markierungen an gut gestuftem Fels unschwierig zu einem ebenen Pfad, der zum höchsten Punkt leitet (Holzmarterl). Das eiserne Gipfelkreuz steht etwa 50 m tiefer und ist in 5 Min. über leichten Fels zu erreichen. Die Rundsicht sucht ihresgleichen. Vom südwestl. Punkt der Gipfelterrasse ist sogar die Biwakschachtel zu erkennen.

Abstieg: a) „Via del Nevaio". Vom Gipfel auf der Anstiegsroute zum Biwak zurück. Von dort über eine breite Rampe abwärts, dann auf Pfadspuren weiter und noch einmal über eine kurze Rampe hinab. Dann zieht der Steig über unschwierige geröllbedeckte Absätze und Stufen abwärts. Es folgt eine breite Verschneidung und schließlich führt die Markierung an den östlichen Rand der gewaltigen Schlucht. Dort findet man die einzige problemlose Stelle, um auf einen niedrigeren Felsrücken abzusteigen. Von dort führt der Pfad rechts hinunter zum Ende der großen Schlucht. Zehn Meter an dünnem Seil durch einen senkrechten Kamin mit guten Tritten hinab, dann sofort zwei Meter rechts empor. Nun leitet ein dünnes Seilchen über ein bequemes natürliches Band fast eben in 2130 m Höhe in das schneegefüllte Kar vor den senkrechten Wänden des Schluchttrichters. Bis zum markierten Hüttenpfad sind es hier noch 300 m. b) „Via Normale": In 2420 m Höhe zweigt von der „Via del Nevaio" eine bez. Pfadspur ostwärts ab und führt in weitem Bogen durch einfacheres Gelände etwas monoton zum Rif. Scarpa zurück.

Höhenunterschied: Frassenè 1083 m – Rif. Scarpa 1742 m – Monte Agnèr 2872 m. Höhe des Klettersteiges an der Via ferrata Stella Alpina etwa 300 m.
Gehzeiten: Frassenè – Rif. Scarpa 2 Std. (Abstieg 1¼ Std.), Rif. Scarpa – Bivacco Biasin über die „Via del Nevaio" 2½ Std. (Abstieg 2 Std.), über die Via Normale 3 Std. (Abstieg 2 Std.), über die Via ferrata Stella Alpina 3 – 3½ Std., Bivacco Biasin – Gipfel 1 Std. (Abstieg ¾ Std.).
Schwierigkeit: Via ferrata Stella Alpina auf etwa 300 Höhenmeter stellenweise außerordentlich anstrengend und exponiert, Steinschlaggefahr bei Begehung durch mehrere Partien. Via del Nevaio eher unschwierig, ebenfalls Steinschlaggefahr. Bei Nebel abzuraten. Via Normale einfach, aber langatmig und eher reizlos. Steig zum Gipfel rassig, teilweise luftig, nur teilweise gesichert und sparsam bez.
Stützpunkte: Rif. Scarpa, 1742 m, im Sommer bew., sehr gute Unterkunft. Bivacco Giancarlo Biasin, 2645 m, Notunterkunft, (9 L.), stets offen; Wasser links unterhalb an den Felsen.
Hinweis: Via ferrata Stella Alpina nur bei trockenem Fels angehen, wegen der etwas zu dünnen Seile sind dringendst geeignete Handschuhe zu empfehlen. Siehe Karte Nr. 9.

Östliche Dolomiten

Selbst hervorragenden Dolomitenkennern fällt es auf die Frage, ob sie nun lieber in den Westlichen oder in den Östlichen Dolomiten unterwegs wären, schwer, eine klare Antwort zu geben. Beide Teile dieses großen Gebirges der Südlichen Kalkalpen scheinen nur aus Superlativen zu bestehen. Nehmen die Westlichen Dolomiten mit der Marmolata den höchsten Dolomitengipfel überhaupt für sich in Anspruch, ragt in den Östlichen Dolomiten der stolze Antelao als Zweithöchster in den Himmel; gehört die 1600 m hohe Nordkante des Monte Agnèr in der Palagruppe (Westl. Dolomiten) zu den gewaltigsten Wandabbrüchen der Ostalpen, so zählt zweifelsohne die königliche Civettawand (Östl. Dolomiten) ebenfalls zu diesem exclusiven Kreis. Es verwundert deshalb nicht, daß auch die Eisenwege miteinander zu wetteifern scheinen.

Pragser/Enneberger Dolomiten mit Fanes (Fanis), Sextener Dolomiten mit Cadingruppe, Ampezzaner Dolomiten (Tofanen, Cristallo/Pomagagnon, Nuvolau, Croda da Lago, Pelmo, Antelao, Sorapìs, Marmarole) sowie Zoldiner und Belluneser Dolomiten (Civetta/Moiazza, Tamergruppe, Bosconerogruppe und Schiara) bilden die Östlichen Dolomiten. – Gader-, Abtei-, St.-Kassian-Tal sowie das Tal des Cordevole trennen sie von den Westlichen Dolomiten. Im Norden bestimmt das Pustertal die Abgrenzung gegen die Zentralalpen (Rieserfernergruppe, Deferegger Berge), im Nordosten und Osten trennen Sextental, Val Comelico und der Piavefluß die Östlichen Dolomiten von Karnischem Hauptkamm und Karnischen Voralpen.

Weite Teile im Norden der Östlichen Dolomiten waren Schauplätze des Gebirgskrieges 1915 – 1917. Besonders im Bereich der Fanesgruppe, an den Tofanen und in den Sextener Dolomiten wird der Freund gesicherter Steige immer wieder auf Kriegsüberreste treffen. Sie haben die Zeit überdauert, und mancher Bergsteiger wird sich nach geglückter Tour erschüttert an diese ernsten Eindrücke erinnern. Sie sollen ein Mahnmal dafür sein, daß es ein solches Völkermorden nie mehr geben darf!

Für den Klettersteig-Geher sind die Östlichen Dolomiten höchster Himmel seiner Erwartungen. Mit der Via ferrata Costantini und der Via Cesco Tomaselli findet er schwierigste Aufgaben; die Schiarasteige wiederum suchen an landschaftlichen Eindrücken ihresgleichen, während die Eisenwege etwa auf die Civetta oder die Tofanen reizvolle Anstiege auf sog. „große Dolomitengipfel" bescheren. Einige der Steige erinnern an die Brenta, wie der Alpiniweg oder die

Cengia Gabriella in den Sextener Dolomiten. Andere wieder könnten Gegenstück zu den oft übertrieben-reichhaltigen Sicherungen mancher „Vie ferrate" in den Nördlichen Kalkalpen sein („Alpspitz-Ferrata" – Via ferrata Merlone!).

Abgesehen vom sportlichen Wert bei Überwindung der einen oder anderen Schwierigkeit sind es aber vor allem die fortwährend wechselnden Eindrücke der Dolomitenszenerie, die beispielsweise einen Urlaub in den Östlichen Dolomiten so faszinierend gestalten. Es gäbe noch vieles zu entdecken, manch einsames Fleckchen ist gar nicht weit von der lauten Betriebsamkeit der „Glanzpunkte" entfernt. Gerade in dieser Hinsicht, meine ich, wird der Besucher der Östlichen Dolomiten reich beschenkt. Er suche über alle Drahtseile, Klammern und Leitern hinaus mit offenen Augen das Landschaftserlebnis. Und er wird auf manchem (klettersteiglosen) Abstecher mehr finden, als er je zu hoffen gewagt hat. Mehr sei nicht verraten!

Gebietsführer
Sextener Dolomiten

136 Seiten, 30 Abbildungen
mit einer farbigen Wanderkarte 1:50 000
und 3 Panoramen, DM 14,80

Die 1987 erschienene Neuausgabe des Gebietsführers Sextener Dolomiten enthält eine gezielte Auswahl der schönsten Routen für Wanderer und Bergsteiger sowie alle Höhenwege und Hüttenübergänge. Er bietet sich so zur Vorbereitung und Durchführung von Wanderungen und Bergtouren unterschiedlichster Schwierigkeitsgrade in dieser sehr beliebten Gebirgsregion an.

Erhältlich in jeder Buchhandlung oder direkt beim
BERGVERLAG RUDOLF ROTHER · POSTFACH 19 01 62
D-8000 MÜNCHEN 19

50 Hochalpenkopf, 2542 m, Olanger Klettersteig

Pragser Dolomiten

Der Hochalpenkopf gehört zu den am weitesten nördlich gelegenen Dolomitenbergen. Er ist ein Gipfel innerhalb der malerischen Kette südlich oberhalb von Olang überm Pustertal. Die dortige Sektion des AVS hat 1984 an der Nordflanke des Hochalpenkopfes einen netten, nur mit Drahtseilen gesicherten Klettersteig errichtet. Er fordert allerdings lange, wenn auch landschaftlich reizvolle Zustiegswege.

Zugang: a) Von Oberolang südlich ins Tal des Brunstbaches und immer der Markierung Nr. 20 bis zur Brunstalm, 1889 m, folgen (der Weg verläuft im unteren Teil neben und auf einer Naturrodelbahn und leitet kurz vor ihrem Ende nach links in den Wald; ab hier geht es teilweise sehr steil und mühsam zur Brunstalm hinauf). Weiter der Markierung Nr. 20 im Bogen folgend oberhalb der Gräben des Brunstbachquellgebietes entlang, westlich unterhalb des Durrakofes vorbei und, zuletzt etwas mühsam, auf den Kühwiesenkopf (auch Franz-Josephs-Höhe), 2140 m, empor. Von dort folgt man dem grasbewachsenen Kamm nach Westen und gelangt, zuletzt teilweise schmal und etwas luftig, an die Aufschwünge des Hochalpenkopf-Ostgrats. Der Steig wechselt in die Nordflanke über. Brüchige Schrofen und Geröll leiten zum Beginn eines Drahtseils.
b) Vom Hotel Pragser Wildsee auf dem ebenfalls mit Nr. 20 bezeichneten Weg von Südosten auf den Kühwiesenkopf (etwas kürzer und weniger anstrengend). Weiter wie bei Zugang a).

Aufstieg: Entlang des Seiles zuerst durch erdige Rinnen, dann an wenig gegliedertem Fels steil und teilweise sehr ausgesetzt zum Ausstieg am Nordwestgrat eines der Hochalpenkopftürme. Nun wieder auf die Südseite und über die Grashänge unterhalb des Grates ohne Schwierigkeiten zum Gipfelkreuz.

Abstiege: Zunächst westlich auf Steigspuren bis zur Scharte zwischen Hochalpen- und Maurerkopf.
a) Nach Oberolang: Auf schmalem Steig unterhalb des Maurerkopfes durch und westlich in die Flatschkofelscharte. Von dort nördlich auf Weg Nr. 6 über die Lanzwiesenalm ins Dorf.

Der Hochalpenkopf mit dem Routenverlauf des Olanger Klettersteigs.
Foto: H. Höfler

b) **Zum Pragser Wildsee:** Von der Scharte zwischen Hochalpen- und Maurerkopf auf Steigspuren südlich abwärts, bis man auf Weg Nr. 61 trifft, der an der Südflanke des Hochalpenkopfes in östlicher Richtung nahezu eben wieder auf den Zugangsweg Nr. 20 leitet.

Höhenunterschied: Oberolang 1083 m – Hotel Pragser Wildsee 1494 m – Hochalpenkopf 2542 m.
Gehzeiten: Oberolang – Hochalpenkopf 5½ Std., Pragser Wildsee – Hochalpenkopf 3½ – 4 Std., Hochalpenkopf – Oberolang etwa 3 Std., Hochalpenkopf – Pragser Wildsee 2 – 2½ Std.
Schwierigkeiten: Schöne, jedoch anstrengende Bergwanderung mit einer kurzen, relativ anspruchsvollen Klettersteigpassage. Gute Kondition ist notwendig.
Siehe Karte Nr. 10.

51 Heiligkreuzkofel, 2907 m, und Zehnerspitze, 3026 m, gesicherter Steig

Fanesgruppe

Heiligkreuzkofel, Zehner und Neuner sind die Gipfel einer riesigen halbkreisförmigen Felsmauer, die nach Norden und Westen steil abbricht und das Abteital weithin beherrschend prägt. Über den Varellasattel führt aus diesem Tal ein überraschend einfacher Zugang auf die karstige Hochfläche der Kleinen Fanesalpe, von der die beiden Gipfel über ihre Südseiten einfach erstiegen werden können. Der Zugang bietet aber auch ein kulturelles Erlebnis. Ein vierzehnteiliger Kreuzweg führt zur Wallfahrtskirche Heiligkreuz, einem der weihevollsten Heiligtümer Südtirols. Die 2045 Meter hoch gelegene gotische Kirche wurde urkundlich 1484 durch Bischof Konrad von Brixen geweiht. Um 1650 wurde sie vergrößert und der massige Turm hinzugesetzt. Das heutige Wirtshaus wurde 1718 als Mesnerhaus und Pilgerdomizil errichtet; der Flez mit seinen Stichkappentonnen und die getäfelten Stuben sind eine Sehenswürdigkeit. Unter Kaiser Josef II. wurde das Heiligtum 1782 gesperrt, entweiht und als Schafstall genutzt. Nur der beharrlichen Verehrung der Bauern und Pilger war es schließlich zu verdanken, daß 1840 die Wiedereinweihung erfolgen konnte. Die vorzüglich restaurierte Kirche ist noch heute Schauplatz feierlicher Prozessionen und Hochfeste.

Zugang: Von Pedraces im Abteital, 1324 m, am besten mit dem Sessellift zur Bergstation, 1829 m. Die Fahrt führt über ein sehenswertes Stück bergbäuerlicher Kulturlandschaft: zwei uralte Haufenhöfe, gepflegte Steilwiesen, verwitterte Alphütten. Eine halbe Stunde lang schreitet man dann die 14 Leidensstationen des Kreuzweges bis zur Wallfahrtskirche empor. Mittendrin überrascht noch ein seltenes Arma-Kreuz.

Aufstieg: An der Wegverzweigung wenige Schritte oberhalb der Kirche nach rechts. Zuerst fast eben durch Latschen, dann im Geröll an die Felsen. Man gelangt bald auf das breite, großenteils sehr bequeme Band, das an der Westflanke der Wand schräg bis zum Grat emporzieht. Anfangs geht es in einer breiten Rinne hinauf, später auf schuttbedeckten, stellenweise gesicherten, aber niemals ausgesetzten Bändern und mehrmals über kleine Felssporne empor. Der

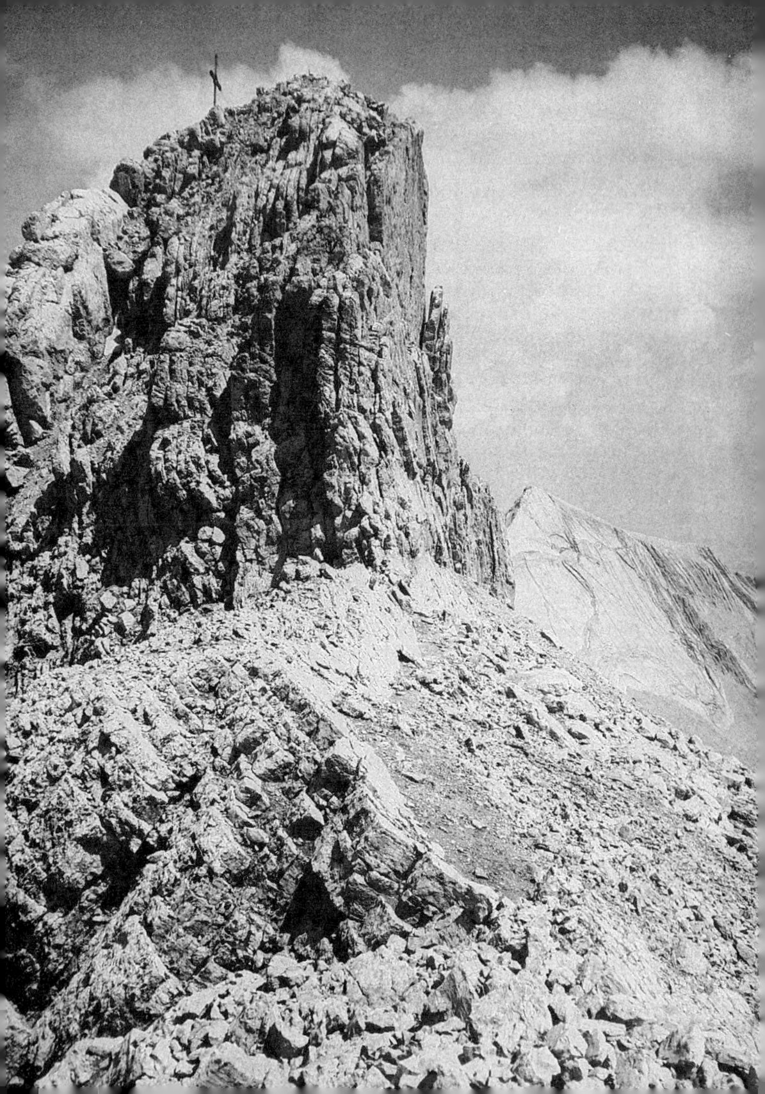

steilste von ihnen wird mit Hilfe eines Stahlseils erstiegen. An einer markanten Kanzel genießt man neben der prächtigen Aussicht auch die erste Morgensonne. Nach ebenem Wegstück unter einer senkrechten Wand folgt eine weitere, nur mäßig steile Drahtseilstrecke. Hier kann man jetzt bequem emporsteigen, anstatt sich wie vor 1985 in steilen Geröllserpentinen durch das Kar zu schinden. An der Kreuzkofelscharte, 2612 m, dehnt sich die weite, karstige Hochebene, nordseitig von Felsrändern mit mäßig steilen Gipfelzacken umrahmt. Der Weg zum Kreuzkofel ist eine gemütliche Bummelei, die einmal buchstäblich „an den Rand des Abgrunds" heranführt. Erst hier, an einer Einbuchtung der senkrechten Westwände, spürt man die totale Senkrechte dieser Felsenburg. Der Gipfel des Kreuzkofels ist über einen mäßig steilen Geröllpfad schnell erreicht.

Übergang zum Zehner: Etwa 50 Höhenmeter südlich unterhalb des Gipfels befindet sich die Wegabzweigung zum Zehner. Eine sehr anregende Passage führt zunächst am Gipfelsockel entlang, der gegen Süden wie eine Stufenpyramide abfällt. Nun quert der Steig wieder eben eine weite flache Geröllreise, und man nähert sich, über Blöcke ansteigend, dem letzten Wegstück. Der 10 Min. kurze, aber sehr luftige Westgrat des Zehners bietet anregende Kletterei im II. Grad. Der Fels ist gut gestuft und hat überall reichlich Griffe und Tritte. Der Grat ist jedoch nicht gesichert. In gewissen Abständen sind allerdings Seilverankerungseisen gesetzt worden, die stellenweise als Griffe dienen (auch als Zwischen- bzw. Standplatz-Sicherungsfixpunkte, wenn man am Seil geht).

Abstieg: Wie Aufstieg. Wer im Aufstieg zuerst den Zehner angeht, kann am Rückweg den Kreuzkofel über seine flache felsige Nordseite weglos besteigen und eine kleine Überschreitung ausführen.

Höhenunterschied: Pedraces 1324 m – Bergstation 1829 m – Rifugio San Croce 2045 m – Heiligkreuzkofel 2907 m – Zehnerspitze 3026 m.
Gehzeiten: Pedraces – Bergstation des Sesselliftes zu Fuß 1½ – 1¾ Std., Bergstation – Rif. San Croce ½ Std., Rif. San Croce – Heiligkreuzkofel 2½ – 3 Std., Weiterweg zum Zehner 1 Std., Abstiege wesentlich kürzer.
Schwierigkeit: Leichte Tagestour, Grat zum Gipfel des Zehners II.
Stützpunkte: Rif. San Croce, 2045 m, im Sommer voll bew. Restaurant. Siehe Karte Nr. 11.

Der kurze Westgrat auf den Zehner kann mit mäßig schwieriger Freikletterei (II) begangen werden. Im Hintergrund der Neuner mit der „Neunerplatte", an der es berühmte Reibungskletttereien gibt. *Foto: P. Werner*

52 Cunturinesspitze, 3064 m, gesicherter Steig

Fanesgruppe

Hoch über dem St.-Kassian-Tal stehen Cunturinesspitze, 3064 m und La Varella, 3055 m, die hier – gegen Westen – graugelbe, abweisende Wände zeigen. Von der Großen Fanesalpe beziehungsweise aus dem Vallon de Lavares lassen sich beide Berge verhältnismäßig einfach ersteigen, wobei die Cunturinesspitze das schwierigere Ziel ist.

Wenngleich an ihrem Gipfelaufbau auf kurze Strecken Steigbalken den Anstieg erleichtern, so ist die Cunturinesspitze alles andere als ein Klettersteigberg. Vielmehr zähle ich sie zu jenen lohnenden Dolomiten-Dreitausendern, die auf Grund von spärlichen Anstiegshilfen auch geübten und erfahrenen Bergwanderern zugänglich sind.

Zugang: Von der Faneshütte, 2060 m (dorthin Jeep-Taxi von Pederü im Schluß des Rautales, das von St. Vigil aus erreicht wird), über das Limojoch, 2172 m, oder von Peutelstein (auf der Strecke Schluderbach – Cortina) durch das Fanestal zur Großen Fanesalpe, 2104 m.

Aufstieg: Von der Großen Fanesalpe südwestlich ohne Mühe ins Tadegajoch, 2157 m (dorthin auch aus dem St.-Kassian-Tal über die Alpinahütte, 1730 m – Pkw-Zufahrt –, und den Col Loggia in etwa 1½ Std.). Jetzt westlich durch den Vallon de Lavares über Geröll und Karrenplatten (markierte Steigspuren), oberhalb am Cunturinessee vorbei, bis unter den Gratverlauf zwischen La Varella (rechts) und Cunturinesspitze (links). Auf Steigspuren südlich an den Gipfelklotz der letzteren. Mit Hilfe von luftigen und etwas unangenehm zu erkletternden Steigbalken und über unschwierige Bänder zum höchsten Punkt.

Abstieg: Auf der gleichen Route.

Höhenunterschied: Faneshütte 2060 m – Limojoch 2172 m – Parkplatz im Fanestal etwa 1300 m – Große Fanesalpe 2104 m – Tadegajoch 2157 m – Cunturinesspitze 3064 m.
Gehzeiten: Faneshütte – Große Fanesalpe ½ Std., Parkplatz im Fanestal – Große Fanesalpe 2½–3 Std., Große Fanesalpe – Cunturinesspitze 3–3½ Std., Alpinahütte – Cunturinesspitze 4–4½ Std.

Schwierigkeiten: Eher große, anspruchsvolle Bergtour als Klettersteig. Kondition, Klettergewandtheit und Schwindelfreiheit sind notwendig. Für weniger Geübte empfiehlt sich am Gipfelaufbau Seilsicherung. Die Cunturinesspitze gehört zu den hervorragenden Aussichtsbergen in den Dolomiten.
Stützpunkte: Faneshütte, 2060 m, privat, 39 B., 40 M. (Stockbetten), Fernsprecher, bew. von Ende Juni bis Ende Oktober. La-Varella-Hütte, 2045 m, wenig westl. der Faneshütte auf der Kleinen Fanesalpe gelegen; privat, 33 B., Fernsprecher, bew. von Anfang Juli bis Ende Oktober.
Hinweis: Es empfiehlt sich auch den Nachbarberg, La Varella, 3055 m, noch zu besteigen: Nach Abstieg vom Gipfelklotz der Cunturinesspitze den Steigspuren folgend in die nördliche Scharte. Von dort in nördlicher Richtung über Schrofen und ein Felsband zum Westgipfel, dann über ein Gratstück auf den Hauptgipfel. Etwa 1 Std. von der Cunturinesspitze.
Siehe Karte Nr. 11.

Aus der Lehrschriftenreihe des Österreichischen Alpenvereins

Pit Schubert
Alpine Felstechnik

Allgemeine Ausrüstung – Alpintechnische Ausrüstung – Gefahren im Fels – Seilknoten – Klemmknoten – Anseilmethoden – Anbringen von Sicherungs- und Fortbewegungsmitteln – Sicherungstheorie – Sicherungspraxis – Ökonomisch richtiges Verhalten im Fels – Spezielle Freiklettertechnik – Künstliche Klettertechnik – Fortbewegung der Seilschaft – Geologie und Klettertechnik – Gang an der Sturzgrenze – Der Sturz im Fels – Hilfsmaßnahmen beim freien Hängen – Schwierigkeitsbewertung im Fels – Routenbeschreibung und Anstiegsskizzen – Gefahren im Fels – Biwak – Rückzug – Rückzug mit Verletzten – Überleben im Fels – Alleingang im Fels – Erstbegehungen im Fels.
Zahlreiche Fotos und Zeichnungen. 4. Auflage 1985.

Zu beziehen durch alle Buchhandlungen
Bergverlag Rudolf Rother GmbH · München

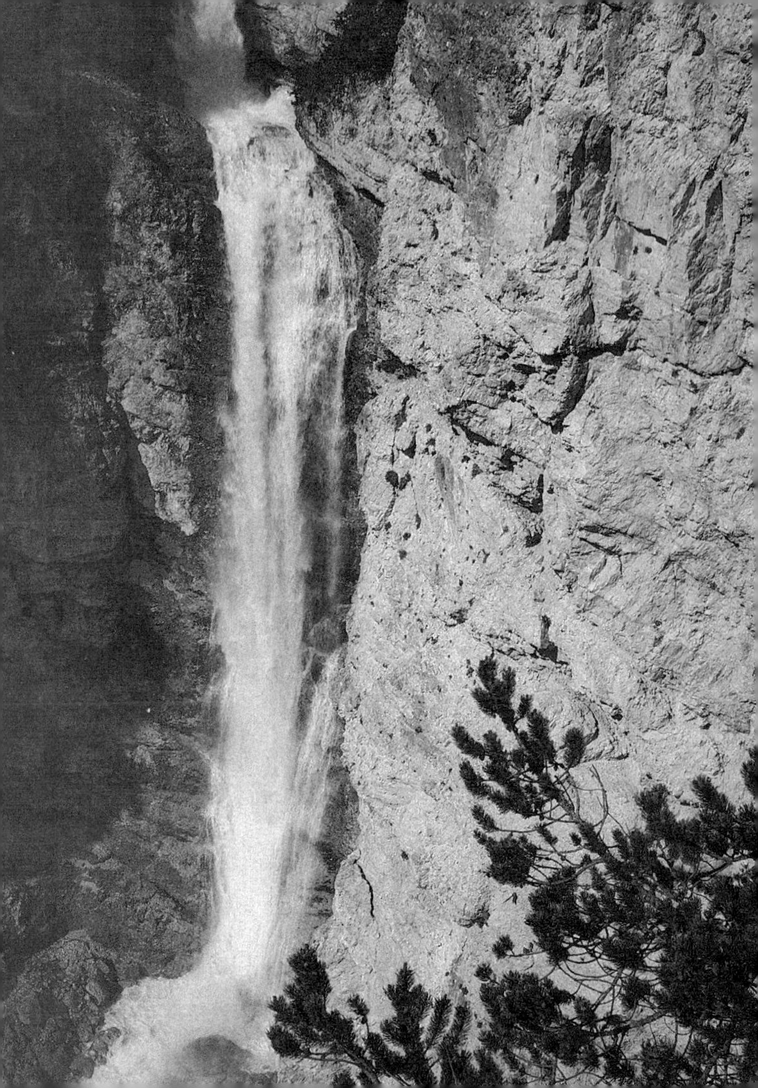

53 Via ferrata Barbara
Fanesgruppe

Eine kleine Klettersteigtour ohne Gipfel – wenn man sie nicht mit dem Monte del Vallon Bianco (Tour 54) kombinieren möchte. Nun, die Via ferrata Giovanni Barbara ist auch für sich lohnend. Gerade das richtige für einen „aktiven Ruhetag", wenn einem vielleicht eine große Tour in den Knochen steckt und das Wetter für „süßes Nichtstun" doch zu schade ist.

Zugang: Das Fanestal wird von der Straße Schluderbach – Cortina, wenige Kilometer südlich der Ruine Peutelstein (Hinweis auf die Straßenabzweigung) erreicht. Auf der schmalen, asphaltierten Straße immer nördlich am Boitefluß entlang bis zu einem Parkplatz in etwa 1300 Meter Höhe. Dort Schranke und deutlicher Hinweis auf die Via ferrata. – Man folgt der Bezeichnung erst über Wiesen, dann durch Wald. Bald über einen Geröllstrom hinweg und weiter bequem durch Wald, bis das Steiglein ganz schmal wird. Es führt zum Rand einer Schlucht. Steigspuren leiten zu einem Aussichtspunkt, von dem man eine herrliche Schau auf einen mächtigen Wasserfall hat. Zu diesem führt der Klettersteig.

Die Via ferrata: Vom Aussichtspunkt wenige Meter zurück und durch eine steile, erdige Rinne (vereinzelt Drahtseile) südlich hinab. Die Steiganlage führt im Zickzack gegen den Schluchtgrund mit dem tosenden Bach. Man erreicht ihn, an Drahtseilen querend, und überschreitet den Bach vor dem erwähnten Wasserfall auf einem Metallsteg. An der jenseitigen Wand teils auf Bändern, teils über kurze, gesicherte Steilstufen zum westlichen Schluchtrand und durch Wald auf den mit Nr. 10 bezeichneten Fanestalweg. Auf ihm zum Parkplatz zurück.

Höhenunterschied: Parkplatz etwa 1300 m – westlicher Schluchtrand etwa 1450 m; Via ferrata Barbara etwa 100 m Ab- und Aufstieg.
Gehzeiten: Insgesamt 2 – 2½ Std.
Schwierigkeiten: Verhältnismäßig einfache, jedoch landschaftlich sehr reizvolle Steiganlage. Halbtagestour oder lohnende Zugabe zu einer Besteigung des Monte del Vallon Bianco auf dem „Friedensweg".

Die Via ferrata Barbara führt an diesem Wasserfall vorbei.   Foto: H. Höfler

54 Monte del Vallon Bianco, 2687 m, Via della Pace („Friedensweg")

Fanesgruppe

Ganz ohne Zweifel gehören die Berge um die beiden Fanesalpen, die „Bleichen Berge", zu den eigentümlichsten (zum Teil untypischen) Landschaften der Dolomiten. Der Monte del Vallon Bianco ist einer ihrer Randgipfel. Über die Via della Pace (Friedensweg), eine wiederhergerichtete Kriegssteiganlage von 1915/17, kann er rasch, unschwierig, jedoch sehr interessant erstiegen werden.

Zugang: Von der Faneshütte, 2060 m (dorthin Jeep-Taxi von Pederü im Schluß des Rautales, das von St. Vigil aus erreicht wird), über das Limojoch, 2172 m, oder von Peutelstein (auf der Strecke Schluderbach – Cortina) durch das Fanestal zur Großen Fanesalpe, 2104 m.

Aufstieg: Man folgt zunächt dem Dolomiten-Höhenweg Nr. 1 bis unterhalb des Vallon Bianco. Dort verläßt man ihn nach Osten und steigt geradewegs den Furcia-Rossa-Spitzen zu. Man quert den Vallone del Fosso und wandert dann auf gutem Steig bis zu einer Wegverzweigung. Nach rechts leitet der Klettersteig zu den Furcia-Rossa-Spitzen hinüber (siehe Tour 55). Die „Via della Pace" führt in östlicher Richtung, später an der Nordseite des Monte del Vallon Bianco über bequeme Bänder gegen den Gipfel hinauf. Eine stabile Brücke über eine Schlucht ist die attraktivste Stelle. Im Gipfelbereich befinden sich zahlreiche Überreste aus dem Gebirgskrieg.

Abstieg: Auf der gleichen Route.

Höhenunterschied: Parkplatz im Fanestal etwa 1300 m – Faneshütte 2060 m – Limojoch 2172 m – Große Fanesalpe 2104 m – Monte del Vallon Bianco 2687 m.
Gehzeiten: Parkplatz im Fanestal – Große Fanesalpe 2½–3 Std.; Faneshütte – Große Fanesalpe ½ Std.; Große Fanesalpe – Monte del Vallon Bianco 2 Std.; Monte del Vallon Bianco – Faneshütte 1½ Std.; Monte del Vallon Bianco – Parkplatz im Fanestal 3 Std.
Schwierigkeiten: Schöne, im Grunde unschwierige Bergwanderung, die eigentlich nicht als Klettersteig bezeichnet werden kann. Trotzdem künstliche Aufstiegshilfen (ausgesprengte Wegpassage, Brücke). Mit Zustieg durch das Fanestal ausgedehnte Tagestour. Wählt man die Faneshütte als Ausgangs-

Monte del Vallon Bianco von der Großen Fanesalpe. Foto: H. Höfler

punkt, kann der Monte del Vallon Bianco mit dem Klettersteig an den Furcia-Rossa-Spitzen kombiniert werden.
Stützpunkte: Siehe Tour Nr. 52.
Siehe Karte Nr. 11.

55 Südliche Furcia-Rossa-Spitze, 2792 m, gesicherter Steig

Fanesgruppe

Wie der Monte del Vallon Bianco (siehe Tour Nr. 54), so gehören auch die Furcia-Rossa-Spitzen (Nördliche, 2665 m, Mittlere, 2703 m, Südliche, 2792 m) zum Faneskamm, der so markante Erhebungen wie die Südliche Fanisspitze (Tour Nr. 56) oder die bei Kletterern berühmte Cima Scotoni aufweist und südlich mit dem Kleinen Lagazuoi (Tour Nr. 57) oberhalb des Falzaregopasses endet. An diesem Kamm gibt es nicht weniger als vier Klettersteige (wenn man tatsächlich auch die Via della Pace als solchen bezeichnen möchte), und es scheint nur eine Frage der Zeit zu sein, wann die gesamte Gratstrecke vom Monte del Vallon Bianco im Norden bis zum Kleinen Lagazuoi im Süden auf gesicherten Steiganlagen überschritten werden kann. Bergsteiger, die sich bewußt zum Verzicht auf künstliche Hilfsmittel bekennen, mögen dies – zu Recht – bedauern. Angesichts des Klettersteig-Erschließungseifers dürfte das hier angedeutete gigantische Vie-Ferrate-Projekt allerdings nicht mehr allzu lange Utopie bleiben. – Der Klettersteig auf die Südliche Furcia-Rossa-Spitze ist ein rekonstruierter Kriegssteig, der von den „Dolomitenfreunden" auf Initiative von Walther Schaumann wieder begehbar gemacht wurde.

Zugang: Siehe Tour Nr. 54.

Aufstieg: Wie bei Tour 54 (Monte del Vallon Bianco) bis zur Wegverzweigung oberhalb des Vallone del Fosso. Dort folgt man der Bez. „FR" nach rechts und begeht ein teilweise überdachtes Felsband bis zu einer Scharte mit Resten von Kriegsbauten. Nun an ausgesetzten, teilweise senkrecht verlaufenden Drahtseilen und Klammern, zuletzt über Geröll auf die Südliche Furcia-Rossa-Spitze.

Abstieg: Südlich sehr steil über mit Drahtseilen gesicherte Leitern etwa 80 m zum Wandfuß hinunter, dann auf markierten Steigspuren zum „Bivacco della Pace / Monte Castello" unmittelbar am schroffen Aufbau des Monte Castello, 2817 m, der nur mit Kletterei zugänglich ist. Hier hat man wiederum Anschluß an den Dolomiten-Höhenweg Nr. 1. Auf ihm (Weg Nr. 17) nördlich durch den Vallon Bianco zwischen Furcia-Rossa- und Campestrinspitzen wieder auf den Zugangsweg und hinab auf die Große Fanesalpe.

Der gesicherte Steig auf die Südliche Furcia-Rossa-Spitze.   Foto: H. Höfler

Höhenunterschied: Parkplatz im Fanestal etwa 1300 m – Faneshütte 2060 m – Limojoch 2172 m – Große Fanesalpe 2104 m – Südliche Furcia-Rossa-Spitze 2792 m.
Gehzeiten: Parkplatz im Fanestal – Große Fanesalpe 2½ – 3 Std.; Faneshütte – Große Fanesalpe ½ Std., Große Fanesalpe – Südliche Furcia-Rossa-Spitze 3½ Std., Abstieg über „Bivacco della Pace/Monte Castello" und den Vallon Bianco zur Faneshütte etwa 2 Std.
Schwierigkeiten: Teilweise sehr ausgesetzter, jedoch gut gesicherter Klettersteig, in der Schwierigkeit vergleichbar mit dem oberen Abschnitt der Via Michielli-Strobel (siehe Tour Nr. 70).
Stützpunkte: Siehe Tour 54.
Hinweis: Der gesicherte Steig auf die Südliche Furcia-Rossa-Spitze läßt sich gut mit der Besteigung des Monte del Vallon Bianco kombinieren.
Siehe Karte Nr. 11.

56 Südliche Fanisspitze, 2989 m, Via Tomaselli

Fanesgruppe

Die dolomitische Felsenwildnis rings um den Falzaregopaß war im Ersten Weltkrieg der Brennpunkt härtester Auseinandersetzungen zwischen Kaiserjägern und Alpinisoldaten. Bergwanderer, Jochbummler und Klettersteigbegeher werden heute noch, ob es ihnen angenehm ist oder nicht, mit Überresten und Spuren konfrontiert, die der erbarmungslose Kampf im Hochgebirge hinterlassen hat: Verrosteter Stacheldraht, Schrapnellsplitter, verfallene Laufgräben, unterbrochene Steige, Geschützstellungen, Sprengtrichter, Barackenreste, aufwendige Stollenlöcher und Felskavernen, die wie erloschene Augen aus Wänden und Türmen starren.

Alte Kriegspfade, gut bezeichnet, sind es auch, die hinführen zur kastellartig aufgebauten „Hohen Fanis" inmitten vergangener Kampfstätten. Herrlich postiert, wirkt sie wie ein Mahnmal, der tapferen Opfer auf beiden Seiten zu gedenken. Seit im Juli 1969 ein Klettersteig eingeweiht wurde, kommen Alpinisten aus aller Welt hierher. Allerdings, als gesicherter Weg ist die „Via Tomaselli" in den Maßstab üblicher Ferrate nicht einzuordnen. Die Route blieb naturbelassen, ohne künstliche Leitern, Klammern und Tritte, nur mit 800 m dünnen Führungsseilen ausgestattet, die über fingerbreite Leisten, kleingriffige Wände und scharfe Kanten auf den fast 3000 m hohen Gipfel weisen. Kein Unternehmen für Neulinge, sich die ersten Sporen im Fels zu verdienen, aber ein eleganter Hochgenuß für Geübte.

Zugang: Mit der Seilbahn vom Falzaregopaß, 2105 m, auf den Kleinen Lagazuoi, 2728 m. Von hier nördlich zur Lagazuoischarte absteigen (Markierung Nr. 20) und kurz ostwärts bis zur Travenanzesscharte, 2507 m. Hierher auch zu Fuß vom Falzaregopaß (Nr. 402, 1¼ Std.). Man wechselt nun auf Nr. 20B, die über einen kleinen Sattel – rechts ein Felskopf mit interessanten Kavernen – immer dem Ostfuß des Großen Lagazuoi entlang, zur Forcella Grande (Große Fanesscharte), 2652 m, hinaufführt. Nach ein paar Schritten westlich bergab vermittelt eine Kriegsgalerie den Zugang zum ebenen Platz einer ehemaligen österreichischen Geschützstellung. Heute steht dort ein Biwak, das den Namen des tapferen Tenente Gianni della Chiesa trägt.

Aufstieg: Das erste Seil des nach dem Journalisten Cesco Tomaselli benannten Steiges ist etwas oberhalb der Biwakschachtel fixiert und führt neben alten Kriegsleitern sehr steil empor. Es folgt eine äußerst luftige Querung nach links, dann steigt man um eine Ecke und anstrengend schräg links hinauf zu geneigten Schrofenzonen. Über diese auf ein breites, bequem gangbares Band, das nach rechts zu einem geräumigen Absatz verfolgt wird. Nun gerade, erst wenig steil, bald aber steiler, mitunter senkrecht und anstrengend auf einen Geröllplatz. Hier setzt ein Kamin an. Anstrengend (leicht überhängend) in diesen und steil empor zur Schlußwand. Links äußerst luftig auf den Grat und über dessen Schrofen zum Gipfel. Rund- und Einblick über die umliegenden Berge, die verschiedenen Fanistürme, die drei Tofanen und den Lagazuoistock sind unübertrefflich.

Abstieg: Vom Gipfel kurz auf dem Anstiegsweg zurück, dann links den Drahtseilen folgend über geneigten Fels in die NO-Wand hinab. Nach einer kurzen, luftigen Rechtsquerung (im Sinne des Abstiegs) erreicht man ein schmales Schartl. Rechts (im Sinne des Abstiegs) senkrecht abwärts (schwierigste Stelle), dann, nach einer flacheren Zone durch einen sehr steilen Kamin hinunter. Rechts, wieder leichter, zu einem Felsband, das nach links (im Sinne des Abstiegs) auf den Fanissattel, 2730 m, leitet. Von hier östlich über eine sehr steile Schuttreise abwärts, zuletzt nach rechts unter den Wänden wieder auf den Steig Nr. 20 B. Bis hierher etwa 1¼ – 1½ Std. Über diesen entweder zurück zur Großen Fanesscharte oder über die Travenanzesscharte zum Falzaregopaß.

Variante (Umgehung des ersten, schwierigen Abschnitts der Via „Tomaselli"): Vom unteren Ende der oben beschriebenen, steilen Schuttreise westl. über einen steilen Schutt- und Blockhang (Spuren) hinauf zu Bändern, die unter steilen Felsabbrüchen zu dem vorher erwähnten, geräumigen Absatz leiten.

Eine weitere Variante beginnt vor der schwierigen Schlußphase der Via „Tomaselli" (am Ende der wenig steilen, drahtseilgesicherten Strecke, die auf den geräumigen Absatz folgt): Bei einem roten Doppelpfeil nach links, gegen Westen querend (Seile) erreicht man eine überdachte Passage, eine Rinne, und wandert auf deutlichen Steigspuren immer unschwierig weiter bis zu einem Kavernenloch. Durch diesen 100 m langen, ebenen Stollen (Lampe) schlüpft man zur Nordseite hinüber und kommt oberhalb des Fanisgletschers auf einem Felsband heraus. Über eine gesicherte Steilstufe steigt man

Stollenloch

zum Firnfeld ab, überquert dieses nach Osten (Spuren, Vorsicht bei Vereisung, manchmal Steinschlag) und gewinnt den Fanissattel und die im Abstieg beschriebene, gesicherte Route durch die Nordostflanke. Über sie zum Gipfel.

Die recht hübsche **„Alta Via Fanis, L. Veronesi"** als Abstecher auf die **Westschulter der Mittleren Fanisspitze** beginnt auf der Südseite beim Felstunnel (Galleria). Man schlüpft also nicht durch das Stollenloch, sondern geht über ein mit Drahtseilen ausgestattetes Band westwärts, fast eben, weiter. Am Ende gelangt man problemlos auf die Cima Scotoni, 2876 m. Etwa 35 Min. ab Stollenloch.

Der Scotonigipfel ist sozusagen die vorgeschobene Westschulter der Mittleren Fanisspitze (2988 m) und bietet eine schöne Aussicht über alle Berge des Hochabteitales.

Über leichtes Schrofengelände steigt man rechts zu einem Geröllfeld ab, das bequem zur Forcella del Lago (2480 m), zwischen Cima Scotoni und Torre del Lago hinleitet. Weiter über Geröll südl. hinunter zum Rifugio Scotoni in der Nähe des kleinen, romantischen Lagazuoisees.

Höhenunterschied: Große Fanesscharte (Biwak) – Klettersteig zum Gipfel 330 m. Fanissattel (Selletta Fanis) – Gipfel 250 m.
Gehzeiten: Seilbahnstation Kleiner Lagazuoi – Biwakschachtel 1¼ Std., über den „Tomaselli"-Klettersteig zum Gipfel 1 bis 1½ Std. Gesicherter Abstieg über die Nordostseite zum Fanissattel ¾ – 1 Std. Zurück zur Bergstation oder zum Falzaregopaß 1¾ Std. Variante Stollenloch – Fanissattel 2 Std. Über die Führe auf der Nordostseite zum Gipfel 1 – 1¼ Std. Abstieg „Alta Via L. Veronesi" zum Rif. Scotoni etwa 1¾ Std.
Tip: Wem auch der gesicherte Nordanstieg zu schwierig ist, dem bietet die „Variante Stollenloch" (unter Auslassung des Gipfels) mit Abstieg vom Fanissattel, wie vorher beschrieben, ebenfalls ein köstliches und befriedigendes Dolomitenerlebnis.
Stützpunkte: Hotels am Falzaregopaß, 2105 m – Berghaus am Kleinen Lagazuoi, 2728 m, Bivacco „G. della Chiesa", 2652 m. Rif. Scotoni, Privathütte, 2040 m, 12 B., geöffnet von Ende Juni bis Ende September.
Schwierigkeit: Die Via ferrata „Tomaselli" ist nach wie vor eine der anspruchsvollsten Anlagen dieser Art, nur für wirklich gewandte Felsgeher!
Hinweis: Die Schwierigkeiten erhöhen sich naturgemäß bei Schlechtwetter und Vereisung. Kletterseil auf alle Fälle ratsam.
Siehe Karte Nr. 12.

Die Südliche Fanisspitze mit der Via Tomaselli (Mitte). Rechts die Umgehung des unteren, schwierigen Klettersteigabschnitts, links die Variante durch das Kavernenloch. *Foto: Ghedina*

57 Kleiner Lagazuoi, 2778 m, Felstunnel
Fanesgruppe

Rund um den Falzaregopaß war bekanntlich engstes Kriegsgebiet. In der Südwand des Kleinen Lagazuoi erreichte die Cengia Martini vor einem halben Jahrhundert besondere Berühmtheit. Auf diesem ausgesetzten, schmalen Schuttstreifen standen sich die gegnerischen Vorposten bis auf wenige Meter gegenüber. Zweimal unterminierten die Österreicher die Alpini-Stellungen und jagten sie in die Luft. Die hellere Färbung des Gesteins an den Abbruchstellen ist immer noch sichtbar. Auch die großen Schuttfelder am Wandfuß – etwa 130 000 cbm Gesteinsmasse – stammen von Felssprengungen und Stollenbohrungen. Im Jahre 1917 arbeiteten italienische Pioniere sechs Monate an einem 1100 m langen Tunnel, der von der Cengia Martini bis unter den von Kaiserjägern besetzten Kleinen Lagazuoigipfel hinaufführte. Die letzte Kammer füllte man mit 33 000 kg Gelatine, die am 20. 6. 1917 zur Explosion gebracht wurde. Durch den Bohrlärm alarmiert, hatten aber die Österreicher dort oben schon vorher ihre Stellungen geräumt. Die Italiener besetzten zwar den Sprengkrater, konnten aber nicht weiter in die gegnerische Frontlinie eindringen.

Die Seilbahngesellschaft Falzarego-Lagazuoi hat den teilweise sehr steilen, plattigen und schlüpfrigen Stollen in seiner ganzen Länge mit Drahtseilen ausgerüstet. Für seine Begehung sind alte Lederhandschuhe anzuraten, eine gut funktionierende Taschenlampe ist unerläßlich. Zur Erhöhung des Spaßes sind überdies auf der Bergstation Fackeln erhältlich.

Zugang und Abstieg: Gleich bei der Bergstation der Seilbahn auf den Kleinen Lagazuoi, 2728 m, beginnt die weißrote Markierung mit einem schwarzen „G" (Galleria) in der Mitte, die auf einen Steig in die Südseite einweist, der nach zehn Minuten im Berginneren verschwindet. Der Tunnel windet sich 350 Höhenmeter bergab, vorbei an einzelnen Stollenfenstern und Nebenkavernen. Auf der Cengia Martini (mit einem alten gemauerten Wasserbecken) kommt man im unteren Wanddrittel wieder ans Tageslicht. Immer der Markierung „G" folgend, wird eine Schlucht gequert. Dann erfolgt etwa ein 25 m langen Stollen und zu Barackenresten. Über Geröll auf die neuangelegte Skipiste, über die man den Falzaregopaß, 2105 m, erreicht. Stollenabstieg ¾ Std., bis Falzaregopaß insgesamt 1¼ Std.

Der Kleine Lagazuoi mit dem (unsichtbaren) Verlauf des Felstunnels.
Foto: Ghedina

Hinweis: Natürlich kann man den Lagazuoi-Felstunnel auch im Aufstieg begehen. Konditionsstarke und sehr geübte Klettersteiggeher können im Anschluß trotzdem noch die Via Tomaselli (Tour Nr. 56) „anhängen".
Siehe Karte Nr. 12.

60 Col Rosà, 2166 m, Via Ettore Bovero
Tofanagruppe

Der Col Rosà ist der nördlichste Gipfel des Tofanastockes, vergleichsweise bescheiden an Höhe (über eintausend Meter niedriger als die Tofana-Hauptgipfel), jedoch gerade deshalb eine brauchbare Alternative für den Klettersteiggeher, wenn ungünstige Verhältnisse eine Tourentätigkeit an höheren Bergen verwehren. Wenngleich nordseitig von dichten Latschenfeldern bedeckt, überragt der Col Rosà als kühnes Horn das Albergo Fiames (Ausgangspunkt für Tour 70) und vermittelt, zusammen mit seinem bizarren „Anhängsel", dem Campanile Rosà, durchaus ein Bild dolomitischer Wildheit.

Zugang: Ausgangspunkt ist der Zeltplatz „Olympia" etwa 1½ km südl. des Albergo Fiames, den man von der Staatsstraße Peutelstein – Cortina auf einer Brücke westl. über den Boite mit Pkw erreicht. Nun auf Forstweg in mäßigem Auf und Ab etwa 2 km nördl., bis eine deutlich beschilderte Abzweigung nach Westen auf den Klettersteig weist. Durch Wald in sanften Kehren bequem, immer der Bez. Nr. 408 folgend, auf den Passo Posporcora, 1711 m, der einen Übergang ins Fanestal vermittelt. Wegtafel für den Klettersteig. Vom Passo zunächst noch mit steilen Kehren nördl., dann den ersten Felsen westl. ausweichend auf schmalem Steig in die SW-Flanke des Berges und durch latschenbewachsenes Schrofengelände zu einer Metalltafel (Erinnerung an Ettore Bovero, dessen Namen der Steig trägt).

Aufstieg: Dem Steig nach rechts folgen zu einem schuttbedeckten Absatz, dann links zum ersten Drahtseil, das etwa 10 m sehr steil emporleitet. Die folgende Steilstufe ist sehr luftig und anstrengend. Dann kurze Querung nach rechts an die Kante und wenige Meter schwierig und luftig über sie empor. Danach rechts der Kante durch eine kaminartige Rinne hinauf, Quergang etwa 5 m nach links (sehr ausgesetzt) und weiter an der Kante sehr schön empor bis zu den Ausstiegsfelsen. Über diese nochmals recht schwierig (kleine Tritte) zum Ende des Klettersteigs. Ein Weg leitet nun bis unter die Gipfelfelsen. Hier beginnen nochmals Sicherungen, welche auf das weite Gipfelplateau führen. Zahlreiche Überreste des Gebirgskriegs.

Abstieg: Auf bez. Steig Nr. 447 erst nördl. durch Alpenrosenge-

Luftige Kantenkletterei an der Via Ettore Bovero. Foto: H. Höfler

sträuch und Latschen, dann im Bogen östl., später südöstl. durch Wald zu einer Sandreise, an deren orogr. linkem Rand man erst absteigt und sie dann nach rechts quert. Weiter auf Steig östl. hinab ins Tal des Boite. Man trifft auf den eingangs erwähnten Forstweg, der nach etwa 4 km langer Wanderung in südl. Richtung zum Zeltplatz und damit zum Kfz zurückführt.

Höhenunterschied: Zeltplatz etwa 1200 m – Passo Posporcora 1711 m – Col-Rosà-Gipfel 2166 m. Reine Steiganlage etwa 320 Höhenmeter.
Gehzeiten: Zeltplatz – Passo Posporcora etwa 1½ Std., Passo Posporcora – Col-Rosà-Gipfel etwa 1½ Std., Abstieg zum Ausgangspunkt etwa 1½ – 2 Std.
Schwierigkeit: Teilweise sehr luftige, aber kurze Passagen und weniger ernst als die Steiganlagen an den Tofanen. Rein von der technischen Schwierigkeit her durchaus vergleichbar mit der Via Cesco Tomaselli (siehe Tour 56). Siehe Karte Nr. 13.

61 Tofana di Rozes, 3225 m, Via Giovanni Lipella

Tofanagruppe

Die muschelförmige, schuttbedeckte Gipfelhaube der Tofana di Rozes, oder Tofana I, mit 3225 m die kleinste Schwester des klassischen Dreigestirns in den Ampezzaner Dolomiten, hält für jede Gangart eine alpine Delikatesse bereit. Bergwanderer umrunden sie bequem, erleben viel Panorama und großartige Felslandschaft. Für Dreitausendersammler gibt sie sich relativ leicht zugänglich. Das Ziel gebündelter Kletterwünsche ist für gute und extreme Felsgeher die rotgelbe Südwand. Und für Liebhaber gesicherter Felsenwege wurde im Jahre 1967 in der gebänderten Nordwestflanke ein attraktiver „Eisenweg" mit 1400 m Drahtseil installiert. Er trägt den Namen eines italienischen Kriegsgefallenen, Giovanni Lipella, und geht auf die Initiative der Untersektion Banca Commerciale des CAI Mailand zurück.

Zugang: Vom Falzaregopaß in Richtung Cortina zweigt links nach 8 km ein gutes Sträßlein ab zum privaten Schutzhaus Dibona, 2050 m (Parkplatz). Auf markiertem Weg Nr. 404 westlich, entlang dem Südsockel der Tofana di Rozes, bis zu einer Leiter und Stolleneinschlupf, 2420 m (1 Std.); Hinweistafel.

Aufstieg: Für den abenteuerlichen, 800 m langen Alpini-Stollen ist eine Taschenlampe unentbehrlicher Ausrüstungsgegenstand! Nach langem Aufstieg im Dunkeln trifft man nach rechts auf einen mit Seil gesicherten Ausgang, der außen von einer alten Betonwand geschützt ist (der Tunnel selbst führt, an einem zweiten Ausgang vorbei, noch etwa 15 m wendeltreppenartig nach oben bis zu seinem

Die drei Tofanen. Rechts Tofana di Rozes mit der Via Giovanni Lipella, links Tofana di Dentro mit der Via ferrata Lamon (Tour 63).   *Foto: Ghedina*

Tofana di Mezzo

Tofana di Dentro

tatsächlichen Ende. Dort beginnt ein Führungsseil, das wieder auf die Höhe des zuerst erwähnten Ausstiegs leitet. Es ist also sinnvoll, gleich diesen ersten Ausgang zu benutzen).

Prächtig die gegenüberliegende Fanesgruppe, ein Ausblick, der den gesamten, gut markierten Routenverlauf begleitet. Über leicht abfallendes Schuttgelände gerade, also nördl. weiter zu unschwierigen Felsen mit den ersten Sicherungen. Es folgt erneut eine waagrechte Schuttpassage, die bei einer ziemlich glatten, kleingriffigen Wand endet. Ein Führungsseil leitet diagonal nach links hinauf und überwindet diese anspruchsvollste Stelle des unteren Teils.

Leichter rechts hinauf und den Seilen gerade empor folgend auf ein breites Band. Man verfolgt es nach links (herrlicher Blick auf den Fanisturm) um einige Felsecken herum, quert an Seilsicherungen eine meist nasse Schlucht (Steinschlaggefahr durch Voraussteigende) und klettert kurz hinter der ersten Ecke nach der Schlucht steil rechts hinauf auf das höhergelegene Bändersystem. Einige Steilabsätze mit sehr luftigen und schönen Klettersteigpassagen führen auf ein Band mit der Wegteilung: nach links zeigt ein schwarzer Pfeil den Steig zum Rif. „Giussani" an. Es geht um einen Felsvorsprung herum und von einem Einschnitt aus erblickt man plötzlich die beiden anderen Tofanen und die bizarren Felsgebilde der „Tre Dita" (Drei Finger). Nach 2 Std. Aufstieg ein idealer Rast- und Schauplatz auf 2700 m Höhe. Für Müde oder bei Schlechtwettereinbruch bietet sich als gute Möglichkeit die Querung zum Rif. Camillo Giussani, 2561 m, in der Nähe des alten Cantore-Hauses, bei der Forcella Negra, an (¾ Std.).

Bei der oben genannten Wegteilung weist ein zweiter schwarzer Pfeil und das Wort „Cima" nach rechts zum gesicherten Gipfelaufstieg. Trainierte klettern an Drahtseilen, durch das Felsen-Amphitheater des letzten Teils der NW-Wand sehr steil bis zum Vorgipfel hinauf. Diese 300 Höhenmeter sind exponiert, anstrengend und bei Neuschnee oder Vereisung problematisch.

Bei der Gedenktafel für Giovanni Lipella trifft man auf den Normalweg. Auf diesem über Schnee oder Schutt, entlang der steilen Schlußkalotte, bis zum Kreuz, 3225 m. Aussicht und Gipfelglück haben entsprechendes Format.

Abstieg: Über den dürftig markierten Normalweg wird die Nordflanke über schottrige Felsstufen, manchmal auch Schneefelder, am Fuße der Pta. Marietta vorbei, bis zum neuen Schutzhaus Giussani durchquert. Von dort durch das breite Vallon-Schotterkar auf Weg Nr. 403 zum Rif. Dibona.

Höhenunterschied: Vom Einstieg bis zum Gipfel 800 m.
Gehzeiten: Klettersteig bis „Tre Dita" 2 Std., bis zum Gipfel insgesamt 3½ Std. Abstieg bis Rif. Giussani 1½ Std. – Rif. Dibona ¾ Std.
Schwierigkeit: Der „Lipella"-Klettersteig erfordert Ausdauer, Trittsicherheit, Gewandtheit im Fels und natürlich Schwindelfreiheit. Einige Passagen sind steinschlaggefährdet.
Stützpunkte: Hotels am Falzaregopaß, 2105 m – Dibona-Hütte, 2050 m, privat, 30 B., 6 M., ganzjährig bew. – Rif. Giussani (Cantore), 2561 m, CAI, 53 B. und M., bew. Anfang Juli bis Ende Oktober.
Hinweis: Bei kalter Witterung erhöhen am Morgen die oft verglasten, tagsüber wasserüberronnenen Felsen die Schwierigkeiten. Ebenso kann der letzte, oft firnbedeckte Gipfelaufschwung bei Vereisung Probleme aufwerfen.
Siehe Karte Nr. 12.

Das Wissen um die alpinen Gefahren hilft das Risiko einer Bergfahrt zu vermindern

Aus der Lehrschriftenreihe des Bergverlages:

Helmut Dumler
Alpine Gefahren
Gefahren beim Felsbergsteigen – Gefahren bei Gletscher- und Eistouren – Lawinen und Schneebretter – Das Wetter und seine Gefahren – Gefahren der Höhe und der Sonne – Biwak – Ausrüstung.
148 Seiten mit Farbbildern, Schwarzweißfotos und Zeichnungen.
1. Auflage 1978.

Zu beziehen durch alle Buchhandlungen

Bergverlag Rudolf Rother GmbH · München

62 Tofana di Mezzo, 3244 m, Via ferrata Giuseppe Olivieri

Tofanagruppe

Die höchste Tofana, genannt „di Mezzo", hatte schon seit 1957 ihren Eisenweg. Im Jahre 1972 wurde jedoch über die Punta Anna eine Variante angelegt, die heute den allgemein üblichen Anstieg darstellt. Seit längerer Zeit ist die mittlere Tofana von Cortina aus ans Bergbahn-Drahtseil gebunden, sehr zum Leidwesen der „puren" Alpinisten. Auf der Ostseite rast der „Himmelspfeil" mit bequemen Höhenlüsternen bis knapp unter das Gipfelkreuz. Kein Revier für Shorts und Sandalen. Zum Glück kann man auf der anderen Seite ungestört einen der faszinierendsten Eisenwege in den Dolomiten antreten.

Die „Via Ferrata Giuseppe Olivieri" ist lang, überaus luftig, meist nur mit Führungsseilen ausgestattet und verlangt Ausdauer sowie Klettergewandtheit. Die alte Route wurde aufgelassen, alte Sicherungen sind zum größten Teil zerstört und von einer Begehung wird dringend abgeraten.

Zugang: Wie bei Tour Nr. 61 zum Rif. Dibona und in ½ Std. auf Steig Nr. 421 zum privaten Schutzhaus Pomèdes, 2280 m, aufsteigen. Hierher auch mit Sessellift von Col Druscié, bzw. Rif. Duca d'Aosta (Zufahrtsstraße dorthin von 10.00 Uhr bis 16.00 Uhr durch Schranke gesperrt) über den berühmten Tofana-Ski-Canalone heraufschwebend.

Aufstieg: Von der Pomèdes-Hütte über Schutt steil hinauf gegen die Felsen, die der Gratturm Punta Anna entsendet. Kurz vorher Wegteilung; rechts die alte, aufgelassene Führe.

Die „Via ferrata Giuseppe Olivieri" leitet links diagonal auf die Gratschneide hinaus. Nun folgt eine Serie von Führungsseilen, die bis zur Punta Anna reichen. Dieser Abschnitt präsentiert sich äußerst

Luftige Querung im Bereich des Torre Gianni. Foto: P. Werner

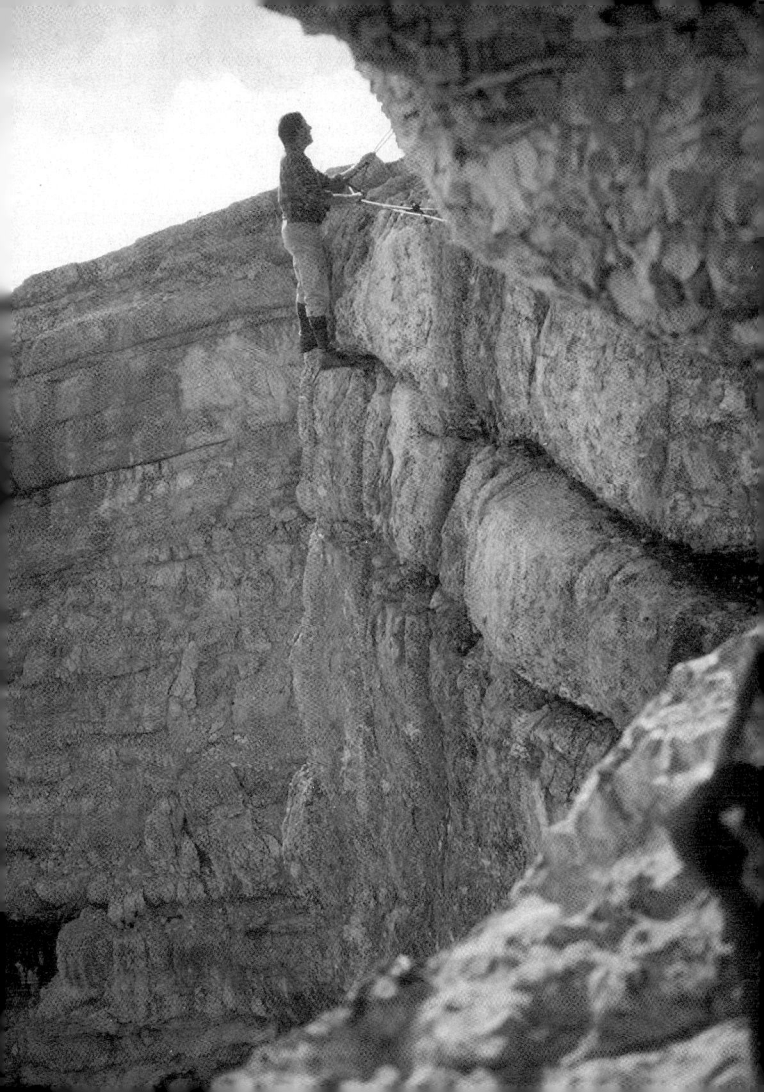

luftig und spektakulär, doch finden sich im festen Fels überall gute Griffe und Tritte. Begeisternd sind die Tiefblicke und die Sicht auf die sich ringsum aufsteilenden Gipfel. Sicherung schwächerer Ferrata-Geher, oder auch Selbstsicherung mit Reepschnur und Karabinern sind bei diesem exponierten Aufstieg unerläßlich.

Von der Punta Anna in eine Scharte hinab. Eine Aufschrift „Cima" weist in die rechte Flanke des Grates, durch die ein schräges, drahtseilgesichertes Band aufwärts führt. Am Ende des horizontal verlaufenden Bandes gelangt man auf eine mäßig geneigte Schuttflanke, wo nach rechts ein Abstieg zur Seilbahn-Mittelstation Ra Valles abzweigt (der „Sentiero Olivieri", nicht zu verwechseln mit der „Ferrata Olivieri" zur Punta Anna).

Zum Gipfel steigt man links auf einem Weg durch die Schuttflanke zum Grat, wo bald wieder die Sicherungen beginnen. Über eine zerrissene Gratschneide hilft eine Leiter hinauf. Später verläßt man den Grat nach links (westl.) und gelangt über ein bequemes Band in die Scharte vor dem Torre Gianni. An der senkrechten Turmwand sehr anstrengend (eine abdrängende Stelle) empor zu einem Absatz. Bei einer Teilung der Drahtseile hält man sich rechts (nicht gerade hinauf auf den Gipfel des Turms; keine Abstiegsmöglichkeit auf der anderen Seite!). Über eine Leiste zur Ecke der Turmwand. An doppeltem Drahtseil äußerst luftig und abdrängend auf kleinen Tritten horizontal rechts in eine Ecke und an zwei Eisenstiften zu einem großen Absatz hinauf. Nun dem Drahtseil folgend hinab in die Scharte oberhalb des „Bus de Tofana", ein Zyklopenfenster in einer Gratschneide, eingerahmt von einem großartigen Felsenbogen (Forcella del Foro, 2910 m).

Vom „Bus" kann man auf der entgegengesetzten, südwestlichen Seite über ein zuerst steiles Block- und Trümmerfeld zum Schutzhaus „Giussani" bzw. Dibona gelangen. Eine andere Abstiegsmöglichkeit bietet sich auf der NO-Seite über ein teilweise schneebedecktes Kar hinunter nach Ra Valles, der Mittelstation der Tofana-Seilbahn.

Den **Aufstieg zum Gipfel** der Tofana di Mezzo setzt man, auf der Nordostseite, links am oberen Rand eines Schneefeldes (meist deutliche Spuren, Vorsicht bei Vereisung) fort. Die eisernen Lawinenverbauungen weisen Durchschlüpfe auf. Man gelangt zu einem gebänderten Felsabsatz mit Sicherungen, die von links nach rechts eine kleine Terrasse gewinnen. Einen schwarzen Wandbauch ersteigt man über zwei Eisenleitern und steht nun vor dem Schlußaufschwung. Einmalig ist links hinunter der Blick zu den Schuttströmen rings um die Forcella Negra, aus der sich die Nordflanke der Tofana di Rozes heraushebt. Eine letzte Leiter bringt auf einen breiten Absatz. Die Sicherungen sind nun zu Ende. Es empfiehlt sich, genau die roten Markierungen einzuhalten, insbesondere bei schlechter Sicht. Sie führen über Schrofen und leichte Wandln kreuz und quer bis zum Vorgipfel und gleich darauf zum höchsten Punkt, 3244 m. Großartige Panoramasicht: Vom Großglockner über alle Firngipfel im Norden bis zu Ortler, Adamello und Presanella spannt sich der äußere Kreis, der alle Dolomitengruppen umschließt, allen voran Marmolata, Civetta, Pelmo und Antelao. Tief unten liegt Cortina.

Abstieg: Über den Klettersteig wieder hinunter bis zur Forcella del Foro. Man durchschreitet den „Bus" und steigt nun auf der SW-Seite über das anfänglich steile Schuttkar ab. Um zum Rif. Giussani zu gelangen, schert man am Felsfuß nach rechts aus und erreicht über eine kurze Steigung das Schutzhaus. Wer zum Rif. Dibona will, bleibt auf Mark. 403 und steigt das Vallonkar bei gutem Steig weiter ab. Auf ungefähr halbem Weg weist eine Hinweistafel nach links: „Via Ferrata Astaldi". Dieses überraschende Finale sollte man sich nicht entgehen lassen. Der Astaldi-Weg entpuppt sich als höchst originell. Er führt gut gesichert über luftige, auffallend bunt gefärbte Felsbänder aus tonhaltigen Raiblerschichten. Ein Tip für Geologen und Farbfotografen. Außerdem eine hübsche Verbindung, zuletzt mit kurzem Anstieg, zum Rifugio Pomèdes. Wer sein Auto beim Rifugio Dibona geparkt hat, zweigt vor der letzten Steigung auf Mark. 421 nach rechts ab und gelangt so in 20 Min. direkt dorthin.

Höhenunterschied: Rif. Pomèdes – Tofana di Mezzo knapp 1000 m.
Gehzeiten: Klettersteig bis zum Gipfel 4½ – 5 Std. Abstieg: Gipfel – Bus de Tofana – Rif. Dibona 2½ Std. Variante über die „Via Astaldi" zum Rif. Pomèdes 1 Std. länger.
Schwierigkeit: Für die Via ferrata „Giuseppe Olivieri" über den Südgrat der Punta Anna ist Klettergewandtheit in sehr ausgesetztem Gelände erforderlich. Einer der schwierigsten Dolomiten-Klettersteige!
Stützpunkte: Rif. Pomèdes, 2280 m, privat, bew. – Bergstation der Seilbahn „Freccia nel cielo", 3223 m, Restaurant. – Rif. Giussani, 2561 m, und Rif. Dibona siehe Tour 61.
Hinweis: Die bequemste Möglichkeit des Abstiegs bietet die Seilbahn (5 Min. unter dem Gipfel) nach Ra Valles – Col Druscié – Cortina d'Ampezzo. Siehe Karte Nr. 12.

63 Tofana di Dentro, 3238 m, Via ferrata Lamon

Tofanagruppe

Auch die bis vor wenigen Jahren noch stille Tofana di Dentro, die Hintere Tofana, ist jetzt an das „Klettersteige-Netz" angeschlossen. Mit der Via ferrata Lamon und der Via ferrata Formenton kann man den Berg sogar überschreiten.

Zugang: Entweder auf der Via ferrata „Giuseppe Olivieri" über die Punta Anna zum Gipfel der Tofana di Mezzo (Tour 62) oder mit der Seilbahn von Cortina d'Ampezzo dorthin.

Aufstieg: Von der Seilbahnbergstation auf der Tofana di Mezzo folgt man dem Gipfelweg etwa 5 Min. aufwärts. Hier zweigt nach rechts der gesicherte Abstieg in den Sattel zwischen den beiden Bergen ab (Bezeichnung: „Tofana III").

Von der Abzweigung über eine wenige Meter hohe Felsstufe auf den Grat und jenseits über eine schmale, mit Schutt bedeckte Rampe abwärts (durchgehendes Drahtseil). Kurz vor der tiefsten Einschartung leiten die Seile nach rechts auf den Verbindungsgrat zur Tofana di Dentro. Auf der luftigen Gratschneide, teils links, teils rechts des Grates zum Bergkörper der Tofana di Dentro. Über Bänder und steilere Felsstufen auf der Ra-Valles-Seite empor zu einem von weitem sichtbaren, verfallenen Kriegsunterstand. Hier nach links und den Drahtseilen folgend weiter aufwärts zum geräumigen Gipfel.

Abstieg: a) Am besten geht man am Anstiegsweg zurück zur Tofana di Mezzo. Will man jedoch zum Rif. Giussani absteigen, so verläßt man die Ferrata dort, wo sie zur Tofana di Mezzo wieder ansteigt, und gelangt über ein Firnfeld und einige Geröllrinnen (Trittspuren) hinab in die Forc. Fontana Negra und zur Hütte.
b) Über die Via ferrata Formenton (siehe Tour Nr. 64).

Höhenunterschied: Abstieg zum Sattel 160 m, Aufstieg zur Tofana di Dentro 150 m.
Gehzeiten: Von der Tofana di Mezzo 1 Std.
Schwierigkeit: Durchgehende, tadellose Drahtseilsicherungen; am Verbindungsgrat etwas luftig, sonst problemlos.
Siehe Karte Nr. 12.

64 Tofana di Dentro, 3238 m, Via ferrata Formenton

Tofanagruppe

Bereits von der Straßenverbindung Schluderbach – Peutelstein fällt der scharfgeformte Südgrat der Tofana di Dentro auf. Besonders markant wirkt er im Frühsommer: eine schöne Firnschneide, die sogleich Bergsteigerwünsche weckt. An diesem Grat verläuft die Via ferrata Formenton, und sie ermöglicht – mit Abstieg über die Via ferrata Lamon (Tour Nr. 63) – eine bei guten Verhältnissen relativ einfache Überschreitung der Hinteren Tofana.

Tofana di Dentro. Am linken oberen Grat verläuft die Via ferrata Formenton.
Foto: H. Höfler

Zugang: Von Cortina Auffahrt mit der Tofana-Seilbahn „Freccia nel cielo" bis zur zweiten Station (Ra Valles, 2470 m).

Aufstieg: Vom Rifugio Ra Valles auf Weg Nr. 407 erst kurz in nördlicher Richtung gegen die Forcella Ra Valles absteigen, dann nordwestlich über Geröll und Karrenflächen unterhalb der steilen Ostabstürze der Hinteren Tofana entlang. An deren niedrigster Stelle führt der gesicherte Steig hinauf zur Formenton-Stellung des Gebirgskriegs 1915–17 und zum „Bivacco Baraca degli Alpini", 2922 m. Von dort südlich auf dem wenig steilen, bezeichneten, jedoch stellenweise etwas luftigen Grat zum Gipfel der Tofana di Dentro.

Abstieg: Auf der Via ferrata Lamon in den Sattel zwischen Hinterer und Mittlerer Tofana und wie bei Tour Nr. 63 in umgekehrter Richtung zur Bergstation der Tofana-Seilbahn. Am bequemsten mit dem „Freccia nel cielo" („Himmelspfeil") nach Cortina zurück.

Höhenunterschied: Rifugio Ra Valles 2470 m – Tofana di Dentro 3238 m.
Gehzeiten: Rifugio Ra Valles – Tofana di Dentro 2½ Std., Tofana di Dentro – Bergstation der Tofana-Seilbahn (über Via ferrata Lamon) 1 Std.
Schwierigkeit: Der gut gesicherte Steig ist technisch problemlos, jedoch an einigen Stellen etwas luftig. Im Frühsommer und bis etwa Ende Juli / Anfang August ist der Grat vom „Bivacco Baraca degli Alpini" zur Tofana di Dentro eine Firnschneide, die Erfahrung in entsprechendem Gelände verlangt. Bei Vereisung ist diese Anstiegsstrecke schwierig und nur guten Bergsteigern zu empfehlen.
Hinweis: Mit Aufstieg zur Tofana di Mezzo über die Via ferrata Giuseppe Olivieri (Tour Nr. 62), Übergang zur Tofana di Dentro auf der Via ferrata Lamon (Tour Nr. 63) und Abstieg über die Via ferrata Formenton ergibt sich eine großartige, wenn auch bergsteigerisch anspruchsvolle, lange und schwierige Klettersteig-Überschreitung der Mittleren und Hinteren Tofana. Ohne Zweifel eines der lohnendsten Ziele dieser Art für ausdauernde und den Anforderungen dieser Tour gewachsene Bergsteiger.
Siehe Karte Nr. 12.

65 Col di Lana, 2462 m, gesicherter Steig
Buchensteiner Berge

Der Col di Lana, halbwegs zwischen Marmolata und Fanes gelegen, erlangte im Ersten Weltkrieg traurige Berühmtheit: Als „Blutberg" wurde sein unterminierter und gesprengter Gipfel im April 1916 für etwa einhundert Soldaten zum Grab. Ein Kirchlein etwas unterhalb des höchsten Punktes und die langgezogenen Schützengräben, in denen bezeichnenderweise Vergißmeinnicht wachsen, erinnern noch heute an die Schrecken dieses Gebirgskrieges. Darüber hinaus ist der aus Vulkangestein gebildete Berg ein Aussichtsgipfel ersten Ranges. Warum er nun hier in einem Klettersteigführer erscheint, ist rasch zu erklären: Am Übergang vom Monte Sief zum Col di Lana gibt es einige drahtseilgesicherte Passagen. Wie der Hexenstein (Tour Nr. 66), so wurde auch der Col di Lana – dem nunmehr gewünschten Vollständigkeitsprinzip entsprechend – in das vorliegende Werk integriert. Keine Via ferrata, aber eine unvergeßlich schöne Bergwanderung!

Zugang: Vom Rifugio Valparola, etwas nördlich der Paßhöhe (siehe auch Tour 66), auf Weg Nr. 23 in herrlicher Wanderung südwestlich unterhalb der Wände des Settsass zum Siefsattel.

Aufstieg: Vom Siefsattel südlich auf dem Kamm, teilweise in Schützengräben, auf den Monte Sief, 2425 m (Gedenktafel). Weiter über den Grat oder unterhalb von ihm (einzelne Sicherungen) auf den Col di Lana.

Abstieg: Auf der Anstiegsroute.

Höhenunterschied: Rif. Valparola 2168 m – Monte Sief 2425 m – Col di Lana 2462 m.
Gehzeiten: Rif. Valparola – Col di Lana 2½–3 Std., Col di Lana – Rif. Valparola 2 Std.
Schwierigkeit: Herrliche Wanderung mit großartigen Ausblicken zu Marmolata, Civetta, Pelmo, Sella, Fanes und Tofanen. Stellenweise Trittsicherheit erforderlich. Trotz der vereinzelt angebrachten Sicherungen kein Klettersteig im eigentlichen Sinn.

66 Hexenstein, 2477 m, gesicherter Steig
Buchensteiner Berge

Die Gegend um Valparola- und Falzaregopaß war einer der dramatischsten Schauplätze des Gebirgskrieges 1915/17. Gleich, ob Touren an den Fanisspitzen, den Tofanen, am Kleinen Lagazuoi (er ist der „Col Alto" aus Luis Trenkers „Berge in Flammen") oder gar am Col di Lana unternommen werden: Überall trifft man auf die Überreste dieses „einsamen Krieges", die wie eine stumme Mahnung anmuten. Auch der Hexenstein (italienisch Sasso di Stria), der nach Süden mit schroffen Wänden abbricht, an denen es einige Kletterrouten gibt, war einer dieser umkämpften Gipfel. Heute ist er ein schnelles Bergwanderziel, das beim Überwechseln vom Abteital in die Berge um Cortina bequem „mitgenommen" werden kann. Eine herrliche Schau auf viele Dolomitengruppen macht diesen Abstecher zu etwas durchaus Lohnendem.

Aufstieg: Von der Valparola-Paßhöhe dem markierten Steig an der Nordwestflanke bis kurz unterhalb des Gipfelaufbaus folgen. Jetzt über eine Steilstufe zu einer schmalen Felsspalte. Durch sie und über zwei kurze Leitern in wenigen Minuten zum Gipfelkreuz.

Abstieg: Wie Aufstieg.

Höhenunterschied: Valparola-Paßhöhe 2197 m – Hexenstein 2477 m
Gehzeit: Valparola-Paßhöhe – Hexenstein 1¼ Std.
Schwierigkeiten: Kurze Tour, empfehlenswert nur bei gutem Wetter, weil sie vor allem wegen ihrer Aussicht lohnend ist. Für den Gipfelaufbau sind Trittsicherheit und Schwindelfreiheit erforderlich.
Hinweis: Hexenstein und Col di Lana (siehe Tour 65) können bequem an einem Tag erstiegen werden.
Siehe Karte Nr. 12.

Geisler- und Puezgruppe vom Hexenstein. *Foto: H. Höfler*

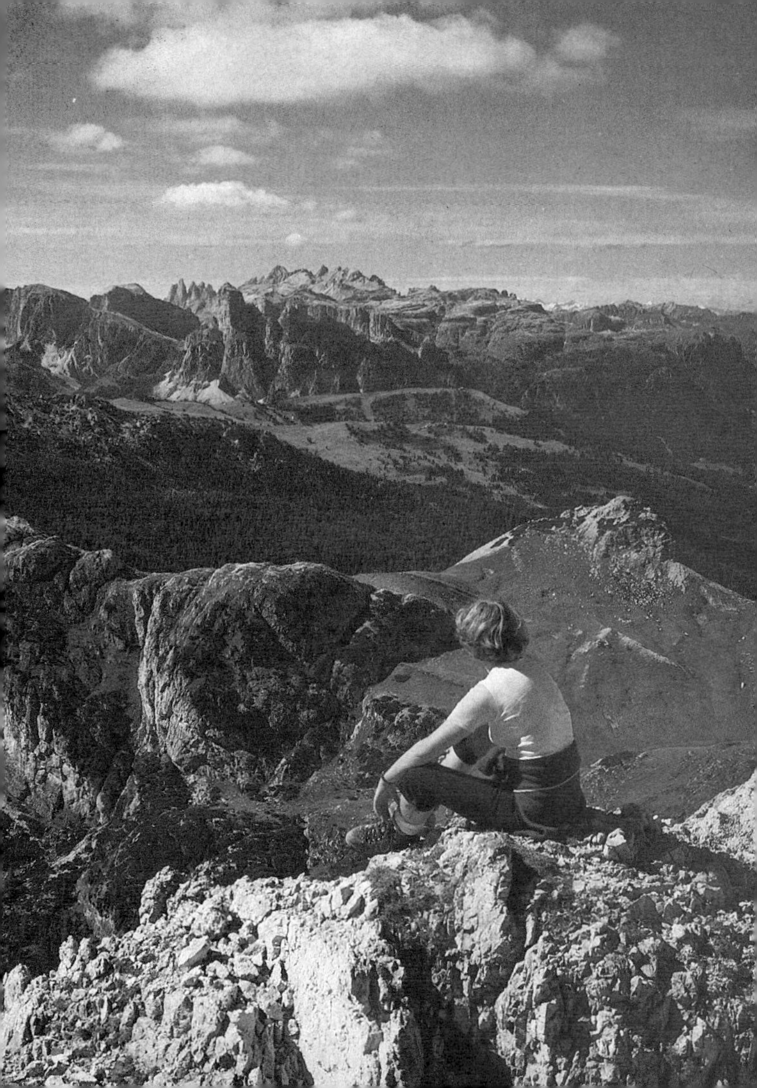

67 Averau, 2647 m, und Nuvolao, 2575 m, gesicherte Steige

Nuvolaogruppe

Zwischen dem Falzaregopaß und dem vielbegangenen Nuvolao erhebt sich der mächtige Averau. Er zeigt nach allen Seiten abweisende, zerklüftete Steilwände. Nur an der Nordwestseite gibt es eine einzige, leicht begehbare „Schwachstelle": bequeme Felsbänder und ein düsterer Kamin. Die kurzen Seilsicherungen führen an den Beginn des großen, muldenförmigen Kars der Ostseite. Von dort ist der Gipfel auf Steigspuren in unschwierigem, gestuftem und gebändertem Felsgelände problemlos zu ersteigen. Wer die Halbtagstour um eine knappe halbe Stunde ausdehnt und weiter südwärts zum Nuvolao bummelt, betritt alpinhistorischen Boden. Das Rifugio Nuvolao am 2575 m hohen Gipfel wurde schon 1883 erbaut und hieß damals „Sachsendankhütte". Den merkwürdigen Namen erklärt ein mittlerweile schon schwer lesbares Epigramm an der Hüttenwand:

> Von Nuvolaus hohen
> Wolkenstufen
> Lass mich, Natur, durch
> Deine Himmel rufen
> An Deiner Brust gesunde
> Wer da krank
> So wird zum Völkerdank
> Mein Sachsendank
> (Richard von Meerheimb)

Das Gegenstück zu diesem pathetischen Wortspiel ist eine moderne Bronzeskulptur, die an die 800. Besteigung (!) des Nuvolao durch Riccardo dalla Favera erinnert. Wer den Nuvolao vom Passo Giau, also von Süden besteigt, erlebt knapp vor dem Gipfel noch eine kurze, nette Klettersteigpassage an dem hier überraschend schmalen Gratstück. Die Besteigung von der Südseite vermittelt ein vergleichsweise einsames und lohnendes Naturerlebnis.

Zugang: a) Vom Falzaregopaß wenige Kilometer östlich hinab und auf steilem, schmalem, aber asphaltiertem Sträßchen (15% Steigung) 4,3 km bergauf bis zum Rifugio Cinque Torri, 2137 m.
b) Falzaregopaß, 2105 m.
c) Passo Giau, 2333 m.

Am gesicherten Steig zum Averau. Foto: P. Werner

Aufstieg: a) Vom Rifugio Cinque Torri auf breitem, mäßig steigendem Fahrweg vorbei am Torre Grande, dem berühmten Kletterturm der Cinque Torri, bis zum Rifugio Scoiattoli, 2280 m, Bergstation eines Sessellifts (hierher auch mit Sessellift von der Talstation Rifugio Bai de Dones). Über die Straße weiter bis zum Nuvolaosattel, wo das neue, kleine Rifugio Averau, 2413 m, steht. Ein bez. Pfad führt an der Ostseite schräg empor ins Kar und bis zu einem kleinen Joch. Dort nach links und in wenigen Minuten an die Felsen. Das erste Seil zieht nach links zu einem kurzen, düsteren und senkrechten Kamin, der an guten Tritten und Griffen überraschend problemlos zu durchsteigen ist. Ein breites Band leitet nach rechts zu einer zweiten Steilstufe, die geradezu enttäuschend schnell zum Ausstieg führt. Das Gipfelkreuz ist von hier bereits sichtbar. Auf deutlichen Pfadspuren zunächst durchs Kar und über harmlose Felsstufen problemlos zum Gipfel. Vorsicht bei Nebel – keinerlei Markierung!
b) Vom Falzaregopaß erreicht man den Nuvolaosattel mit etwas längerem Aufstieg über den bez. Weg Nr. 441.
c) Vom Passo Giau kann man auf Weg Nr. 443 zum Rif. Scoiattoli gelangen oder auf Weg Nr. 408 (Weitwanderweg 1) den Nuvolao überschreiten. Der Aufstieg zum Nuvolao über die Südseite ist vergleichsweise lang, jedoch landschaftlich sehr schön. Das letzte Gratstück vor dem Gipfel ist drahtseilgesichert. Auf dem Gipfel steht das schon 1883 erbaute Rifugio Nuvolao, 2575 m. Von dort muß man zum Nuvolaosattel allerdings 160 Höhenmeter absteigen.

Abstieg: Der Klettersteig ist die einzige leichte Route zum Gipfel und in jedem Fall zugleich Abstieg.

Höhenunterschied: Vom Rif. Cinque Torri 510 m, vom Falzaregopaß 542 m, vom Passo Giau 470 m (mit 160 m Zwischenabstieg und am Rückweg entsprechendem Wiederaufstieg). Höhe des Klettersteigs: etwa 50 m.
Gehzeiten: Vom Rif. Cinque Torri 2¾ Std., vom Falzaregopaß 3½ Std. (zum Nuvolao jeweils zusätzlich 20–30 Min. Aufstieg und 15 Min. Abstieg), vom Passo Giau über den Nuvolao 4 Std., Abstiege jeweils etwa ¾ Std. kürzer.
Schwierigkeit: Kurze, unschwierige Klettersteigstellen, Kamin etwas anspruchsvoller; auch für Anfänger. Klettersteigpassagen an der Südseite des Nuvolao sehr einfach.
Stützpunkte: Rifugio Averau, 2413 m, einfache Bewirtung; Rif. Scoiattoli, 2380 m, ggf. auch Rifugio Nuvolao, 2575 m (bei Aufstieg c), Bewirtung und Übernachtung, am Ausgangspunkt Rifugio Cinque Torri, 2137 m, mit Pkw bequem erreichbar; Bewirtung und Übernachtung.
Hinweise: Die einfache Halbtagestour läßt sich bei entsprechender Kondition auch im Anschluß an die Besteigung der Südlichen Fanisspitze (Via ferrata Tomaselli) als Nachmittagszugabe durchführen.
Siehe Karte Nr. 12.

70 Punta Fiames, 2240 m, Via Michielli (Strobel)

Pomagagnonzug

Zum Andenken an ihren abgestürzten Freund Strobel haben die Cortineser Bergführer im Jahre 1964 auf die Punta Fiames entlang der Westflanke einen wunderschönen Klettersteig verankert. Die Punta Fiames ist die westliche Ecksäule im Pomagagnonzug und kein beeindruckender Gipfel im Vergleich zu den anderen Cortineser Dolomiten-Monarchen. Trotzdem erfreut sie sich eines großen Zulaufs. Was die „Via ferrata Strobel" so attraktiv macht: sie befindet sich in unmittelbarer Nähe von Cortina und kann als „erste und letzte Tour des Jahres" gemacht werden, wie sich Ugo Pompanin, ein Cortineser Kletterer der „Scoiattoli"-Gilde, einmal äußerte. Wegen ihrer nach Westen, der Sonne zugeneigten Orientierung bleibt diese Seite relativ schneefrei. Ein Vorteil, der auch den Begehern der klassischen Südwandrouten zugute kommt, die den Eisenweg in den Frühjahrs- und Spätherbstmonaten als bequemen Abstieg benützen. Dann ist nämlich die Nordseite zur Forcella Pomagagnon verschneit oder vereist. Die gesicherte Strecke ist mit 500 m Stahlseil und einer Steigleiter ausgestattet und nützt das Gelände geschickt aus.

Zugang: a) Vom Hotel Fiames, 1280 m (siehe Tour 60), über die Straße. Am Gebäude gegenüber Wegtafel und Beginn eines schmalen Steiges, der bald den parallel zur Staatsstraße verlaufenden Fahrweg, welcher südl. zur alten Bahnhaltestelle Fiames der aufgelassenen Eisenbahnstrecke Cortina – Toblach leitet, quert. Zunächst mäßig steil südöstl. ansteigend, wendet sich der bez. Pfad bald gegen Osten und führt in steilem Anstieg gegen die Wandfluchten der Pezzories. Später mühsam östl. einer Schuttreise gerade empor gegen eine tiefe Schlucht zwischen Pezzories und Punta Fiames. Südlich der Schlucht Beginn des Klettersteiges (Tafel). Etwa ¾ Std. vom Hotel Fiames.
b) Bei Kilometerstein 16 der Staatsstraße Cortina – Toblach zweigt halbrechts eine Sandstraße ab, auf der man nach etwa 1 km den Kleinbahnhof Fiames, 1340 m, erreicht. Hier Parkmöglichkeit. Man wandert in nördl. Richtung auf der alten Bahntrasse weiter bis zu einem Hinweisschild auf die Ferrata. Auf kleinem Waldweg rechts ab, wo man bald auf a) trifft.

Aufstieg: Zunächst auf mäßig ansteigendem Band etwa 400 m nach rechts, dann, der Bez. und den ersten Drahtseilen folgend, schräg links empor auf ein Band (etwa 80 m, sehr steil, jedoch gute Tritte). Auf dem Band einige Meter unschwierig nach links, dann längs der Seile erst gerade hinauf, luftige Querung nach links und weiter den Sicherungen folgend in eine geneigte Latschen- und Schrofenzone, die man unschwierig auf Steigspuren überwindet. Man gelangt so auf eine exponierte Kanzel am Rande einer Schlucht, welche die Wandkulisse, über die der Klettersteig verläuft, von der Punta-Fiames-Südwand trennt. An der Stirn dieser Kulisse sehr steil (Drahtseile, Klammern), jedoch äußerst reizvoll etwa 15 m in flaches Gelände, das zu einer fast senkrechten Wandstufe führt. Man überwindet sie zunächst mit Hilfe einer Leiter, in der Folge längs von Klammern, Stiften und Seilen und gelangt auf eine geneigte Terrasse unterhalb der Gipfelschrofen (insgesamt etwa 80 m, der schwierigste aber auch schönste Abschnitt des Klettersteiges). Auf Steigspuren zu den letzten Drahtseilen, die ohne Schwierigkeiten auf die flache Nordabdachung der Punta Fiames leiten. Hier Hubschrauberlandeplatz. Nun in wenigen Min. zum Gipfel.

Abstieg: Auf einem deutlichen ausgetretenen Steiglein erst nördl., dann östl. zunächst in die schmale Einschartung zwischen Punta Fiames und Punta della Croce. Weiter dem Steig folgend in die Pomagagnonscharte, 2178 m, zwischen Punta della Croce und Croda di Pomagagnon. Von hier über die große Schuttreise („Grava") unter den Pomagagnon-Hauptgipfeln Testa und Costa del Bartoldo, teilweise auf Steigspuren (Bez. Nr. 202) südl. hinab gegen den Weiler Chiave über Cortina. Vor dem Ende der Reise, unter den Felsen des Campanile Dimai und der Punta Armando, nach rechts und weiter über Schutt abwärts. Man hält sich an den rechten Ast der Geröllströme, der bald zu einem Bachbett wird. In diesem weiter abwärts. Nahe der Waldgrenze auffällige Bez. nach rechts. Hier auf einem schmalen, steilen Steiglein durch den Wald hinunter (bei einer Verzweigung rechts halten), zuletzt wieder in oder neben einem Bachbett auf die alte Bahntrasse, welche rechts (nördl.) zur Station Fiames leitet.

Höhenunterschied: Hotel Fiames 1280 m – Bahnstation Fiames 1340 m – Punta Fiames 2240 m. Höhendifferenz des Klettersteiges etwa 600 m.
Gehzeiten: Hotel Fiames – Einstieg ¾ Std., Klettersteig bis zum Gipfel 2 Std.; Abstieg über die Pomagagnonscharte zum Hotel Fiames 1½ Std.
Schwierigkeiten: Bis auf eine 80 m hohe, senkrechte, ausgesetzte Kletterstelle im oberen Teil nicht sehr schwierig, jedoch teilweise recht luftig.

An der Via Michielli-Strobel, vor der steilen Ausstiegswand.
Foto: Daubner-Höfler

Stützpunkt: Cortina d'Ampezzo, 1211 m.
Tip: Als lohnende Trainingstour bereits im Frühling möglich. Bei Hochsommerhitze früher Morgenstart ratsam.
Hinweis: Wer nach dem Strobel-Klettersteig seine bergsteigerischen Bedürfnisse noch nicht erfüllt sieht, dem sei eine Begehung des sogenannten „Dritten Bandes" an der Südwand der Costa del Bartoldo empfohlen. Man erreicht es – in diesem Fall mühelos – aus dem unteren Teil der Schuttreise („Grava") des Pomagagnonscharte-Abstiegs (deutliche Steigspuren leiten zum Bandbeginn). – Über dieses „Dritte Band" steigt man nun luftig und an einzelnen Sicherungen schräg nach rechts aufwärts durch die Südwände von Costa del Bartoldo und Punta Cestelis. An der Einschartung zwischen ihr und der Punta Erbing wechselt die Route in die Nordseite und endet nach steilem Abstieg in der Forcella de Zumeles, 2072 m. Von dort südlich auf Weg Nr. 204 zum Weiler Chiave bei Cortina. Zusätzlich 3½ – 4 Std. Siehe Karte Nr. 19.

71 Monte Cristallo, Höhenweg Ivano Dibona

Cristallogruppe

Der Dürrensee im Höhlensteintal hält der schönen Gestalt des Monte Cristallo, 3221 m, galant seinen Spiegel entgegen. Dort wirkt die zyklopische Gruppe aus schneeverbrämten Riesenquadern mit den abgestumpften Kanten und dem Flachdach am attraktivsten und sehr fotogen. Der tief eingekerbte Cristallopaß verbindet ihn mit dem nicht minder unverwechselbaren Nachbargipfel, dem Piz Popena, 3152 m, Prachtstück eines wilden, trotzigen Dolomitenturms. In diese zergliederte Nordseite mit kompakten Steinsimsen und Schluchten sind als hochalpines Attribut zwei spaltenreiche Gletscherchen eingezwängt. Im Gegensatz zur abweisenden, nordseitigen Steinarchitektur des Cristallo-Massivs, zeigt die Südseite eine mehr geschlossene, meist schneefreie Felsfront. Von ihrem Windschatten profitiert Cortina d'Ampezzo.

Im langen Abschnitt vom Cristallopaß bis zum Col dei Stombi und Schönleitenschneide (Costabella) wurde im Ersten Weltkrieg verbissen gekämpft. Für die Alpini stand die Verteidigung der Ampezzaner Talmulde auf dem Spiel und für die Kaiserjäger das Höhlensteintal mit dem Sperrfort Landro, welches das Pustertal abschirmte. Von 1915 bis 1917 wimmelte es auf der Cristallo-Südseite von österreichischen und italienischen Hochgebirgstruppen, die sich in die Felsen einigelten, Baracken, Materialbahnen, Kasematten, Kavernen, Laufgräben, Stacheldrahtverhaue und Geschützstellungen bauten. 70 Sommer und Winter sind seit diesem auf beiden Seiten opfervollen und heldenhaft geführten Hochgebirgskrieg vergangen. Seine langsam verfallenden Spuren sind aber noch lange nicht ausgelöscht. Durch diese Felsregionen voller Reminiszenzen legten Cortineser Bergführer und -freunde 1969/70 einen gut gesicherten Höhenweg an. Ohne nennenswerte Schwierigkeiten und ohne mühsamen Aufstieg – den übernimmt die Gondelbahn bis auf 2918 m – führt die interessante und auch landschaftlich höchst im-

Auf dem aussichtsreichen Höhenweg Ivano Dibona, unten Cortina d'Ampezzo. *Foto: Wagner*

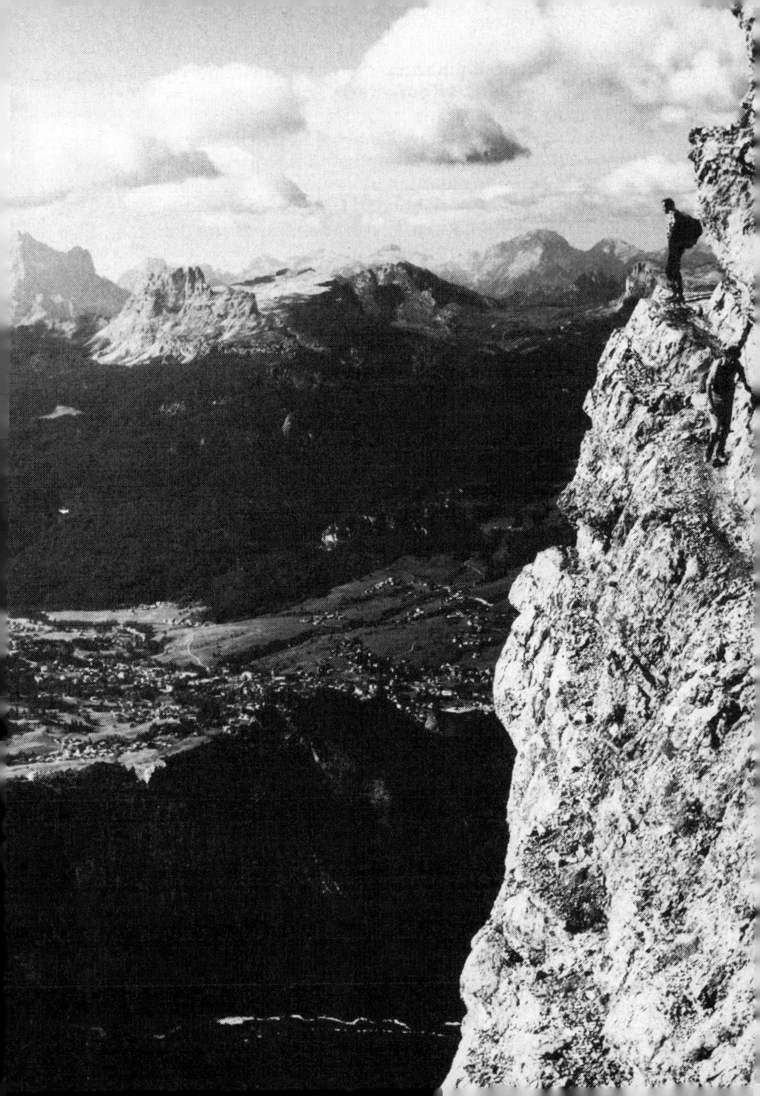

ponierende Route auf guten Steigen an Felswänden mit Halteseilen entlang, über Grate und Kare, durch Schluchten, über Holzbrücken und Metalleitern. Eine touristische Panorama-Delikatesse, die ihresgleichen sucht. Sie trägt den Namen des Bergführers Ivano Dibona, der 1968 unerklärlicherweise mit seinem Herrn zu Tode stürzte. Er war ein Enkel des berühmten Kletterpioniers Angelo Dibona, der 1909 die Nordostkante – eben die Dibona-Kante – der Großen Zinne erkletterte, die dem jungen Ivano Dibona sechs Jahrzehnte später zum Verhängnis wurde.

Zugang: Von Cortina auf der Dolomitenstraße in Richtung Tre-Croci-Paß bis zur Talstation 1693 m (5 km) der Doppelsesselbahn Rio Geres – Somforca, 2215 m, die – an der Zwischenstation wenige Schritte abwärts – seine Fortsetzung in einem Gondellift bis auf die Forcella Stauniès findet. Vom höchst mühevollen, 3½stündigen Aufstieg im Schotterkar ist abzuraten.

Abstieg: Der Weg beginnt direkt bei der Bergstation des Gondellifts in der Forcella Stauniès. Sofort über eine bequeme Leiter nach rechts hinauf, dann dem Drahtseil folgend in die Nordostseite der Felsen und über einen Holzsteg zu einem kurzen Tunnel (Galleria del Cecchino). Durch den Tunnel auf die Südseite, dann nach rechts (Westen) über zwei weitere Holzstege zu einem tiefen Felsspalt. Über diesen führt eine 27 m lange Hängebrücke (Ponte Cristallo), die bisher längste Hängebrücke in den Dolomiten. Jenseits der Brücke über zwei Eisenleitern auf den Grat. Man erreicht nun den höchsten Punkt des gesamten Weges, 2985 m. Dem Grat abwärts folgend gelangt man zur bez. Abzweigung vom Cristallino d'Ampezzo, 3008 m (der Weg ist ebenfalls gut gesichert und nimmt hin und zurück etwa 25 Min. in Anspruch). Am Grat entlang weiter abwärts. Nach einer Eisenleiter und einigen Felsstufen (oft vereist) erreicht man die Forcella Grande (¾ Std. von der Forcella Stauniès).

Wegteilung: nach Süden besteht die Möglichkeit, über eine lange Schuttreise zur Somforca abzusteigen, nordwestlich zweigt der Klettersteig „Renato De Pol" (siehe Tour 72) ab.

Jetzt beginnt der eigentliche „Ivano-Dibona-Höhenweg". Er führt nun immer in der Südseite der Cresta Bianca (Gipfel mit leichtem Umweg zu erreichen) entlang über eine Reihe von Bändern und Holzstegen, an einigen ausgesetzten Stellen drahtseilgesichert, bis zur Forcella Padeon, 2760 m (Abstieg nach Süden zur Somforca möglich: die ziemlich steile und auch steinschlaggefährdete Rinne ist allerdings nicht als Normalabstieg zu empfehlen! Am Ende der Schuttreise rechts halten, bis man auf Steigspuren am Fuße des Torrione Padeon trifft. Nun südlich um den Col Pistone, 2862 m (Gipfelbesteigung möglich) herum und auf breiten, stellenweise gesicherten Bändern zur Forcella Alta, 2689 m (1¾ Std. von der Forcella Grande). Von der Forcella Alta nach Süden in einer Schuttreise hinab, bis nach etwa 200 m die rote Markierung nach Westen leitet. Man quert den Südgrat des Vecio Forame und erreicht die Forcella Bassa, 2467 m. Nach kurzem Gegenaufstieg führt der Weg wieder steil in Serpentinen hinab zu einer Eisenleiter, nach der man auf den Zurlongrat, 2379 m, gelangt. Immer am Grat entlang, einen Sporn südlich umgehend, zur Forcella Zurlon, 2363 m (letztes Drahtseil), 1 Std. von der Forcella Alta. Von der Scharte etwa 100 Höhenmeter hinab und zu einer Schuttrinne, die zum Testaccio führt. Nun über Schrofen und Gras in Serpentinen hinab zum westlichsten Gipfel des Cristallostockes, dem Col dei Stombi, 2168 m (¾ Std.). Von hier führt ein breiter Kriegssteig in weiten Serpentinen durch Latschen und Wald hinab ins Val Grande, wo man auf den Fahrweg von der Malga Padeon trifft (etwa 1700 m, ¾ Std.). Auf der Fahrstraße talaus nach Ospitale, ½ Std. Autobus oder Taxi nach Cortina, 11 km.

Höhenunterschied: Forcella Stauniès 2918 m – Ospitale 1491 m.
Gehzeit: Für die gesamte Strecke des Höhenweges rechnet man mit etwa 6 Std.
Schwierigkeit: Rein technisch treten nur geringe Schwierigkeiten auf. Jedoch ist für die Begehung des zweiten Teiles, also ab der Forcella Grande, ein hohes Maß an Trittsicherheit und Schwindelfreiheit Voraussetzung, da der Weg durch teilweise sehr steiles Schrofengelände führt und nicht mehr durchgehend mit Drahtseilen gesichert ist. Bei Schneelage oder Vereisung ist von einer Begehung unbedingt abzuraten.
Stützpunkte: Cortina d'Ampezzo, 1211 m – Tre-Croci-Paß, 1809 m – Rifugio Capanna G. Lorenzi, 2918 m, nahe der Forc. Stauniès (14 B., fließend Warm- und Kaltwasser). Notunterkunft (Kriegsbaracke) auf der Forcella Padeon, 2760 m.
Hinweis: Wochentags fährt der erste Lift erst um 9 Uhr, an Sonn- und Feiertagen um 8.30 Uhr.
Siehe Karte Nr. 13.

72 Monte Cristallo, Via ferrata Renè de Pol

Cristallogruppe

Als Gegenstück zum vielbegangenen Sentiero Ivano Dibona, der von der Forcella Stauniès aus durch italienische Kampfstellungen 1915 – 1917 führt, wurde im August 1974 die Via ferrata Renè de Pol eröffnet. Sie leitet durch hochinteressante, einstige österreichische Kriegsanlagen und Frontwege.

Der Klettersteig wurde zum Gedenken an den im Sommer 1973 an der Jori-Kante der Punta Fiames abgestürzten jungen Renato de Pol von seinen Cortineser Bergfreunden angelegt. Tatkräftig mitgeholfen hat der rührige Hüttenwirt und Bergführer Beniamino Franceschi von der Capanna-Rifugio Lorenzi, finanzielle Unterstützung leistete die Cristallo-Seilbahngesellschaft.

Zugang: Wie bei Tour 71 (Sentiero Dibona).

Wegverlauf: Von der Forcella Stauniès über die Eisentreppe hinter der Seilbahnstation in eine kleine Scharte auf der Nordseite des Cristallino d'Ampezzo. Nun gibt es zwei Möglichkeiten:

a) Nach links über Eisenleitern, Drahtseile und die Ponte Cristallo auf dem Ivano-Dibona-Höhenweg bis zur Forcella Grande, ¾ Std. (siehe Tour 71). Von hier steigt man zunächst steil über Schnee und grobes Geröll nach Norden in den Schuttkessel Gravon del Forame ab. Wo die Steilheit abnimmt, hält man sich nach links auf die Forcella Verde zu.

b) Nach rechts ziemlich steil hinab zum kleinen Cresta-Bianca-Gletscher (bei Vereisung gefährlich! Pickel und Steigeisen ratsam!). Unterhalb des Firnfeldes trifft man auf Weg a).

Man überschreitet die Forcella Verde, quert auf der Westseite des Torrione, 2380 m, und erreicht über Sicherungen die Forcella Gialla. Ausgesetzt über steiles Gras- und Schrofengelände weiter, teils direkt auf dem Grat, bis zum Sattel „Selletta divisoria" und von da zur Punta Ovest del Forame, 2385 m. Vom Gipfel führt der Weg nun schwieriger über drei große Felsaufschwünge hinab. Drahtseile und Stifte entschärfen gefährliche Stellen. Beim oberen Felsaufschwung (Salto Superiore) befindet sich noch ein alter Brunnen. Nach einem Schotterband (Cengia Superiore) folgt der mittlere Aufschwung (Sal-

Der Verlauf des Klettersteiges „Renè de Pol" von Ospitale aus.
Foto: Ghedina

to Inferiore) zum unteren Band (Cengia Bassa). Nun geht es noch über die „Parete Nera" (Schwarze Wand) hinab, dann führt der Weg nach Westen weiter. Am Ende eines alten österreichischen Grabens wurde das Wegbuch untergebracht. In Serpentinen geht es nun auf einem bequemen Steig zwischen Latschen hinab in den Wald „Bosco del Forama de Fora", 1669 m, und schließlich über einen letzten steilen Absatz ins Val Felizon. In etwa 20 Min. erreicht man auf der alten Bahntrasse Ospitale. Von hier Autobus oder Taxi nach Cortina.

Höhenunterschied: Forcella Stauniès 2918 m – Ospitale 1491 m.
Gehzeit: Ab Forcella Stauniès rechnet man ungefähr 4½ – 5 Std.
Schwierigkeit: Für den Cresta-Bianca-Gletscher ist ein Pickel meist recht nützlich. Bei schlechter Sicht evtl. Orientierungsschwierigkeiten. Für die zweite Hälfte sind Sicherheit im Fels- und Schrofengelände sowie Schwindelfreiheit Voraussetzung.
Stützpunkte: Cortina d'Ampezzo, 1211 m – Tre-Croci-Paß, 1809 m – Rifugio Capanna G. Lorenzi (Forcella Stauniès), 2918 m.
Siehe Karte Nr. 13.

73 Cristallo-Mittelgipfel, 3163 m, Klettersteig Marino Bianchi

Cristallogruppe

Von der Forcella Stauniès legten Ampezzaner Bergführer zusammen mit der Scoiattoli-Klettergilde im Sommer 1973 auf dem Mittleren Cristallogipfel, 3163 m, einen gesicherten Klettersteig an. Mit 800 m Drahtseil, von 140 Haken gehalten, und mit zwei Metallleitern ausgestattet, trägt der Felsenweg den Namen des Cortineser Bergführers Marino Bianchi, der 1969 in der Fanes abgestürzt ist.

Aufstieg: Der Steig beginnt direkt am Südostende der großen Sonnenterrasse des Rif. Lorenzi. Immer den Drahtseilen folgend geht es mal rechts, mal links vom Grat bis zur Cristallo-Nordwestspitze. Durch eine Rinne zur kleinen Scharte zwischen Nordwestspitze und Mittelgipfel hinunter. Auf der anderen Seite wieder ansteigend zur ersten Leiter. Kurz danach führt ein Schuttband nach rechts zum Fuß der gelben Wand. Hier geht es gerade empor (schwerste Stelle) zur zweiten Leiter. Über schwarzen Fels bis zu einer großen Platte und durch einen Riß auf den Grat. In leichtem Abstieg auf dem Nordkamm bis zum letzten Aufschwung entlang. Über ihn hinweg auf den breiten Grat und zum Gipfel. Am Ende des Drahtseiles, links unter einem Steinmann, liegt das Gipfelbuch.

Abstieg: Gleicher Weg.

Höhenunterschied: Forcella Stauniès 2918 m – Cristallo-Mittelgipfel 3163 m.
Gehzeit: 1¼ – 1½ Std. für den Aufstieg; Abstieg 1 Std.
Schwierigkeit: Die Begehung ist außerordentlich lohnend. Trotz der fast durchlaufenden guten Drahtseilsicherungen bei ungünstigen Verhältnissen (Schnee, Eis), die am Cristallo keine Seltenheit sind, mitunter heikel.
Stützpunkte: Cortina d'Ampezzo, 1211 m – Tre-Croci-Paß, 1809 m – Rifugio Capanna G. Lorenzi, 2918 m.
Tip: Übernachtet man im Privatschutzhaus Lorenzi auf der Forcella Stauniès (erster Lift erst um 9 Uhr, Samstag und Sonntag 8.30 Uhr ab Rio Gères), kann man bei rechtzeitigem Aufbruch den Cristallo-Mittelgipfel besteigen und anschließend den Sentiero Ivano Dibona absolvieren. Gute Geher erleben so an einem Tag erstklassiges Gipfelglück, zusammen mit einem der landschaftlich schönsten Dolomitenhöhenwege.
Siehe Karte Nr. 13.

Capanna Lorenzi mit Cristallo-Mittelgipfel und dem Verlauf des Klettersteigs Marino Bianchi. Foto: Wagner

75 Monte Piano, 2305 m, Hauptmann-Bilgeri-Gedächtnissteig

Sextener Dolomiten

Dieser Monte Piano, erbarmungsloses Schlachtfeld des Gebirgskrieges 1915/17, ist heute ein Freilichtmuseum desselben. Wohl kaum ein Gipfelbesucher kann sich der bedrückenden Stimmung entziehen, die einen befällt, wenn man auf dem großen Gipfelplateau entlang von ehemaligen Schützengräben und Maschinengewehrstellungen dahinwandert. Der „Hauptmann-Bilgeri-Gedächtnissteig" erinnert gleichfalls an diesen ebenso harten wie sinnlosen Krieg. Die kurze Steiganlage führt an der Nordwestwand zum „Historischen Rundweg" und weiter zum Gipfel, der übrigens fast mit dem Auto erreicht werden kann (die Bosi-Hütte, zu der eine Straße leitet, steht nahe der Südkuppe, siehe Tour 76).

Zugang: Vom Parkplatz knapp nördlich des Dürrensees am Eingang des Rienztales (Zufahrt von Toblach/Pustertal durch das Höhlensteintal) folgt man der Bezeichnung Nr. 6, quert die ebenen Latschen- und Schuttfelder am Ausgang des Rienztales und folgt dem bequemen Weg an der Nordwestseite des Monte Piano aufwärts. Nach ein paar kurzen Drahtseilsicherungen wird ein flacher Absatz erreicht. Etwas weiter oben gelangt man zu einer Soldatengräberreihe, wo sich die Anstiegswege verzweigen. Der Klettersteig führt rechts gegen die schroffen Wände hinauf.

Aufstieg: Vom Einstieg dem dünnen Drahtseil über kurze Stufen, Bänder, durch einen kleinen Kamin und zuletzt durch eine Schlucht bis zum Ausstieg folgen. Man gelangt auf die Ostseite und damit zum „Historischen Rundweg", über den rasch der Gipfel erreicht wird.

Abstieg: Zurück zur Einmündung des Steigleins, das vom „Hauptmann-Bilgeri-Gedächtnissteig" herüberleitet, und rechts an der Südseite, zuletzt links an den Wänden des Gipfelaufbaus entlang zurück zu den genannten Gräbern. Dann auf der Anstiegsroute zum Parkplatz am Dürrensee zurück.

Höhenunterschied: Parkplatz nördlich des Dürrensees 1407 m – Monte Piano 2305 m.

Gehzeiten: Parkplatz – Monte Piano 2½ – 3 Std., Monte Piano – Parkplatz 1½ Std.
Schwierigkeiten: "Schnelle" Klettersteigtour, weniger schwierig als historisch interessant, mit luftigen Passagen, der Kamin fordert etwas kräftigeres Zupacken.
Hinweis: Kombination mit dem Heeresbergführer-Steig siehe Tour 76.
Siehe Karte Nr. 14.

Monte Piano, Hauptmann-Bilgeri-Gedächtnissteig. *Foto: H. Höfler*

76 Monte Piana, 2324 m, Heeresbergführersteig

Sextener Dolomiten

Der Heeresbergführersteig verläuft südlich von Tour 75 und läßt sich gut mit dieser kombinieren, zumal dann, wenn man das Rifugio Bosi als Ausgangspunkt wählt.

Zugang: Das Rifugio Bosi, 2205 m, ist auf teilweise schmaler, einspuriger und im oberen Abschnitt nicht befestigter Kriegsstraße, die gleich nahe des Beginns der Straße zur Auronzohütte (siehe Tour 77) von dieser in nördlicher Richtung abzweigt (Hinweisschild), zu erreichen. Das Befahren dieser Straße ist nur geübten Bergfahrern anzuraten. – Vom Rifugio Bosi auf dem mit Nr. 6a bezeichneten Historischen Rundweg, der oberhalb der Südabstürze auf teilweise schmalen Bändern entlangführt, bis unter das schlichte Holzkreuz des Monte Piana (malerischer Blick auf den Monte Cristallo). Weiter abwärts in eine Einsattelung, in die der Anstieg von Schluderbach heraufführt. Von hier der Bezeichnung nach östlich in die Forcella dei Castrati und auf Weg Nr. 6 bis vor die Nordkuppe (Monte Piano, siehe Tour 75). Man folgt dem links abzweigenden Steig (Bezeichnung Nr. 6) abwärts bis zu einer Schulter, von der aus man rechts den Hauptmann-Bilgeri-Gedächtnissteig einsehen kann. Hier der Bezeichnung zum Heeresbergführersteig links (südlich) folgen. Auf einem kleinen Latschensteiglein queren, dann abwärts und unterhalb der Monte-Piana-Westwände entlang. Nach einer Geröllreise folgt eine erste Drahtseilsicherung. Danach mühsam zum Einstieg.

Aufstieg: Luftig links neben einer Schlucht empor, dann in ihr selbst, zuletzt wieder links von ihr durch eine kaminartige Rinne zum Ausstieg. Von dort auf bezeichneten Pfadspuren über einen Wiesenhang hinauf zum Historischen Rundweg.

Abstieg: Über den Monte Piana zum Rifugio Bosi zurück.

Höhenunterschied: Rifugio Bosi 2205 m – Monte Piana 2324 m – Einstieg des Heeresbergführersteiges etwa 2200 m.
Gehzeiten: Rifugio Bosi – Monte Piana – Forcella dei Castrati – Einstieg 1¼ Std.; Heeresbergführersteig ½ Std.; Rückweg zum Rifugio Bosi ¾ Std.
Schwierigkeiten: Interessante, lohnende, kurze Klettersteig-Rundtour mittlerer Schwierigkeit. Auf dem Heeresbergführersteig Steinschlaggefahr.
Siehe Karte Nr. 14.

77 Nordöstliche Cadinspitze, 2790 m, Via Merlone

Sextener Dolomiten

Südlich der Drei Zinnen erheben sich die bizarren Türme und Zacken der „Cadini di Misurina", einer kleinen Dolomitengruppe, die unter Kletterern nach wie vor als Geheimtip gilt. Für Klettersteiggeher ist sie seit Ende der sechziger Jahre ein Begriff: Auf die Nordöstliche Cadinspitze, zugleich der zweithöchste Gipfel der Cadingruppe, leitet (im wahrsten Sinn des Wortes) die Via „Merlone". Sie

Nordöstliche Cadinspitze mit Via Merlone. Rechts Cima Cadin di San Lucano, im Vordergrund das Rif. Fonda Savio. Foto: Ghedina

gehört zu den umstrittenen Eisenwegen, obwohl sie diese Bezeichnung wie kaum eine andere gesicherte Route verdient. Ein System von überdimensionalen „Feuerwehrleitern" führt über die steile Westwand, von wenigen nur drahtseilgesicherten Passagen unterbrochen. Ohne Zweifel eine Aufgabe für Klettersteigneulinge, die sogar als bequeme Tagestour zu meistern ist.

Zugang: Von Misurina fährt man auf der Mautstraße zur Auronzohütte etwa einen Kilometer hinauf, bis rechts ein schmales Sträßlein (Wegtafel „Rif. Fonda Savio") abzweigt. Über den „Pian degli Spiriti" (Geisterplatz) auf dem mit Nr. 115 bezeichneten, bequemen Weg zur Hütte.

Aufstieg: Von der Hütte südlich auf bezeichnetem Steig unter die Abstürze der Nordwestlichen Cadinspitze, deren Ausläufer an Schrofen (Trittsicherheit erforderlich) gequert werden. Dann nach links zum Einstieg des Klettersteigs. Über einen kurzen Schrofenvorbau zu den ersten Leitern, die überaus luftig zu einer geneigteren Wandzone emporführen. Nahe dem Gipfel fordert ein Geröllfeld sauberes Gehen (Steinschlaggefahr für Nachsteigende).

Abstieg: Auf der gleichen Route.

Höhenunterschied: Misurina 1752 m – Pian degli Spiriti 1900 m – Rif. Fonda Savio 2367 m – Nordöstliche Cadinspitze 2790 m. Reine Steiganlage etwa 280 Höhenmeter.
Gehzeiten: Hüttenanstieg ab Parkplatz etwa 1 Std., Rif. Fonda Savio – Nordöstliche Cadinspitze 1½ Std., Nordöstliche Cadinspitze – Rif. Fonda Savio 1 Std.
Schwierigkeiten: Die Via „Merlone" ist technisch unschwierig, fordert jedoch absolute Schwindelfreiheit. Kurzer Zu- und Gipfelanstieg, daher auch noch für den Herbst, nach Hüttenschluß, geeignet.
Hinweis: Kombination mit Tour 78 gut möglich.
Siehe Karte Nr. 14.

78 Monte Campedelle, 2346 m, Bonacossa-Weg

Sextener Dolomiten

Der Bonacossa-Weg, der die Cadingruppe mit den Drei Zinnen verbindet, ist mehr ein gesicherter Höhenweg als ein Klettersteig. Das heißt, auch weniger Versierte haben an dieser Tour Spaß und können – anders als an der Schwindelfreiheit fordernden Via „Merlone" – die hier sich zuhauf präsentierenden wilden Dolomiten-Landschaftsbilder so richtig genießen.

Zugang: Zum Rif. Fonda Savio siehe Tour 77.

Der Höhenweg: Von der Hütte folgt man der Bezeichnung Nr. 117 und steigt etwa 200 Höhenmeter in nördlicher Richtung ab. Danach mit mäßig steilem Anstieg in die Forcella Rimbianco, 2206 m (von dort Abstieg nach Westen zur Mautstraße möglich). Nahe der Scharte Überreste des Gebirgskrieges 1915/17 und Abzweigung des Weges Nr. 119 ins Valle Campedelle. – Weiter in nordöstlicher Richtung, zuletzt auf einer kleinen Eisenleiter, in eine Einschartung westlich unterhalb des Monte-Campedelle-Gipfels. Dort besonders schöner Ausblick zu den Drei Zinnen einerseits und zur Cadingruppe andererseits. Weiter nördlich dem Weg Nr. 117 zur Auronzohütte folgen.

Abstieg: Neben der Zinnenstraße zurück zum Parkplatz (am besten versuchen, per Anhalter zum Auto zurückzukehren).

Höhenunterschied: Rif. Fonda Savio 2367 m – Forcella Rimbianco 2206 m – Scharte unterhalb des Monte-Campedelle-Gipfels 2320 m – Auronzohütte etwa 2300 m.
Gehzeiten: Rif. Fonda Savio – Auronzohütte etwa 2 Std., Auronzohütte – Parkplatz für das Rif. Fonda Savio etwa 1 Std.
Schwierigkeit: Landschaftlich herrliche Wanderung, Halbtagestour, daher auch mit weniger Kondition zu „packen". Trittsicherheit ist notwendig. Der Bonacossa-Weg ist auch für die oft wettersicheren Tage nach Hüttenschluß (bis Mitte/Ende Oktober) geeignet.
Siehe Karte Nr. 14.

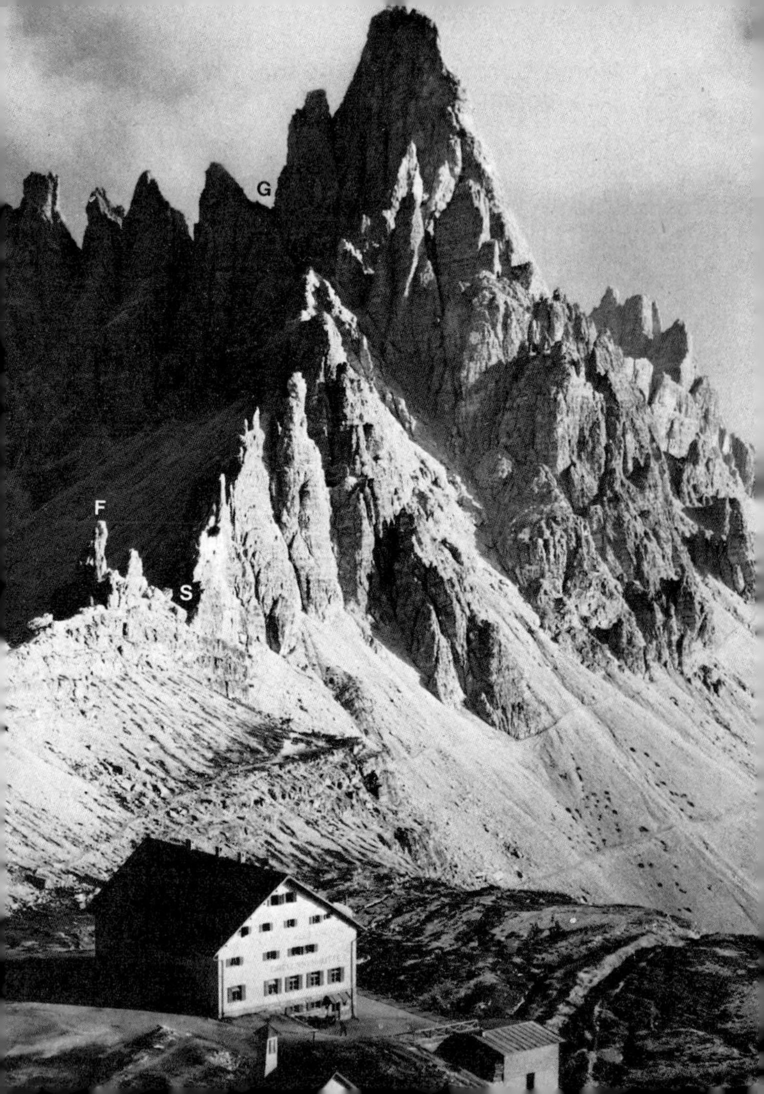
G
F
S

80 Paternkofel, 2744 m, gesicherter Kriegssteig De Luca – Innerkofler

Sextener Dolomiten

In zwei Jahren mühsamer Arbeit räumten Alpinisoldaten der „Brigata Cadore", zusammen mit Pustertaler BRD-Männern, Sextener Bergführern und Paduaner Alpinisten, den Kriegstunnel durch den Paternkofel aus und richteten ihn soweit her, daß er – seit 1975 – von jedem Bergsteiger gefahrlos benützt werden kann. Gleichzeitig wurden ostwärts verschiedene Kriegspfade als Klettersteige verbessert und gesichert. Zur Erinnerung an die Träger des „Goldenen Ehrenzeichens" Piero de Luca und Sepp Innerkofler, die zwei bekannten Soldaten des Kriegsgeschehens vor 70 Jahren auf diesem Dolomitenzacken, wurde der neue Steig „De Luca – Innerkofler" benannt.

Zugang: Durch die verschiedenen, systematisch angelegten Steige hat man mehrere Kombinationsmöglichkeiten, die nach Belieben variiert werden können. Wer den interessanten, 600 m langen Stollenaufstieg im Inneren des Paternkofels (Taschenlampe unerläßlich!) unternehmen will, der startet am besten bei der Drei-Zinnen-Hütte (ital. Rif. Locatelli). Dieses Schutzhaus erreicht man vom Rif. Auronzo, Markierung 101, über den Paternsattel und von dort an den Westwänden des Paternkofels fast eben entlang (etwa 1¼ Std.); oder von Moos-Sexten mit dem Auto bis zum Fischleinboden, 1451 m, großer Parkplatz, über die Talschlußhütte, 1540 m, Markierung 102, 3 Std.

Aufstieg: Beim bekannten „Frankfurter Würstl" vorbei, erreicht man nach 7 Min. den Kaverneneingang. Anfangs mäßig steigend, bewegt man sich im Halbdunkeln und kann durch die ausgedehnten Seitenfenster immer wieder den Zinnenblick genießen. Nun muß man die Taschenlampe zu Hilfe nehmen, der Weiterweg ist dunkel und wird steiler und feucht. Fast am Ende durchgeht man einen 10 m langen Korridor mit zwei zementierten Fenstern. Ein roter Pfeil

Paternkofel mit Drei-Zinnen-Hütte. G = Gamsscharte, S = Stolleneingang, F = Frankfurter Würstl. Von der Gamsscharte zieht der „Schartenweg" nach links. *Foto: Frass*

weist nach links und auf 2520 m Höhe schlüpft man ans Tageslicht. Drahtseile zeigen den Weiterweg an, der über schrofige Passagen, einen leichten Kamin und je nach Jahreszeit über eine schneegefüllte oder schottrige Rinne zur Gamsscharte, 2650 m (Forcella del Camoscio) führt. Ungefähr 50 Min. ab Schutzhaus. Von der Gamsscharte mit Hilfe von Sicherungen (bei Begehungen 1985 und 1986 teilweise beschädigt, zuletzt über geröllbedeckte Bänder und eine kurze, ungesicherte Steilstufe auf den Gipfel. Das herrliche Panorama ist ebenso fesselnd wie die Erinnerung an das tragische Kriegsgeschehen am 4. Juli 1915, bei dem der legendäre Standschütze Sepp Innerkofler aus Sexten knapp unter dem Gipfel durch die italienische Gipfelbesatzung den Tod fand.

Abstieg: Zurück zur Gamsscharte. Nun kann man zwischen drei Möglichkeiten wählen: a) Abstieg auf der Anstiegsroute durch den Tunnel;
b) Auf dem Schartenweg zum Büllelejoch (siehe Tour 81 in umgekehrter Richtung);
c) Über die Paßportenscharte zum Paternsattel (siehe ebenfalls Tour 81).

Höhenunterschiede: Zinnenhütte 2405 m – Paternkofel 2744 m – Paternsattel 2457 m; Gamsscharte 2650 m – Büllelejoch 2528 m.
Gehzeiten: Zinnenhütte – Gamsscharte (Tunnelsteig) 50 Min. – Gipfel 20 Min.; Abstieg Gamsscharte – Paßportenscharte – Paternsattel 1¼ Std.; Gamsscharte – Schartenweg – Büllelejoch 1½ Std.; Zinnenhütte 1 Std. – Paternsattel 45 Min.; Rif. Auronzo – Lavaredo-Hütte – Paternsattel 1 Std.
Schwierigkeiten: Der Tunnelaufstieg im Paternkofel ist problemlos, falls bei bestimmten Wetterbedingungen durch den starken Luftzug keine Vereisung auftritt. Der Gipfelanstieg ab Gamsscharte, wenn die Sicherungen in gutem Zustand sind, unschwierig; wenn sie fehlen, stellenweise Kletterei im I. Grad.
Stützpunkte: Hotels und Gasthäuser in Misurina, 1752 m – Hotels und Gasthäuser in St. Veit und Moos in Sexten, 1340 m (Parkplatz Fischleinboden, 1451 m) – Auronzohütte, 2320 m, CAI, Vollbetrieb Mitte Juni bis Ende September, übrige Zeit beschränkter Winterbetrieb, 60 B., 40 M., großer Parkplatz – Lavaredo-Hütte, 2325 m, privat, bew. Mitte Juni bis Mitte Oktober, 30 B., 15 M. – Drei-Zinnen-Hütte, 2405 m, CAI, bew. 20. Juni bis Ende September, 50 B., 100 M. – Büllelejoch-Hütte, 2528 m, privat, bew. Mitte Juli bis 20. September, 12 M.
Siehe Karte Nr. 14.

81 Paternkofel, 2744 m, Schartenweg (Percorso delle Forcelle)

Sextener Dolomiten

Zweifellos steht der Paternkofel im Schatten der tatsächlich weltberühmten Drei Zinnen, und selbst von seinem Gipfel aus dominieren jene drei steinernen Kolosse in jeder Beziehung. Trotzdem ist der Paterno – wie der Paternkofel im Italienischen bezeichnet wird –, insbesondere von der Drei-Zinnen-Hütte gesehen, ein markanter und formschöner Berg; in der Kriegshistorie – wie bei Tour 80 bereits angedeutet – sogar ein sehr bekannter. Sepp Innerkofler, dem legendären Sextener Bergführer und famosen Felskletterer, wurde der Paternkofel zum „Schicksalsberg". Die damaligen Ereignisse waren in keiner Weise kriegsentscheidend, aber es wurde viel darüber geschrieben. „Der Sepp" eignete sich in idealer Weise für einen „Kriegshelden". Wie er fiel – darüber gibt es einige Versionen, und man weiß nicht genau, wie sich der Tod Sepp Innerkoflers tatsächlich zugetragen hat. Fest steht, daß er im Laufe eines Gefechts durch den Oppel-Kamin abstürzte. Heute ist der Paternkofel Ziel für Genußkletterer und Klettersteigfreunde. Neben dem in Tour 80 beschriebenen Felstunnel erfreut sich der Schartenweg zu Recht großer Beliebtheit und ist nicht nur als Abstiegsvariante, sondern auch für den Aufstieg äußerst lohnend. Mit Abstieg über die Paßportenscharte ergibt sich eine sehr schöne Rundtour, die zwar den berühmten Felstunnel meidet, jedoch trotzdem durch faszinierende Landschafts- und Felsbilder besticht.

Zugang: Von der Drei-Zinnen-Hütte (siehe Tour 80) nach Osten und oberhalb der malerischen Bödenseen zum Büllelejoch. Jetzt geht man auf Geröllsteig südlich unterhalb der Bödenknoten entlang und erreicht die Forcella dei Laghi, 2600 m. Der Steig leitet zuerst noch ohne Schwierigkeit weiter, dann steht man unvermittelt vor einem Abbruch (Beginn des Klettersteigs).

Aufstieg: Die Sicherungen führen über Bänder und kurze Steilstufen in reizvollem Auf und Ab bis in die Gamsscharte unterhalb des Gipfelaufbaus (Einmündung von Tour 80). Weiter wie dort beschrieben.

Abstieg: Vom Gipfel des Paternkofels zurück in die Gamsscharte. Von dort südlich, den Markierungen folgend, über Geröll und un-

Auf dem Weg zum Büllelejoch; Bödenseen mit Innichriedlknoten.
Foto: H. Höfler

schwierigen Fels abwärts, bis schöne, an die Brenta-Höhenwege erinnernde Bänder unterhalb des Paternkofel-Südgrats bis in die Paßportenscharte führen (von dort faszinierender Blick auf die Drei Zinnen). Die Steiganlage wechselt hier in die Westflanke des Paßportenkopfes und leitet über Bänder und durch Tunnel (einmal eine kurze, unangenehm geglättete Stelle) zum Ausstieg oberhalb des Paternsattels.

Höhenunterschied: Drei-Zinnen-Hütte 2405 m – Büllelejoch 2528 m – Paternkofel 2744 m.
Gehzeiten: Drei-Zinnen-Hütte – Büllelejoch 1 Std., Büllelejoch – Paternkofel 1 Std., Paternkofel – Paternsattel (über Paßportenscharte) ¾ – 1 Std.
Schwierigkeiten: Kurze, lohnende, landschaftlich prächtige Klettersteigtour mit mäßigen technischen Anforderungen. Einige Passagen sind jedoch recht luftig.
Stützpunkte: Siehe Tour 80.
Siehe Karte Nr. 14.

82 Toblinger Knoten, 2617 m, rekonstruierter Kriegssteig

Sextener Dolomiten

Vom Paternsattel präsentiert sich der Toblinger Knoten (Torre Toblino) als zierlicher, dreizackiger Turm westlich der Drei-Zinnen-Hütte, der aus dem Sextenerstein (Sasso di Sesto) emporzuwachsen scheint. Vom Paternkofel erscheint der Knoten als zweigipfelige Felsgestalt, die mit dem Sextenerstein durch einen langen, sehr flachen Gratbuckel verbunden ist. Der Toblinger Knoten war im Ersten Weltkrieg durch die italienischen Angriffe im August 1915 zum Schlüsselpunkt der österreichischen Verteidigungslinien geworden. Die senkrechten Südwände vereitelten eine Eroberung durch die Italiener, nur ein Durchbruch durch die beidseits anschließenden Stellungen konnte diesen Artilleriebeobachtungsposten zu Fall bringen.

Die große strategische Bedeutung des Toblinger Knotens beruhte vor allem darauf, daß sich hier Österreicher und Italiener auf nur 300 m Entfernung gegenüberstanden. Im April 1916 sprengten die Italiener den Col di Lana, drei Monate später den Schreckenstein (Castelletto). Da die Italiener am anschließenden Sextenerstein eine sehr rege Kavernen- und Stollenbautätigkeit entwickelten, wurde auch ein Minenangriff auf den Toblinger Knoten befürchtet. Das Verdienst, den Gipfel des Toblinger Knotens als Beobachtungsposten und Kampfstellung erschlossen zu haben, gebührt dem berühmten und hochdekorierten Feldkurat Hosp; ihm zu Ehren wurde der rekonstruierte Steig über den Normalweg Feldkurat-Hosp-Steig benannt. Bereits im Frühjahr 1917 hatten österreichische Standschützen mit dem Bau des Leitersteiges durch die Nordkamine begonnen. Vier historische Holzleitern, 24 historische Eisenhaken sowie andere Reste erinnern noch an diese Pioniertat. Im Gegensatz zum sog. „Normalweg", über den die Wachablösung nur bei Nacht oder Nebel erfolgen konnte, machte dieser Steig, der den italienischen Scharfschützen abgewandt war, eine gefahrlose Ablösung auch bei Tag möglich, ja, sie wurde von den Soldaten als amüsante Kletterübung empfunden. Über sechzig Jahre lang war dieser Steig, der in so drastischer Weise die alpinistischen und soldatischen Leistungen der Standschützen und Landstürmer veranschaulicht, dem Verfall preisgegeben. 1978 faßte der Verein der Dolomitenfreunde den Entschluß zur Wiederinstandsetzung. Ein fünfköpfiger Bautrupp benötigte nur sieben Arbeitstage, um die 17 Stahlleitern und das durchgehende Sicherungsseil anzubringen.

Zugang: Zur Drei-Zinnen-Hütte siehe Tour 81.

Aufstieg: Hinter der Drei-Zinnen-Hütte leitet ein Wegweiser, an der neuen Kapelle vorbei, über einen mit roten Dreiecken bez. Steig geradewegs nordwärts in den flachen Sattel zwischen Sextenerstein und Toblinger Knoten. Unter der Südwand des Toblinger Knotens bis zu seiner Westschulter, in gleicher Höhe weiter auf die Nordseite und nach einem kurzen Kriechband zum Einstieg (Marmortafel). Durch eine kleingriffige Verschneidung und über kurze, drahtseilgesicherte Passagen hinauf zur ersten Leiter. Vorbei an der ersten der vier historischen Holzleitern zu einem breiten Schuttband. Nun über Stahlleitern durch die erste Reihe der Nordkamine bis kurz unterhalb der Scharte zwischen den beiden Gipfeltürmen. Auf schmalem Band quert man an Eisenstiften nach links in die zweite Reihe der Nordkamine; nach vier Leitern besteht die Möglichkeit, eine Maschinengewehrkaverne zu betreten. Weiter am linken Rand des Kamins und über einen kleinen Überhang mit einer letzten, sehr luftigen Leiter zur ehemaligen Gipfelstellung, einer zerklüfteten Reihe kleiner Felsplatten mit herrlichem Ausblick nach allen Seiten – eben ein richtiger Beobachtungsposten.

Abstieg: Wenige Meter südl. der letzten Aufstiegsleiter führt ein Seil wieder abwärts auf den sog. „Normalweg". Dieser Klettersteig durch die Ostflanke zur ehemaligen „Adlerwache" führt über gestuften, nur mäßig steilen Fels problemlos wieder hinab und zurück zur Hütte. Die „Adlerwache" und der Eingang zur Maendl-Galerie liegen unmittelbar an diesem Normalweg.

Höhenunterschiede: Drei-Zinnen-Hütte 2405 m – Toblinger Knoten 2617 m. Höhe des eigentlichen Klettersteiges 110 m, Länge 160 m.
Gehzeiten: Drei-Zinnen-Hütte – Toblinger Knoten ¾ Std., Abstieg ½ Std.
Schwierigkeit: Nordwandsteig sehr luftig, doch lückenlos gesichert; nur für absolut Schwindelfreie mit Klettergewandtheit. Abstieg über den Normalweg problemlos; für Ungeübte auch als Aufstiegsroute zu empfehlen.
Stützpunkte: Siehe Tour 80.
Tip: Der Toblinger Knoten und einer der Klettersteige auf den Paternkofel, Touren 80 und 81, können bequem an einem Tag bewältigt werden.
Siehe Karte Nr. 14.

Am Nordwandsteig auf den Toblinger Knoten.   *Foto: P. Werner*

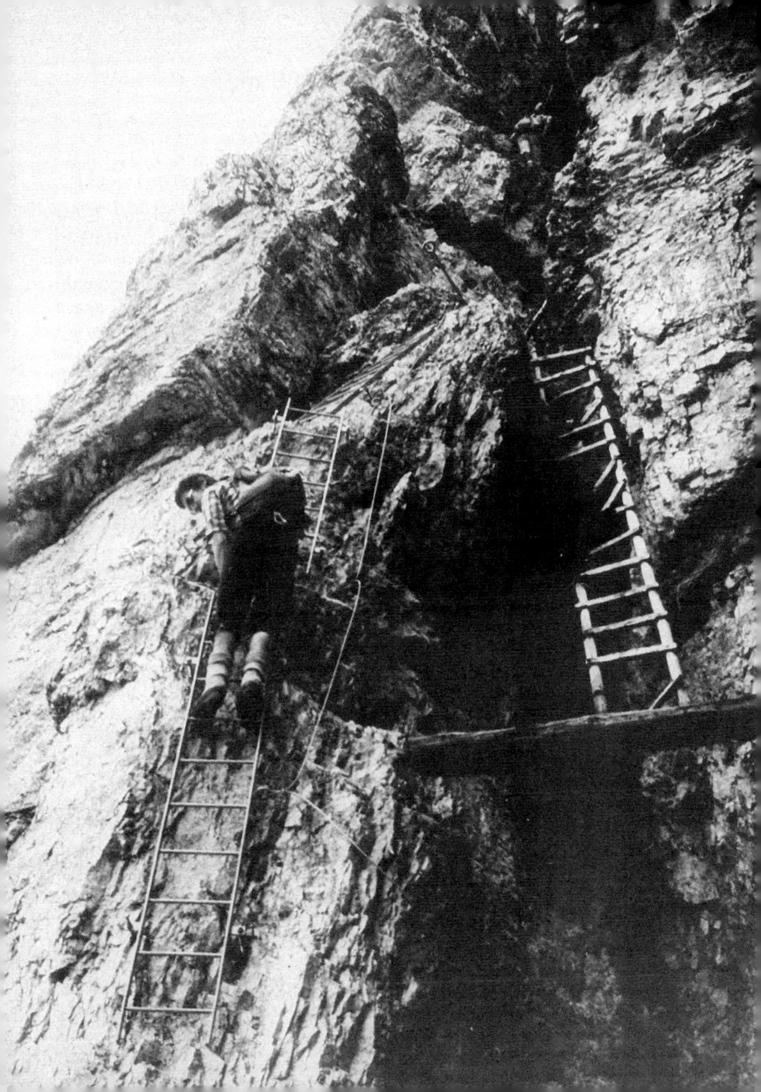

83 Sextener Rotwand, 2939 m, gesicherter Steig

Sextener Dolomiten

In der berühmten Sextener Sonnenuhr – Neuner, Zehner, Elfer, Zwölfer, Einser – war der „Zehner" der Schicksalsberg Sextens im Ersten Weltkrieg. In letzter Zeit hat sich allerdings der Name Sextener Rotwand (Croda Rossa di Sesto) durchgesetzt. Wie ein gewaltiges Schild baut sich das fast 3000 m hohe Massiv über dem Tal auf. Man sollte sich nicht verleiten lassen, die verfallenen Kriegswege und Steiganlagen an der Rotwand zu benützen. Besser ist es, der einwandfreien, roten Bezeichnung zu folgen. Die verwickelte Anstiegsroute steckt von Anfang bis Ende voll szenischer Überraschungen, wie sie in der großartigen Felsenwelt der Sextener Dolomiten eigentlich zum Gewohnten gehören.

Die Weganlage wurde im Juli 1973 eingeweiht. Der gesamte Anstieg ist nur wenig schwierig, eigentlich nirgends sehr ausgesetzt, immer gut markiert und, wo notwendig, mit Drahtseilen gesichert.

Zugang: Mit dem Gondellift „Rotwandwiesen", dessen Talstation auf 1362 m südlich von Moos im Sextental steht, in ¼ Std. zu den Rotwandwiesen, 1924 m, knapp oberhalb der Waldgrenze.

Aufstieg: An der Jausenstation „Rudi-Hütte" vorbei bis zum südöstl. Wiesenrand (Hinweistafel). Hier links ab (Bez. 15 A und B) und nach etwa 200 m der Bez. rot-weiß-rot Nr. 15 B nach rechts folgen. Über Schutt und leichte Schrofen auf den Burgstall (Castelliere), 2260 m. Von hier über eine grasdurchsetzte Rippe hinauf, dann rechts in leichte Felsen (erstes Drahtseil), aus denen eine steile Rinne (Steinschlaggefahr) zu einer schmalen Scharte führt. Dahinter öffnet sich ein halbrunder Felsenkessel mit einem kleinen Gletscher. In Kehren über Geröll, dann durch seichte Rinnen hinauf und in südl. Richtung zu einer „Barackenstadt". Der Steig leitet zum Muldenrand, verliert etwas an Höhe, führt über einen kleinen Sattel und mitten durch alte Stellungen. Bald darauf wird die Rotwandscharte erreicht. Auf einer Felsebene steht ein Kriegerdenkmal und etwas oberhalb größere Reste der österreichischen Kommandostelle samt Seilbahnstation. Über Platten zu einer steilen Wandstufe, mit Hilfe eines Drahtseiles ohne besondere Schwierigkeiten darüber hinweg, dann über gestuf-

Das Rotwandmassiv von Sexten aus. Foto: Holzer

ten Fels (im Frühsommer Schneereste), später über Geröll und Schrofen durch eine seichte Schlucht, die oben in die „Obere Rotwandscharte" (Forcella Alta di Croda Rossa) im Gipfelgrat ausläuft. Links in die Ostseite und in wenigen Min. auf den Gipfel. Das Kreuz steht zwar nicht am höchsten Punkt, sondern entspricht der Quote 2939 m, dem sogenannten „Trapez". Der Rundblick von hier sucht seinesgleichen.

Abstieg: Wie Aufstieg oder über die Via ferrata Zandonella (siehe Tour 84).

Abstiegsvariante: In der kleinen Felsebene unter dem Kriegerdenkmal beginnt ein nicht bez., ausgetretenes Steiglein, das nach links (im Abstiegssinn) durch eine blockbesetzte, teilweise begrünte Mulde führt. Dann über Schutt zu einem schmalen Felsband, in der

Folge durch eine kurze Rinne zum Firnfeld, das von der Sentinellascharte herunterzieht. Weiter über Schutt abwärts zur Bez. Nr. 124. Man folgt dieser kurze Zeit bis zu einem Bachbett, von hier auf Weg Nr. 100 leicht rechts ansteigend hinauf. Nach wenigen Min. wieder Wegteilung. Man wählt den linken Steig, der fast eben durch das „Steinerne Tor" an der Westseite unter den Rotwandköpfen bis zu den Rotwandwiesen führt.

Hübscher und interessanter ist es, bei der Wegteilung rechts etwa 100 Höhenmeter aufzusteigen. Nun in kurzweiligem Kreuz und Quer über die latschenbewachsenen „Köpfe" (stellenweise Drahtseile) und von der letzten Felskuppe über Kehren durch Wald zu den Rotwandwiesen hinunter.

Seit Sommer 1976 gibt es eine weitere, sehr lohnende Aufstiegs- (oder auch Abstiegs-)Variante über die Rotwandköpfe. Auf den Rotwandwiesen Hinweis nach rechts: „Klettersteig Rotwandspitze". Leitern und Drahtseile sowie ein rotes Dreieck im weißen Rand führen über den Südwestgrat der Oberen Rotwandköpfe (schöner Tiefblick ins Fischleintal) bis ins große halbrunde Felskar. Am unteren Rand des Kessels nach links entlangquerend erreicht man bald die Normalroute vom Burgstall herauf. 2 Std. ab Rotwandwiesen.

Höhenunterschied: Rotwandwiesen – Rotwandgipfel etwa 1000 m.
Gehzeiten: Von der Bergstation bis zum Gipfel insgesamt 3 – 3½ Std., Abstieg 2 – 2½ Std., mit der Variante über die Rotwandköpfe eine Stunde länger.
Schwierigkeiten: Für trittsichere, schwindelfreie Bergwanderer keine.
Stützpunkte: St. Veit und Moos im Sextental, 1340 m; Rotwandwiesenhütte (Rif. Prati di Croda Rossa) 1924 m, ein paar Minuten südwestl. der Bergstation des Korblifts; privat, 24 Schlafplätze; bew. vom 1. Juni bis zum 1. Oktober. Siehe Karte Nr. 15.

84 Sextener Rotwand, 2939 m, Via ferrata Mario Zandonella

Sextener Dolomiten

Im Jahre 1978 hat man begonnen, auch die italienischen Frontwege an der Sextener Rotwand als gesicherte Klettersteige auszubauen. So kann dieser einstmals heftig umkämpfte Gipfel gleichermaßen von der Berti-Hütte aus auf einem Eisenweg erstiegen werden: über die Via ferrata Mario Zandonella, benannt nach einem italienischen Kletterer, der 1975 am Monte Pelmo tödlich abstürzte. Allerdings ist die Zandonella-Ferrata, ebenso wie ihre Südost-Variante, bedeutend schwieriger als der Klettersteig auf der Sextener Seite. Die Südroute, welche mit Vorteil für den Aufstieg gewählt werden sollte, gehört mit zu den anspruchsvollen Aufgaben für den Vie-Ferrate-Geher, vergleichbar etwa mit dem Bolver-Lugli-Klettersteig auf die Südschulter des Cimone della Pala (Tour 40). Mit Abstieg über die Südost-Variante ergibt sich eine der lohnendsten Überschreitungen dieser Art im Dolomitenraum, auch was die Aussicht betrifft: Elfer, Zsigmondy-Grat und Hochbrunnerschneide zeigen sich aus der Via Zandonella von ihrer attraktivsten Seite.

Zugang: Wie bei Tour 85 zum Rif. Berti.

Aufstieg: Von der Berti-Hütte auf bez. Weg Nr. 101 westl. in den Vallon Popèra. Bei etwa 2550 m wird dieser, zur Sentinellascharte führende Steig, nach rechts, gegen die Südabstürze der Rotwand hin, verlassen (deutlich markierte Abzweigung). Auf schmalem Steig zum Einstieg in Nähe einer großen, natürlichen Höhle. Nun zu einer gemauerten Kaverne und weiter nach rechts, bis Drahtseile über eine Rampe links aufwärts leiten. Den Seilen und der rot-grünen Bez. folgend an einen sehr steilen Felsaufschwung, der mit Hilfe von Leitern überwunden wird. Weiter sehr luftig und steil auf das große Felsband in etwa 2800 m Höhe, welches man in Nähe einer ehemaligen italienischen Stellung erreicht. Hier rechts (östl.) und hinauf zum Gipfelgrat. Man überquert ihn über eine Scharte unter der Quote 2939 und trifft bald darauf auf die Schlußphase von Tour 83.

Abstieg: Direkt am Gipfel, bei einer rot-grünen Dreieck-Bez., beginnen die Drahtseile, die in südöstl. Richtung über einen kurzen Nebengrat abwärts leiten. Nun sehr steil und luftig hinunter in ein östl.

Sextener Rotwand von Südosten.   Foto: H. Höfler

der Rotwand eingelagertes, meist schneebedecktes Kar. Von hier südl. kurzer Aufstieg in die Scharte (Forcella A) zwischen den Guglie und dem Torre Pellegrini, 2757 m. Aus der Scharte entweder südl. durch eine Schuttrinne zur Selletta di Sasso Fuoco, in Kehren („Canalone 1") hinunter zum Vallon Popèra und auf den Weg Nr. 101, oder, **reizvoller:** Von der Forcella A westl. über eine steile Wandstufe (Sicherungen) zu einem breiten Band hinauf, das die Südabstürze der Guglie waagrecht durchzieht. Man verfolgt es nordwestl. bis zu seinem Ende (herrlicher Blick auf die wilden Berggestalten um den Vallon Popèra) und steigt durch eine drahtseilgesicherte Rinne in die Schuttreise des sog. „Canalone 2" und auf den Weg Nr. 101 ab.

Höhenunterschied: Berti-Hütte 1950 m – Rotwandgipfel 2939 m.
Gehzeiten: Berti-Hütte – Rotwandgipfel 4 Std., Rotwandgipfel – Berti-Hütte etwa 2 Std., bei Variante über das Band unter den Guglie 2½ – 3 Std.
Schwierigkeiten: Die Via Mario Zandonella gehört zu den anspruchsvollen Vie ferrate. Neben absoluter Schwindelfreiheit und Trittsicherheit sind Klettergewandtheit (auch für den Abstieg) und Ausdauer von Vorteil.
Stützpunkte: Siehe Tour 85.
Siehe Karte Nr. 15.

85 Via ferrata Aldo Roghel – Cengia Gabriella

Sextener Dolomiten

Im Sommer 1968 wurde von der CAI-Sektion Padua in der Popèragruppe in den südlichen Sextenern ein bis dahin ziemlich unbegangenes Gebiet durch zwei sich ergänzende, gesicherte Kletterwege erschlossen. Der erste Teil, die Via ferrata Aldo Roghel, stellt die Verbindung zwischen dem Rifugio Berti im Vallon Popèra (Arzalpe) und dem Bivacco Battaglione Cadore im Cadin di Stallata her. Der zweite Abschnitt reicht vom Biwak über die Cengia (Band) Gabriella bis zum Schutzhaus Carducci im oberen Val Giralba, zwischen dem Zwölferkofel und dem Monte Giralba.

Diese Halbrunde ist kein artistischer Kletterweg, er folgt mehr oder weniger dem vorgezeichneten Verlauf über Felsbänder, die den Monte Popèra (Hochbrunnerschneide) und den Monte Giralba auf halber Höhe umspannen. Die Aus- und Einblicke in ein auch für Kenner der Sextener Berge bis dahin meist dolomitisches Neuland sind szenisch großartig, wild und begeisternd. Sie lassen sich in ihrer Intensität kaum noch steigern. Die Länge der Route (mindestens 6–7 Std.), das etwas anstrengende Auf und Ab, mehrere technisch nicht ganz einfache Passagen, zum Teil höchst ausgesetzt, verlangen gute Kondition und einige Felserfahrung.

Wir sprachen oben von Halbrunde. Der Kreis läßt sich nämlich am zweiten Tag raffiniert schließen: Von der Carducci-Hütte gewinnt man über das Giralbajoch den schnellen Anschluß an den schon seit Jahrzehnten gerühmten „Alpiniweg", der unter Tour 86 beschrieben ist.

Zugang: Der kürzeste Zugang zum Rif. Berti geht von Selvapiana im obersten Comelico-Tal aus. Für den von Norden Kommenden: Von Sexten-Kreuzbergpaß fährt man etwa 8 km abwärts, bis bei einer Hinweistafel „Valgrande" und „Rif. Selvapiana" (5 km), im spitzen Winkel ein schmales, anfangs gutes, dann aber sehr schlecht zu befahrendes Sträßlein abzweigt. Von der Alm und Schutzhaus Selvapiana (Parkplatz) ein wunderschöner Aufstieg, Nr. 101, zum Rif. Berti, das auf einer wasserüberronnenen Felsenkanzel thront (1 Std.). Um Irrtümer auszuschalten: In älteren Karten findet man noch das aufgelassene, höher gelegene Rif. O. Sala, bzw.

Rif. Popèra (heute Ruine). Die Berti-Hütte, 1950 m, gehört der CAI-Sektion Padua, sie hat 100 Schlafplätze und ist gut ausgestattet, sogar mit Telefonanschluß 0435/68888 Pieve di Auronzo (Quartiervormerkung). Die Tour ist lang, eine Übernachtung und früher Start am Morgen sind vorteilhaft.

Wegverlauf: Vom Rif. Berti zeigt ein Pfeil „Via ferrata Roghel" genau westlich. In ein etwa 50 m tiefer gelegenes Tälchen absteigen und dann den der Hütte gegenüberliegenden Moränenhang bis zum höchsten grünen Fleck hinauf. Einzelne rote Markierungen weisen zu einer Schneezunge, einem großen Block am Fuße der Guglie di Stallata, und zum Beginn eines von unten nicht sichtbaren Fels- und Schuttcouloirs. Bei einer kleinen Tafel „Via ferrata Aldo Roghel" rechts steil über Moränenbuckel und -schutt den Canalone dei Fulmini gegen Nordwesten hinauf. Auf 2350 m Höhe beginnt der Eisenweg, der mit 26 Metalleitern (insgesamt 126 Stufen) und 110 m Drahtseil bestückt ist. Der Auftakt gleicht einem Paukenschlag: das exponierte Leitersystem schwingt sich kirchturmhoch auf der linken (orographisch rechten) leicht überhängenden Felswand rapid in die Höhe und mündet in eine kleine, meist schneegefüllte Schlucht zwischen den Fulmini, welche die Cima Popèra entsendet, und den Guglie di Stallata. Nochmals kurze Seilsicherung, die auf der Forcella dei Campanili, 2565 m, endet. Ab Hütte 2 – 2½ Std.

Aus der schmalen Scharte leitet eine Steilrinne hinunter ins weitgemuldete Cadin (Kar) di Stallata. Dort wieder rote Farbflecke, die bei einer Teilung links zur alten, aufgelassenen Nothütte und dem neuen „Bivacco Battaglione Cadore" (9 Schlafplätze, Kochgeschirr, Decken) weisen.

Rechts führt ein 1970 fertiggestellter direkter Zugang über einen Felskopf zur Cengia Gabriella hinauf. Es lohnt sich aber, den Umweg nach links, samt etwas Höhenverlust in Kauf zu nehmen. Die Biwakschachtel steht auf einem steil ins Stallatatal abbrechenden Felsabsatz (Abstieg nicht ratsam, schwierig) und ist ein reizender Rastplatz, von plätschernden Wässerchen umgeben, mit Marmarole- und Antelao-Blick. Kurz vorher ein glatt abgeschnittener großer Felsblock mit der Aufschrift „At. Variante Via ferrata Roghel 200 m", zu dem man nachher von der Biwakhütte 5 Min. zurückgehen muß.

Achtung: Rings um das „Bivacco" sind noch andere Hinweise und Nummern, die alle nicht zu beachten sind; sie sind teils sogar, nach Angaben des Carducci-Hüttenwirts, falsch angebracht und stiften Verwirrung.

Die Via ferrata Aldo Roghel beginnt mit einem luftigen Leiternsystem.
Foto: H. Wunderlich

Vom vorher erwähnten Block, nahe einem Bachbett, über einen Abhang 200 m hinauf zu mehreren roten Leitern, die flott 190 Höhenmeter zum Beginn der Cengia Gabriella samt Einmündung des erwähnten, direkten Zuganges bringen. Von jetzt ab ist der nach links abbiegende Weg vorzüglich gekennzeichnet. Rote Dreiecke mit Nummer 109, Sicherungsseile und die Angabe „Carducci-Hütte" bestätigen zudem, daß man auf der richtigen Fährte ist. Voll Spannung und Abwechslung, mit herrlicher Aussicht und Tiefblicken, führt die Route unter Dächern entlang, über Einbuchtungen und ein lustiges Kriechband hinweg. In leichtem Auf und Ab über Geschröf und kurze steile Grashalden bis zu einer großen Schlucht.

Weiter geht's über eine gut gesicherte, gestufte Wand rechts hinauf, dann zwei luftige Leisten, die um ein Felseck führen. Zur Abwechslung ein netter Kamin und nochmals steile Grasrücken. Nun setzt ein langes, kaum fußbreites, abschüssiges Schuttband an, das mit einiger Vorsicht am Rande des Abgrundes zu begehen ist. Die scheinbar nahe Hütte wird sichtbar, doch so schnell ist man noch nicht dort. Es beginnt der Abstieg: über eine großstufige Plattenwand, die bei einem Schartl und dem letzten Seil endet. Eine nordwärts gerichtete, randvoll mit Schotter und Schnee angefüllte, düstere Schlucht ist die letzte Hürde zum großen Kar, das den Monte Giralba säumt, dessen Südwand auf halber Höhe durchquert wurde. Auf gutem Steig hinüber zum Hüttenweg, der vom Giralbatal heraufkommt. Noch ein letzter Anstieg, dann steht man vor der einladenden Carducci-Hütte und bewundert ihre herrliche Lage.

Höhenunterschied: Selvapiana 1568 m – Berti-Hütte 1950 m – Klettersteig 2350 m – Forcella dei Campanili 2565 m – Bivacco Battaglione Cadore 2251 m – Beginn der Cengia Gabriella 2320 m – Carducci-Hütte 2297 m.
Gehzeiten: Selvapiana – Berti-Hütte 1 Std. – Forcella dei Campanili 2–2½ Std. – Biwakhütte ½ Std., Cengia Gabriella bis Carducci-Hütte 3–3½ Std.
Schwierigkeiten: Die Route soll nur von wirklich erfahrenen und trainierten Bergsteigern unternommen werden. Ihre Länge und Schwierigkeiten liegen über dem Durchschnitt anderer „Eisenwege". Eventuell mit Bergführer (Sexten und auf allen Hütten). Bei unsicherem Wetter nicht ratsam.
Stützpunkte: Rif. Italo Lunelli (Selvapiana), 1568 m, im Sommer bew. – Rif. Antonio Berti, 1950 m, CAI, 46 B., 50 M., bew. Mitte Juni bis Ende September – Rif. Carducci, 2297 m, CAI, 26 M., bew. Ende Juni bis Ende September.
Tip: Man kann natürlich von der Carducci-Hütte über das Giralbajoch nach Sexten absteigen. Man sollte sich aber das großartige und immer wieder neue Erlebnis der „Strada degli Alpini" über die Sentinellascharte und zurück zum Rif. Berti nicht entgehen lassen.
Siehe Karte Nr. 15.

86 Alpiniweg, Strada degli Alpini
Sextener Dolomiten

Das Abenteuer „Ferrata Roghel – Cengia Gabriella" hat im Alpiniweg ein technisch leichteres, aber landschaftlich ebenbürtiges Gegenstück. Wenn auch jeden Sommer schätzungsweise mehr als 2000 Touristen diesen populären Felsenweg mitten durch die Elfer-West- und -Nordwand begehen und anschließend in Superlativen schwelgen, müssen sie doch zu den Trittsicheren und Schwindelfreien gehören. Das italienische „Strada" (Straße) täuscht. Es handelt sich keineswegs um einen Spazierpfad durch hochalpines Gelände. Besonders im Frühsommer und bei kalter Witterung hat man es auf der Schattenseite mit Schnee und Eis in steilen Flanken zu tun. Gutes Schuhwerk, warme Kleidung, für Anfänger ein Sicherungsseil und evtl. ein kurzer Eispickel gehören zur Standardausrüstung von Alpiniweg-Aspiranten.

Interessant ist seine Geschichte: Es dürfte kaum bekannt sein, daß der Grundstock schon vor 1914 von österreichischen Hochgebirgstruppen gelegt wurde, als sie vom Giralbajoch aus einen Militärsaumweg ein Stück gegen Osten ausbauten. Alpini-Soldaten trieben dann im Krieg den Weg – daher sein Name – von der hartumkämpften Sentinellascharte in Richtung Westen vor. Die CAI-Sektion Padua stellte später die Verbindung zwischen den beiden Teilstücken her, verbesserte und sicherte schwierige Passagen. Zahlreiche alte Kriegsspuren sieht man überall, insbesondere rings um den Sentinellapaß, jene Scharte, die das Massiv der Sextener Rotwand mit dem Elfer verbindet und den Übergang vom Fischleintal ins Val Popèra vermittelt. „La Sentinella" (Wachposten) heißt ein freistehender Felszacken am Paß, den die Kaiserjäger „Betende Moidl" benannten.

Wegverlauf: Von der Carducci-Hütte (siehe Tour 85) ist das Giralbajoch in 20 Min. rasch erreicht. Der gefaltete, massive Zwölferstock zeigt sich dort von seiner fotogensten Seite. Ein paar Serpentinen gegen Norden (Sexten) abwärts bis zur Tafel: „Strada degli Alpini" – „Alpinisteig". Dann rechts – immer auf Markierung 101 – einen breiten Sattel überschreitend, zu dem auch der Weg von Sexten, bzw. von der Zsigmondy-Hütte heraufkommt. Ein winziges Seeauge, oft blind vor Eis (Eissee), der Schuttkessel des „Inneren Loches", das grandios in himmelhohen Wänden eingekerbte „Salvezza"-Band, eine richtige Promenade mit Seilgeländer, leiten hin zum sattsam bekannten Supermotiv für die Fotolinse: vor einem schneegefüllten, finsteren Bergschrund schieben sich die Steinkulissen des ausgesprengten Weges, meist mit „tollkühnen" Touristen als Staffage, vor dem hellen Hintergrund schattenrißartig zusammen.

Der Weiterweg: Durch den Firn des „Äußeren Loches", dann auf einem gut gesicherten Sockel um den Elferturm herum, schließlich die schuttbedeckte Westflanke lang aufwärts querend zur Elferscharte (2 – 2½ Std.). Ein Rast- und Aussichtsplatz ohnegleichen! Ganz große Schau: Weiter drüben der Drei-Schuster-Stock, näher die Sextener Rotwand, gegenüber der immer wieder faszinierende Zwölfer-Aufbau. Die 2600 m hohe Elferscharte ist unter Umständen ein wichtiger Entscheidungspunkt: Bei schlechten Verhältnissen warnt eine Tafel: „Zur Sentinella-Scharte gesperrt!" Dieser Hinweis ist unbedingt zu beachten. Es bleibt die gute Möglichkeit, auf anfänglich steilem Hang (im Frühsommer kann hier noch Hartschnee den Abstieg erschweren; Vorsicht ist geboten, evtl. Leichtsteigeisen verwenden) bis ins Kar zu Weg Nr. 124 abzusteigen, der von Sexten heraufkommt. Er wird nur kurz verfolgt bis zu Markierung Nr. 100, die den herrlichen, fast ebenen Wanderspaziergang zu den Rotwandwiesen (1924 m) einleitet. Dort gastliche Hütte und Liftstation nach Sexten-Moos (1½ Std. ab Elferscharte).

Der Alpiniweg, immer Nr. 101, wendet sich auf der Elferscharte endgültig in die Nordseite hinein. Zwischen Felsfuß und Kar, teilweise am oberen Rand von Firnrinnen (meist gute Tritte, aber Vorsicht bei Eis oder Hartschnee) an Halteseilen entlang, führt dieser zweite Teil durch wesentlich alpineres und etwas schwierigeres Gelände. Über eine hohe Leiter, Holzbrücken und wieder mit Drahtseilhilfe gewinnt die Route, zuletzt über einen steilen Schrofenhang, die Sentinellascharte, 2717 m (deutsch: Anderteralpen-Scharte).

Weit unten im Val Popèra, am Ende des gigantischen Karren- und Schotterkars, steht die Berti-Hütte. Dort hinab auf einem Steig über Schutt, Schneefelder und Steinrinnen – einmal ein interessanter Blick zum Hängegletscher, der in eine Elferfalte eingepreßt ist – zuletzt über wohltuend grüne Hochalmflecken, in denen ein Seelein glitzert.

Bei der Berti-Hütte rundet sich der große Kreis, den man durch die südöstlichen Sextener um ihre Kulminationspunkte, Hochbrunnerschneide, 3046 m, und Elfer, 3092 m, gezogen hat. Eine „Felsen-Haute-Route", deren Dolomitenszenerie an landschaftlicher Einmaligkeit und Erlebniswucht kaum zu überbieten ist. In seinem schönen Landschaftsbuch über die Sextener Dolomiten schrieb Karl Springenschmid:

„Ungezählte Tausende sehen alljährlich das Märchenland der Dolomiten, sei es nur als flüchtige Schau von der Eisenbahn aus, sei es in den schnell verwehten Bildern von einer Fahrt auf der berühmten Dolomitenstraße. Ihre ganze Macht und Größe, ihre höchste Schönheit aber offenbaren sie erst dem Bergsteiger der in beschwerlichem Aufstieg die Einsamkeit ihrer Wände, Grate und Gipfel erringt. Und dieses Erlebnis, sonst nur dem Kletterer vorbehalten, schenkt der Alpiniweg auch dem Bergwanderer, sofern er erfahren, trittsicher und schwindelfrei ist".

Höhenunterschied: Carducci-Hütte 2297 m – Giralbajoch 2431 m – Sentinellapaß 2717 m – Berti-Hütte 1950 m – Selvapiana 1568 m.
Gehzeiten: Carducci-Hütte – Sentinellapaß 3 – 3½ Std. – Berti-Hütte 2 Std. – Selvapiana ¾ Std.
Schwierigkeiten: Für etwas routinierte Berggeher bei normalen Verhältnissen kaum Schwierigkeiten, Schwindelfreiheit und Trittsicherheit vorausgesetzt. Bei Schneelage oder Vereisung, insbesondere im Bereich der Sentinellascharte, schwierig und gefährlich. Vorsicht bei Wetterstürzen mit Schneefall in höheren Zonen. In Sexten (Bergführerbüro), beim Rif. Berti, Zsigmondy- und Carducci-Hütte sich nach Zustand des Alpiniweges erkundigen.
Stützpunkte: Wie bei Tour 85.
Tip: Wer der „Ferrata Roghel" und der „Cengia Gabriella" nicht gewachsen ist, kann selbstverständlich von Sexten aus zum Alpiniweg aufsteigen: Sexten-Moos, Fischleinboden Parkplatz, Talschlußhütte, 1526 m, in 2¾ Std. durchs Bacherntal, Nr. 103, zum Rif. Zsigmondy-Comici, 2235 m. Von dort in südlicher Richtung gegen das Giralbajoch, knapp unterhalb beginnt der Alpiniweg Nr. 101. Abstieg von der Sentinellascharte nordwärts über das lange Schuttkar mit steilem Schneefeld (bei Hartschnee schwierig), bis man auf den Weg Nr. 100 trifft, der zu den Rotwandwiesen führt, oder direkt weiter bis zur Talschlußhütte (1½ Std.).
Siehe Karte Nr. 15.

90 Die Umrundung der Sorapìsgruppe
Drei hochalpine Klettersteige

Die ausgedehnte Sorapìsgruppe kulminiert in drei Gipfeln: dem Sorapìs, 3205 m, der von der Fopa di Mattia, 3155 m, flankiert wird und der Croda Marcora, 3154 m. Um es vorweg zu nehmen: Alle Anstiege und die drei gesicherten Klettersteige, die den gesamten Felsstock umrunden, sind großartig, lang und anstrengend, die Sicherungen sehr "sportlich" nach Cortineser Art angelegt, manchmal sogar dürftig (für Normalverbraucher). Auch die Markierungen sind nicht immer sattelfest und erfordern guten Orientierungssinn. Trotzdem ist der Sorapìs ein ideales Tourengebiet für Menschen, denen die Welt zu laut und aufdringlich, vielleicht auch zu bequem, zu komfortabel geworden ist. Wer sich zu einer Sorapìs-Tour entschließt, darf kein Felsneuling sein und er muß die Kondition für lange Auf- und Abstiege in ausgesetztem Gelände mitbringen. Als Ausgangspunkte liegen zwei Schutzhäuser nicht sehr hoch: Das Rifugio Vandelli, 1929 m, auf der Nordseite und das Rifugio S. Marco, 1823 m, am Südfuß. Dazu kommen zwei Biwakschachteln, hoch oben in die Felsen geklebt: Das Bivacco Slàtaper, 2600 m, im Süden und das Bivacco Comici, 2000 m, auf der Ostseite.

Der segensreichen "Fondazione A. Berti" (eine alpine Stiftung) ist die Anlage dieser interessanten, touristisch hochalpinen Klettersteige, sowie das Aufstellen der zwei Biwakschachteln zu verdanken. Mitgearbeitet haben A. Sanmarchi und B. Crepaz, mit Unterstützung der Sektionen des CAI Venedig und "XXX Ottobre"-Triest.

Gesicherter Klettersteig "Francesco Berti"
(vom Rif. Vandelli zum Bivacco Slàtaper)

Wegverlauf: Vom Schutzhaus Vandelli auf Mark. 215 den hübschen Sorapìs-See westlich umgehend, steigt man durch magere Latschenfelder zu einem steilen Moränenrücken auf. Links herrlicher Blick auf die glatten Nordwände des "Gottesfinger" (Dito di Dio), Zurlòn, Sorapìs und Fopa di Mattia und das zerklüftete westliche Firnlager (ghiacciaio occidentale). Nach Westen in das große Kar der "Tonde di Sorapìs", welches zwischen dem nördlich ausstrahlenden Felskamm der Fopa di Mattia und der Punta Nera eingelagert ist. Die Landschaft der Tonde ist ohne Übertreibung einmalig in den Dolomiten und schon für sich allein einen Besuch wert. Eine plattige Steinarena ohne Vegetation, herb, düster, auf der riesige, runde Steinwarzen verstreut sind. Überbleibsel einer Jahrtausende dauernden Schleifarbeit des Gletschers. Fast im Mittelpunkt der Tonde wichtige Wegteilung (bis hierher etwa 1½ Std.):

Der rechte Steig, Nr. 215, wendet sich in spitzem Winkel etwas mühsam in unwegsamem Schutt- und Felsgelände aufwärts, über steile Absätze zur Sella di Punta Nera, 2738 m, und jenseits hinunter zum Schutzhaus und Bergstation der Seilbahn Cortina – Tondi di Faloria, 2327 m, 1¾ Std.

Links weiter zu einem Block mit alter Nummer 241, aus der später ohne Hinweis Nr. 242 wird. Gegen Süden ansteigend, den roten Markierungen folgend, zwischen Steinblöcken bis zu einer großen Platte, samt Pfeil und Schrift: „Cengia del Banco". Ein steiles Schuttfeld zieht links hinauf gegen die Felsen, mit gut sichtbarem roten Rechteck und Pfeil, etwas oberhalb Bronzetafel „F. Berti" und Hinweis auf den Beginn des „Percorso alpinistico attrezzato" (gesicherter alpiner Touristensteig). Zunächst kommen allerdings noch lange keine Sicherungen. Ein seichtes, bald steiler werdendes Band endet bei einem nassen Kamin. Über einen großen Block zwängt man sich in wieder leichteres Schrofengelände hinauf und erreicht (südlich) eine kleine Terrasse, etwa 2600 m. Hier beginnt die „Cengia del Banco", die auf der Südwestseite der Fopa di Mattia ohne nennenswerte Höhenverluste entlangzieht, aber bald ziemlich luftig, schottrig und abschüssig wird (keine Seilsicherungen). Dazu kommt die Gefahr des Steinschlages. Wie Geschosse prasseln zu jeder Tageszeit von der darüberliegenden Felsterrasse (Pian de la Foppa) – von der zwischendurch auch ein kräftiges Bächlein herunterrauscht, gespeist von einem kleinen Gletscher – die Steine herab.

Die Aussicht und die Tiefblicke sind natürlich großartig. Besonders der gegenüber aufsteilende Antèlao präsentiert sich prächtig und gibt als zweithöchster Dolomitengipfel den Ton an. Nach etwa ¾ Std. endet das Band auf der „Terrazza" der Croda Marcora, zu der vom Boite-Tal (Dogana Vecchia, 1117 m) ein mühseliger (teilweise nur Spuren) Aufstieg heraufführt.

Die Ferrata Berti zieht weiter durch die 700 m tief abfallende Wand der Croda Marcora, steigt leicht zu einem Band an, das an der Südostkante der Croda endet: eine enorme, senkrechte Kulisse, die in einer tiefen, außerordentlich steinschlaggefährdeten Schlucht fußt. Über eine Leiternserie steigt man über die lotrechten Wände in diese trümmerbesetzte „Steinschüssel" hinunter. Den abschüssigen Steintrog möglichst am Rand querend bis zu einer Verschneidung, über die wiederum Leitern und Drahtseile, exponiert und nicht ganz leicht, rund 70 m emporführen. Ein schmales, drahtseilgesichertes Band traversiert eine turmhoch abfallende Wandflucht zur Forcella del Bivacco. Von hier hält man sich längs der linken Felsen, hat auf einige, mehr als ein Meter breite Felsschründe zu achten, um kurz darauf über Platten und Schutt zur Biwakschachtel „Slàtaper", 2600 m, zu gelangen. Ab Vandelli-Hütte mindestens 5 Std.

Nun hat man die Möglichkeit, südöstlich zum Steig Nr. 226 abzusteigen, der über die Forcella Grande, 2255 m, in 2 Std. das Rif. S. Marco, 1823 m, erreicht.

Tip: Beim Biwak beginnt der Normalaufstieg (I. und II. Grad) in 3 Std. auf den Sorapìs-Gipfel. Die Route ist nicht ganz einfach zu finden. Hier in Stichworten: Vom Biwak das weite Schuttfeld des „Fond de Rusecco" rechts querend, zu einem ausgeprägten, etwas schwierigen Kamin mit Klemmblock. Dann in eine Schlucht, die von einer Scharte im Grat zwischen Fopa di Mattia und Sorapìs herunterkommt. Im oberen Teil rechts haltend, gelangt man ohne weitere Schwierigkeiten auf den Gipfel. Achtung bei schlechter Sicht: in der Schlucht geradeaus auf die Fopa di Mattia, links Croda Marcora und rechts auf den Sorapìs.

Gesicherter Touristensteig „Carlo Minazio"
Vom Bivacco Slàtaper zum Bivacco Comici

Dieser Abschnitt ist kein ausgesprochener Klettersteig, sondern ein mit wenigen Drahtseilen ausgestattetes wichtiges, teilweise aber exponiertes Verbindungsglied und eine herrliche Panoramaroute entlang der Cengia delle Sorelle und der Colli Neri, über die Forcella del Banco bis zum Comici-Biwak. Leider sind hier die Markierungen und Hinweise sehr dürftig und die Steigspuren verlieren sich oft im Gras und Latschengelände. Zuerst steigt man gegen die Mitte des großen Schuttkares Fond de Rusecco ab und hält sich in Richtung auf den Fuß des Eckpfeilers, der von der ersten „Sorella" (Schwester) herunterkommt. Schutt- und Rasenbänder leiten weiter zu einer grasigen Mulde. Ein weiteres Bändersystem in etwa 2300 m Höhe, teilweise mit dürftiger Vegetation, zuerst eben, dann fallend,

Croda del Fogo mit Vandelli-Klettersteig. Foto: Ghedina

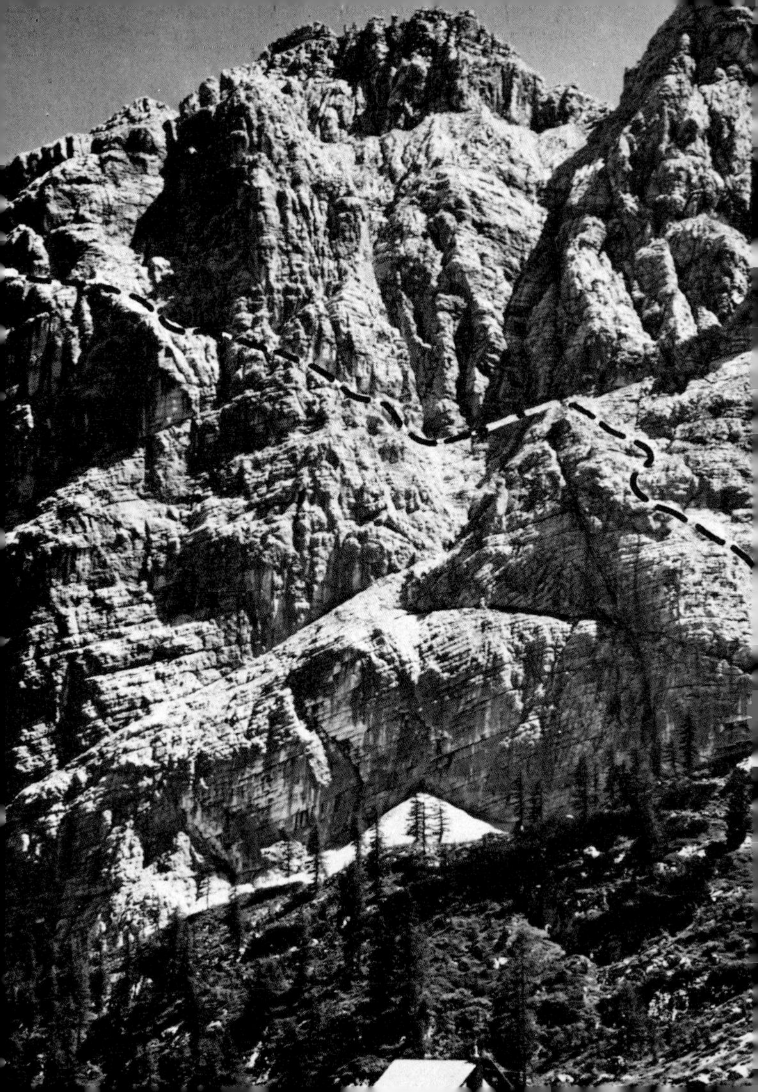

ermöglicht flottes Vorwärtskommen (Cenge delle Sorelle). Die Ausläufer des Coston Sorelle werden durch zwei kleine Schlünde umgangen und man gelangt zu einer langen, steilen Schlucht. (Hier endet der Steig, der vom Rif. „Tre Sorelle", 1150 m, privat, am Eingang zum S.-Vito-Tal in 3½ – 4 Std. heraufkommt.)

Von hier schräg rechts aufwärts (N) erreicht man in Kürze die latschenbestandene, wunderschöne „Cengia Inferiore dei Colli Neri". Dieses Band wird auf „Jägersteigen" weiterhin nördlich verfolgt, bis zu einem auffallenden Schutt-Amphitheater, von dessen unterem Band ein vom S.-Vito-Tal aus gut sichtbarer Wasserfall herunterkommt (im Sommer meist ausgetrocknet). Nun bieten sich zwei Möglichkeiten an: Eine kürzere, etwas schwierigere Route führt auf gleicher Höhe über einen verwitterten Steilhang und einen ausgesetzten, latschenbestandenen Schrofenrücken ziemlich luftig bis zur Forcella Bassa del Banco, 2126 m, einem kaum angedeuteten Einschnitt, gleich südlich der Croda del Banco. Die andere Variante ist etwas länger, mühsamer, aber technisch leichter und nur sporadisch markiert. Sie führt zuerst links empor gegen die Felsen der Croda del Banco; durch einen breiten und leichten Kamin erreicht man eine scharfe Scharte, die Forcella Alta del Banco (etwa 100 Höhenmeter). Über den Kamm jenseits hinunter zur Forcella Bassa mit Einmündung der Variante Nr. 1. Über begraste Rücken steigt man weiterhin nördlich in die Busa del Banco ab und über den Gegenhang kurz hinauf zum Bivacco Comici, 2000 m. Variante 1: 3 Std.; Variante 2: 3½ Std.

Gesicherter Klettersteig „A. Vandelli"
Vom Bivacco Comici zum Vandelli-Schutzhaus

Von der Biwakschachtel, 2000 m, Mark. 280, wendet man sich zu den nahen Felswänden, welche die Busa del Banco umgeben. Nach Überwindung eines kleinen Felsabsatzes einen steilen, begrasten Kamin hinauf. Oben rechts querend, wird ein Band erreicht. Dieses wird nördlich verfolgt. Entlang von Gras- und Schrofenhängen wird ein Felssporn umgangen, dann biegt man gegen Westen um und erreicht eine Mulde zwischen den felsigen Nord- und Nordostgratausläufern. Aufsteigend hält man sich etwas rechts über steileres Schrofengelände empor, bis zu einer Terrasse mit großen Blöcken. Schließlich über begraste Hänge kurze Zeit zum Grat, der vom Südgipfel der Croda del Fogo (Fogo = Fuoco = Feuer) herunterreicht, 2400 m.

Hier, an diesem höchsten Punkt der Vandelli-Ferrata, erwarten den Klettersteiggeher wirklich herrliche Tief- und Ausblicke. Die wuchtige Cristallo-Gruppe und die bizarr gegliederten Cadini stechen in den Dolomitenhimmel; linkerhand blickt man in den nicht minder interessanten, nordseitigen „Sorapìs-Felsenzirkus" mit den zwei Gletschern (östlicher und mittlerer).

Nun steigt man endgültig in die Rückseite des Sorapìs ein. Es geht, etwas gegen links querend, über große Felsstufen abwärts bis zum großen, ausgeprägten Band, das die ganze Westwand der Croda del Fogo schräg durchzieht. Man begeht es in seiner ganzen Länge, wobei zwei Felssporne mit nicht ganz einfacher Passage mittels Drahtseilen erleichtert sind. Gleich darauf steht man im ausholenden Steincouloir zwischen dem Corno Sorelle und der Croda. Es wird durchquert, dann eine Wand abgeklettert, die links in einen Kamin übergeht. Nun den langen, aber unschwierigen Kamin hinab, der, ausreichend mit Leitern und Drahtseilen gesichert, angenehm bis zum Ausstieg am Felsfuß bringt.

Die roten Markierungen weisen den Weiterweg westlich über eigenartig aufgewölbte Steinrücken und zerfurchte Felsplatten, dann durch dichte Latschen hinunter zum Schutzhaus Vandelli, 1929 m, 3 Std.

Nach höchst intensiven Klettersteig- und Panorama-Erlebnissen schließt sich hier die aufregend-schöne Sorapìs-Umrundung.

Tip: Der schönen Aussicht und des rasanten Klettersteiges wegen lohnt es sich, vom Rifugio Vandelli aus die Ferrata als „Hüttentour" bis zum Grat aufzusteigen. Von dort (statt jenseits hinunter zum Comici-Biwak) über die nicht schwierigen, aber exponierten Felsen auf den Gipfel der Croda del Fogo, 2567 m, II, 3½ Std.

Schwierigkeiten: Schwindelfreiheit, Gewandtheit im ausgesetzten Fels- und Schuttgelände, optimaler Orientierungssinn und größte Ausdauer sind unbedingt notwendige Voraussetzungen. Warme Kleidung sowie Selbstsicherung unbedingt anzuraten. Will man in einem der zwei Biwaks übernachten, so sind natürlich Schlafsack und entsprechend Proviant mitzunehmen.

Stützpunkte und ihre wichtigsten Zugänge:
Rifugio al Sorapis „Alfonso Vandelli", 1928, in der Nähe des hübschen Sorapis-Sees gelegen. Im Jahre 1891 als Pfalzgau-Hütte des DÖAV errichtet, später von Lawinen zerstört. 1924 von der CAI-Sektion Venedig neu erbaut und als „Rif. C. L. Luzzati" benannt, wurde die Hütte 1959 durch einen Brand vernichtet. Im Jahre 1966 wurde das Schutzhaus wiederum neu erstellt, vergrößert und dem verdienten Venezianer CAI-Präsidenten Alfonso Vandelli zugedacht.
Zugang: Am bequemsten erreicht man die Vandelli-Hütte vom Tre-Croci-Paß, 1805 m, Mark. 215, auf einem Spaziergang durch schönes Wald- und Lat-

schengelände, 2 Std.; geöffnet Ende Juni bis Mitte September; 38 B., 18 M.
Rifugio „San Marco", 1823 m, der CAI-Sektion Venedig.
Zugang: Von S. Vito di Cadore, 1010 m, Fahrstraße bis zur Baita della Zoppa, 1429 m, dann Steig Nr. 228, 1 Std. (von S. Vito zu Fuß 2 Std.), geöffnet von Anfang Juni bis September, 26 B., einige Lager im Nebenhaus. Da das Schutzhaus auch als Ausgangspunkt für eine Antèlao-Besteigung in Betracht kommt, ist besonders an Wochenenden mit Überfüllung zu rechnen. Aufstieg zum Bivacco Slàtaper, 2600 m, über die Forcella Grande, 2255 m, Nr. 226, 3 Std.
Bivacco fisso „Scipio e Giuliano Slàtaper", 2600 m, wurde im Jahre 1966 von der Fondazione Berti errichtet und nach zwei tapferen Triestiner Kriegsgefallenen des letzten Weltkrieges benannt. Es gehört der CAI-Sektion XXX Ottobre Triest. Die fixe Biwakschachtel steht am südlichen Rand des großen Schuttkares Fond de Rusecco, in der Nähe eines Felssporns. 9 Schlafplätze, nur evtl. Schmelzwasser. Wichtiger Stützpunkt für Sorapis-Besucher und Klettersteiggeher.
Zugang: Vom Rif. S. Marco über die Forcella Grande 3 Std., über den gesicherten Touristensteig F. Berti vom Rifugio Vandelli 5 Std., über den gesicherten Touristensteig C. Minazio und Bivacco Comici, 3½ – 4 Std.
Bivacco fisso „Emilio Comici", 2000 m, von der Fondazione Berti im Jahre 1961 in der Busa del Banco errichtet, in der Nähe von zwei charakteristischen, isolierten Bäumen, in einer eindrucksvollen „danteskischen" Umgebung, inmitten von himmelhohen Felswänden der Croda del Fogo, der Torri della Busa und der Croda del Banco. Es gehört der CAI-Sektion XXX Ottobre, Triest. 9 Schlafplätze, nur Schmelzwasser, falls Schneereste vorhanden.
Zugang: Vom Valle Ansiei, Palus S. Marco, 1113 m, Steig Nr. 227, im Mittelteil nicht ganz leichtes Felsgelände, 3½ Std. Über den Klettersteig A. Vandelli vom Rif. Vandelli, 3½ Std. Über den gesicherten Touristensteig C. Minazio vom Bivacco Slàtaper, 3 – 3½ Std.
Siehe Karte Nr. 16.

91 Civetta, 3220 m, Via ferrata degli Alleghesi

Civettagruppe

Der breitwandige Aufbau der Civetta läßt sich von vielen Dolomitengipfeln ausmachen. Ein Riesenberg mit zerklüfteten Graten, ziselierten Zacken und Pilastern wie Orgelpfeifen. Mit den Münchner Kletterern Solleder und Lettenbauer ist die ungeheure Nordwestwand verquickt, die sie 1925 in 15stündiger Kletterei bezwangen. 1963 glückte Toni Hiebeler mit Gefährten ihre Winterbegehung. Von der schönen Tissi-Hütte am Col Reàn schaut man mit einer gewissen Scheu über die 1200 m hohe Wand mit der direkten Führe zum Gipfel hinauf. Nicht minder atemberaubend ist es, den Blick die 1200 m Höhendifferenz zum grünblauen Alleghe-See hinunterzukippen.

Gemäßigtere Bergwanderer schlendern auf gemütlichem Höhenbalkon unter der nahezu senkrechten Wandflucht entlang. Man genießt dabei alpine Schönheiten, von denen auch Kenner behaupten, daß sie "einmalig in den Ostalpen" seien. Für Kletterer schärferer Richtung gibt es, besonders im südlichen Teil, genügend Zacken, Türme, Kamine, Kanten und Wände. Schwindelfreie haben für den mächtigen Civettagipfel zwei Möglichkeiten zur Wahl: die "Via ferrata Tissi" auf der Südseite und die "Via ferrata degli Alleghesi" auf der Ostflanke. Lohnend, luftig und lang sind sie beide.

Mit der Anlage der "Alleghese" begann man schon 1950, doch erst im Sommer 1966 wurde sie endgültig fertiggestellt. Die "Civetta-Katzenleiter" geht über Eisenbügel, Stifte, Drahtseile, Metalleitern und folgt dem ungefähren Verlauf der Hamberger-Merkl-Führe (vorher ein IV. Grad) durch die 400 m hohe Ostwand der Punta Civetta. An dieser vorbei wird der Nordgrat zum Gipfel erreicht.

Zugang: Vom Pordoi- oder Falzaregopaß über Colle S. Lucia auf Asphaltstraße zum Passo Staulanza, 1773 m, und einige Kilometer das Val Zoldo abwärts bis zu einer Skiliftstation. Gleich danach zweigt rechts ein schmales, aber gut befahrbares Sträßlein ab, auf dem man rechts passabel zur "Casèra di Pioda", 1816 m, eine ausgedehnte Alm, gelangt (Parkmöglichkeit). Man spart sich eine Stunde Fußweg und ist in 50 Min., der Markierung 556 folgend, bei der Coldai-Hütte, 2135 m. Ein gutes Standquartier für die Civetta-Tour, sowohl über den Normalanstieg, als auch für die Eisenroute. Prächtig die abendliche Schau durch die Hüttenfenster zum rotglühenden Monte Pelmo und hinab ins grüne Zoldo-Tal.

Aufstieg: Ein früher Aufbruch in der Morgendämmerung verlängert den Tag. Auf dem rotmarkierten Steig, dem Tivàn-Weg, durchquert man in Auf und Ab die Ostseite. Man verläßt den Tivàn-Weg bei einem deutlichen Hinweis zum Einstieg des ausgezeichnet gehaltenen und rot markierten Klettersteiges (1½ Std. ab Hütte).

Vom Einstieg 10 m empor, dann etwa 10 m nach links. Auf einem Pfad nach rechts und über eine 2 m hohe Stufe hinauf. Dann etwa 10 m nach rechts zum Beginn einer 30 m hohen, senkrechten Leiter. Nach dieser folgt ein kleiner Kamin, von dem nur die ersten 5 m gesichert sind. Dann den Seilen nach zu einem weiteren, etwa 60 m hohen, nicht gesicherten Kamin (II). An seinem Ende quert man auf ausgesetztem Band nach links und klettert dann etwa 40 m senkrecht empor. Es folgt eine 20 m hohe, nicht gesicherte Rinne (einige Stellen II). An ihrem Ende, wo sie in einen bemoosten Kamin übergeht, rechts heraus. Man erreicht ein waagrechtes Band, das etwa 10 m weit verfolgt wird. Dann steigt man 5 m senkrecht hinauf und erreicht den Grat des Ostsporns der Punta Civetta.

Den Seilen folgend zu einem 5 m hohen, überhängenden Aufschwung (Klammern), dann ohne Sicherungen empor und den folgenden Seilen nach senkrecht weiter zum Fuß eines etwa 40 m hohen Kamins, der mit Hilfe von Eisenklammern überwunden wird. Durch eine Schuttrinne empor, dann nach links und durch eine gesicherte Kaminrinne auf eine Terrasse. Weiter ohne Sicherungen zu einem breiten Band, das man etwa 15 m nach links verfolgt. Anschließend direkt zu einem Firnfeld hinauf. Über dieses in eine Scharte. Von hier kurzer Abstieg zu einem großen Band mit Felsblock. Hinter ihm nach rechts und weiter abwärts unter eine Wandstufe. Hier links eines Felszackens weiter. Dann nach rechts durch eine Rinne und über eine geneigte Platte waagrecht nach links. Wieder nach rechts und durch eine 8 m hohe Rinne ohne Sicherungen auf den Civetta-Nordgrat, südlich der Punta Civetta. Über den Grat und neben ihm, teilweise ohne Sicherungen (I) auf die Punta Tissi. Von hier durch Rinnen und über Felsstufen, zuletzt unmittelbar auf der Gratlinie zum Gipfelkreuz (Nordgipfel) der Civetta.

Civetta vom Gipfel des Monte Pelmo.   Foto: F. Hauleitner

Via Ferrata Degli Alleghesi

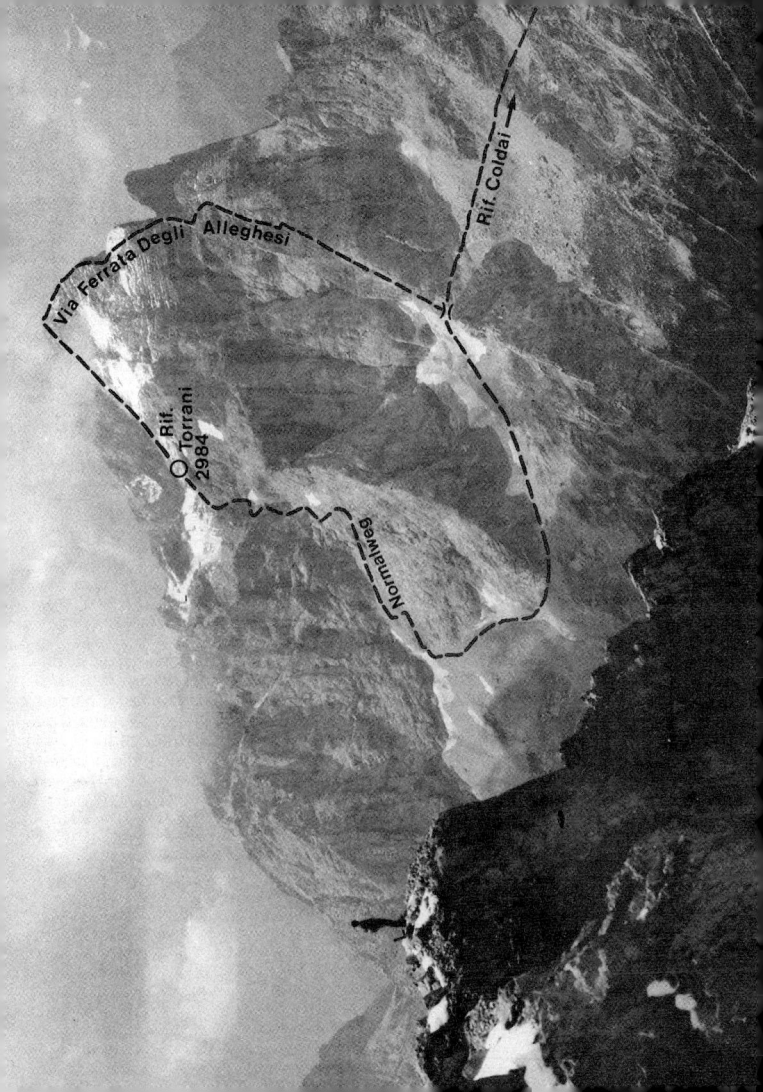

Rif. Coldai

Rif. Torrani 2984

Normanna

In schwindelnder Tiefe liegt der Alleghe-See und die Ortschaften des Cordevole-Tales. Die Rundsicht ist grandios. Ferne Gletscher und alle Ampezzaner Berge lassen die Schönheit ihrer Formen bewundern. Doch die firnschimmernde Marmolata läuft allen den Rang ab, sie zieht den Blick unweigerlich auf sich.

Abstieg: Vom Gipfel zunächst südöstlich über Schutt und Schrofen zur kleinen Torrani-Hütte, 3018 m, ein wichtiger Stützpunkt, hauptsächlich für Nordwestwand-Kletterer. Nun über den Normalweg, roten Klecksen und Steinmännchen folgend, über Schotter, schwachgeneigte Platten, manchmal auch über Schneeflecken hinunter bis zu einem nicht ganz einfachen, aber kurzen Kamin. Über eine Steilstufe nach rechts wird ein schmales, abschüssiges Band, genannt „Passo del Tenente" erreicht, das mit Drahtseilen gut begehbar ist. Ein Schuttfeld, wieder ein 10 m hoher Plattenschuß, zuletzt über eine Schuttreise ins Kar zu einem ständigen Lawinenkegel, der überquert und damit der gut angelegte Tivàn-Steig nordöstlich zurück zur Coldai-Hütte gewonnen wird.

Höhenunterschied: Casèra di Pioda 1816 m − Rif. Coldai 2135 m − Civetta-Gipfel 3220 m. Gesicherte Route etwa 870 Höhenmeter.
Gehzeiten: Casèra di Pioda (Parkplatz) − Coldai-Hütte 1 Std. Über die Ferrata Alleghesi zum Gipfel 4½ Std. Abstieg über Rif. Torrani bis Coldai-Hütte 4 Std.
Schwierigkeit: Wegen der Länge, Höhe und Exponiertheit nur für Trainierte, Felsgeübte und Schwindelfreie. Einige ungesicherte Passagen erreichen den II. Grad. Bei Neuschnee oder Vereisung abzuraten.
Stützpunkte: Rif. Coldai, 2135 m, CAI, 50 B., 20 M., bew. Ende Juni bis Ende September. − Rif. „Maria Vittoria Torrani", 3018 m, wurde 1970 vom Sturm sehr beschädigt. Unter großen Mühen hat man es inzwischen wieder hergestellt, vergrößert und einen Hubschrauber-Landeplatz angelegt. Sektion Conegliano des CAI, beschränkte Übernachtungsmöglichkeiten (Lager).
Hinweis: Von der Torrani-Hütte kann man auch (schwieriger) über die „Via ferrata Tissi" zum Rif. Vazzolèr, 1714 m, 3 Std., absteigen. Siehe Tour 92. Siehe Karte Nr. 17.

92 Civetta, 3220 m, Via ferrata Attilio Tissi
Civettagruppe

Der Übergang von der Coldai-Hütte zum Rif. Vazzolèr ist eine Wanderung voll dolomitischer Superlative. Er ist dem Aufstieg von Listolade, 682 m, im Cordevoletal, unbedingt vorzuziehen, will man über den gesicherten Klettersteig von Süden zum Civettagipfel vordringen. Von allen Steiganlagen in den Dolomiten zählt die „Tissi" und der „Pößnecker" in der Sella zu den ältesten. Die Ferrata selbst ist nicht allzu lang, dafür gewagt und eindrucksvoll. An ihrem kritischsten Punkt, einem schwarzen, überhängenden Bauch in der unteren Hälfte, wurden unter der tatkräftigen Leitung von Bepi Sararu (BRD-Agordo) 1974 sämtliche Metallseile, Halter und fehlende Eisenstifte ergänzt. Mit etwas Geschick kommt man aber über diese anspruchsvollen Stellen gut hinweg.

Zugang: Von der Coldai-Hütte (siehe Tour Nr. 91) auf Markierung 560 westwärts über die gleichnamige Scharte (¼ Std.). Dort oben öffnet sich eine unerwartete Traumszenerie: eingemuldet im Kar liegt der zehn Meter tiefe Coldai-See. Dahinter baut sich das Profil einer Riesenbastion auf, die mit Zacken und Spitzen zum Civettagipfel schnellt. Auf dem trümmerübersäten, teilweise grünen Hochbalkon mit geringer Steigung unter den lotrechten Wandfluchten durch. Wenn es zeitlich ausgeht, den kurzen Abstecher (25 Min.) zum rechts vorgelagerten Col Reàn, 2281 m, unternehmen. Oben steht die schöne Tissi-Hütte, gemütlich-komfortable Raststation und guter Logensitz zum Betrachten der Civetta-Nordwestwand (1½ Std.).

Ins Foto-Merkbuch: Für diese Panoramawanderung Start bei der Coldai-Hütte möglichst gegen Mittag, dann hat man optimale Lichtverhältnisse. Vom Col Reàn fällt der Weg sanft ab über grüne Matten, vorbei an zwei Almen und an verschiedenen „Campanili" und „Torri", deren Namen bei Felsartisten einen guten Klang haben: Pelsa, Su Alto, Brabante, Venezia u.a. bis zum Torre Trieste, dem Eckpfeiler des Civetta-Südkammes. Hier hat sich in herrlichem Lärchenwald die Vazzolèr-Hütte eingenistet. (1¾ Std. ab Rif. Tissi).

Aufstieg: Ein gewaltiger Höhenunterschied von 1600 m ist bei diesem Civetta-Südanstieg zu bewältigen. Deshalb Aufbruch am frühen Morgen. Zunächst ein kleiner Höhenverlust bis zum Bachbett

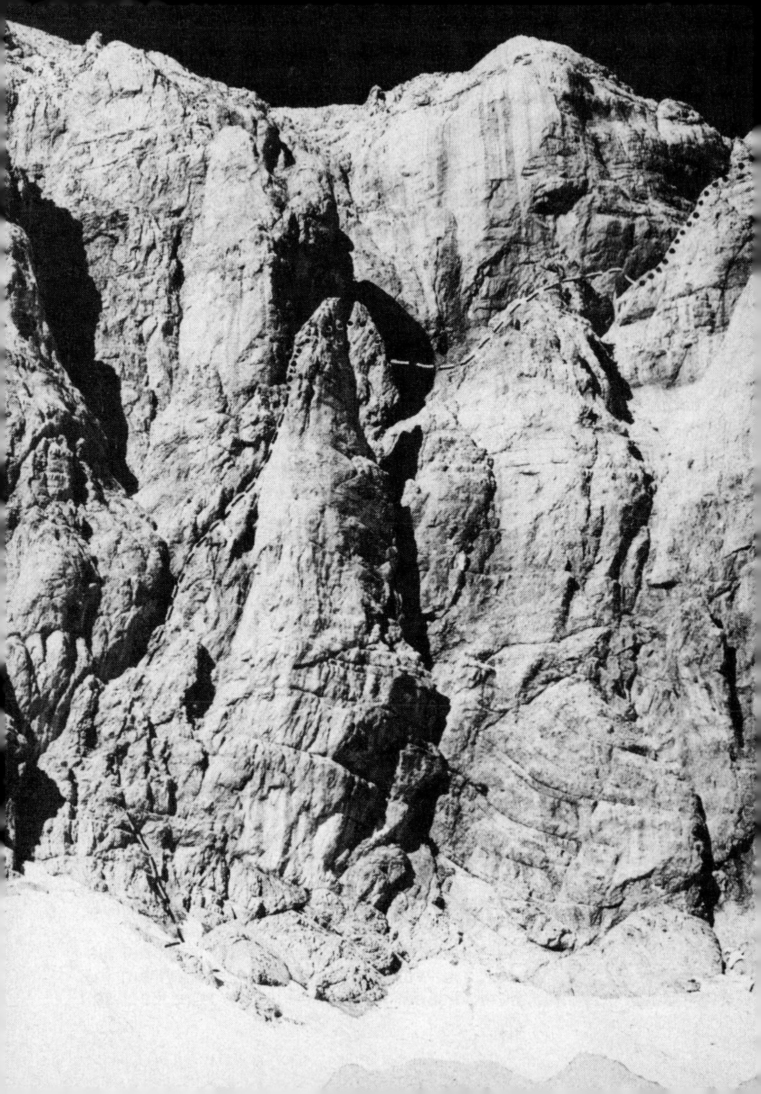

des Val Cantoni. Bei einer Tafel den Weg nach links, Nr. 558, wählen. Unter dem Südfuß des Torre Trieste entlang, dann über einen Latschenhang hinauf und darauf wieder an Höhe verlierend zu einem Graben. Man folgt immer den etwas blassen Markierungen auf gut sichtbarem Steig. In steilen Serpentinen wird Schrofengelände überwunden. Nach links sehr instruktiver Blick zur schwierigen Südostkante des Trieste-Turmes. Weiter zu einer kleinen Felsenmulde „Còrol delle Sasse" (letzte Quelle) unter dem Col dei Camòrz. Ein kurzes Schuttfeld, über mehrere Kalkstufen – „Scalèt delle Sasse" – im Zickzack bis zur Schwelle des „Van delle Sasse", etwa 2420 m. Eine versteinerte Riesenschüssel, deren Ränder im Westen von den Cantoni della Busazza, im Norden von der Piccola Civetta, dem Hauptgipfel und der Civetta Bassa gebildet werden. Im Osten schließen die Moiazza, Cima delle Sasse und Moiazzetta della Grava das steinerne Rund ab. Gegen Norden etwas ansteigend, überschreitet man die durchfurchten Karrenfelder und -platten bis zu einer Blechhütte (Materialdepot). Von hier zum Ferrata-Beginn am besten zuerst links haltend über Schutt und Schnee (Spuren), dann diagonal zu den Felsen querend bis zum höchsten Punkt des Kars. Ein rotes Zeichen markiert den Einstieg auf ungefähr 2500 m Höhe. Die Randkluft kann manchmal sehr tief sein.

Stifte und Drahtseile leiten vom Einstieg zuerst nach links, dann nach rechts aufwärts zu einem überhängenden Wandwulst, dessen Schwierigkeiten durch Klammern gemildert wurden (angeblich VI. Grad). Dann wendet sich die Führe etwas gegen links, immer vorgezeichnet durch Stifte, Drahtseile und Steigklammern, über luftige Wandln und Kamine, zu einer kleinen Scharte zwischen Felsaufbau und Campanile Psaro. Durch eine Schlucht, die gegen den „Van" abfällt, ein Stück hinunter und wieder rechts über eine Rinne hinauf zu einer sehr luftigen Passage (Achtung, Steinschlag möglich!), die zum nächsten Riß leitet. In diesem oberen Teil wurde die Route etwas abgeändert und verbessert. Über ein mit Drahtseilen versehenes Band zuerst rechts, dann gegen links. Damit wird das manchmal vereiste Ausstiegsgeschröf umgangen.

Routenverlauf der Via ferrata Attilio Tissi. *Foto: H. Wagner*

Beim letzten Einschnitt zwischen Civetta und Civetta Bassa sind die Schwierigkeiten zu Ende.

In einem ziemlich großen Bogen ein Schneefeld aufsteigend steht man kurz darauf vor dem Rif. Torrani auf dem Pian della Tenda (4½ – 5 Std.). Hinter der Hütte über Felsabsätze, Schutt und Schrofen unschwierig zum Gipfel (½ Std.).

Abstieg: Über den Tivàn-Normalweg auf der Ostseite wie bei Tour 91. Die Ferrata Alleghesi im Abstieg ist wegen der Länge ihrer Sicherungen nur sehr konditionsstarken Bergsteigern zu empfehlen.

Höhenunterschied: Rif. Coldai 2135 m – Rif. Vazzolèr 1752 m – Rif. Torrani 2984 m – Civetta-Gipfel 3220 m. Klettersteig etwa 350 m Höhendifferenz.
Gehzeiten: Rif. Coldai – Tissi-Hütte – Rif. Vazzolèr 3½ Std. Civettagipfel 5 Std. Abstieg zur Coldai-Hütte 4 Std.
Schwierigkeiten: Die Ferrata Tissi ist ein anspruchsvoller und exponierter, gesicherter Felsenweg. Ein Seil kann sehr nützlich sein. Gewandtheit im Fels, Trittsicherheit, Schwindelfreiheit verstehen sich von selbst, außerdem ist wegen des häufigen Steinschlags, besonders in der großen Verschneidung, ein Schutzhelm ratsam.
Stützpunkte: Coldai-Hütte, 2135 m, CAI, 50 B., 20 M., bew. Ende Juni bis Ende September. – Rif. Tissi, 2262 m, CAI, 40 B., bew. Mitte Juni bis Ende September. – Rif. Vazzolèr, 1714 m, CAI, 72 B., 24 M., bew. Ende Juni bis Ende September. – Capanna Torrani, 3018 m.
Hinweis: Vorsicht bei schlechter Sicht im Van delle Sasse und im oberen Teil des Abstieges vom Rif. Torrani.
Tip: Wem der „Tissi-Eisenweg" zu schwierig ist, der kann ungefähr in der Mitte des Van delle Sasse gegen Osten zur Forcella delle Sasse (auch Forcella della Moiazzetta genannt), 2476 m, auf Weg Nr. 557 einschwenken. Ab Wegteilung im „Van" wurde die gesamte Strecke bis zum Rif. Coldai ganz ausgezeichnet rot markiert. Eine sehr interessante, kaum begangene Route, voll intimer Schönheiten, seltener Blumen und mit ständigem Pelmoblick. Sie erfordert allerdings Trittsicherheit und etwas Erfahrung in steilem, weglosem Gelände. Von der Forcella auf der Ostseite etwa 500 Höhenmeter steil hinunter, dann scharf links um die Felsen der „Tappa del Todesco" herum, gelangt man in stetigem Auf und Ab beim ständigen Schneefeld zum Tivàn-Weg und weiter zum Rif. Coldai (ab Rif. Vazzolèr etwa 6 Std.).
Siehe Karte Nr. 17.

93 Palazza Alta, 2255 m, Via ferrata Fiamme Gialle

Civettagruppe

Selbst Civettakennern dürften die Namen Monte Alto di Pelsa und Palazza Alta im Südwesten des eigentlichen Civettastockes nicht allzuviel sagen. Klettersteigspezialisten haben in den letzten Jahren vielleicht die Palazza Alta entdeckt: Die Via ferrata „Fiamme Gialle" gehört ohne Zweifel zu den sehr anspruchsvollen und dabei landschaftlich ausgesprochen prächtigen Dolomiten-Klettersteigen. Die Steiganlage ist mit der „Via Tomaselli" (Tour 56) vergleichbar, jedoch bedeutend länger.

Zugang: Von Cencenighe, 774 Meter, im Cordévoletal auf guter, jedoch schmaler Bergstraße zum Weiler Bastiani, 971 Meter, (Vom nördlichen Rand von Cencenighe auf einer Brücke über den Fluß; nach der Brücke rechts und bei der ersten guten Möglichkeit links nach Bastiani hinauf). Beschränkte Parkfläche.

Aufstieg: Erst auf Fahrweg empor, dann bei Bezeichnung „Via ferrata" links in den Wald und dem Steig folgend mühsam in den Latschengürtel hinauf. Zum Einstieg des Klettersteigs gelangt man zuletzt in südlicher Richtung, indem man auf teilweise schmalen, gesicherten Bändern einen größeren Felsabbruch quert. Die Via ferrata beginnt mit einer etwa fünf Meter hohen, senkrechten Felsstufe und leitet in der Folge äußerst luftig und anspruchsvoll (nur Drahtseilsicherungen) zu einem weiteren Latschengürtel. Mühsam durch ihn zum Ansatz der Gipfelwände hinauf. Von dort leiten Seilsicherungen fast ohne Unterbrechung zum Ausstieg etwas südlich des Palazza Alta.

Abstiege: a) Vom Palazza-Alta-Gipfel folgt man dem Steig nahe dem westseitigen Wandabbruch nach Norden. Die Wegabzweigung zur Vazzolèrhütte bleibt rechts. Man gelangt in eine Scharte zwischen Palazza Alta und Monte Alto di Pelsa und steigt (Markierung Nr. 562) nach links, westlich, in einer Grasschrofenrinne ab. Bald rechts heraus, kurzer Gegenanstieg und auf Bändern gegen die Gipfelwände des Monte Alto. Der Markierung Nr. 562 abermals links abwärts folgen. Man gelangt mit leichter Kletterei in eine Schlucht, aus ihr heraus (II) in ein Bachbett und (auf Markierung achten) links in den Latschengürtel. Durch ihn führt die Markierung äußerst steil (immer wieder Schrofenstufen) in den Wald und trifft weit unten auf den Zugangsweg.

b) Man folgt dem erwähnten Weg, der zur Vazzolèrhütte führt (ebenfalls Markierung Nr. 562). Er leitet zuerst südöstlich, dann nordöstlich in das Hochtal zwischen Monte Alto di Pelsa und dem eigentlichen Pelsakamm, der bereits zum Civettamassiv gehört. Landschaftlich prächtig unterhalb der eindrucksvollen Felstürme dieses Kammes entlang und in die Forcella Col Mandro, 2032 m (Weg Nr. 566 zur Vazzolèrhütte sowie Nr. 560 zum Rif. Tissi bleiben jeweils rechts). Auf dem Steig mit Markierung Nr. 567 nördlich um die Ausläufer des Monte Alto di Pelsa herum, dann westlich gegen das Cordèvoletal abwärts und südlich zum Weiler Collaz. Von dort führt ein Verbindungsweg zum Ausgangspunkt Bastiani zurück.

Höhenunterschied: Bastiani 971 m – Palazza Alta 2255 m – Abzweigung des Weges Nr. 566 zur Vazzolèrhütte etwa 1900 m – Forcella Col Mandro 2032 m. Klettersteig etwa 700 m.

Gehzeiten: Bastiani – Palazza Alta 4 – 5 Std., Palazza Alta – Bastiani (direkter Abstieg) 2^1/$_2$ – 3 Std., Palazza Alta – Forcella Col Mandro – Bastiani 3^1/$_2$ – 4 Std.

Schwierigkeiten: Sehr schwieriger Klettersteig, ausschließlich Führungsseile, die an einigen kurzen Stellen im oberen Teil etwas ungünstig gelegt worden sind. Die Klettersteigführe ist teilweise sehr luftig und insgesamt recht lang, deshalb gute Kondition fordernd. Der direkte Abstieg nach Bastiani verlangt Konzentration und das Beherrschen des II. Schwierigkeitsgrades im freien Klettern. Wer nach der langen Ferrata schon etwas müde ist, sollte Abstieg b) wählen.

Siehe Karte Nr. 17.

Am Klettersteig Fiamme Gialle auf die Palazza Alta.   *Foto: W. Ziegleder*

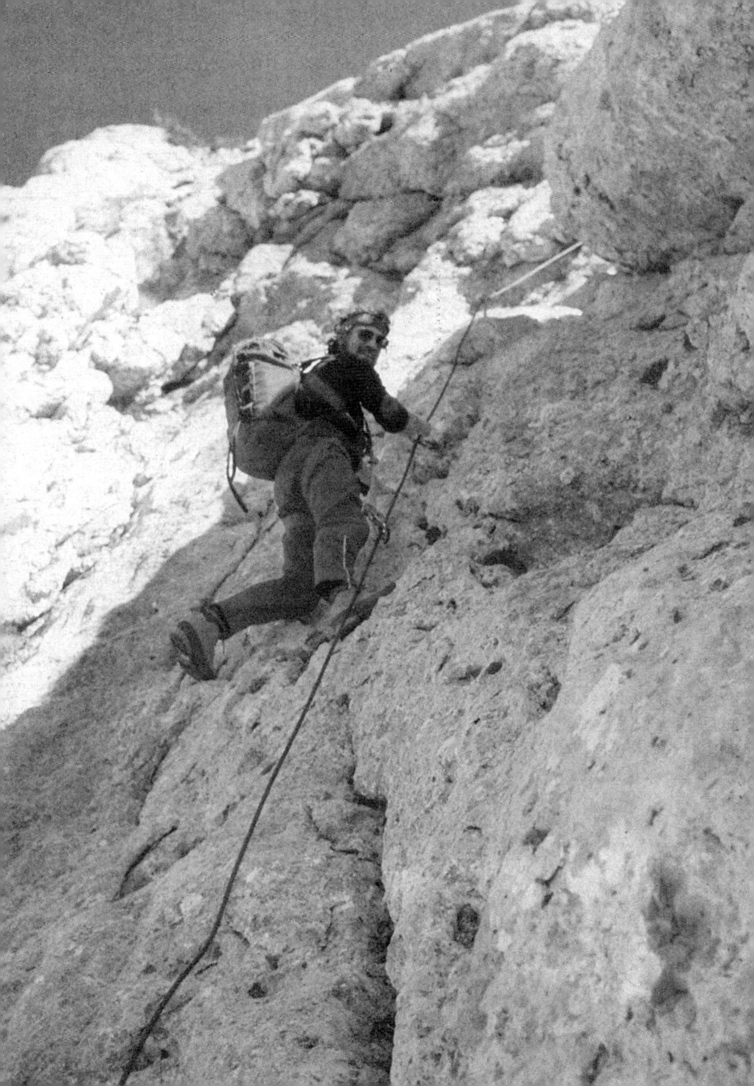

94 Cresta delle Masenade, 2704 m – Cima Moiazza Sud, 2878 m
Via ferrata Gianni Costantini

Moiazzagruppe

Klettersteigfreunde, die im Alpenraum nahezu alles kennen, was „eisenhaltig" ist, sind sich einig: die Via ferrata Costantini ist – auch nach dem Bau der Via ferrata Cesare Piazzetta und der Via attrezzata Rino Pisetta – der absolute Hit unter den gesicherten Steigen. Ein lockendes Ziel für geübte Kletterer. Zudem bieten sich unterwegs einzigartige Ausblicke: Civetta, Pelmo, Bosconero, Antelao, Tàmer, Prampèr, Talvena, Schiara, Monti del Sole, Feltriner Dolomiten und Pala beherrschen die Szene. Auch hat man hier Gelegenheit, einen nur selten geschauten Blick auf den „Turm aller Türme", den Torre Trieste zu werfen, der sich im Cantonikamm der Civetta erhebt. An der Via ferrata Costantini vereinigt sich Klettersteig- und Landschaftserlebnis in idealer Weise, so daß ihre Begehung sicher für jeden zum unauslöschlichen Erlebnis wird.

Zugang: Vom Rif. C. Tomè am Passo Duran, 1605 m (Zufahrt mit Pkw. von Agordo im Südwesten oder von Forno di Zoldo im Osten) auf dem Dolomiten-Höhenweg Nr. 1 in südwestlicher Richtung (Bez. 549) zum Rif. Carestiato, 1843 m, am Südfuß des Cresta delle Masenade. Weiter in Richtung Rif. Vazzolèr. In wenigen Minuten zur Abzweigung des Costantiniweges (Tafel) nach rechts. Nordwärts gegen die Südwand des Cresta delle Masenade hinauf zum Einstieg (großes, rotes Quadrat).

Costantini-Ostweg durch die Cresta-delle-Masenade-Südwand:
Auf schmalem Band 30 m nach links unter ein riesiges Dach. Über einen 3 m breiten Spalt (Brücke), dann über Platten (Drahtseile) ziemlich hoch hinauf gegen ein gewaltiges, U-förmiges Felsportal in der Südwand der Cresta delle Masenade. In kühner Querung an Drahtseilen über eine 10 m hohe, senkrechte und trittlose Wand schräg nach links hinauf (Schlüsselstelle, sehr anstrengend) und weiter an Stiften und Drahtseilen gerade empor zu einem Sicherungsplatz im U-Portal. An seiner rechten Seite durch einen senkrechten Kamin (Stifte, Drahtseile) empor, später durch mehr gliederten Fels schräg nach rechts hinaus zu einer mächtigen Geröllterrasse (Aufschrift: „Pala del Belia", 2295 m). Vorerst zur Rechten eines Kamins an Drahtseilen und Klammern steil und kraft-

Bergsteiger auf dem Angelini-Band. Im Hintergrund Marmolata und Sellagruppe. *Foto: H. Wagner*

raubend empor, dann durch eine felsige Schlucht entlang durchlaufender Drahtseile ziemlich hoch hinauf zu einem sekundären Gratrücken. Schöner Tiefblick zum Passo Duran! Jenseits in eine von links herabziehende Schlucht und an ihrer rechten Begrenzung über Schrofen (Drahtseile) empor zu einer Scharte am Gipfelgrat (Südgrat) des Cresta delle Masenade (Aufschrift: „Cima Cattedrale", 2557 m). Weiter den Bez. folgend auf die Cresta delle Masenade, 2704 m.

Übergang zur Forcella delle Nevère: Der Steig folgt nun dem nahezu zwei Kilometer langen Verbindungsgrat zur Cima Moiazza Sud. An deren Südostschulter beginnt das reizvoll gesicherte Felsband der „Cengia Angelini", welches an den Bocchetteweg der Brenta erinnert (vom Ansatzpunkt des Felsbandes kann über einen gesicherten Steig der Gipfel der Cima Moiazza Sud, 2878 m, erreicht werden). Über die Cengia Angelini gelangt man zuletzt kurz absteigend, in die Forcella delle Nevère, 2601 m, mit der Biwakschachtel Moiazza-Ghedini.

Abstieg über den Costantini-Westweg zum Rif. Carestiato: Von der Forcella delle Nevère fällt die Plattenschlucht „Lavina dei Cantoi" steil nach Süden ab. An der orographisch rechten Seite dieser Schlucht verläuft der Costantini-Westweg hinunter in das Van dei Cantoi.
Von der Scharte aus der mit Drahtseilen stets gut gesicherten Steiganlage über steile Felsabsätze, Platten und Geröll durch die Ostseite der Cima delle Nevère ziemlich tief hinunter, im unteren Teil auf Steig mit längeren Querungen weiter abwärts, zuletzt nach links hinab zu den Geröllfeldern des „Van dei Cantoi". Dieses wilde Kar wird im Westen von den Torri del Camp, im Norden und Nordosten von den grandiosen Wänden der Cima Moiazza Sud und des Cresta delle Masenade umgefaßt. Über die Halden südwärts hinunter zur querführenden Dolomiten-Höhenroute Nr. 1 (Bez. 554). Man folgt dem Höhenweg nach links (Osten) und wandert stets unter den Südwänden des Cresta delle Masenade entlang durch Latschen oder über Geröllfelder zurück zum Rif. Carestiato.

Höhenunterschied: Passo Duran 1605 m − Rif. Carestiato 1843 m − Cresta delle Masenade 2704 m − Cima Moiazza Sud 2878 m − Forcella delle Nevère 2601 m. Höhenunterschied des Klettersteiges 1000 m.
Gehzeiten: Passo Duran − Rif. Carestiato 1 Std., Rif. Carestiato − Cresta delle Masenade 3 − 3½ Std., Cresta delle Masenade − Forcella delle Nevère 1½ − 2 Std., Forcella delle Nevère − Van dei Cantoi 1¼ − 1½ Std., Van dei Cantoi − Rif. Carestiato ½ Std.
Schwierigkeiten: Die Sicherungen an der Via ferrata Costantini beschränken sich fast ausschließlich auf Drahtseile und vereinzelt gesetzte Eisenstifte. Querungen oft völlig tritt- und griffarmer Platten bzw. Anstiege über senkrechte, glatte Wandstellen fordern besondere Technik und vor allem gehörige Armkraft. Bei Vereisung oder Schneelage ist von einer Begehung dieses Eisenweges abzuraten.
Stützpunkte: Passo Duran (Rif. Cesare Tomè), 1605 m, CAI-Agordo, 18 Schlafplätze, Dusche, bew. von Mitte Juni bis Ende September. − Rif. San Sebastiano, 1600 m, privat, 41 B., geschlossen von Ende März bis 20. Juni, sonst geöffnet. Beide Hütten mit Auto erreichbar von Agordo bzw. von Chiesa oder Dont. − Rif. Carestiato, 1834 m, CAI-Agordo, 35 L., bew. von Mitte Juni bis Mitte September. − Bivacco Moiazza-Ghedini an der Forcella delle Nevère, 2601 m, CAI-Agordo, 6 L., ganzjährig geöffnet.

Die zentrale Moiazzagruppe von Südwesten, vom Lastia di Framont.
Foto: F. Hauleitner

C. Moiazza Sud
Biv. Moiazza
(Forc. delle Nevére)
Cresta delle Masenade
Forc. delle Masenade
vom Rif. Carestiato
Via Ferrata Costantini (Ostweg)
Via Ferrata Costantini (Westweg)
Lavina dei Cantoi
Val dei Cantoi
Rückweg zum Rif. Carestiato
Forc. del Camp
Dolomiten-Höhenweg Nr. 1

Die Felsenwege der Schiaragruppe

Die Schiaragruppe war aufgrund ihrer sehr südlichen Lage lange Zeit wenig bekannt. Erst die 1966 eröffnete Wanderroute vom Pustertal nach Belluno (Dolomiten-Höhenweg Nr. 1), deren vorletzte Etappe durch das Herzstück der Gruppe führt, lenkte die Aufmerksamkeit der Bergwanderer auf dieses schöne und noch keineswegs überlaufene oder übererschlossene Gebiet.

Der erste Klettersteig, die Via ferrata Col. Luigi Zacchi, wurde 1952 von Alpinitruppen erbaut; 1959 erstellte die Sektion Belluno des CAI auf dem höchsten Punkt (2320 m) die Biwakschachtel Ugo Dalla Bernardina. Im gleichen Jahr wurde auch die Via ferrata Antonio Berti zum Gipfel des Monte Schiara fertiggestellt. Der dritte Eisenweg, die Via ferrata Gianangelo Sperti, folgte 1963. Auch die gleichnamige Biwakschachtel wurde in diesem Jahr errichtet. Sie steht wunderschön auf einem grasbewachsenen Felsvorsprung inmitten grauer Wände in 2000 m Höhe. Leider gibt es hier kein Wasser.

Im Jahre 1966 wurde der vierte Klettersteig, die Via ferrata Marmòl, vollendet. Dieser Weg zweigt in etwa 1950 m Höhe von der Via ferrata Zacchi ab und führt, nach rechts aufsteigend, durch die Südwand auf die Ostschulter, wo 1967, in etwa 2350 m, die Biwakschachtel Marmòl, mit neun Schlafstellen aufgebaut wurde.

Neben diesen drei Biwaks gibt es in der Schiaragruppe noch zwei gute, im Sommer bewirtschaftete Hütten, nämlich:
a) Das Rif. „7° Alpini" (sprich „settimo") der Sektion Belluno, 1498 m hoch, im Hochkar Pis Pilon, mit 80 Schlafplätzen. Von allen vier Himmelsrichtungen erreichbar. Bester Zugang von Süden durch das Tal des Ardo, von Bolzano-Bellunese über Case Bortot (707 m, Parkplatz und Gasthaus) in etwa 3 Stunden; Markierung Nr. 501. Seit einigen Jahren gibt es auch noch eine Reserve(Winter-)hütte.
b) Das Rif. „Furio Bianchet", 1245 m hoch, Eigentum der Forstbehörde, aber von der Sekt. Belluno bewirtschaftet, am Nordrand der Schiaragruppe, auf der früheren Alm „Pian dei Gat", mit 36 Schlafplätzen. Zugang von Val Cordevole auf breiter Forststraße von I Pinei oder vom Ausgang des Vescovàtales bei Kilometerstein 16. Das Befahren der Straße ist verboten. Von dieser Hütte kann man auch das Biwak Dalla Bernardina erreichen (etwa 3 Stunden auf Steig Nr. 503, Verlängerung des Klettersteigs Luigi Zacchi, Nr. 96).

96 Via ferrata Zacchi
Schiaragruppe

Dieser Weg (Markierung 503) ist wohl der schönste in der Schiaragruppe und in seiner Routenführung sehr eindrucksvoll. Er beginnt bei der Alpinihütte (1498 m). Zuerst führt er über Grashänge mit einzelnen Buchen als bequemer Wanderweg zum Einstieg (etwa 1800 m) rechts nahe dem großen schwarzen Wandausbruch „Porton", der von der Hütte aus einem Grotteneingang ähnlich sieht, in der Fallinie des Vorgipfels. Bis hier etwa ¾ Std.

Aufstieg: Vom Einstieg den Drahtseilen folgend etwa 10 m schräg rechts hinauf, dann mit Hilfe von zwei Leitern durch eine Schlucht auf ein Band. Man verfolgt es nach links zu drei Leitern. Über diese empor und längs des folgenden Drahtseils in einen tiefen Kamin. Ohne Sicherung, jedoch unschwierig in ihm hinauf (Vorsicht auf lockere Steine), unter einem Klemmblock durch und gutgriffig links heraus auf ein erdiges Steiglein, welches auf einen begrünten Absatz leitet. (Hier Abzweigung nach rechts zur Via ferrata Marmòl, Tour 99.)

Die Via Zacchi führt bald zu einem senkrechten, 15 m hohen Kamin, der mit Hilfe von Halteschlaufen im Drahtseil und wenigen Klammern anstrengend überwunden wird (schwierigste Stelle im unteren Abschnitt der Via Zacchi). Dann etwa 60 Höhenmeter über unschwierige Schrofen und Gehgelände zu einem wieder steileren Wandgürtel, der mit einer kurzen Leiter, in der Folge mit Hilfe von Seilen und Klammern, erklettert wird. Man hat somit einen schrofigen Grat erreicht, der rechts empor an die eigentliche Schiara-Südwand und damit zum Beginn der größeren Schwierigkeiten heranführt. Nach einer kurzen, gesicherten Passage und einer kleinen Schlucht folgt eine etwa 80 m hohe, geneigte Wandstufe, die sich, zwar ohne Sicherungen, jedoch mit Hilfe ausgezeichneter Griffe und Tritte (Schwierigkeitsgrad I), sehr gut meistern läßt. Bald darauf erreicht man eine kurze Querung, die eine doppelte Reihe von Eisenbügeln erleichtert (eine der luftigsten Passagen der Via Zacchi). Über ein sehr ausgesetztes Leiternsystem erreicht man das begrünte Zacchiband im oberen Teil der Schiara-Südwand, welches zunächst nach links ansteigend verfolgt wird. Bald verengt es sich zu einer Leiste, über die jedoch gute Sicherungen (Eisenschiene und Drahtseil) bequem hinweghelfen (atemberaubender Tiefblick ins

Hochkar Pis Pilon). Auf dem dann wieder breiten Band in wenigen Minuten zur Biwakschachtel „Ugo Dalla Bernardina", 2320 m (6 Schlafplätze), gegenüber der schlanken Felsnadel „Gusela del Vescovà".
Ab Hütte bis hier 3½ – 4 Std.

Übergang zur Bianchethütte: Der Weg Nr. 503 führt an der Biwakhütte vorbei in die Scharte, wo er mit dem Weg 504 (Sperti-Weg, 71) zusammentrifft. Man geht rechts, nordwärts, über Schutthalden auf der großen Terrasse unter der Schiara-Nordwestwand. Eine Reihe von Felsstufen und Schuttbändern leitet zu einem Abbruch, der mit drei kurzen Leitern gangbar gemacht ist. Man gelangt so in das Kar „El Vajo", das von großen Felswänden umstanden ist, hinab; besonders imposant von hier die Nordwestverschneidung der Schiara.

Das Kar wird linkshaltend durchquert, wobei man gut auf die Markierung achten muß. Die Landschaft wird immer grüner und von Baumgruppen durchsetzt. Der Weg geht auf die Nordostabstürze der Cima Bramosa zu und folgt diesen ungefähr in Nordwestrichtung bis etwa 1600 m Höhe. Hier biegt der markierte Weg scharf nach Osten ab, zuerst ziemlich waagrecht die bewachsenen Hänge querend, später in das Bachbett absteigend und umbiegend nach Nord und Nordwest. Meist dem Bachbett entlang zur aufgelassenen Alm „Pian dei Gat", 1245 m, wo die Sektion Belluno das Rif. Furio Bianchet mit 36 Betten bewirtschaftet. Von hier führt ein guter Fahrweg für Forstbetrieb links, talauswärts, durch das Val di Vescovà hinunter zu der Stelle Casa alla Vecchia im Cordevole-Tal, 454 m, oder, der Forststraße folgend, nach I Pinei. Von der Guselascharte bis hierher etwa 4 Std.

Die Südwand des Monte Schiara vom Rifugio 7° Alpini.   Foto: F. Hauleitner

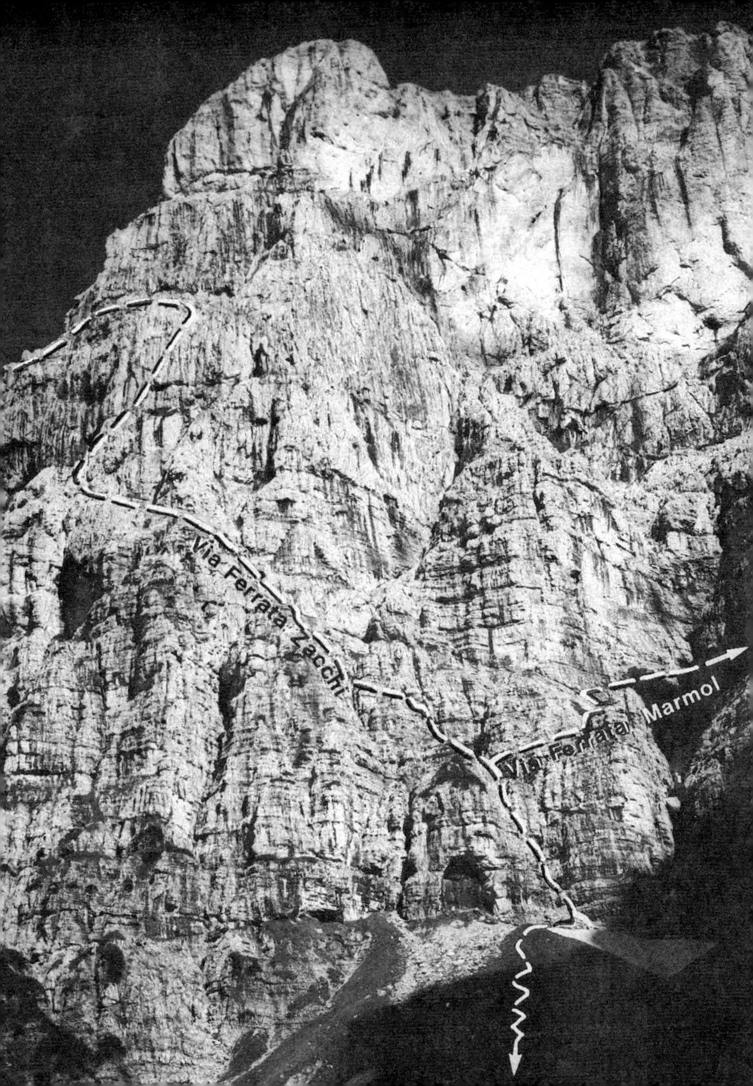
Via Ferrata Zacchi
Via Ferrata Marmol

97 Via ferrata Sperti
Schiaragruppe

Dieser Weg (Markierung 504) steigt in die Mitte der Palakette hinauf und folgt dann dem Gipfelgrat nach rechts zur Forcella della Gusela, wo er mit dem Zacchiweg (96) zusammentrifft.

Ungefähr in der Mitte des Weges steht in etwa 2000 m Höhe die Biwakschachtel Gianangelo Sperti; am Ende des Weges, neben der Guselascharte das Biwakhüttchen Ugo Dalla Bernardina, 2320 m. Beide Biwaks haben Schlafstellen für sechs Personen.

Zugang: Von der Alpinihütte folgt man kurz dem Weg Nr. 502 (Forcella Oderz). Ein Bach wird überquert und an der Gegenseite geht es zu einer Gabelung, wo der Weg Nr. 504 nach rechts aufwärts abzweigt. Er führt über Grashänge mit einzelnen Sträuchern zu einem tiefen Bachbett. Den Abstieg erleichtert ein gespanntes Stahlseil. Auf der anderen Seite befindet sich ein Latschenhang. Über diesen geht man bequem auf gutem Pfad zum Einstieg in etwa 1800 m Höhe (1¼ Std.).

Aufstieg: Gleich beim Einstieg mit Hilfe von Eisenklammern in eine seichte Rinne hinein, die ziemlich gerade ein gutes Stück hinaufführt. Einige kleine Wandln sind mit Stufen und Klammern problemlos zu überwinden.

Auf diese Art kommt man leicht über den Vorbau hinweg; es folgt eine Serie von Rinnen mit einigen kleinen Absätzen. Links einige Felsfenster. Anschließend folgt ein Schrofen- und Grashang mit ausgetretenen Steigspuren, die direkt zur Biwakschachtel G. Sperti (etwa 2000 m) führen. Das Hüttchen steht frei und sehr schön auf einer aus der Wand ragenden begrünten Schulter. Wasser ist nicht vorhanden!

Von der Biwakschachtel geht man über den Grasrücken und eine Rampe linkshaltend in eine Schlucht hinein. Dann kommt eine waagrechte Querung nach links durch einen Teil der Südwand der Pala II. Die Wand ist sehr steil, die Leiste schmal, aber gut gesichert. Dies ist die einzige ausgesetzte Stelle an diesem Weg.
Dann um eine Ecke herum in die Schlucht hinein, die von der Forcella Sperti herabzieht. Man folgt jetzt immer der Westkante der Pala II. Über einige Wandstufen hinauf zu einem kurzen geschlosse-

nen Kamin, alles gut markiert und gesichert. Nach dem Durchschlupf über einige Stellen mit künstlichen Steighilfen hinauf in die Forcella Sperti (etwa 2250 m), zwischen Pala III und Pala II.

Man geht durch die Scharte hindurch, steigt zuerst etwas nach rechts ab und dann wieder auf. Der weitere Weg schlängelt sich über Bänder und Terrassen, durch Rinnen und Scharten mit und ohne Sicherungen zwischen den Gipfeln der östlichen Palakette hindurch. (In der Hauptsache etwas ansteigend und mühsam.)

Die Pala II wird auf der Nordseite umgangen, die Pala I ebenfalls, der Nason aber auf der Südseite. Dann über die Terrasse, an deren Südrand die 40 m hohe Felsnadel Gusela del Vescovà (2360 m) steht. Zum Schluß ein kurzer Abstieg in die Guselascharte (etwa 2300 m) und man erreicht den Weg Nr. 36 an seinem höchsten Punkt. Der Speritweg ist hier zu Ende. Etwa 5 Std. von der Alpinihütte. Wenige Meter rechts steht die Biwakschachtel Bernardina. Dort ums Eck führt der Zacchiweg (Markierung 503) zur Alpinihütte hinunter (siehe Tour 96).

(Der Übergang zur Bianchethütte führt von der Scharte links [nördlich] hinunter durch das Kar „Van della Schiara" in das Val Vescovà und weiter in das Cordevole-Tal bei I Pinei, kurz unterhalb der Ortschaft La Muda; siehe ebenfalls Tour 96.)

Der unentbehrliche Begleiter für Bergsteiger und Bergwanderer:

Die Alpenvereinshütten

Beschreibung sämtlicher Schutzhütten des DAV, OeAV und AVS; Kurzinformationen über mehr als 500 Hütten anderer Vereinigungen.
Mehr als 500 Fotos und Lageskizzen; übersichtliche, mehrfarbige Ostalpenkarte 1:500 000.

Erhältlich in allen Buchhandlungen

Bergverlag Rudolf Rother GmbH München

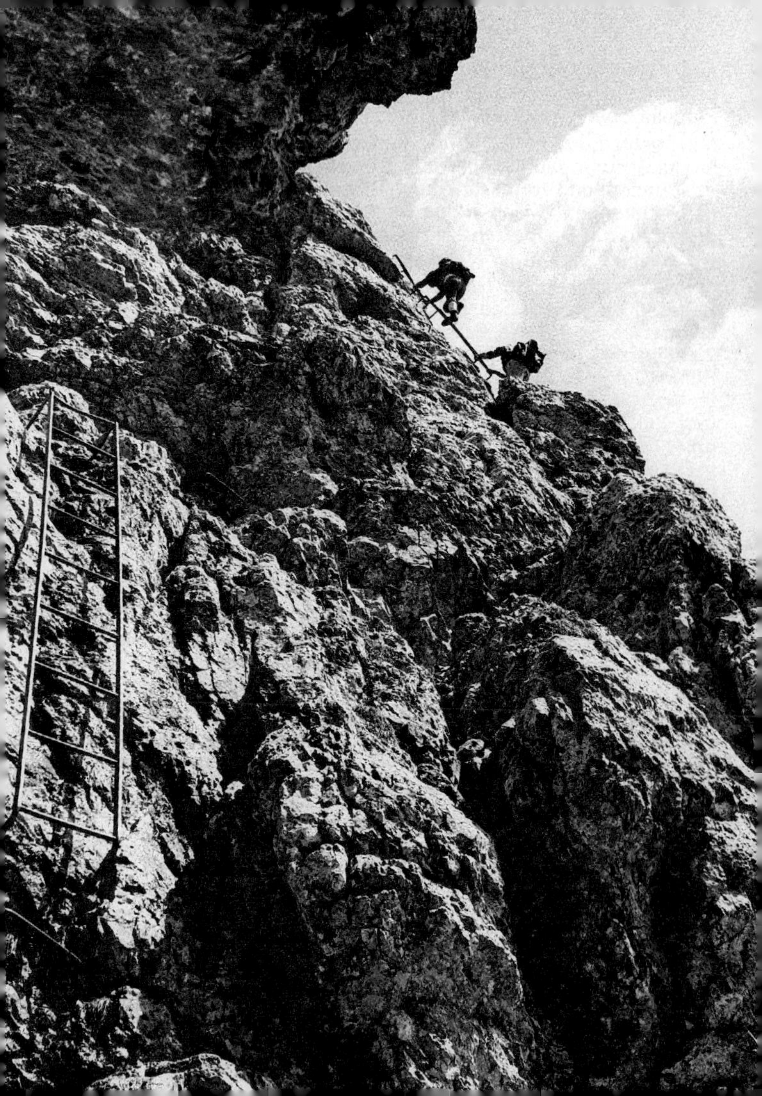

98 Via ferrata Berti
Schiaragruppe

Die Via ferrata Berti (Markierung 504), die zum fast 250 m höheren Gipfel der Schiara, 2565 m, führt, beginnt wenige Meter rechts (südlich) der Biwakschachtel Ugo Dalla Bernardina. Der Weg ist sehr schön, nicht so ausgesetzt wie einige Stellen des Zacchiweges, aber ziemlich verwickelt in der Führung, weshalb es ratsam ist, gut auf die deutliche Markierung zu achten.

Zunächst ohne Sicherungen gerade empor, dann schräg links unter mächtigen Überhängen zu einer kurzen, überhängenden Leiter, die anstrengend in einen düsteren Spalt führt. An der linken Begrenzungswand ohne Sicherungen empor in eine Scharte. Eine schmale Schlucht wird nach rechts überquert und mit Hilfe von Sicherungen an ihrer rechten (östlichen) Begrenzungsrippe emporgeklettert. Dann ganz oben, am Schluchtansatz, wieder nach links und zu einem steilen Grat, der mit Hilfe eines Leiternsystems bewältigt wird. Nach links an den schrofigen, obersten Westgrat und ohne Schwierigkeiten über ihn zum großen Schiara-Gipfelkreuz.

Abstieg über den Ostgrat der Schiara zur Biwakschachtel Marmöl: Vom Schiaragipfel unmittelbar über den schmalen, jedoch gut begehbaren Ostgrat abwärts und auf den Vorgipfel (Anticima, 2506 m) hinauf. Man verläßt diese Erhebung links vom Grat über eine kurze, steile Wandstufe (Drahtseil) und gelangt über schuttbedecktes Geschröf auf einen breiten, begrünten Rücken, dem man, immer gegen den Monte Pelf, folgt. Bald leitet die rote Bezeichnung nach links abwärts. Bei einer Steiggabelung rechts hinunter (Hinweis Alpinihütte; der links abzweigende Steig leitet zur Bianchethütte) und zuletzt über eine kurze, drahtseilgesicherte Steilstufe zur Biwakschachtel Marmöl. Weiterer Abstieg auf Weg Nr. 99.

Die Überschreitung von der einen Biwakschachtel zur anderen erfordert etwa 2½ Std.; die ganze Bergfahrt bis zurück zur Hütte etwa 9 Std. Bei Gewitterneigung ist die Überschreitung nicht zu empfehlen, weil es auf der ganzen Strecke zwischen den beiden Biwaks keine Schutzmöglichkeit gibt.

Unterwegs an der Via ferrata Berti zum Schiaragipfel. *Foto: R. Karl*

99 Via ferrata Marmòl
Schiaragruppe

Weil die Passage der Eisschlucht unterhalb der Forcella Marmòl (2262 m) sehr gefährlich ist (wegen des dauernden Steinschlags aus der brüchigen Westwand des Monte Pelf) hat man den Weg, der mit der Markierung 514 bezeichnet war und auf vielen Karten noch eingezeichnet steht, aufgelassen und ersetzt durch den viel besseren, gesicherten Klettersteig „Via ferrata Marmòl", ebenfalls mit 514 markiert.

Diese Ferrata (1967 fertiggestellt) ist in erster Linie wichtig für die Wanderer, die den Dolomiten-Höhenweg Nr. 1 begangen haben und nach dem Aufstieg durch das Hochtal „Canale Marmòl" zur Alpinihütte absteigen wollen. Deshalb ist die Via ferrata Marmòl in Abstiegsrichtung beschrieben.

Auch auf diesem Weg ist es (besonders bei Nebel) wichtig, gut auf die Markierung zu achten. Diese ist doppelt vorhanden (rote Punkte und blaue Dreiecke), also kaum zu verfehlen.

Die Biwakschachtel Marmòl steht in etwa 2280 m Höhe in einer nach Südwesten offenen Einbuchtung am Rande des breiten Ostgrates der Schiara, wo dieser eine Art Schulter bildet. Wasser ist nicht vorhanden, aber Schneeflecke lassen sich in der Umgebung gewöhnlich finden. Von der Alpinihütte ist die Biwakschachtel nicht sichtbar, nur von dem Biwak G. Sperti an der anderen Seite des Kars. In der Marmòl-Biwakhütte ist Schlafplatz für neun Personen.

Abstieg: Von der Biwakschachtel Marmòl zunächst ohne Schwierigkeiten auf deutlichem Steig schräg rechts abwärts. Bald wird das Gelände steiler und nach einer kurzen Schrofenzone leiten Drahtseile sehr steil hinunter in eine schmale Scharte. Nun rechts (im Sinne des Abstiegs) hinunter und immer der Bezeichnung folgend durch die geneigte Schutt- und Schrofenflanke (an einigen steileren Abbrüchen Drahtseile) in den Boden einer Schlucht. Man quert sie und erreicht an der jenseitigen Steilwand ein Band, das man über mehrere sehr luftige Unterbrechungsstellen hinweg, nach links verfolgt. Zuletzt führen Leitern steil abwärts auf eine begrünte Terrasse. Auf Steigspuren links hinunter, dann über schuttbedeckte Schrofen auf ein Band, das, um einige Ecken herum, unschwierig bis zu seinem Ende verfolgt wird. Hier auf einer Leiter über eine steile Wandstufe auf ein Band in einer düsteren Schlucht hinab. An der jenseitigen Schluchtwand luftig auf einem mehrmals unterbrochenen Band nach links und bald an die Stelle, wo die Via Marmòl auf die Via ferrata Zacchi trifft. Weiter über diese hinab zum Wandfuß. Von hier auf gutem Steig in $1/2 - 3/4$ Std. zur Hütte.

Tourenvorschläge für die Verbindung der einzelnen Schiarawege

Ausgangspunkt: Rifugio 7° Alpini

Pala-Schartenweg (96 – 97), Gesamt-Gehzeit etwa 8 Std.

Der Zacchiweg wird im Aufstieg begangen bis zum Bivacco Ugo Dalla Bernardina ($3^1/_2 - 4$ Std.). Abstieg in die Guselascharte und Übergang links auf den Spertiweg. Diesen entlang zwischen Gusela und Nason hindurch, die I. und II. Pala nordseitig (rechts) umgehend über Terrassen und Bänder, durch Scharten und Rinnen auf und ab zur Forcella Sperti. Hier links in die tief eingeschnittene Schartenschlucht hinein, über Leitern und Stufen, durch einen geschlossenen Kamin, an Drahtseilen immer der Bezeichnung folgend hinab bis zum Quergang auf schmalem Band durch die Südwand der Pala II. Nach diesem kommt man bald zum Biv. G. Sperti. Ab hier geht es über den Vorbau, zuerst über Gras mit Steigspuren, dann wieder durch Rinnen und über Wandln mit vielen Klammern, kurzen Leitern und Drahtseilen hinunter zum Ausstieg in etwa 1800 m ($3^1/_2$ Std.).

Vom Ausstieg auf Fußweg über einen Latschenhang hinunter und, einige tiefe Bachläufe querend, zur Hütte (etwa 1 Std.).

Schiara-Überschreitung (96 – 98 – 99), Gesamt-Gehzeit etwa 9 Std.

Der Zacchiweg wird im Aufstieg begangen bis zum höchsten Punkt ($3^1/_2 - 4$ Std.). Nach einer kurzen Rast im Biv. Dalla Bernardina geht man ein kurzes Stück zurück bis zum Wegweiser am Zacchiband, von wo man links aufsteigt über den Bertiweg zum Gipfel der Schiara.

Weiter wie auf Seite 241 beschrieben zur Biwakschachtel Marmòl, etwa $2^1/_2$ Std. von der Biwakschachtel Ugo Dalla Bernardina. Die rote Markierung (Nr. 514) und die blaue Dreieck-Markierung des Dolomiten-Höhenweges führen von hier gemeinsam zur Hütte zurück (3 Std.).

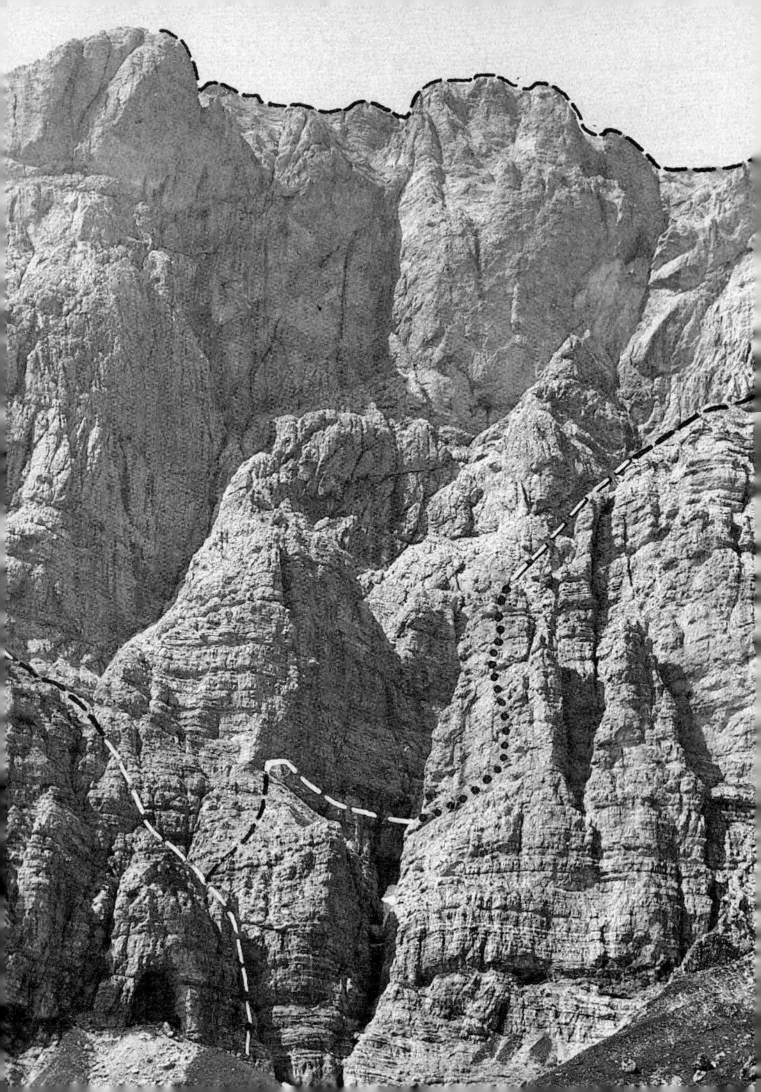

Die große Schiara-Tour (96 – 99 – 98 – 97), Gesamt-Gehzeit etwa 10 Std.

Diese Tour überschreitet von der Marmòl- zur Guselascharte die Schiara und dann weiter die Palakette zur Spertischarte.

Auf dem Zacchi- und Marmòlweg bis zum Marmòl-Biwak auf dem Ostgrat (2280 m, 3 – 3¹/₂ Std.). Dort geht man auf den breiten Geröllrücken hinauf, der links zum Schiara-Vorgipfel emporführt. In westlicher Richtung über den schärfer werdenden Grat, dann über den Vorgipfel (2506 m) hinweg zum Hauptgipfel mit großem Gipfelkreuz, 2565 m. Vom Gipfel geht man weiter in westlicher Richtung dem Bertiweg (98, markiert 504) nach; zuerst über Schutt, dann weiter, etwa dem Westgrat folgend ziemlich unübersichtlich hinunter (gut auf die Markierung achten!). Dieses Wegstück ist von außergewöhnlicher Schönheit: weite Fernsicht, herrliche Blicke auf die Gusela, die Palakette und die tiefen Kare links und rechts davon, das Cordevole-Tal und die wilden Berge des Dolomiten-Naturparks. Der Bertiweg endet dicht links neben der zweiten Biwakschachtel (Dalla Bernardina). 2¹/₂ Std. ab Marmòl.

Von hier steigt man in die Guselascharte (2300 m) hinunter und kommt dort, in westlicher Richtung weitergehend, auf den Spertiweg (97, markiert 504). Dieser schlängelt sich, die schlanke Gusela del Vescova umgehend, zwischen den Gipfeln der östlichen Palakette hindurch bis zur Spertischarte (2250 m). Abstieg durch die nach Süden eingerissene Schlucht, am Spertibiwak (2000 m) vorbei zum Ausstieg (1800 m) und dann auf kleinem Steig zur Hütte zurück.

Alles zusammengenommen fordert diese große Bergfahrt einen langen Tag. Wenn man dabei gutes Wetter hat, wird sie aufgrund der landschaftlichen Eindrücke und der Großartigkeit der Wegführung (obwohl man die eindrucksvollsten Teile des Zacchiweges hier ausläßt) zu einem unvergeßlichen Erlebnis.

Schiara-Ostgrat und Teile der Via Marmòl (rechts). Nach links verläuft die Via Zacchi. *Foto: Th. Hanschke*

Fleimstaler und Vicentiner Alpen

Östlich von Trient liegen die vielbesuchten Bergseen Lago di Caldonazzo und Lago di Levico in einer Höhe von etwa 450 m. Hier beginnt der Fluß Brenta seinen Lauf; er zieht, von Straße und Bahngleis begleitet, durch die breite flache Val Sugana zuerst ostwärts und schwenkt bald gegen Süden, bis er bei Bassano di Grappa das Bergland verläßt und der Poebene entgegenfließt. In weitem gegenläufigem Bogen führt die Autobahn von Trient über Rovereto, Verona nach Vicenza und weiter nach Venedig. Das Bergland, welches die Val Sugana im Nordosten und die Autobahn im Südwesten umschließen, wird unter dem Sammelbegriff „Vicentiner Alpen" zusammengefaßt. Die beiden wichtigsten Bergmassive sind: der Monte Pasubio im Norden und das Felslabyrinth um die Cima Carega im Süden. Obwohl schwer mit den „klassischen" Dolomiten zu vergleichen, bieten die Berge zwischen Val Sugana und Vicenza ein kontrastreiches Programm an Klettersteigen an. Neben den stark begangenen Hauptrouten auf die Cima Carega führen auch bedrückend einsame „Sentieri" auf den selben Gipfel. Die Vicentiner Alpen bieten aber mehr als nur viel Landschaft mit nacktem Fels und einer üppigen Flora. Sie sind ein weit aufgeschlagenes Geschichtsbuch, das von den Resten der Volkskultur der hier seit dem 13. Jahrhundert ansässigen deutschsprachigen „Zimbern" erzählt. Das blutigste Kapitel hat der Erste Weltkrieg geschrieben: Das Schlachtfeld am Pasubio, heute zur „Zona militare monumentale" erklärt, wird regelrecht als Freilichtmuseum bewahrt. Einer Wallfahrt zu einem Kriegsschauplatz gleicht z. B. der Besuch der beiden rassigen Klettersteige auf die Cima Grappa, dem wohl gigantischsten Mausoleum der Alpen. Die Cima Grappa liegt bereits östlich der Val Sugana und verlangt schon weite Umwege über den Südrand der Alpen. Dies gilt auch für die gesicherte Felsenschlucht am Monte Gramolón, die man praktisch nur aus dem „tiefen Süden" erreichen kann. Während die „Rifugi" im Kernraum der Lessinischen Alpen noch mit einiger Regelmäßigkeit von deutschsprachigen Bergsteigern aufgesucht werden, sind auf den nur von Süden erschlossenen Bergen die Italiener praktisch unter sich. Dies gilt erst recht für den einzigen Klettersteig in den Fleimstaler Alpen, wo das Hüttenbuch am Rifugio Ottone Brentani nur wenige deutsche Einträge im Jahr verzeichnet. Diese Fleimstaler Alpen mit der 2847 m hohen Cima d'Asta sind für die Dolomiten völlig untypisch: nicht Kalk, sondern dunkles Urgestein bildet hier den Felsuntergrund, und statt schroffer Felstürme bestimmen runde Kuppen die Landschaft.

110 Gronton, 2622 m, und Cima Bocche, 2745 m, Via attrezzata del Gronton

Fleimstaler Alpen

„Hoch oben auf den Graten . . . gähnen dunkle Kavernenöffnungen, kleben felsige Brustwehren in den Wänden und so manche noch nicht abgezogene Handgranate fand ich – neben Gebeinen – verfaulten Schuhen und Uniformknöpfen in den Kavernen. Nirgends habe ich auf den ehemaligen Frontbergen den Kontrast zwischen den leichtlebigen Skigebieten im Tal und zu den so melancholisch wirkenden Gipfeln – mit ihren schrecklichen Kriegsresten – so erschütternd empfunden wie im Fleimstal und auf seinen Bergen rundum . . ." (Heinz von Lichem: Der einsame Krieg, München 1974, S. 120). Auch heute noch erlebt man auf dieser idyllischen Bergwanderung den Kontrast zwischen Gegenwart und Vergangenheit: Man beginnt seine Tour im Pistengelände, und schon nach kurzer Zeit steht man in der Gipfelregion inmitten von Schützengräben. Das Verkehrsamt Moena hat diesen Weg in die Vergangenheit touristisch vorbildlich erschlossen, die alten Pfade markiert, Biwakhütten und Unterstandsplätze errichtet und einen Steig quer durch die felsige Nordflanke des Gronton mit Seilen gesichert. Das 270 Millionen Jahre alte, dunkle Eruptivgestein zeugt vom vulkanischen Ursprung dieses Bergmassivs. Die gemütliche Halbtagstour bietet auf der kurzen, gesicherten Querung des Grontonkammes zwar keine Klettersteigabenteuer, dafür jedoch unvergleichliche Ausblicke auf alle benachbarten Felsburgen der Dolomiten und einen zum Nachdenken anregenden Gang durch ein düsteres Kapitel unserer Geschichte.

Zugang: Ausgangspunkt ist der Passo di Lúsia, 2055 m, den man am besten mit der Seilbahn „Funivia di Lúsia" erreicht. Die Talstation liegt an der Ortsdurchfahrt von Moena. Von der Bergstation Le Cune, 2203 m, muß man etwa 10 Min. zum Paß absteigen (im Aufstieg 20 Min.). Die Auffahrt mit eigenem Pkw ist erlaubt und auch möglich, wegen der großen Steigung und des schlechten Zustands der schmalen Schotterstraße jedoch nicht allgemein zu empfehlen. Genau 2 km nach der Abzweigung der Straße zum Passo San Pellegrino in Moena führt dieses Schottersträßchen südostwärts empor. Nach 3 km erreicht man das Rifugio Rezila, 1760 m. Wer es seinem Auto bis hierher zugemutet hat, kann auch die restliche Strecke von

2,2 km getrost weiterfahren (insgesamt also 5,2 km Schotter-Steilstrecke mit einigen sehr engen Kehren). Am Passo di Lúsia ausreichend Parkmöglichkeiten. Die Überquerung des Passes, hinab ins Travignolotal, ist ausnahmslos gesperrt.

Aufstieg: Wenige Schritte unterhalb der flachen Paßhöhe vermittelt eine große Hinweistafel sehr genau den Wegverlauf. Man folgt einem alten, sanft ansteigenden, grob gepflasterten Militärweg, der über weites ehemaliges Weidegelände führt. An der ersten flachen Scharte, 2425 m, überblickt man bereits großenteils der weiteren Wegverlauf. In der breiten Mulde zwischen den Bergkämmen liegt der untere der beiden idyllischen Laghi di Lúsia. Man steigt kurz zum See ab, wo das massiv gemauerte Bivacco Sandro Redolf, 2333 m, steht. Nun folgt man den Hinweisen in Richtung „Ferrata" und erreicht nach wenigen Min. Aufstieg die Forcella Caserin, 2363 m. Der „Klettersteig" erweist sich als genußreicher Höhenweg auf breitem, künstlich geschaffenem Band in der Nordwestflanke des Grontongrates. Nach wenigen steileren Kehren steigt dieser Weg nur noch flach an, zieht an verfallenen Unterständen vorbei und berührt im obersten Teil mehrmals den Gratrücken. Aus der kleinen Scharte am Kamm führt nordwärts ein verfallener, jedoch noch gut gangbarer Pfad bis zum Nordgipfel des Gronton. Folgt man dagegen der Markierung südöstlich auf den breiten Grat, gelangt man nach wenigen Minuten zu einem offenen Unterstand etwas unterhalb des Mittelgipfels, 2620 m (die hier weiterführende Markierung trifft bald wieder auf den Klettersteig).
Vor dem Aufstieg zur Cima Bocche muß man kurz in eine Scharte absteigen. Dort an der Forcella Bocche, 2543 m, findet man abermals ein offenes Unterstandshüttchen, diesmal in den Resten eines ehemaligen Schützengrabens. Der mäßig steile Aufstieg zur Cima Bocche führt in seinem oberen Teil mitten durch verfallende Schützengräben. Auf der flachen Gipfelkuppe steht ein Kruzifix. Etwa 50 m südlich findet man noch einmal ein gemauertes Biwak inmitten ehemaliger militärischer Unterkünfte (Bivacco R. Jellici, 2675 m).

Abstieg: a) Wie Aufstieg; oder von der Forcella Bocche bequem über die beiden Laghi di Lúsia zum Bivacco Redolf hinabbummeln und den Klettersteigabschnitt mit einem Gegenanstieg vermeiden.
b) Der Abstieg zum Passo di San Pellegrino, stets auf Weg Nr. 633 über den Col delle Palue, 2267 m, ist landschaftlich sehr lohnend, fordert jedoch die genaue Planung der Rückkehr zum Ausgangspunkt (Omnibusverbindung Passo di San Pellegrino – Moena).

Der Gronton in den Fleimstaler Alpen. Foto: P. Werner

Höhenunterschied: Passo Lúsia – Gronton einschl. Gegenanstieg 657 m, zur Cima Bocche nochmals 202 m.
Länge des Klettersteigs: etwa 1 km.
Gehzeiten: Die Gesamtstrecke Passo Lúsia – Gronton – Cima Bocche – Passo di San Pellegrino ist etwa 10 km lang (5 Std. Gehzeit), die Strecke Passo Lúsia – Cima Bocche und zurück dauert ebenfalls etwa 5 Std.
Schwierigkeit: Gemütliche Bergwanderung mit leichtem gesichertem Höhenweg.
Stützpunkte: Rifugio Passo Lúsia, 2050 m, Tel. 04 62 / 5 31 01, Restaurant und Übernachtung, unterwegs zwei gemauerte Biwaks und zwei offene Unterstände (Schlechtwetterzuflucht).
Techn. Hinweis: Klettersteigausrüstung ist, auch für Anfänger und Kinder, entbehrlich.

111 Cima d'Asta, 2847 m, Sentiero attrezzato Giulio Gabrielli

Fleimstaler Alpen

Von der berühmten, in allen Bergsteigerkreisen bekannten Pala nur durch das Val Cismon getrennt, ist das benachbarte, südwestlich aufragende Massiv der Cima d'Asta scheinbar nur ein Ausflugsziel für die Italiener der südlich angrenzenden Provinzen. Wenn die Neugier trotzdem einen „Nordländer" in dieses alpine Reservat der Vicentiner, Veroneser und Venezianer führt, staunt dieser auch über die sonstigen Gegensätze zur nahen Pala. Keine hellen, schlanken, himmelstrebenden Kalktürme, sondern trutzige Felsmauern aus dunklem Urgestein umrahmen eine Gipfelszene, die sich im Wasser eines tiefblauen eisigen Sees fast unwirklich spiegelt. Auch der, nach dem bekannten Trientiner Kletterer und Maestri-Freund Giulio Gabrielli (er starb in den fünfziger Jahren an der Marmolata-Südwestwand) benannte, Klettersteig führt durch eine ernste, fast schwermütige Urgesteins-Szenerie, die auf uns sehr hochalpin wirkt. Um so überraschender ist der helle, von Gletschereis glattgeschliffene Kalk südlich unterhalb der Gipfelmauern, der auf dem Normalweg ein seltsames Abstiegserlebnis beschert. Wer den Umweg zum südseitigen Zugang nicht scheut, erlebt eine landschaftlich herrliche Tagestour in einem seltsam fremden Umfeld, das mit den verschiedensten Überraschungen aufwartet, jedoch im Vergleich zur Pala nur einen recht zahmen, gesicherten Steig als Aufstiegsalternative bietet. Der Gipfelanstieg ist ebenso wie die einfachere Variante des Normalwegs zwar völlig problemlos, aber dennoch ein lohnendes Erlebnis.

Zugang: a) Der beste Ausgangspunkt ist die Malga Sorgazza, etwa 1300 m, im Val Malene. Die Zufahrt erfolgt aus der Valsugana, also von der Straße Trient – Bassano di Grappa, über Strigno, Bieno und Pieve Tesino; Straßenabzweigung ins Val Malene am östl. Ortsende von Pieve Tesino. Von dort auf schmalem, kurvenreichem Asphaltsträßchen insgesamt 9,3 km bis zur Malga Sorgazza. Nach 5,2 km Abzweigung zum Campingplatz Valmalene, zu dem man nach weiteren 0,8 km gelangt; idealer Ausgangsstützpunkt.
b) Ein möglicher Zugang von Norden ist der Aufstieg aus der Val Cià; vom Rifugio Refavaie, 1115 m, wandert man auf Weg Nr. 380 in 3½ Std. zur Forcella Magna.

c) Als Zugang von Westen kommt auch das Rifugio Carlettini, 1368 m, in Frage, von dem aus man auf Weg 317/326 in 3½ Std. über den Passo Cinque Croci die Forcella Magna erreichen kann.

Aufstieg: Von der Malga Sorgazza führt ein Fahrweg in ½ Std. bis zur Talstation der Materialseilbahn des Rifugio Brentari; mit Pkw befahrbar, jedoch nicht zu empfehlen (teilweise miserabler Zustand, Holzbrücke bedingt befahrbar, winziger Parkplatz). Man wendet sich nun Weg Nr. 380 zu und gelangt in gleichmäßig steigenden, weiten Kehren, zuletzt durch ein weites Trümmerkar, zur Forcella Magna, 2117 m (mehrere Wegabzweigungen). Der Anstieg zum Sentiero attrezzato Gabrielli geht rechts, anfangs steil, empor und führt über einen sehr schönen Höhenweg zu einer gut bez. Wegteilung. Man folgt der Abzweigung nach links (Weg Nr. 330 und 375) und erreicht auf breitem Serpentinensteig den höchsten Punkt dieses Weges. Hier, auf einem winzigen Plateau, führt ein schmaler Pfad leicht rechts bergab. Über ein kurzes Gratstück an den Fuß eines Gratturmes, dort kurz nach links und über gestuften Fels steil empor zum ersten Seil. Das dünne, schon etwas „angejahrte" und stellenweise ausgefranste Seil leitet über eine Steilstufe, dann folgt ein kleines Joch. Danach in der Ostflanke auf ebenem Pfad weiter. Er wechselt kurz in die Westflanke. Die nun folgende, steile Felsrinne wird bis zur halben Höhe auf schuttbedecktem Grund, oft noch neben Altschneeresten, durchstiegen. Im oberen Teil geht es entlang einer Seilsicherung an der linken Wandseite weiter. Vom Ausstieg folgt man einem langen, steilen Pfad bis zu einem schrofigen Kopf. Am Grat führt nun ein sehr schöner, bequemer Bummelpfad zum höchsten Punkt des Klettersteigabschnittes, der Cresta di Socede, 2568 m; einzigartig schöne Sicht auf das Rif. Brentari, den eisigen Lago di Cima d'Asta und die beeindruckenden dunklen Südwände des Gipfelmassivs.

Ein schöner, aussichtsreicher Abstieg auf dem reich gestuften, leichten Gratstück führt in eine kleine Scharte, von der man nach rechts bald das Rifugio Brentari erreicht. Der weitere Aufstieg zum Gipfel leitet, stets tadellos bez., zunächst nördlich in eine Scharte des langen, wildzerklüfteten und klettertechnisch schwierigen Grates. Man steigt jenseits steil zu einem Schneefeld ab. Der Pfad wendet sich nun westwärts und man erreicht über leichtes, gestuftes Felsgelände, teilweise über regelrechte Felstreppchen, von Norden her das Gipfelkreuz, unter dem sich ein spartanisch eingerichtetes Biwak für Kletterer befindet.

Abstieg: Auf dem Anstiegsweg zurück zum Rifugio Brentari. Westlich der Hütte beginnt der Normalweg Nr. 327, der bald zu steilen, schrägen Gletscherschliffen hinunterführt. Die ungegliederten, großen Felsplatten sind zwar durchgehend markiert, ansonsten jedoch vollkommen naturbelassen. Das Gestein ist bei Trockenheit rauh und griffig, bei Nässe jedoch gefährlich glatt und rutschig. In diesem Fall wählt man unbedingt die schon vorher bezeichnete, ostseitige Umgehung, die zwar etwas länger und weniger interessant, dafür aber bei Schlechtwetter sicher ist. Nachdem sich beide Wege wieder vereinigt haben, quert man den Bach und gelangt auf weiten Serpentinenwegen hinab in die Vegetation und zurück zur Talstation der Materialseilbahn, wo sich die großartige Rundtour schließt.

Höhenunterschied: Malga Sorgazza − Cima d'Asta etwa 1550 m (zweimal kurzer Zwischenabstieg von je etwa 100 m).
Höhe des Klettersteigs: Etwa 200 m.
Gehzeiten: Malga Sorgazza − Forcella Magna − Rif. Brentari 4½ Std. (im Abstieg auf dem Normalweg 2½ Std.), Rif. Refavaie − Forcella Magna − Rif. Brentari 6 Std., Rif. Carlettini − Forcella Magna − Rif. Brentari 6½ Std. (Abstiege je etwa 1½ − 2 Std. kürzer), Rif. Brentari − Cima d'Asta etwa 1½ Std. (im Abstieg 1 Std.).
Schwierigkeiten: Wenige, im allgemeinen unschwierige Klettersteigpassagen in hochalpinem Gelände, sehr lange Zustiege. Schlechtwetter, Schnee oder Vereisung können die geringen technischen Schwierigkeiten allerdings erheblich verschärfen.
Stützpunkt: Rifugio Ottone Brentari, 2473 m, 1984 neu errichtet, modern und freundlich, gute Bewirtung und Nächtigung; Bewirtschaftungszeiten sicherheitshalber in der Malga Sorgazza erfragen!
Hinweis: Der ideale Talstützpunkt ist das Camping Valmalene, etwa 1000 m, 800 m neben der Zufahrtsstraße gelegen, etwa 4 km unterhalb der Malga Sorgazza in ruhiger, idyllischer Talsenke angelegt, mit allen Annehmlichkeiten, ganzjährig geöffnet. Tel. (04 61) 59 42 14 / 59 46 27. Von Trient etwa 60 km, von Pieve Tesino 6 km.

115 Croce del Chegùl, 1263 m, Sentiero attrezzato Giordano Bertotti

Trientiner Voralpen

Das bewaldete Massiv des Monte Chegùl gehört zur östlichen Bergumrahmung der Stadt Trient. Im Gegensatz zum seilbahnerschlossenen Monte Bondone ist der Monte Chegùl ein stiller Hausberg ohne irgendwelche Superlative. Auch der kurze, 1978 angelegte Klettersteig in der von Felstürmen durchsetzten Westflanke ist technisch anspruchslos und für Kinder und Anfänger durchaus geeignet. Für den Routinier ist er eine stille Halbtagswanderung mit alpinem Gipfelakzent, die man auch bei schlechterem Wetter als Ausweichtour versuchen kann.

Zugang: Der Passo Cimirlo, 733 m, der Ausgangspunkt dieser Tour, ist von Trient von verschiedenen Seiten und bis Povo über viele, teilweise verwinkelte Anfahrtswege zu erreichen. Der Ortsunkundige muß ein Meister im Kartenlesen sein, wenn er ohne mehrmaliges Fragen die Ansiedlung Povo erreichen will. Von dort ist der Paß allerdings nicht mehr zu verfehlen.

Aufstieg: Vom großen Parkplatz am Passo Cimirlo folgt man der geschotterten Straße in Richtung Rifugio Maranzo 1,7 km weit, vorbei an der Abzweigung des Weges Nr. 411, den man nach 600 m erreicht und den man im Abstieg benützen sollte. Am Abzweig des Weges Nr. 418 deutlicher Hinweis auf den Klettersteig. Ein mäßig steiler Pfad durch den Wald- und Strauchgürtel führt zu den kleinen, bizarren Gipfeltürmen, wo sich die Vegetation etwas lichtet. Nach einem letzten, sehr steilen Wegstück erreicht man eine schräge, gesicherte Felsplatte mit guten Tritten. Eine geknickte Leiter führt problemlos zu einem kurzen schmalen Rücken, auf dem ein steiler grasiger Pfad zum einfachen Gipfelkreuz führt. Auf diesen letzten kurzen Klettersteigpassagen hat man einen eindrucksvollen Blick in die „Busa del Vent", einen riesigen Felsspalt, der als „Windloch" bekannt ist.

Abstieg: Vom Gipfelstock steigt man auf einer kleinen Holzbalkenbrücke über einen tiefen Felsspalt zu einem alten Gedenkstein hinüber. Der Pfad Nr. 426 leitet nun gut markiert durch den Laubwald empor zur Wegteilung, von der man nach links, nordwärts, absteigt

Der Chegùl bei Trient von Westen. Foto: P. Werner

oder nach rechts, südlich, zu den Gipfeln Chegùl, 1454 m, und La Marzola, 1738 m, weitergehen kann (sehr lang). Beim weiteren Abstieg achte man sehr genau auf die Markierungen dieses Weges 411, da, besonders im unteren Teil, mehrfach Fahrwege und andere Pfade abzweigen und kreuzen. Man erreicht die Fahrstraße 600 m vor dem Parkplatz.

Höhenunterschied: Passo Cimirlo 733 m – Croce del Chegùl 1263 m.
Gehzeiten: Passo Cimirlo – Croce del Chegùl 1½ – 2 Std.
Schwierigkeit: Kurze, problemlose Klettersteigstelle vor dem Gipfel.
Stützpunkt: Keiner.
Hinweis: Das Rifugio Maranza, 1167 m, kann auf guter Schotterstraße problemlos mit dem Auto erreicht werden; Restaurantbetrieb, gegebenenfalls Übernachtungsmöglichkeit.

116 Val Scura, Piazzo Alto, 1291 m, Sentiero Clemente Chiesa

Trientiner Voralpen

Die Berge zwischen Trient und Bassano di Grappa werden durch eine breite, flache Talfurche, die Valsugana, getrennt, an deren Scheitel die idyllischen Seen von Caldonazzo und Levico eingebettet sind. Sie bilden die Hauptquellen des Flusses Brenta, in den sich bald auch reißende Sturzbäche aus den nahen Bergschluchten ergießen. Durch eine dieser wildromantischen Schluchten, die Val Scura, führt ein gesicherter, jedoch weitgehend naturbelassener Steig. Er erschließt auf kurzer Strecke eine Welt voller Naturwunder. Im oberen Schluchttrichter sind es mächtige Felsfaltungen und Erosionsgebilde – ein „Lehrbuch der Geologie". In den tieferen Partien entzückt eine seltene Flora, das Rauschen und Gurgeln des stürzenden Wildwassers sowie das Tosen sprühender Wasserfälle sorgen für akustische Untermalung. Mehr als ein Dutzend Mal muß der Wildbach ohne jede Brücke überquert werden, und bei den kühnen Sprungmanövern gibt es ebensoviel Gaudi wie nasse Schuhe. Eine amüsante, sehr lohnende und abwechslungsreiche Halbtagsunternehmung! Ein richtiggehendes Klettersteigabenteuer sucht man zwar vergebens, dafür kann man jedoch auch Anfänger und Halbwüchsige für die Val Scura begeistern.

Zugang: Etwa 20 km östlich von Trient befindet sich die komplizierte Ortszufahrt Levico Terme und Caldonazzo. Die nächste, allerdings sehr unauffällige Straßenabzweigung liegt nur etwa 500 m östlich und ist südwärts mit der Ortsbezeichnung Quaere gekennzeichnet. 1,8 km südlich davon befindet sich das (nicht entsprechend beschriftete) Albergo dalla Vedova, ein vielbesuchtes Speiselokal mit großem Parkplatz. 200 m weiter südwärts bergan, an der ersten Kehre, findet man den deutlichen Weghinweis auf die Val Scura (Weg Nr. 233, zugleich E 5). Hier sehr beschränkter Parkplatz.

Aufstieg: Schon nach wenigen Schritten ist die Schlucht erreicht. Das Bachbett wird mehrmals übersprungen. Der Steig leitet, öfter die Talseiten wechselnd, nur mäßig steil im Grund der Schlucht empor. Erst in der zweiten Weghälfte, wo die Hauptschlucht etwas nach links zieht, wird es steiler. Einige Seilsicherungen, zwei Holzbrückchen und ein paar flache, kurze Eisenleitern führen an der linken Steilflanke der Schlucht zu einem Wasserfall, unter dem man abermals quert. Über ein steiles Kar erreicht man den zweiten Wasserfall, dessen Auffangbecken besonders kühn gequert werden muß. Ein letzter kurzer Aufstieg führt zu einem flachen Waldweg. Man geht an den privaten Ferienhäuschen vorbei und wendet sich nach rechts, zur Autostraße. Dort nach links in wenigen Min. zum Albergo Monte Róvere, 1255 m (Restaurant).

Abstieg: a) wie Aufstieg.
b) Über den sog. Kaiserjägerweg (Weg Nr. 202) in vielen flachen Kehren problemlos zurück zum Ausgangspunkt.

Höhenunterschied: Albergo dalla Vedova – Albergo Monte Róvere etwa 750 m.
Gehzeiten: Albergo dalla Vedova – Albergo Monte Róvere 2½ Std., Abstiege jeweils etwa 1½ Std.
Schwierigkeit: Kurze, unschwierige Klettersteigpassagen, nicht exponiert.
Stützpunkte: Albergo Monte Róvere, 1255 m (Restaurant).
Hinweis: Für geübte Klettersteiggeher ist Klettersteigausrüstung entbehrlich! Die Tour ist auch für Anfänger und Kinder geeignet.

Franz Hauleitner/Hannsjörg Hager
Auswahlführer Dolomiten Band West
52 ausgewählte Bergwanderungen zwischen Brixen und Feltre

2. Auflage 1985

Zu beziehen durch alle Buchhandlungen
Bergverlag Rudolf Rother GmbH · München

117 Sentiero alpinistico attrezzato delle Cinque Cime dedicato a Gaetano Falcipieri

Monte-Pasubio-Massiv

Über den Pasubio verlief im Ersten Weltkrieg eine heiß umkämpfte Frontlinie. Das Mausoleum nahe der Paßhöhe Pian delle Fugazze ist eines der erschütterndsten Mahnmale dieses Krieges. Der mächtige Turmbau birgt in seinem Ossuarium die Schädel Tausender gefallener Italiener. Eine Besteigung der Turmspitze eröffnet auch instruktive Einblicke auf den einstigen Schauplatz des blutigen Geschehens, die Berge des südlichen Pasubiomassivs.

Das monumentale Gegenstück zum Mausoleum ist die noch heute vollständig erhaltene „Strada della 1. Armata" oder „Strada delle 52 Gallerie", eine schmale Tunnelstraße, die mit 6555 Meter Länge vom Ausgangspunkt Bocchetta Campiglia, 1219 m, bis zur Porte del Pasubio, 1934 m, emporführt. Mit Einsatz von vielen Tonnen Dynamit wurde unter Capitano Corrado Picone dieser Nachschubweg für die Gipfelstellungen in der unglaublich kurzen Zeit von Februar bis Dezember 1917 aus der südseitigen Felsflanke des südöstlichen Gipfelkammes gesprengt.

An schönen Sonn- und Feiertagen pilgern hier die Italiener mit Taschenlampen zu Hunderten zum gastlichen Rifugio, das nach dem General Achilleo Papa benannt ist und dessen Umfeld von martialischen Erinnerungen strotzt. Auf dem recht harmlosen Gipfelkamm wurde von der Alpenvereinssektion Vicenza ein amüsanter Höhenweg angelegt, dessen schwierigere Stellen ausreichend gesichert sind. Zusammen mit dem Abstieg durch die Tunnelstraße ist dieser Klettersteig eine lohnende und interessante Unternehmung.

Zufahrt: Im Stadtkern von Rovereto folgt man den Wegweisern nach Vicenza und erreicht auf kurvenreicher, landschaftlich interessanter Strecke durch das Vallarsatal nach 28 km den Passo Pian delle Fugazze, 1162 m. Nach weiteren 3,1 km von dieser Paßhöhe abwärts erreicht man die Brücke Ponte Verde, 901 m, mit Wirtshaus. Jenseits der Brücke führt eine sehr gut befahrbare Schotterstraße nordwestlich bergauf zum Passo Xomo (Colle Xomo), 1058 m, Einmündung der teilweise asphaltierten Verbindungsstraße zweier Täler, kleines Wirtshaus (meist geschlossen). Von hier fährt man (trotz Verbotszeichens) nach links, ostwärts, auf der etwas ver-

Die Route führt weitgehend über den Grat und weicht stellenweise nach Norden oder Süden aus. *Foto: P. Werner*

kommenen Schotterstraße in Richtung Porte del Pasubio noch 1,5 km weiter bis zur Bocchetta Campiglia, 1216 m, ein kleiner flacher Sattel mit Parkplatz. Dort beginnt die berühmte „Strada delle 52 Galerie", ein weithin beliebtes Wanderziel, für Klettersteiggeher idealer Rückweg oder auch Alternative bei Schlechtwetter (bis zum Rif. A. Papa 2¾ Std.).

Aufstieg: Der Beginn des Klettersteigpfades befindet sich etwa 30 m oberhalb der gelben Gedenktafel für die Erbauer der Galleriestraße (Weg-Nr. 50, Hinweistafel). Der Pfad führt deutlich und ausreichend bezeichnet steil in den dichten Laubwald, wo man bald die Widmungstafel und erste Steighilfen an kurzen Felsstellen erreicht. Ein kurzer, senkrechter Kamin wird am Stahlseil erklettert, der erste Vorgipfel der Sogli di Campiglia ist bald erreicht. In einer Einsattelung steht man nur wenige Meter zwischen Tunnel 9 und 10 der Tunnelstraße und könnte hier „umsteigen". Steiler durch lichten Wald hinauf. Über eine mäßig steile Felsstufe führen gute Sicherungen an den Fuß der jäh aufragenden Felsen der Guglia del Bovolo. An einer 16 m hohen Leiter überwindet man die einzige senkrechte Wandstelle der Route. Ein natürliches Band führt gut gesichert schräg nach rechts oben weiter bis zu einem kurzen Kamin. Danach erreicht man mit einem gemütlichen Gratbummel, teilweise durch Latschen, ein steileres Geröllfeld. Von dort zur Bella Laita, 1881 m, dem ersten der fünf Gipfel. Problemlos weiter zur Cima Cuaro, 1939 m. Der steilere, felsige, aber gut gestufte Abstieg (Stahlseil) führt zu einem flachen, breiten Joch, die Forcella Camossara, 1875 m. Südwärts sind es nur einige Minuten zur Tunnelstraße, die man über einen Pfad erreichen kann. Nördlich dehnt sich weites, bis in den Frühsommer verschneites Gelände. Auch hier ist ein Abstieg zur Fahrstraße möglich. Über leichten Fels, zuletzt über gestufte, gesicherte Grataufschwünge gelangt man auf den dritten Gipfel, den Monte Forni Alti, 2023 m, mit zahlreichen Resten ehemaliger Kriegsstellungen. Vom Gipfelkreuz bummelt man nun, an Stellungsresten vorbei, zum flachen Passo Fontana d'Oro. Der Steig verläuft teilweise neben der Tunnelstraße. Ein kurzes, schönes, natürliches Felsband leitet über in weites Gelände, dann geht es durch einen kurzen Tunnel, der zu einer kurzen, gesicherten Abstiegspassage führt. Nun problemlos weitgehend parallel zur Tunnelstraße über Felsbänder und harmlose Grate bis zum kavernendurchhöhlten Cimon del Soglio Rosso, 2040 m, dem vierten und höchsten Gipfel. Kurz vor dem Ende des Steiges überschreitet man noch die Cima dell'Osservatorio, 2027 m, mit einer originellen Panoramaterrasse. Das Rifugio A. Papa ist nun in wenigen Minuten erreicht.

Abstieg: a) Die Tunnelstraße bietet ein ideales Abstiegskontrastprogramm, dessen Faszination sich niemand entziehen kann. Die Straße ist genau 6,55 km lang und führt zum Ausgangspunkt. Eine Taschenlampe ist nötig.
b) Ein weiterer, gemütlicher Abstieg ist an der Nordseite über die Fahrstraße möglich, die nach 6,5 km zum Ausgangspunkt Bocchetta Campiglia führt.

Höhenunterschied: Bocchetta Campiglia 1216 m − Cimon dell Soglio Rosso 2040 m.
Gehzeiten: Bocchetta Campiglia − Rif. A. Papa über den Klettersteig 5 Std., über die Tunnelstraße im Aufstieg 2¾ Std., im Abstieg 2¼ Std.
Schwierigkeit: Relativ geringe technische Anforderungen, mit Ausnahme der einzigen Leiter kaum ausgesetzt, jedoch große Weglänge.
Stützpunkt: Rifugio Achilleo Papa, 1928 m, im Sommer bewirtschaftet.
Hinweis: Bei Gewitter gewähren die Tunnels guten Schutz. Unbedingt sehenswert ist das „Sanctuario Militare del Pasubio", 1217 m, vom Passo Pian delle Fugazze 2 km entfernt.

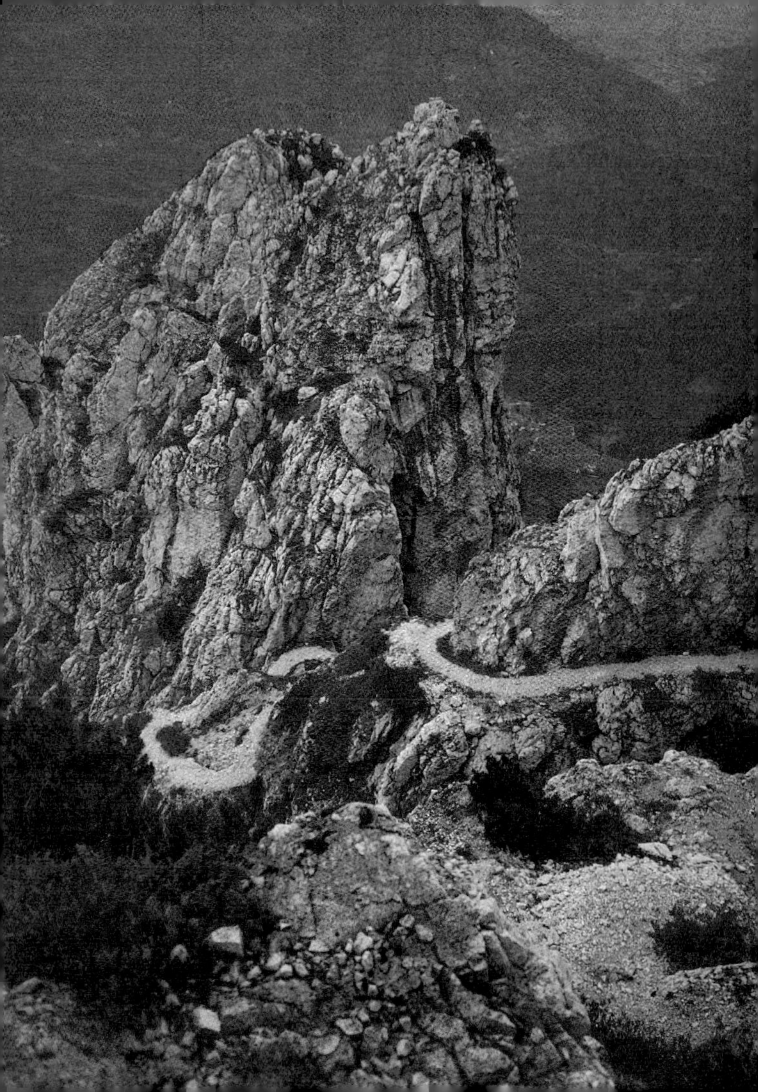

118 Monte Cornetto, 1899 m, und Monte Baffelan, 1793 m, gesicherte Steige

Lessinische Alpen

Cornetto und Baffelan sind die beiden höchsten Gipfel im Sengio-Alto-Kamm, der sich vom Passo Pian delle Fugazze südwärts bis zum Passo di Campogrosso erstreckt. Aus den weiten Almwiesen wirkt dieser wildzerklüftete Felskamm recht bescheiden, im Inneren entfaltet er jedoch eine geballte Szenerie kühnster alpiner Formen. Durch das verwirrende Labyrinth von Wänden und Schluchten, Pfeilern und Türmen ziehen ehemalige Kriegssteige, die streckenweise durch Tunnels geführt wurden. Zusammen mit einer Reihe von neueren Zustiegen hat dieser kurze Felskamm ein so dichtes Wegsystem, daß es schwierig ist, die beiden Hauptgipfel auf der erlebnisreichsten Route „aufzufädeln". Wer den vorgeschlagenen Routenverlauf wählt, erlebt im Zuge einer kurzen Tagestour sicherlich ein Höchstmaß an Eindrücken, nur – eisenhaltige Klettersteigpassagen wird man vergeblich suchen. Trotzdem ist dieses Felsrevier auch für Klettersteiggeher mehr als nur ein Ausweichziel. Auf vielen Passagen fühlt man sich ein wenig an den Sextener Alpiniweg oder gar an die Brenta erinnert.

Zugang: Am besten vom Rifugio Tonio Giuriolo am Passo di Campogrosso, 1457 m, südlich des Passo Pian delle Fugazze, 1162 m (27 km östlich von Rovereto).

Aufstieg: Direkt am Rif. Tonio Giuriolo führt der Weg 13/14/E5 nordwärts. Man erreicht den Kamm am schnellsten, wenn man vom flachen „Sentiero naturalistico" an der Südostseite auf den steilen Serpentinenweg in der Ostflanke abzweigt (undeutliche Weggabelung). Wer einen Umweg nicht scheut, wird allerdings zuerst den kühnen Felsturm „Sisilla", 1621 m, nördlich des Rifugio besteigen – schon von unten sieht man am Gipfel eine große Madonnenstatue! Der Aufstieg erfolgt am besten von der Südwestseite. Direkt

Monte Cornetto. *Foto: P. Werner*

beim riesigen Elektromast mit der Nr. 285 führt ein unbez. Steig steil in 10 – 15 Min. zu einem schmalen Joch im Kamm, von dem aus ein Seilgeländer die wenigen Meter zum Gipfel sichert. Bei der lebensgroßen, schneeweißen Madonna (mit Blitzableiter in der Metallkrone!) großartiger Aussichtspunkt.

Vom Joch muß man nun allerdings wieder ostwärts bis zum „Sentiero naturalistico" absteigen, um den Weg Nr. 14 zu finden. Hat man diesen ersten kurzen Serpentinenanstieg zum Hauptkamm hinauf hinter sich, sieht man bereits die Gipfelkreuze am Baffelan und Cornetto, und der Weg Nr. 14 zieht sich nunmehr wie ein Rückgrat bis zum Hauptgipfel. Zunächst hinab in ein kleines Joch mit Wegverzweigung (von links unten kommt ein Steig über die Westflanke empor). Die beiden hier nordwärts führenden Wegvarianten kommen nach wenigen Minuten am Felsansatz des Baffelan wieder zusammen. Abenteuerlicher ist der Weg auf der Ostseite. Auf die Cima Baffelan führt ein kurzer, einfacher und anregender Kletterpfad empor, ausreichend bez., nicht gesichert (!); der Aufstieg ist unbedingt lohnend. Vom Felsansatz des Baffelan nordwärts hinab in eine steile, aber gut gangbare Schlucht, aus der auf halber Höhe der Weg nach links auf ein Band hinausführt und zur nächsten Wegkreuzung leitet (westwärts Abstieg Campogrosso, ostwärts steiler Abstieg „Boale" zur Straße). Nun folgt das zentrale Wegstück, das durch mehrere Tunnels eröffnet wird. In stetiger, aber kaum merklicher Steigung auf Felsbändern entlang gähnender Schluchten in der Ostflanke spannend und abwechslungsreich bis zum Passo dei Onari, 1772 m, mit Wegabzweigung „Salletta N.O.". Zwischen wilden Felszacken, Pfeilern und Türmen geht es nun durch drei Tunnels steiler empor bis zu einer kleinen Wegausweitung mit mehreren Gedenktafeln (hier nordwärts Abstiegsmöglichkeit auf Weg Nr. 15 zur Straße). Links, westwärts, an Ketten etwa 20 m durch eine seichte Rinne südlich empor in Richtung Gipfel („Vetta"). Ein bequemes Band führt zu einer kurzen erdigen Rinne. Am Ausstieg sieht man bereits das Gipfelkreuz vor sich; der Abstecher von hier zum höchsten Punkt ist kurz und einfach (keine Gipfelüberschreitung!).

Abstieg: In jedem Fall zurück zur erdigen Rinne, doch hier links vorbei und auf Weg Nr. 45 in vielen Kehren aussichtsreich hinab zu einer Wegteilung am Kamm, wo man auf den E5 trifft. Nach rechts, nordostwärts, führt der E5 zum Pian delle Fugazze hinab, links, westwärts, zur Malga Boffetal (Sette Fontane). Fast rückläufig, also südwärts (Hinweis Baffelan) steigt hier jener Weg „Seletta N.O." an, dessen oberes Ende am Kamm bezeichnet ist. Begeht man diesen

Weg nur wenige Meter, so zweigt schon bald ein Steig westlich ab, der bequem und sehr schön direkt zur Malga Boffetal hinabführt. Wer genug Zeit hat, sollte allerdings den „Seletta N.O." noch ein Stück emporsteigen, wenigstens bis zum letzten Tunnel – ein verwegenes, landschaftlich grandioses Wegstück, das die eindrucksvollste Steilschlucht des gesamten Wegnetzes quert!
Von der Alm führt nun der E5 sehr schnell links von der Schotterstraße ab und gut bez. über das Hochplateau mit herrlicher Flora leicht steigend zurück zum Ausgangspunkt Campogrosso.

Höhenunterschiede: Rif. Tonio Giuriolo 1456 m – Baffelan 1793 m, Cornetto 1899 m; mit allen Gegenanstiegen und Gipfeln ergibt sich ein Gesamthöhenunterschied von etwa 600 – 650 m.
Gehzeiten: Gesamtstrecke etwa 6 Std., davon Abstieg und Rückweg etwa 1½ Std.
Schwierigkeit: Nur sehr wenige und kurze gesicherte Stellen, ansonsten Bergwanderung, für die Schwindelfreiheit und Trittsicherheit ausreichen.
Stützpunkt: Rifugio Tonio Giuriolo am Passo Campogrosso, 1456 m, ganzjährig bewirtschaftet, große Zahl einfachster Zimmer.
Techn. Hinweis: Die übliche Klettersteigausrüstung ist vollkommen zu entbehren, Taschenlampe nicht unbedingt erforderlich. Bei entsprechender Vorsicht auch bei schlechterem Wetter gangbar.
Kult. Hinweis: Das Ossario del Pasubio, 2 km westlich des Passo Pian delle Fugazze, eine gewaltige Kriegergedächtnisstätte, ist unbedingt sehenswert!

**Für Bergwanderungen und Bergtouren
FÜHRER und KARTEN aus der**

Bergverlag Rudolf Rother GmbH · München

Zu beziehen durch alle Buchhandlungen
Verlangen Sie bitte unverbindlich einen Gesamtprospekt!

119 Cima Carega, 2259 m, Via ferrata Carlo Campalani

Lessinische Alpen

Der höchste Gipfel der Lessinischen Alpen, von mehreren Seiten leicht und bequem zu erreichen, ist naturgemäß ein vielbegangenes Bergziel. An den Wochenenden strömen Italiener aus den großen Städten der voralpinen Ebene mit Kind und Kegel zur Gipfelhütte, und auch an den Wochentagen ist auf dem Europäischen Fernwanderweg 5 oft ein reges Kommen und Gehen. Um in der Nähe des flachen Südrückens einen attraktiven Klettersteig zu schaffen, mußte man sich schon in den senkrechten Felswänden des südlichen Vorgipfels umsehen. Dort fand man allerdings eine verwegene Führe, die auch nach Anbringen solider Fixseile zumindest in den untersten Partien sehr schwierig und anspruchsvoll zu begehen ist. Das Ergebnis ist ein kurzer, aber „gepfefferter" Abstecher in den Bereich der Vertikale inmitten eines eher familiären Bergwandererambientes. Wem dies zu wenig ist, hat an diesem Berg eine ungeahnte Möglichkeit, einen Tag mit abwechslungsreichen und teilweise auch überraschend schwierigen Klettersteigerlebnissen randvoll zu füllen – der Sentiero alpinistico Cesare Battisti (R 120) bietet Einsamkeit, Abwechslung und Länge, die Via ferrata Giancarlo Biasin ist allerdings noch merklich extremer angelegt als die Via ferrata Campalani! (s. Tour 121 und 119). Um diese drei Klettersteige an einem Tag zu begehen, bedarf es nicht nur einer gepflegten Kondition, man muß die Unternehmung auch sorgfältig planen. Die erstaunliche Zahl von gastlichen Hütten am Fuß des Bergmassivs (Rif. T. Giuriolo im Norden, Rif. C. Battisti im Osten, Rif. Revolto im Süden), an den Ausgangspunkten (Rif. Passo Pértica und Rif. Scalorbi) und schließlich sogar am Gipfel (Rif. Fraccaroli) macht dieses Unternehmen jedoch möglich. Die reichlichen Spaghettiportionen in allen Höhenlagen ersparen das Mitschleppen von überflüssigem Gepäck, und wer die beiden senkrechten Führen vollkommen unbeschwert genießen will, kann sogar sein gesamtes Gepäck in einer der Hütten kurzfristig deponieren. – Die Cima Carega war kein Kampfgebiet, sondern nur militärische Nachschublinie; aber die Hütten und Wege

Oben: Costa Media „Campalani-Klettersteig" von Vallone di Campobrun.
Unten: Carega-Zinne mit Fraccaroli-Hütte. *Foto: Giuseppe Magrin*

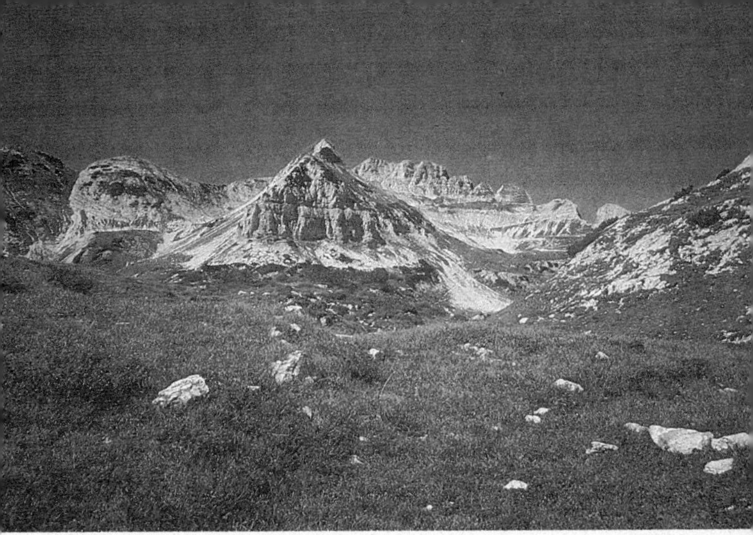

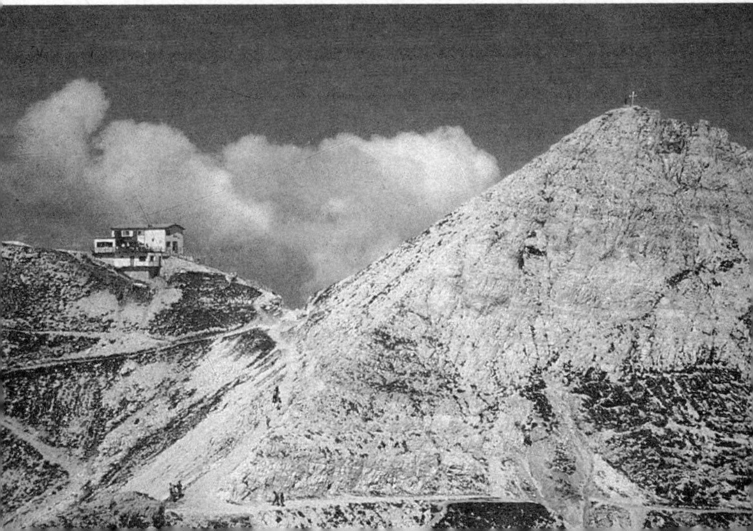

sind zum Teil nach italienischen Kriegshelden benannt. Im Gegensatz dazu stehen die neuerlichen Bemühungen, die Reste der Volkskultur der hier seit dem 13. Jahrhundert ansässigen deutschsprachigen Zimbern zu erhalten und zu rekultivieren. Das 1972 eingerichtete Heimatmuseum von Giazza („Ljetzan") vermittelt den besten Einblick in die Geschichte und Kultur dieses einzigartigen völkischen Reliktes.

Zugang: a) Der höchstgelegene, mit eigenem Auto erreichbare Ausgangspunkt ist das Rifugio Tonio Giuriolo, 1456 m, am Passo Campogrosso, 6,5 km südlich des Passo Pian delle Fugazze, 1162 m (gute Asphaltstraßen von Rovereto); zugleich bester Zugang von Norden.
b) Der Zugang von Süden erfolgt von der Autobahnstrecke Verona – Vicenza. Etwa 15 km östlich von Verona führt die Straße über Tregnago, 317 m, und Giazza, 758 m, bis zum Rifugio Revolto, 1320 m, geradewegs nordwärts (etwa 26 km). Von dort wandert man auf der für Kfz gesperrten Fahrstraße zum Passo Pértica, 1522 m, Ausgangspunkt für den Klettersteig Giancarlo Biasin auf die Cengia Pértica (s. Tour 121) und für den Sentiero alpinistico Cesare Battisti (s. Tour 120). Die Fahrstraße endet am Rifugio Scalorbi, 1767 m.
c) Ein möglicher Zugang zum Passo Pértica führt auch von der Autobahnausfahrt Ala-Avio nach Ala und von dort durch das gleichnamige Tal bis nach Ronchi, 707 m, und weiter bis zum Maso Michéi, 813 m. Von hier etwas langwierig zu Fuß in 3¾ – 4 Std. zum Passo Pértica.

Aufstieg von Norden: Vom Rifugio Tonio Giuriolo, 1456 m, wenige Schritte westwärts und an deutlichem Wegweiser südlich auf Weg Nr. 7 (Europ. Fernwanderweg 5). Zunächst sehr gemütlich und nur leicht ansteigend über den flachen Passo Buse Scure, 1475 m, und die Sella del Rotolòn, 1523 m, bis zur Abzweigung des Weges Nr. 6/105 (Vaio Scuro). Bald wird es steiler; nach vielen anstrengenden Serpentinen durch das weite, teilweise begrünte Kar erreicht man die Bocchetta dei Fondi, 2015 m. (Lohnender Abstecher nach links zum Gipfel des Obante möglich, markiert, 15 – 20 Min.) Man hält sich nun rechts und gelangt über ein kurzes gutmütiges Felsband mit Seilsicherung in die grasigen Südflanken der Cima Mosca. Ein schöner Höhenweg führt fast eben zur Bocchetta Mosca, 2029 m, wo der wilde Steig Nr. 8 heraufkommt. Von hier führt ein ehemaliger Militärweg in Serpentinen zum Gipfel.

Der Weg wird von steileren Abkürzungen gequert. Man hält sich auf dem flachen Wegstück links bis zur ersten Kehre. Hier findet man auf einem auffallenden Stein links den grünen Hinweis „ANA". Man folgt dem Pfad geradeaus – nach wenigen Schritten quert schräg ein anderer Pfad! – und erreicht fast eben in 5 Min. den Einstieg zum Klettersteig, der sich auf einem Grasband am Fuß senkrechter Felsabbrüche befindet. Klammern führen in einen senkrechten Riß, aus dem man nach wenigen Metern sehr luftig rechts hinausqueren muß. Hat man das weiter oben hängende „Anschlußseil" in der Hand, ist die schwierigste Stelle schon gemeistert. Über sehr steile, aber griffige Wandpartien geht es nun weiter nach rechts. Ein senkrechter Kamin wird anstrengend am Seil erklettert. Dann problemlos zu einem Pfad, der auf den Südgrat des Vorgipfels (Spallone) emporführt. Von dort in wenigen Minuten zum Rif. Fraccaroli, 2238 m, und zum Gipfelkreuz.

Aufstieg von Süden: Vom Rif. Scalorbi auf Weg Nr. 112/290 zur Bocchetta Mosca, 2029 m, und von dort wie beim Nordaufstieg beschrieben weiter. Wer sich tiefer unten links hält, kommt auf grün bez. Pfad ebenfalls direkt an den Wandfuß und zum Klettersteig.

Abstiege: a) Wie Aufstieg von Süden bzw. von Norden.
b) Über den Sentiero alpinistico Cesare Battisti (nur zu empfehlen, wenn der Aufstieg von Süden erfolgte).
c) Wer den Abstieg von Norden besonders abwechslungsreich gestalten will, steigt zunächst bis zur Bocchetta Mosca, 2029 m, hinunter und folgt dort dem bequem abwärtsführenden Weg Nr. 6. Kurz bevor dieser ehemalige Kriegsweg zum Rif. Scalorbi hinabführt, leitet nordwärts, nach links, die Markierung 6 steil hinab; über den „Sentiero Alto" erreicht man schließlich, 1/2 Std. vor dem Ausgangspunkt am Campogrosso, den Weg Nr. 7 (E5).

Höhenunterschied: Campogrosso – Cima Carega 800 m, Rif. Revolto – Cima Carega 925 m, Rif. Battisti – Cima Carega 1000 m, Maso Michéi – Cima Carega 1450 m, Gegenanstiege!
Gehzeiten: Campogrosso – Cima Carega 6 1/2 Std., Rif. Revolto – Cima Carega 5 1/2 Std., Rif. C. Battisti – Cima Carega 7 Std., Maso Michéi – Cima Carega 7 Std. (jeweils über Via ferrata Campalani).
Schwierigkeit: Leichte, lange Bergwanderung; Klettersteig sehr kurz, aber besonders anspruchsvoll, anstrengend und luftig.
Stützpunkte: Am Gipfel Rif. Fraccaroli, 2241 m; bei Aufstieg oder Abstieg von Süden gegebenenfalls Rif. Scalorbi, 1767 m; Rif. Passo Pértica, 1522 m, Rif. Revolto, 1336 m.

120 Cima Madonnina, 2232 m, und Cima Carega, 2259 m, Sentiero alpinistico Cesare Battisti

Lessinische Alpen

Wer die Cima Carega auf dem vielbegangenen Europäischen Fernwanderweg 5 erwandert hat und sich zu einer nochmaligen Besteigung aufmacht, diesmal durch die wildromantische Westflanke, hat fast auf dem gesamten Weg das Gefühl, an einem anderen Berg unterwegs zu sein. Bereits hinter dem Passo Pértica, wenige Meter nach einer breiten Fahrstraße, befindet man sich mit wenigen Schritten auf luftigem Felsband in senkrechter Wand und bald darauf in einsamen Karen und Schluchten. Man quert schrofige Rippen und Sporne in den steilen Westabstürzen und muß manchen unüberschaubaren Zwischenabstieg in lehmigen Rinnen durch den dichten Latschengürtel in Kauf nehmen. Völlig überrascht genießt man schließlich den langen Aufstieg am griffigen Fels einer weiten Verschneidung. Einsam wie am ersten Stahlseil an den Bändern der Cengia Pértica steigt man endlich durch den unberührten Blumenteppich der Steilgrashänge bis zur Madonnenstatue auf dem Vorgipfel, wo das dünne Gipfelbuch recht spärliche Begehungen verzeichnet. Erst auf dem Hauptgipfel taucht man wieder in den Trubel. Dieser einsame, streckenweise raffiniert angelegte Steig mit seiner rassigen Klettersteigführe ist landschaftlich zweifellos packender und kontrastreicher, aber auch anspruchsvoller und anstrengender als jeder andere Weg auf die Cima Carega. Wer es schafft, die kurzen, aber extremen Klettersteigführen „Biasin" (Tour 121) und Campalani (Tour 119) in diese Tour einzubauen, hat ein Maximum an Kontrast und Abenteuer an diesem ansonsten eher beschaulichen Berg geschafft.

Zugang: a) Die Zufahrt von Süden wird von der Autobahnstrecke Verona – Vicenza erreicht. Etwa 15 km östlich von Verona führt die Straße über Tregnago, 317 m, und Giazza, 758 m, bis zum Rifugio Revolto, 1320 m, geradeaus nordwärts (etwa 26 km). Von dort wan-

---

Der Sentiero Cesare Battisti: Faszinierende Querung zu Beginn des Klettersteiges. *Foto: P. Werner*

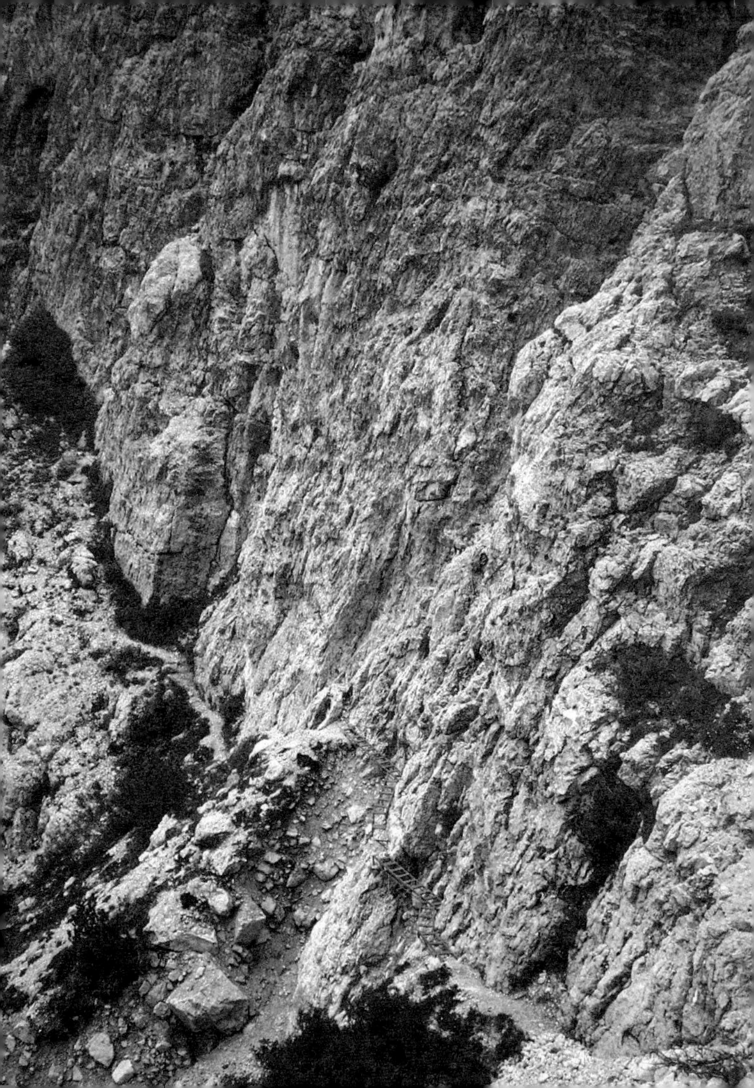

dert man auf der für Pkw gesperrten, breiten Schotterstraße in 1 Std. bis zum Passo Pértica, 1530 m; hier ist auch der Ausgangspunkt für die Via ferrata Giancarlo Biasin (s. Tour 121).
b) Als Zugang von Norden kann man auch das Rifugio C. Battisti empfehlen; Zufahrt gegebenenfalls vom Passo Campogrosso, 1464 m, über Recoaro Terme. Vom Rifugio Battisti gelangt man durch die verwegene Schlucht des Passo Pelegatta in 1½ Std., oder weniger abenteuerlich, über die Forcella dell'Uomo e Dona in 2 Std. zum Rifugio Scalorbi, 1767 m, von wo man nun allerdings etwa 1 Std. zum Passo Pértica, 1522 m, absteigen muß.
c) Ein möglicher Zugang von Westen zum Passo Pértica führt von der Autobahnausfahrt Ala-Avio nach Ala und von dort durch das gleichnamige Tal nach Ronchi, 707 m, und weiter bis zum Maso Michéi, 813 m. Von hier auf dem Weg 109 hinab zum Weiler Case Schincheri, 815 m. Weiter zur Malga Brusa, hinunter in die Schlucht zwischen Val Penez und Casèl, dort wieder empor und durch Wald bis zur Sorgente Piccolotta, 897 m. Von dort in steilen Serpentinen zum Passo Pértica (Gehzeit 3¾ – 4 Std.).

Aufstieg: Direkt an der Nordseite des Rif. Passo Pértica befindet sich der Weghinweis auf beide Klettersteige. Wer 1 Std. Zeitreserve und genügend Training hat, klettert zuerst den sportlichen Riß an der Südwand der Cengia Pértica (s. Tour 121). Der Sentiero alpinistico Cesare Battisti führt von der Hütte westwärts, wenige Schritte gleichlaufend mit dem Abstieg nach Ronchi, zweigt aber sofort nordwärts ab und leitet sehr eindrucksvoll in weitem Bogen auf schmalen Bändern über einem tiefen Abgrund (Seilsicherungen) quer durch die senkrechte Westwand der Cengia Pértica. Anschließend quert der Steig, zunächst steigend, in gegenläufigem Bogen ein weites Kar, dann betritt man über einige originelle Eisenbrückchen ein Geröllband am Fuß mächtiger Felstürme. Hinter dem letzten Turm sehr steil auf grasigen Serpentinen und an kurzen, gesicherten Felsabsätzen empor. Ein langer teilweise felsiger Zwischenabstieg durch eine steile Rinne und unübersichtliches Latschengelände führt, zuletzt über erdige Bänder, weiter westwärts. Eine steile, im Frühjahr wasserüberronnene Felsrinne eröffnet den spannendsten Teil der Route. Über Klammern geht es anregend und steil, jedoch nirgends exponiert weiter gegen das Herzstück dieses Klettersteiges, eine sehr lange, gesicherte Passage in einer breiten Verschneidung. Gut gestufter und griffiger Fels erleichtern den rassigen, genußvollen Aufstieg. Grasige Serpentinen führen nach dem Ausstieg zu einem begrünten Kamm, der in die breite Westflanke leitet. In zahlreichen

Kehren erreicht man etwas eintönig den breiten Südrücken, von dem aus man aussichtsreich zur marmornen Gipfelmadonna auf der grasigen Kuppe der Cima Madonnina, 2232 m, emporbummelt. Weiter zunächst am Kamm, später vorwiegend auf schmalen Pfaden in der Ostflanke zum Rif. Fraccaroli, 2238 m, und zum Gipfelklotz der Cima Carega.

Abstieg: Über den breiten ehemaligen Militärweg Nr. 108 bequem und problemlos hinab zum Rif. Scalorbi, 1767 m; von dort auf der breiten Fahrstraße zurück zum Ausgangspunkt Passo Pértica oder auf einem der drei möglichen Abstiege zum Ausgangspunkt Rifugio Battisti.

Höhenunterschied: Passo Pértica – Cima Carega 740 m, Rif. Revolto – Passo Pértica 236 m, Rif. Battisti – Passo Pértica über Rif. Scalorbi 500 m (zuvor 245 m Abstieg), Ronchi-Maso Michéi – Passo Pértica 700 m, Zwischenabstiege.
Höhe des Klettersteigs: Etwa 300 m, etwa 1 km gesicherte Bänder.
Gehzeiten: Passo Pértica – Cima Carega 3 Std., Rif. Revolto – Passo Pértica 1 Std., Rif. Battisti – Passo Pértica über Rif. Scalorbi 2½ Std., Ronchi-Maso Michéi – Passo Pértica 3¾ – 4 Std.
Schwierigkeit: Lange, anstrengende Tour mit rassigen, aber nur mäßig anspruchsvollen Klettersteigpassagen.
Stützpunkte: Rif. Passo Pértica, 1522 m, Rif. Scalorbi, 1767 m, am Gipfel Rif. Fraccaroli, 2241 m, überall gute Bewirtung, Nächtigung möglich.
Hinweis: Vom Passo Pértica, dem Ausgangspunkt des Sentiero Battisti, kann man mit etwa 1 Std. zeitlichem Mehraufwand den sehr schwierigen Klettersteig Giancarlo Biasin (s. Tour 121) „mitnehmen". Nach Erreichen des Gipfels ist ebenso ein Aufstieg oder auch Abstieg auf der gleichfalls sehr schwierigen Via ferrata Campalani möglich. Zeitplanung beachten!

121 Cengia Pértica, 1750 m, Via ferrata Giancarlo Biasin

Lessinische Alpen

Der außerordentlich rassige, technisch sehr anspruchsvolle Klettersteig entlang eines Risses in der senkrechten Südwand der Cengia Pértica ist so kurz, daß man dieses kaum halbstündige Felsabenteuer wohl stets mit der Besteigung der Cima Carega auf dem Sentiero alpinistico Cesare Battisti (Tour 120) verbinden wird. Die verwegen und spärlich gesetzten Eisenklammern entschärfen eine ehemalige Kletterroute V. Grades und sind vom Rifugio am Passo Pértica in der unteren Hälfte der Wand deutlich zu sehen. Durch die nördlichen Fenster des Speisesaales kann man jede Begehung bequem beobachten. Das anstrengende Emporturnen ist vorwiegend eine sportliche Befriedigung – ein Gipfelerlebnis hat man nicht. Der passionierte Klettersteigfan wird trotzdem auch diesen 100-m-Riß in seiner Sammlung nicht missen wollen. Unter keinen Umständen einen Rucksack mitnehmen!

Zugang: Passo Pértica, 1522 m, mit gleichnamigem Rifugio.
a) Die Zufahrt von Süden wird von der Autobahnstrecke Verona – Vicenza erreicht. Etwa 15 km östlich von Verona führt die Straße über Tregnago, 317 m, und Giazza, 758 m, bis zum Rifugio Revolto, 1320 m, geradeaus nordwärts (etwa 26 km). Von dort wandert man auf der für Pkw gesperrten, breiten Schotterstraße in 1 Std. bis zum Passo Pértica, 1530 m; hier ist auch der Ausgangspunkt für die Via ferrata Cesare Battisti (s. Tour 120).
b) Als Zugang von Norden kann man auch das Rifugio C. Battisti empfehlen; Zufahrt gegebenenfalls vom Passo Campogrosso, 1464 m, über Recoaro Terme. Vom Rifugio Battisti gelangt man durch die verwegene Schlucht des Passo Pelegatta in 1½ Std., oder, weniger abenteuerlich, über die Forcella dell'Uomo e Dona in 2 Std. zum Rifugio Scalorbi, 1767 m, von wo man nun allerdings etwa 1 Std. zum Passo Pértica, 1522 m, absteigen muß.
c) Ein möglicher Zugang von Westen zum Passo Pértica führt von der Autobahnausfahrt Ala-Avio nach Ala und von dort durch das

Cengia Pértica.   *Foto: P. Werner*

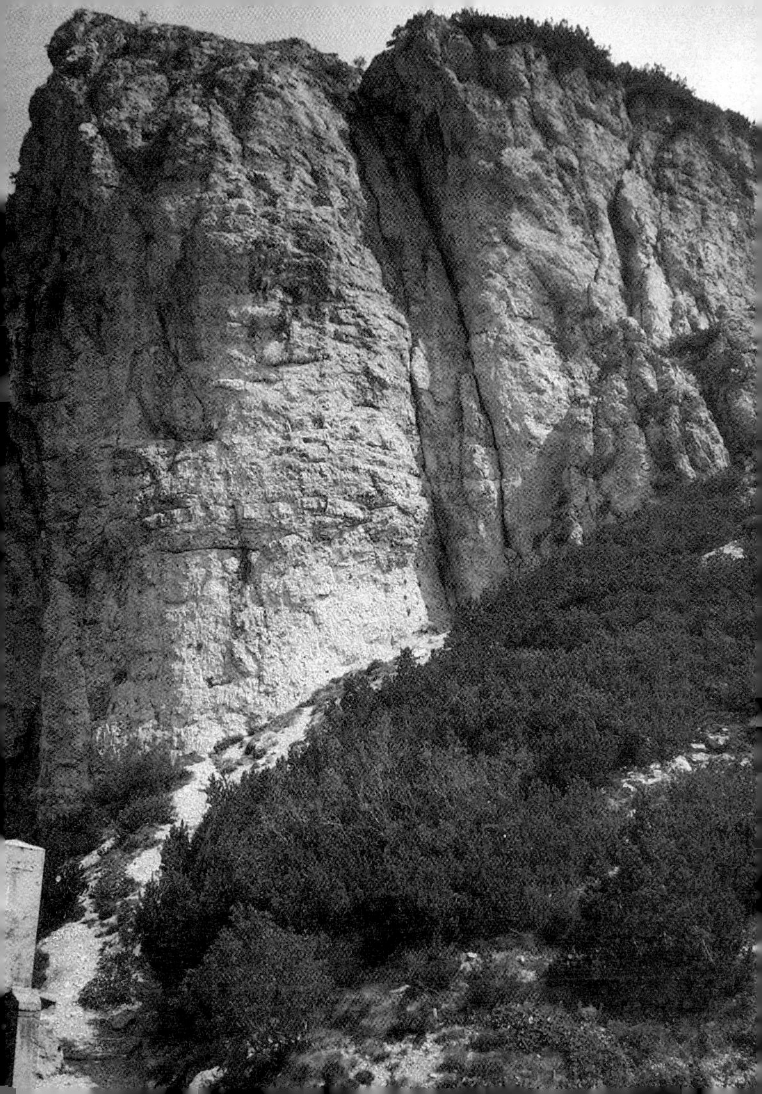

gleichnamige Tal nach Ronchi, 707 m, und weiter bis zum Maso Michéi, 813 m. Von hier auf dem Weg 109 hinab zum Weiler Case Schincheri, 815 m. Weiter zur Malga Brusa, hinunter in die Schlucht zwischen Val Penez und Casèl, dort wieder empor und durch Wald bis zur Sorgente Piccolotta, 897. Von hier in steilen Serpentinen zum Passo Pértica (Gehzeit 3¾ – 4 Std.).

Aufstieg: Vom Rif. Passo Pértica wenige Meter durch steilen Schutt zu dem von der Hütte gut sichtbaren Einstieg. Die ersten fünf Meter sind ungesichert (II, III), erst dann erreicht man links den ersten Stift. Auf Bügeln nach links abdrängend kurz senkrecht empor, dann exponiert über Bügel nach rechts und neben dem tiefen Riß auf Bügeln senkrecht empor bis zum Kamin. An sehr sparsam gesetzten Bügeln und Stiften mühsam durch den sehr engen Kamin empor (das dünne herabhängende Seil **nicht** belasten, die Aufhängung war 1986 völlig zerschlissen!). An weiterem, noch intaktem dünnem Seil über geneigten Fels zu erdigen Rinnen, zuletzt ungesichert und weniger steil bis zum Ausstieg im Latschengelände.

Abstieg: Durch unübersichtliches Latschengelände auf nicht bez. Pfad zunächst noch steil empor, dann in weitem Bogen nach rechts, rückläufig nach rechts zurück und hinab auf die Straße.

Höhenunterschied: Etwa 250 m.
Höhe des Klettersteigs: Etwa 100 m.
Gehzeiten: Auf- und Abstieg vom Passo Pértica und zurück 1 Std, Klettersteig je nach Kraft und Können 15 – 25 Min.
Stützpunkt: Rif. Passo Pértica, 1522 m.
Techn. Hinweis: Den Rucksack deponiere man **unbedingt** beim freundlichen Hüttenwirt und gehe ohne jegliches Gepäck los, sonst klemmt man sich im engen Kamin „hoffnungslos" ein! Deshalb ist auch von jeglichem weiterem Aufstiegsversuch mit Gepäck dringendst abzuraten. Das Gelände ist mit Ausnahme des Abstiegs weglos und unübersichtlich. Also am besten zurück zur Hütte, keinen „Gipfel" suchen!

122 Fumante, Torrione Recoaro, 1910 m, Sentiero alpinistico del Vaio Scuro und Sentiero Alto del Fumante

Lessinische Alpen

Eine Überschreitung des wildzerklüfteten Fumantekammes auf dem aussichtsreichen, luftigen Sentiero Alto und der etwas unheimliche Gang durch das düstere Vaio Scuro sind ein Erlebnis von erstaunlichen Gegensätzen. In den Tiefen des Vaio Scuro teils dichter Wald, teils üppige Blumenpracht neben meterhohen Lawinenschneeresten, dann beklemmend-schaurige Schluchten mit glattgeschliffenen Felsbildungen. Auf den Höhen des Sentiero Alto ein Labyrinth bizarrer Felstürme und scharfer Grate, daneben öde Schuttkare gegen Norden und Steilgraswiesen gegen Süden. Als Abschluß wiederum ein Abstieg durch eine Schlucht, teils durch Rinnen und Verschneidungen, teils durch den felsigen Grund eines Sturzbaches mit wilden Steilstufen. Etwas Klettergewandtheit und Orientierungsvermögen, aber auch genügend Ausdauer gehören schon dazu, um diesem streckenweise verwegenen Gang jenes Vergnügen abzugewinnen, dessentwegen man ihn zum Ziel wählt.

Zugang: a) Der beste Ausgangspunkt ist das Rifugio Cesare Battisti, 1265 m, von Recoaro auf guter Asphaltstraße mit zahlreichen Kehren bequem zu erreichen. (Vom Passo di Campogrosso 23 km). b) Vom Rifugio Toni Giuriolo, 1456 m, am Passo di Campogrosso, kann die Rundtour ebenfalls in beiden Richtungen gegangen werden, jedoch mit erheblich höherem Zeitaufwand.

Aufstieg: a) Vom Rifugio C. Battisti geht man zunächst die Asphaltstraße wieder hinab bis zur ersten Kehre, wo deutliche Hinweisschilder auf den Weg Nr. 105 führen. Man erreicht fast eben die idyllische Malga Lorecche, 1280 m (hier Wegabzweigung nach Westen zur Forcella dell'Uomo e Dona). Flach hinab ins weite Schuttkar (hier Wegabzweigung nach Westen zum Passo Pelegatta) und nordwärts in den Wald. In Kehren zur ersten flachen Schlucht, wo Lawinenreste eine ganzjährige Schneerinne bilden. Der vielfach unterbrochene Weg führt teilweise sehr steil am rechten Rand dieser Schneerinne empor und leitet an ihrem oberen Drittel wieder nach rechts. Durch die Strauchregion schräg hinauf bis zu einer schwar-

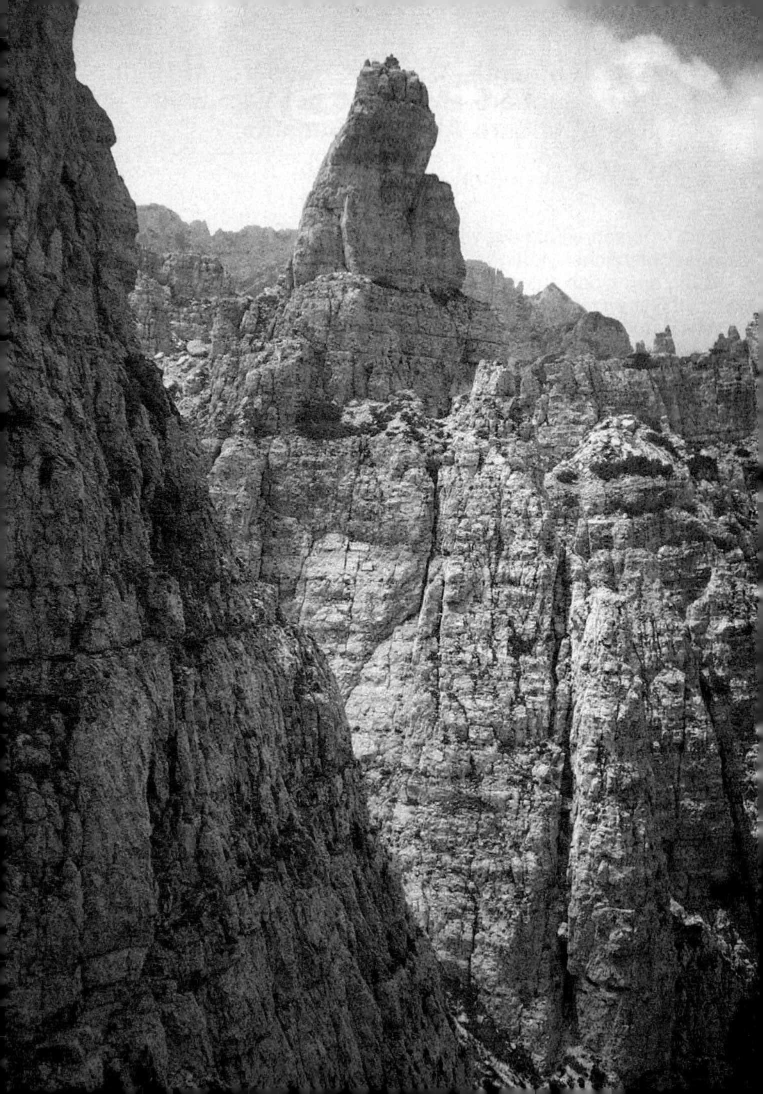

zen, wasserüberronnenen, senkrechten und glatten Wand und hinab in den Grund der Schlucht. Dort Weghinweis auf einen wilden Aufstieg zum Grat („Lovaraste"). Der Weghinweis ins Vaio Scuro führt zu einer schwierigen Abstiegskletterstelle (II und III). Der Steig umgeht einen felsigen Sporn und führt schließlich kühn durch die letzte Steilschlucht empor zur Forcella Bassa, 1855 m. Dieser Aufstieg ist sparsam, aber ausreichend mit Seilen und Bügeln gesichert. Die Schwierigkeiten sind hier keineswegs zu Ende. Der Steig leitet in origineller und überraschender Wegführung recht anspruchsvoll und verwegen zur Forcella della Scala. Dort ist endlich der Anschluß an den Sentiero Alto erreicht. Zunächst geht es steil und anstrengend durch das ganze Kar empor. Am Kamm lockt eine bizarre Szenerie von Felstürmen, besonders der mit einem Kreuz geschmückte Torrione Recoaro, 1910 m. Auf deutlichen Pfadspuren und zuletzt über eine kurze Kletterstelle (II) ist er in 10 Min. leicht zu besteigen. Durch ein Felstor nun rechts weiter auf den breiten Grat, der herrliche Ausblicke auf die wilden Türme bietet. Vom ersten Gratturm, den der Weg etwas westlich des Gipfelkammes quert, sieht man den weiteren Verlauf des Sentiero. Er zieht in eine von Türmchen besetzte Einsenkung hinab (Forcella Fumante, 1905 m, hier Wegabzweigung), in steilen Kehren wieder hinauf und über ein kurzes Band zum höchsten Punkt, dem Passo Obante, 2010 m.
b) Vom Rif. T. Giuriolo wenige Schritte westwärts und bei der Hinweistafel südlich auf Weg 7/157 (Sentiero Europeo 5). Von der Abzweigung auf Weg Nr. 105 gelangt man bald in das Trümmerfeld am Nordfuß der Fumantefelsen. Der Weg zieht wie ein Schützengraben durch das Blockgewirr bis zu einem tunnelähnlichen Spalt, den man durchsteigt. Sehr steil im Kar empor. Am Fuß eines Felsturms befindet sich eine Gedenktafel. Hier Abzweigung nach links ins Vaio Scuro (Forcella di Scala). Dort muß man sich entscheiden, in welcher Richtung man die Rundtour gehen möchte (Beschreibung siehe Aufstieg a).

Blick aus den Tiefen des Vaio Scuro empor zu einem kecken Felshorn.
Foto: P. Werner

Abstieg: An der Wegverzweigung am Passo Obante überschaut man die gesamte Szenerie der Südflanke der Cima Carega bis hinab zum Rifugio Scalorbi. Eine durchgehende Markierung führt anfangs an einem verfallenen Schützengraben entlang, dann über steinige Wiesen und zuletzt auf einem guten Weg bequem hinab zum Rifugio Scalorbi, 1767 m. Nun stehen drei Abstiege zum Rif. C. Battisti zur Wahl:

a) Die sportliche Variante führt durch die Schlucht östlich des Passo Pelegatta (Wegweiser Nr. 105 unmittelbar östlich der Hütte). Zuerst über Wiesen- und durch Latschengelände ostwärts bis zum Einschnitt der Schlucht, die wie ein tiefer Riß zwischen Felswand und Schrofen hinabzieht. Der steile, markierte Abstieg bietet leichte Kletterei (I, II, Steinschlaggefahr). Am Ausgang des Risses quert der Pfad zur Hauptschlucht. Wenn kein Wasser darin läuft, kann man entlang der Markierung genußvoll abklettern (I und II). Der verfallene Pfad wenige Meter oberhalb ist nicht zu empfehlen. Vom Ende der Schlucht führt die Spur bald auf den Steig, der zum Rif. Battisti zurückleitet.

b) Völlig problemlos, aber etwas länger und eintöniger ist der Abstieg über die Forcella dell'Uomo e Dona. Man geht auf dem breiten Weg oberhalb der Chiesetta dei morti Alpini vorbei und steigt kurz bis zur Porta di Campobrun, 1831 m, auf, von wo der steile Serpentinenweg Nr. 113 ostwärts abzweigt und durch Kare und Latschenfelder gut markiert direkt zur Malga Lorecche hinabführt. Von dort wieder zurück zum Rif. Battisti.

c) Geht man bei Abstieg b) an der Wegabzweigung zur Forcella dell'Uomo e Dona geradeaus weiter, so steigt der Weg nochmals kurz bis zum Forcellino di Plische, 1906 m, an und führt von dort ostwärts ab und in weiten, flacheren Kehren (Weg Nr. 110) gemütlich zum Rif. Battisti.

Höhenunterschied: Rif. Battisti – Vaio Scuro – Forcella Bassa – Passo Obante – Rif. Scalorbi – Rif. Battisti etwa 1260 m, Rif. T. Giuriolo – Forcella Bassa – Passo Obante – Rif. Scalorbi – Vaio Pelegatta – Vaio Scuro – Forcella Bassa – Rif. Giuriolo etwa 1820 m.
Höhe des Klettersteigs: etwa 300 m.
Gehzeiten: Rundtour mit Ausgangspunkt Rif. Battisti etwa 7–8 Std., Rundtour mit Ausgangspunkt Rif. Giuriolo etwa 8½–9 Std.
Schwierigkeit: Lange Bergwanderung mit einigen heiklen und anspruchsvollen Passagen, Klettergewandtheit oder guter erfahrener Begleiter, der sichert, erforderlich; im Alleingang nur für sehr erfahrene Bergsteiger.
Stützpunkt: Rif. Scalorbi, 1767 m, Nächtigung jederzeit möglich.

123 Monte Gramolòn, 1814 m, Via ferrata Angelo Viali

Lessinische Alpen

Der Monte Gramolòn ist eine eher unscheinbare Erhebung im Tre-Croci-Kamm, der zusammen mit dem Fumantekamm gegen Osten eine abweisende und wild zerklüftete, durch zahlreiche Sporne und Schluchten gegliederte Felsmauer bildet. Gegen Süden finden sich ähnliche Felsbildungen oberhalb des Val di Chiampo. Der romantische Aufstieg zum Passo Scagina erlaubt einen großartigen Einblick in die wilden Felsabbrüche der Südseite. Mitten durch diese ungangbaren Steilabstürze führt seit 1978 ein aufregender Klettersteig, teils am Grund einer Felsrinne, teils mit Leitern und Seilsicherungen an den oft senkrechten Schluchtwänden. Das knapp eine Stunde dauernde Felsabenteuer in der Schlucht endet überraschend am „Sentiero Francesco Milani", einem ehemaligen militärischen Nachschubweg, der fast die gesamten Süd- und Westflanken des Tre-Croci-Kammes in sanften Steigungen durchzieht. Ein beliebig ausdehnbarer Bummel auf diesem Höhenweg mit seinen instruktiven Ausblicken bietet ein echtes Kontrastprogramm zum abenteuerlichen Aufstieg durch die Schlucht.

Zugang: Die Anfahrt von der Autobahnstrecke Verona – Vicenza (Ausfahrt Montebello oder Montécchio westl. Vicenza) über Arzignano – Chiampo – Crespadoro ist lang und anfangs regelrecht häßlich. Erst die Bergstrecke nach Campodálbero ist reizvoll. Vom obersten Ende des Ortes sind es noch genau 3,3 km auf gut befahrbarer Schotterstraße bis zum Rifugio Bepi Bertagnoli, 1250 m.

Aufstieg: Direkt vor der modernen Kapelle westl. des Rifugio Weghinweise, u. a. auch auf den Passo della Scagina. Man steigt wenige Schritte empor und trifft auf einen breiten Weg, der nach links zur Schlucht führt. Auf bequemen, drahtseilgesicherten Bändern in wenigen Minuten in den breiten, strauchbewachsenen Grund der Schlucht hinab, wo der Weg Nr. 221 zum Passo della Scagina weiterführt. Von rechts zieht hier eine wilde, sehr steile Felsrinne herab – der Einstieg zum Klettersteig! Hinweistafel in etwa 1320 m Höhe. Steinschlaggefährdete und steinschlagsichere Stellen der Route sind eigens gekennzeichnet. Zwei bescheidene Schlaufen helfen notdürftig über die erste, etwas schwierigere Felsstufe, dann geht's

Ein charakteristischer Sporn zwischen den Schluchten südlich des Gramolòn. Foto: P. Werner

ungesichert, jedoch stets reichlich gestuft und weniger schwierig (I), bis zur ersten senkrechten Wandstufe, die über drei Leitern kühn und luftig erstiegen wird. Einer trittarmen, kurzen Querung nach links – mit Doppelseilsicherung – folgt abermals ein ungesicherter Aufstieg am Grund der steilen Felsrinne. Der trittarme, jedoch kurze Zustieg zur zweiten Leiter an der rechten Schluchtwand ist etwas heikel (II). Danach arbeitet man sich an einem Seil über eine fast senkrechte Wandstufe mit sehr spärlich gesetzten Trittstiften empor. Schließlich spannt sich das Seil nach links hinüber und führt zuerst abermals fast senkrecht, dann aber über leichteres und gegliedertes Felsgelände zum Ausstieg. An der letzten Seilverankerung findet man ein Kästchen mit Verbandszeug und Alarmglocke. Tatsächlich ist das Rifugio von hier aus gut sicht- und akustisch erreichbar! Der Pfad führt nun, an einem Holzbankerl vorbei, zur letzten Steilwand, die über eine etwa 15 m hohe Leiter erstiegen wird. Ein

Seil führt durch leichteres Steilgrasgelände empor. Nach knapp 1 Stunde ist der endgültige Ausstieg erreicht: Der Sentiero Francesco Milani, in einer Höhe von etwa 1600 m.
Zwar findet man sofort einen deutlichen Hinweis auf den weiteren Anstiegsweg zum Gipfel des Gramolòn (Sentiero Ezio Ferrari al Gramolòn), der Steig ist aber schon anfangs stark überwuchert und später nur noch mit immer spärlicheren Markierungen auf grasigen Pfadspuren gekennzeichnet. Auf der wenig ausgeprägten Gipfelkuppe überrascht dann doch noch ein ordentlicher Hinweis auf die Abstiegsrichtung und ein grandioser Ausblick, der für den enttäuschenden Gipfelanstieg entschädigt.

Abstieg: Nördlich ohne Markierung auf gelegentlichen Pfadspuren durch das weite Weidegelände der flachen Westflanke hinab zum Passo delle Ristele, 1641 m, wo man wieder auf den Sentiero Milani trifft. Rückläufig südwärts zum Passo della Scagina, 1548 m. Man hat nun drei Abstiegsmöglichkeiten:
a) Vom Passo della Scagina auf Weg Nr. 221 bequem hinab in die Schlucht und zum Ausgangspunkt.
b) Wer wenige Minuten vom Passo della Scagina ostwärts geht, trifft auf den Abstiegsweg „Sentiero Bepi Bertagnoli", der etwa in halber Höhe auf den Abstieg vom Passo della Scagina stößt.
c) Wer noch genüßlich ostwärts über den Sentiero Milano bummeln will, findet unterm Passo del Mésde, 1546 m, einen markierten Abstieg zum Rifugio Bertagnoli.

Höhenunterschied: Rif. Bertagnoli – Monte Gramolòn 560 m.
Höhe des Klettersteigs: etwa 280 m.
Gehzeiten: Rif. Bertagnoli – Monte Gramolòn 2½ Std., davon Klettersteig 50 Min., Abstieg über Passo delle Ristele und Passo della Scagina etwa 2 Std.
Schwierigkeit: Mittlere technische Anforderungen, einige kurze ungesicherte Stellen II (im Abstieg abzuraten).
Stützpunkt: Rifugio Bepi Bertagnoli, 1250 m. Öffnungszeiten unsicher. Ersatzweise sehr empfehlenswert: Baita del Veronese in Campodalbero, Tel. 04 44/68 76 07, oberster Gasthof des Ortes am Ende der Asphaltstraße, gute Übernachtungsmöglichkeit.
Techn. Hinweis: Wenn am Klettersteig mehrere Partien unterwegs sind, herrscht sehr große Steinschlaggefahr; Helm dringendst angeraten. Aufstieg zum Gipfel nur bei guter Sicht lohnend; wegen der schlechten Markierungen bei Nebel nicht zu empfehlen.
Weghinweis: Lohnender als der Aufstieg zum Gramolòn ist möglicherweise ein ausgedehnter Bummel auf dem Sentiero Milani in nördl. Richtung zum Passo delle Ristele, 1633 m, und – wesentlich weiter – zum Passo Tre Croci, 1716 m; herrliche Ausblicke nordwärts auf das Caregamassiv!

124 Monte Grappa, 1775 m, Sentiero attrezzato Carlo Guzzella

Monte-Grappa-Massiv

Der Monte Grappa ist ein besonders tragischer und blutiger Meilenstein in der Geschichte des Ersten Weltkrieges, für den Zehntausende von Soldaten auf beiden Seiten sinnlos geopfert wurden. Über die Strategie an dieser Hauptkampflinie grübeln die Kriegshistoriker noch heute: „Der Monte Grappa wurde zum Inbegriff des neu erwachten italienischen Widerstandsgeistes. Er blieb es bis zur letzten Minute des Krieges. Bei der Zerschlagung der Armee Altösterreichs gingen gerade von den italienischen Grappa-Einheiten die maßgeblichen militärischen, taktischen und soldatischen Impulse aus" (Heinz von Lichem). Heute fahren täglich Hunderte, an Wochenenden Tausende von Touristen die 28 km lange Asphaltstraße zur flachen Gipfelkalotte empor – die „Zona militare monumentale" ist zu einer Kriegergedächtnisstätte von gigantischen Ausmaßen ausgebaut worden: Zwei mächtige Grabbauten für die beiden Armeen, eine Gedächtniskirche, eine Monumentaltreppe und zahlreiche Denkmale, sowie Kanonen aller Kaliber ...

Der einst heißumkämpfte Gipfel wurde in eine Architekturschöpfung verwandelt, die eine seltsame Mischung von Trauer und Ehrfurcht, Pathos und Patriotismus atmet. Wohl einzigartig ist das restaurierte unterirdische Bollwerk, in dessen Stollensystem, teilweise beleuchtet und für Touristen zugänglich, noch ein Teil der Kanonen an ihrem ursprünglichen Einsatzort steht. Die östliche Gipfelkuppe ist ein völlig verlassenes und gesperrtes Militärgelände, in dem noch heute der Wahnsinn des Krieges kultiviert wird. Wer denkt bei so viel Kriegsgeschichte eigentlich noch daran, daß der gesamte Monte Grappa früher ein blühendes Almgebiet war, in dem sich ein archaischer Almhüttentypus mit steilem, strohgedecktem Dach seit dem Ausgang des Mittelalters fast unverändert erhalten hatte?

Vom Valle San Liberale zieht eine Pfad in der Direttissima nordwärts in Richtung Gipfel, direkt auf eine Felsrippe zu, wo ein Klettersteig über die Steilstufe des Napon führt. Eine seltsame Idee, auf diesen zu einem Kriegerdenkmal umfunktionierten Berg auch noch einen Klettersteig zu bauen – und ein sehr merkwürdiges Gefühl, nach dem meist einsamen Gang am Stahlseil und durch die gottverlassenen Schützengräben am Südrücken schlagartig mitten im Touristentrubel zu stehen!

Zugang: Ausgangspunkt beider Klettersteige ist der Talschluß des Valle San Liberale, 625 m, wo sich unterhalb der Wallfahrtskapelle Santi Vitale e Liberale eine kleine, verschlafene Ansiedlung von meist unbewohnten Ferienappartements befindet. Einziger touristischer Stützpunkt ist das beliebte Ausflugslokal „Rifugio Bellavista da Maurizio", ganzjährig geöffnet (Dienstag Ruhetag!), sehr gute Küche, keine Übernachtungsmöglichkeit (Nächtigung gegebenenfalls in Fietta, mit bescheidener Hotellerie). Zufahrt über Fietta auf guter Asphaltstraße. Fietta liegt auf der Strecke Bassano Grappa – Pederobba.

Aufstieg: a) Deutliche Wegweiser leiten auf den Fahrweg links der Wallfahrtskapelle, wo hinter dem ersten, betonierten Bachbett sofort ein sehr steiler Pfad rechts emporführt. Durch dichten Wald erreicht man den fast eben dahinziehenden Weg Nr. 102, steigt aber geradeaus und noch viel steiler bis zum ersten Seil in etwa 1240 m Höhe (Gedenktafel für Carlo Guzzella). Der gesamte weitere Aufstieg folgt in direkter Wegführung einem sehr steilen, grasdurchsetzten Felssporn. Ein langes Seil über gegliederte Felsstufen leitet die Route ein, dann geht es auf Graspfaden über leichteres Gelände mit nur gelegentlichen Sicherungen weiter – mittendrin ein kurzes, aber sehr rassiges Wandl.

In etwa 1430 m Höhe quert die Route die ehemalige Militärstraße. Hier kann man jederzeit „aussteigen" und nach rechts zum Pian Dea Bala hinabbummeln (von dort problemloser Abstieg ins Tal oder auch sehr einfacher Aufstieg zum Gipfel, beides auf Weg Nr. 151). Den Klettersteigfreund aber reizt der kleine trotzige Felsklotz mit dem Hinweis auf den Gipfel. Die paar Meter Fels sind mit vollem Krafteinsatz schnell überwunden. Der folgende lange und sehr steile Graspfad ist tadellos mit einem Seil abgesichert. Man erreicht einen kleinen Überhang, unter dem der „Libro delle Firme" in einer Plastikschatulle angehängt ist. Der nun folgende Kamin sieht wilder aus als er ist, es gibt überall gute Tritte und Griffe. Das letzte Stück der Route führt über eine sehr steile, schmale und luftige Felsrippe empor, deren unterer Teil von Verankerungs- und Stabilisierungsseilen für das Hauptseil geradezu strotzt.

Das letzte Seil leitet schließlich in etwa 1580 m Höhe ziemlich flach auf den strauchbewachsenen breiten Südrücken. Man bummelt nun gemütlich über verfallene Schützengräben der schon von weitem sichtbaren Trikolore am Rifugio Bassano entgegen. Auf einer Verflachung in der Mitte des Südrückens führt ein bez. Pfad rechts ab zur Malga Vecchia (weitere Möglichkeit eines verkürzten Aufstiegs).

Entlang eines Weidezauns am Kamm erreicht man direkt das Rif. Bassano. Nach der wohlverdienten Labung sollte man sich mindestens 2 Stunden Zeit für die Besichtigung der Gedenkstätten nehmen!

b) Bequemer, landschaftlich reizvoller und kaum länger ist der Aufstieg über den Weg Nr. 151, den man bis zum Weg Nr. 102 verfolgt. Man schwenkt nun links auf den fast eben traversierenden Weg Nr. 102 ein und gelangt bei der Höhenmarke 980 m auf die steil nach rechts emporführende „Direttissima", Aufstieg a.

Abstieg: Weg Nr. 151 befindet sich zwar sehr nah am Rifugio, der Wegbeginn ist aber leicht zu übersehen. Am großen Parkplatz oberhalb des Rifugio, am Ende der gestuften, östlichen Betonabschlußmauer, geht's sofort bergab in die Brennesseln. 5 m oberhalb weist ein auffallendes gelbes Schild auf den Weg zu den Kanonenkavernen (Sentiero Sbocchi Cannoni da 75/27 in Galleria). Der verwachsene Pfad führt unfehlbar zur Malga Vecchia, 1542 m, hinab und von dort direkt südwärts oder, etwas weiter, über den von Osten heraufführenden Fahrweg zum Plan Dea Bala, 1400 m, hinunter. Der weitere Abstieg über den Serpentinenweg Nr. 151 ist ein sehr romantischer und stimmungsvoller Abschluß eines überraschend erlebnisreichen Unternehmens am südlichsten Rand der Alpen.

Höhenunterschied: Valle San Liberale – Monte Grappa 1200 m.
Höhe des Klettersteigs: Etwa 200 m.
Gehzeiten: Valle San Liberale – Monte Grappa 4 Std., Abstieg 2½ Std.
Schwierigkeit: Neben wenigen kurzen Steilwänden leichteres, gut gesichertes Fels-, Schrofen- und Steilgrasgelände, nicht so anspruchsvoll wie der Sentiero attrezzato Sass Brusai. Bei Nässe abzuraten.
Stützpunkt: Rifugio Bassano, 1745 m, am Ausgangspunkt der „Zona militare monumentale", Restaurant, Bar.

125 Monte Boccaòr, 1532 m
Sentiero attrezzato Sass Brusai

Monte-Grappa-Massiv

Der Monte Boccaòr ist eine unscheinbare Erhebung nordöstlich des Monte Grappa. Die Nordseite ist flach und bewaldet. An der steilen, grasigen Südseite, dem Sass Brusai, gibt es jedoch mehrere schrofige Felssporne. Über den steilsten von ihnen zieht eine gut gesicherte Direttissima zum Gipfel. Auf den letzten Höhenmetern erlebt man die wohl witzigste Hängebrücke, mit der je ein Klettersteig ausgestattet wurde. In etwa 15 m Höhe spannt sich, fast 15 m lang, eine nur aus drei Tragseilen mit dünnen Querverspannungen bestehende Hängekonstruktion quer über einen hier aus dem Fels gesprengten, militärischen Nachschubweg hinweg; sie ist beiderseits mit großen Seilschlaufen an Felstürmen festgebunden. Wer diesen kleinen Nervenkitzel ausgekostet hat, kann den Tag mit einer langen, vollkommen einsamen Wanderung im Almgebiet abschließen oder aber zum Monte Grappa aufsteigen und die „Zona militare monumentale" besichtigen (s. Tour 124).

Zugang: Wie Tour 124 zum Monte Grappa.

Aufstieg: Die deutlichen Wegweiser führen aus dem Talkessel von San Liberale geradeaus nordwärts, rechts an der Kapelle Santi Vitale e Liberale vorbei. Zunächst auf breitem bequemem Waldweg, später, den Wegweisern folgend, auf schmalen steilen Pfaden und zuletzt über einen immer steileren grasigen Sporn mühsam zum Einstieg. Das erste Seil führt über ein steiles, aber trittreiches Wandl auf einen grasigen Pfad. Am schrofigen Südsporn wechseln nun steile, ungesicherte, jedoch gut gangbare Pfade mit kurzen Felsstufen, die leicht mit Hilfe von Seilsicherungen zu ersteigen sind. Auf einen Graspfad folgt schließlich eine längere, nur kurz unterbrochene Seilpassage am mittlerweile immer schmäleren Sporn. Zuletzt geht's rassig durch ein Kaminchen. Über leichteres Gratgelände gelangt man zur „Sella del Candidato" (Taferl) mit dem „Libro delle Firme" in Plastikschatulle. Über eine Reihe von teilweise schwierigeren und mittlerweile auch ausgesetzten Felsspornen erreicht man ein sträucherbewachsenes, flaches Gratstück. Hier ist der Ausstieg zum Weg Nr. 152 (Militärischer Nachschubweg). Man sollte hier unbedingt die wenigen Schritte auf das sichere Gelände

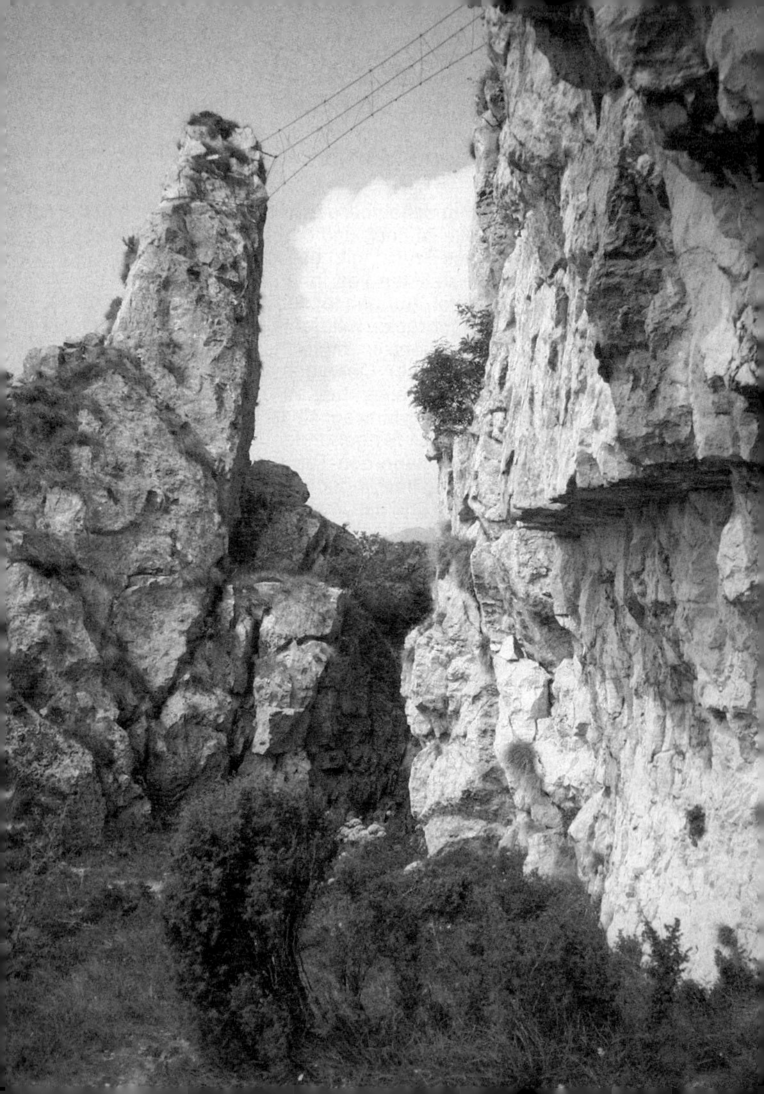

hinaustreten, um die berühmte Drei-Seil-Hängebrücke erst einmal von unten zu begutachten! Wer den kleinen Nervenkitzel nicht scheut, geht nun zurück und erklettert den schlanken südlichen „Brückenpfeiler". Auch wenn man noch so vorsichtig Schritt für Schritt auf das „Tragseil" setzt – die Brücke schwankt und pendelt! Erleichtert betritt man wieder festen Fels. Sofort recht luftig über ein trittarmes 10-m-Wandl auf den bergseitigen „Brückenpfeiler"! Von diesem Türmchen spreizt man seilgesichert über einen tiefen Felsspalt (nicht springen!). Eine 10-m-Steilwand ist die letzte schwierige Passage. Sie kann jedoch bequem links umgangen werden. Ein strauchbewachsener Pfad führt rasch zum Gipfel, der leider kaum Aussicht bietet.

Abstieg: Der gut bez. Abstiegspfad führt nach wenigen Schritten zu einer Wegteilung. Auf beiden Pfaden erreicht man in wenigen Minuten den Weg Nr. 152.
a) Ostwärts geht's zunächst – mit herrlichen Tiefblicken – etwa $1/4$ Std. fast eben auf dem Militärweg dahin, bis man auf den gut bez. Abstiegsweg Nr. 153 trifft. Der Abstieg führt in vielen Serpentinen über einen ehemaligen Militärpfad, teilweise durch kurze Tunnels, in grandioser Wegführung außerordentlich erlebnisreich ins Tal und zum Ausgangspunkt.
b) Westwärts folgt man dem Militärweg leicht bergab bis zu der reich beschilderten Wegteilung am tiefsten Punkt des Weges (Pian Dea Bala, 1400 m). Hier kann man auf Weg Nr. 151 ebenfalls sehr erlebnisreich zu Tal bummeln.

Höhenunterschied: San Liberale – Monte Boccaòr etwa 950 m.
Höhe des Klettersteiges: etwa 400 m.
Gehzeiten: San Liberale – Monte Boccaòr $3^{3}/_{4}$ Std., Abstiege zum Ausgangspunkt jeweils etwa 2 Std.
Schwierigkeit: Streckenweise anspruchsvolle Klettersteigpassagen, teilweise sehr exponiert.
Stützpunkt: Keiner, beim Aufstieg zum Monte Grappa über Weg Nr. 151 (Ausgangspunkt Pian Dea Bala) gegebenenfalls Rif. Bassano, 1714 m.
Hinweis: Wer nicht über den Sentiero attrezzato C. Guzzella (s. Tour 124) auf den Monte Grappa steigt oder mit dem Auto hinauffährt, kann auch vom Pian Dea Bala ziemlich schnell und problemlos über die Malga Val Vecchia, 1542 m, das Rif. Bassano erreichen. (Weg Nr. 151, vom Pian Dea Bala etwa $1^{1}/_{2}$ Std.). Abstieg am gleichen Weg.

Der Monte Boccaòr. *Foto P. Werner*

Brenta

Die Brenta breitet sich, von den Dolomiten durch das Etschtal und den Mendelkamm getrennt, nördlich vom Gardasee und westlich von Trient aus. Sie ist ein von Nord nach Süd verlaufender Felskamm, der nur sehr geringe Verästelungen aufweist. Erst am südlichen Ende des zentralen Kernraumes, etwa von der Cima Tosa angefangen, beginnt sich der Gebirgskamm in zwei längere Äste aufzuspalten, die das Val d'Ambièz umschließen, um dann aus seiner anfänglich noch kühnen, dolomitengemäßen Erscheinungsform allmählich bis an seine südliche Begrenzungslinie in zahmere Bergformen abzugleiten. Im Norden dagegen verläuft noch ein zweiter Parallelkamm ebenfalls in Richtung Nord-Süd, vom Hauptkamm abgetrennt durch das weiträumige Karrengebiet um den Lago di Tovel. In der Brentagruppe gibt es mehrfach noch kleine Gletschereinlagerungen, die sämtlich auf der Westseite des Brenta-Hauptkammes liegen. Die stärkste Vergletscherung ist um die Cima d'Ambièz: Vedretta dei Camosci, Vedretta di Vallagola, Vedretta Pratofiorito und Vedretta dei Dodici Apostoli. Erwähnenswert ist noch die Vedretta dei Sfulmini in der Sfulmini-Kette. Die Gletscher sind heute harmlos, zeigen aber trotzdem noch alle typischen glazialen Merkmale, wie Moräne, Eiszunge, Spalten, Gletschersee.

Zur Zeit des eiszeitlichen Höchststandes reichte die geschlossene Eisdecke bis auf etwa 2400 m. Aus diesem riesenhaften Eismeer ragte die Brenta als mächtiges Riff heraus und sandte ihrerseits mächtige Hängegletscher auf die Eisfläche hinunter, die damals als gewaltiger Etschtal- und Sarca-Gletscher abfloß. In der Brenta gibt es fast keine Schuttfelder, dafür gewaltige Bergstürze. Rings um die Tucketthütte scheinen Zyklopenhände die tonnenschweren Felskuben als Würfelspiel benutzt zu haben.

Landschaftlich ist die Brentagruppe einer der mächtigsten Bergräume der Südlichen Kalkalpen. Herrlich aufgebaute Gipfel, kühne Felstürme und Zinnen, prachtvolle Wände, wunderbar aufstrebende Grate und Kanten bestimmen das Bergbild. Den Eindruck erhöht die rotgelbe Färbung der Felsen, die unter der Einwirkung des Sonnenlichts ihre Farbtönung vielfach noch abstufen. Auf einer Länge von 42 km ein Musterbeispiel dolomitischer Landschaft, kontrastreich in Form und Farbe, Wucht und Leichtigkeit, dabei randvoll optischer Knalleffekte, führt die Brentagruppe seit jeher ein sehr eigenwilliges alpines Dasein.

Trotz ihrer Großartigkeit wurde sie verhältnismäßig spät von den Bergsteigern entdeckt. Am 24. Juli 1864 leitete John Ball die alpine

Erschließung mit einem Besuch auf der Bocca di Brenta ein. Dieser portalartige „Mund", 2552 m hoch, zwischen Brenta Alta und Brenta Bassa eingebettet, ist heute noch der wichtigste Übergang in westöstlicher Richtung von Madonna di Campiglio nach Molveno.

Genau ein Jahr später steht Giuseppe Loss aus Primiero mit sechs Kameraden auf der Cima Tosa, 3173 m, der höchsten Brenta-Erhebung. Alle wichtigen Gipfel werden in der Folge von Engländern, Deutschen und Einheimischen erstiegen, bis im Jahre 1899 die beiden Innsbrucker Ampferer und Berger eines der wichtigsten Brenta-Kapitel schreiben: Sie erobern den bereits von den Trentinern Garbari und Pooli intensiv umworbenen Campanile Basso, im deutschen Bergsteigerjargon mehr unter dem Namen „Guglia" bekannt.

Bereits in den dreißiger Jahren hatte man begonnen, die von Wind und Wetter aus den Wänden herausziselierten, waagrechten Felsbänder von der Bocca di Brenta bis zur Bocca degli Armi, wo notwendig, zu verbreitern und mit Stiften, Leitern und Drahtseilen als gesicherte Höhenroute auszustatten. Immer aufregender und immer verzweigter wurden die einzelnen Anlagen und Zusammenschlüsse, bis der Sentiero delle Bocchette" von der Dodici-Apostoli-Hütte im Süden über das Tosa-Schutzhaus bis zur Tuckethütte im Norden reichte. Für Variationen des Höhenweg-Menüs innerhalb der Achterschleife rund um das Brenta-Herz ist reichlich gesorgt. Heute gehört die Brenta zu den besuchtesten Gebieten in den gesamten Alpen. Die Stützpunkte im Mittelstück – Tuckett-, Brentei-, Alimonta- und Pedrotti/Tosahütte – werden an sommerlichen Wochenenden von Touristen geradezu „erstürmt". Die wenigsten von ihnen sind qualifizierte Felsgeher, die auf Brentaführen Kletterlorbeeren pflücken wollen. „Bocchetteweg" heißt das Losungswort, das in den letzten Jahrzehnten den Ruhm der Brentagruppe begründete und das heute mehr denn je Bergsteiger aller Reifegrade und aller Herren Länder fast unwiderstehlich in seinen Bann zieht.

Trotz aller künstlichen Steighilfen kann die Brenta dem Bergsteiger auch heute jederzeit die Übermacht des Berges drastisch vor Augen führen: Ein plötzlicher Wettersturz, hochsommerlicher Schneefall oder herbstliche Vereisung können auch den geübtesten Klettersteigkenner vor sehr ernste Probleme stellen. Vor Leichtsinn, namentlich bei aufziehenden Gewittern, sei daher dringendst gewarnt. Ist auch der gefürchtete Brentanebel noch kein Grund zu verfrühter Umkehr, so hüte man sich dennoch, einen Weg zu begehen, dessen Verlauf nicht eindeutig auch bei schlechtesten Sichtverhältnissen mit Sicherheit zu verfolgen ist; unzureichend markierte Teilstrecken

Molveno mit dem gleichnamigen See. Links der Bildmitte der Einschnitt des Val delle Seghe, rechts darüber der wuchtige Croz dell'Altissimo. Foto: Löbl

kennzeichnet man notfalls durch eigene Steinmänner; ein Abkommen vom Weg in dichtem Nebel muß in jedem Fall vermieden werden, da das Gelände fast nie einen weglosen Abstieg gestattet.

Die wichtigsten Talorte

Malè, 721 m, im Norden an der Tonale-Paß-Straße im Val di Noce. Kleiner Bergort, gute Gasthöfe. Der Ort kommt für den Bergsteiger nur als Ausgangspunkt für die Pellerhütte, 2060 m, in Frage.

Dimaro, 767 m, im Norden an der Tonale-Paß-Straße. Kleiner Bergort, Kirche mit schönen Fresken. Ausgangsort für die Pellerhütte, 2060 m.

Madonna di Campiglio, 1522 m, berühmtes, internationales Hoteldorf, herrliche Lage im innersten Winkel des Valle Rendena, von aufgelockerten Nadelwäldern umschlossen. Von Madonna di Campiglio aus können alle wichtigen Schutzhütten der Brenta leicht auf kurzen Anstiegswegen erreicht werden. Deshalb ist Madonna di Campiglio der günstigste Talort für die Brentagruppe.
Verkehrsbüro (Azienda di Soggiorno) geöffnet 9 – 12, 15 – 18.30 Uhr, Telefon 0465/41026.
Seilbahnen:
1. Kabinenseilbahn (Funivia) auf den Monte Spinale, 2093 m, Talstation am Teich.
2. Grostè-Kabinenseilbahn in zwei Teilstrecken zum Passo del Grostè, 2437 m, erbaut 1962. Sie ermöglicht es, schnell und mühelos zum Gebirgskamm und zum Anfang des Bocchette-Weges (Tour 130) zu kommen. Die Talstation liegt an der Staatsstraße 2 km oberhalb (nördlich) von Madonna di Campiglio.
3. 5-Laghi-Kabinenseilbahn (seit 1977 anstelle eines Sesselliftes) in der Presanellagruppe. Talstation im Zentrum an der Staatsstraße.
4. Pradalago-Kabinenseilbahn in die Presanellagruppe.
Camping: Nächster Campingplatz „Faé della Rendena" zwischen San Antonio di Mavignola und Pinzolo, im Sommer und Winter geöffnet, Telefon 0465/51392.
Autobuslinien: Mehrmals täglich nach Trient, viermal täglich vom 1.7. – 3.9. nach Malè, einmal täglich vom 10.7. – 10.9. nach Bozen, einmal täglich nach Molveno (Richtung Trient, umsteigen in Ponte Arche).

Vallesinellahütte, 1522 m, im Südosten von Madonna di Campiglio, 4,5 km ohne Steigung, auf kleiner Straße mit eigenem Auto oder Taxi erreichbar (Rückfahrt von Gruppen auch mit Kleinbus des Besitzers), zu Fuß in 1 Std., privat, 30 B. und L., geöffnet 20. 6. – 20. 9., bew. Von dort kürzester Aufstieg zur Tuckethütte und Brenteihütte. Kurz vorher rechts am mittleren Wasserfall die **Cascate-di-Mezzo-Hütte,** 1480 m.

San Antonio di Mavignola, 1122 m, an der Autostraße Pinzolo – Madonna di Campiglio sehr malerisch gelegen, Ausgangspunkt für die Zwölf-Apostel-Hütte durch das untere Val Brenta Alta und das Val d'Agola. Campingplatz.

Pinzolo, 770 m, freundlicher Bergort am Eingang des wildromantischen Val Genova. Kirche mit schönem Campanile. Nahe des Ortes beachtenswerte, unter Denkmalschutz stehende frühromanische Kirche, außen und innen mit großartigen Fresken. Immer geschlossen, aber Schlüssel in Pinzolo erhältlich.

Gute Gasthöfe, Lebensmittelgeschäfte, Arzt, Apotheke. Führerstandort. Alpines Zentrum vor allem für die Adamello-Presanella-Gruppe; für die Brenta allerdings nur Aufstieg zur Zwölf-Apostel-Hütte, der durch die Gondelbahn und den Sessellift auf den Doss del Sabion (2101 m) verkürzt wird. Campingplatz 3 km nördlich.

San Lorenzo in Banale, 792 m, freundlicher Bergort an der Ausmündung des Val d'Ambièz (Südseite der Brentagruppe). Beliebte Sommerfrische. Zugang zur Agostinihütte, 2410 m.

Stenico, 668 m, Bergort im Süden der Brentagruppe. Zugang oder Autozufahrt zum Val d'Algone (auch von Tione im Südwesten aus) zur Ghedinahütte, 1116 m, und zur Malga Movlina, 1746 m, als Ausgangspunkt für einen Aufstieg zur Zwölf-Apostel-Hütte, 2488 m.

Molveno, 864 m, am Nordende des Molvenosees, eines natürlichen, durch einen Bergsturz entstandenen Stausees, in steilem Berghang malerisch gelegen. Sommerfrische, zahlreiche Hotels, Gasthöfe und Pensionen. Führerstandort, Arzt, Apotheke. Sessellift in zwei Teilstrecken auf den Pradel (1600 m), eine breite, grüne Geländerampe mit herrlichem Blick auf die Brenta. Schwimmbad am warmen Molvenosee, hübscher Campingplatz unmittelbar am See. Als Aufstiegsort in die Brentagruppe wegen der niedrigen Lage nur an zweiter Stelle.

Die wichtigsten Zugänge zum Klettersteigsystem

I. Von Madonna di Campiglio:
1. Zum Passo del Grostè (Anfang des Bocchette-Wegsystems) mit der Grostè-Seilbahn (zu Fuß 3 Std.).
2. Zur Tucketthütte: a) Zunächst zur Vallesinellahütte, zu Fuß 1 Std., besser mit eigenem Auto oder Taxi, Anstieg von dort 2 Std. (zu Fuß insgesamt 3 Std.).
b) Vom Grostèpaß auf Weg Nr. 316, 1½ Std.
3. Zur Brenteihütte über die Vallesinellahütte, Anstieg von dort 2 Std. (insgesamt 3 Std.).
4. Zur Alimontahütte über die Brenteihütte, zusätzlich 1 Std. (insgesamt 4 Std.).
5. Zur Pedrotti/Tosahütte über die Brenteihütte, zusätzlich 2 Std. (insgesamt 5 Std.).
6. Zur Zwölf-Apostel-Hütte: Zunächst zum Agolasee (zu Fuß in 2 Std.), besser mit eigenem Auto oder Taxi. Anstieg von dort 3 Std.

II. Von Pinzolo:
7. Zur Zwölf-Apostel-Hütte: Zunächst mit Seilbahn auf den Doss del Sabion, 2101 m. Von dort Abstieg zum Passo Bregn del'Ors, 1836 m, und dann Anstieg in insgesamt 3 Std.
8. Zur Zwölf-Apostel-Hütte zu Fuß insgesamt 5 – 6 Std., wegen des großen Höhenunterschieds von 1700 m nicht zu empfehlen.

III. Von Molveno:
9. Zur Pedrotti/Tosahütte: Von der Mittelstation des Sessellifts auf Weg Nr. 340 und 319 in insgesamt 4 Std. Höhenunterschied 1150 m.

IV. Von Stenico oder Tione:
10. Zur Zwölf-Apostel-Hütte: Mit Pkw bis zur Malga Movlina, von dort zu Fuß insgesamt 2½ Std.

V. Von San Lorenzo in Banale:
11. Zur Agostinihütte: Über das Rif. Cacciatori zu Fuß in insgesamt 5 – 6 Std.

Die Schutzhütten im zentralen Bereich der Brenta und ihre wichtigsten Anstiegswege und Querverbindungen

Der Hinweis auf Materialseilbahn oder Jeep informiert, daß eine Hütte reichlich mit Speisen und Getränken versorgt ist.

Die Hütten in der zentralen Brentagruppe (Tuckett-, Brentei-, Alimonta-, Agostini-, Zwölf-Apostel- und Pedrottihütte) sind in den Hochsommerwochen, besonders im August, bei gutem Wetter regelmäßig stark überfüllt, vor allem an den Wochenenden.

Grafferhütte, 2261 m, CAI-SAT, Sektion Trient, geöffnet und bew. vom 20. 6. – 30. 9. und im Winter, erbaut 1946 als Ersatz für die 1939 abgebrannte Stoppanihütte, die unmittelbar neben der Endstation der Grostè-Seilbahn stand. 24 B. mit Wäsche, 26 B. ohne Wäsche im Untergeschoß mit wenig Lüftung. Tel. 0465/41358.
Die Hütte befindet sich etwas unterhalb des Passo del Grostè, 2443 m, in großartiger Lage unter den hellgrauen Kalkwänden der Pietra Grande mit weitem, freiem Blick auf den gesamten zentralen Brentakamm vom Passo del Grostè bis zur Cima Tosa. Idealer Ausgangspunkt für den Beginn der Brenta-Begehung.

Wichtigste Aufstiege von Madonna di Campiglio:
1. Auf gut bez. Bergweg 384 durch lichten Hochwald, später über freie Almböden mit zunehmender Rundsicht auf die Höhe des Monte Spinale, 2093 m. Hier kleine Privathütte und Seilbahnbergstation. Dann auf Weg 331 über die weiten Almböden, an dem kleinen Lago Spinale vorüber, zur Grafferhütte 3 Std. Wegen der Seilbahn vom Tal aus heute selten begangen.

2. Entweder mit Sessellift oder der daneben erbauten Kabinenseilbahn schnell auf den Monte Spinale, dann zu Fuß weiter wie bei 1. in 1 Std. zur Grafferhütte.

3. Mit der Grostè-Kabinenseilbahn zur Endstation und von dort zu Fuß in 15 – 20 Min. zurück zur Grafferhütte.

Tucketthütte, 2268m, und daneben die dazugehörige
Sellahütte, 2271 m, beide CAI-SAT, Sektion Trient. Die Sellahütte wurde 1900 vom SAT und die Tucketthütte 1906 vom Deutschen Alpenverein erbaut. Geöffnet vom 20. 6. – 20. 9., Tucketthütte bew., Materialseilbahn. 95 B. mit Wäsche, 35 B. ohne Wäsche. Winterraum (ohne Decken und Matratzen) offen. Tel. 0465/41226.

Schöne Lage am Fuße eines rot-gelben, kühnen Turmes, des Castelletto Inferiore, 2595 m, eines idealen Kletterberges.

Die Tucketthütte steht bereits im Mittelteil der Brenta und dient auch als Stützpunkt für Kletterer.

Aufstieg nur von Madonna di Campiglio:
1. Am Rifugio Vallesinella, 1522 m, gibt es zwar reichlich Parkplätze, doch herrscht während der Hochsaison, besonders an Wochenenden, übermäßig viel Betrieb. An der Südseite der Lichtung, quer durch den offenen Mittelteil der Lichtung, führt Weg 317 zunächst über den Bach (Sacra di Vallesinella) und in vielen Kehren steil durch den dunklen Wald zur Casineihütte, 1825 m, privat. Von hier weiter, zunächst noch durch Wald, bald aber durch freies, lichtes Gelände auf prächtigem Steig mit interessantem Einblick in das Val Vallesinella direkt zur Tucketthütte. Vom Rif. Vallesinella 2 Std.

2. Vom Rif. Vallesinella führt eine landschaftlich noch reizvollere Wegvariante zur Casineihütte, die Via degli Orsi. Vom Parkplatz zunächst auf der Sandstraße weiter, bei der ersten Kreuzung nach 3 Min. links ab und gemächlich durch den Hochwald steigend bis zur Malga Vallesinella di Sopra, 1678 m. Hier gut beschildert nach rechts über den Bach und in großem Bogen am Gegenhang zur Casineihütte. Weiter wie Aufstieg 1.

3. Noch schöner ist der Weg über die Wasserfälle („Cascate"). Man geht zunächst wie bei Variante 2 auf der Sandstraße, bleibt jedoch nach 200 m rechts und gelangt in fünf Minuten zur Talstation der Materialseilbahn zur Casineihütte. Nun folgt man dem sehr schönen Weg längs der Steilstufe der Wasserfälle bis zur Alm. Hier mündet der Steig von Wegvariante 2.

4. Auffahrt mit der Grostè-Seilbahn zur Bergstation und von dort südwärts auf Weg 316 in 2 Std. zur Tucketthütte.

Brenteihütte, 2120 m, CAI-SAT, Sektion Monza. Erbaut 1932, mehrmals vergrößert. Geöffnet vom 20.6. – 20.9., bew., Materialseilbahn. Im Vorraum Kochen gestattet. 30 B. mit Wäsche, 35 B. je nach Wunsch mit oder ohne Wäsche, 25 B. ohne Wäsche am Dachboden, dort auch zwei Räume mit zusammen 20 Matratzenlagern. Offener Winterraum (ohne Matratzen und Decken) mit Kochmöglichkeit. Telefon 0465/41244. Die Lage der Hütte auf einem fast ebenen, begrünten, etwas vorgeschobenen Sporn unmittelbar über dem Mittelteil des Val Brenta Alta, einem der gewaltigsten und großartigsten Felsräume der Brenta, ist außergewöhnlich eindrucksvoll. In der Nähe der Hütte stimmungsvolle Bergkapelle.

Aufstiege nur von Madonna di Campiglio:
1. Über die Malga Vallesinella zur Casineihütte. Nun folgt man dem sehr gut angelegten und viel begangenen Sentiero Bogani, Weg Nr. 318, einem der schönsten Bergwege der Brenta. Er steigt zunächst steil durch den Hochwald an, quert dann in leichterer Steigung freies Gehänge und gelangt schließlich durch einen interessanten natürlichen Felsstollen auf fast ebenem Schlußstück zur Brenteihütte. Auf dem gesamten Weg herrliche Blicke zum gewaltigen Crozzon und zu den grünen Weide- und Waldgründen tief unten im Val Brenta Alta. Von Madonna di Campiglio 3 Std., von der Vallesinellahütte 2 Std.

2. Über die Brenta-Almen. Vom Sträßchen zur Vallesinellahütte abzweigen zur Cascata Vallesinella, einem herrlichen Wasserfall im Wald, wo der Vallesinellabach über eine 50 m hohe Felswand stäubend und tosend herabstürzt. Man sollte, wenn irgend möglich, diesen kurzen Abstecher machen – auch ohne weiteren Aufstieg. In der Nähe die Cascata-di-Mezzo-Hütte.

Jetzt durch Wasserstaub auf einer Brücke über das brodelnde Wasser, dann durch schönen Hochwald zur Malga Brenta Bassa, 1268 m, einem der herrlichsten landschaftlichen Räume der Brenta: Ebene, grüne Wiesen, von Schrofen und Hochwald umschlossen, dahinter der senkrecht aufstrebende, riesenhafte Pfeiler des Crozzon. Man folgt jetzt ein Stück lang einer guten Forststraße (Nr. 323) und dann am linken Talhang einem Steig, der auf die zweite Terrasse des Tals hinaufführt zur Malga Brenta Alta, 1666 m, auf einem weiten, fast ebenen Wiesenboden, von einzelnen Bäumen umschlossen und von einer grandiosen Felsenwelt in weitem Halbkreis umrahmt. Von hier erfolgt der letzte lange Aufstieg auf altem aber noch ganz gutem Steiglein über schrofiges Gelände zur Brenteihütte.

Der Weg wird heute kaum noch begangen, hat aber Wert für denjenigen, der ein besonders schönes Landschaftsbild erleben will. Aufstiegsdauer 5 Std.

Alimontahütte, 2600 m, privat, auf der Südseite der Cima-Molveno-Westschulter, zu Füßen der beiden Gemellitürme (Zwillinge). Geöffnet und bew. vom 25.6.–25.9., Materialseilbahn. 22 B. mit Wäsche, 31 B. ohne Wäsche, 10 L. auf Dachboden. Kein Telefon auf der Hütte. Hüttenwirt: G. Alimonta, I-38084 Madonna di Campiglio,

Telefon 0465/41178. Die Hütte wurde 1968 fertiggestellt und 1973 vergrößert. Sie steht auf einer weiten, fast flachen Karrenrampe, einem ehemaligen Gletscherboden, am Zugangsweg 305 von der Brenteihütte zum Zentralen Bocchetteweg in Richtung Pedrottihütte. Aufstieg von der Brenteihütte zur Alimontahütte 1¼ Std. Die Alimontahütte bildet einen idealen Stützpunkt. Für den Wanderer auf dem Bocchetteweg hat sie den Vorteil, daß er nicht so tief wie zur Brenteihütte absteigen muß.

Pedrottihütte, 2496 m, und darunter die kleine Tosahütte, CAI-SAT, Sektion Trient. Zwei Hütten, die jetzt zusammengehören und auf Wegweisern als „Rif. Tosa" bezeichnet werden. Pedrottihütte erbaut 1912 vom DAV, vergrößert 1921 und 1963, Tosahütte erbaut 1874 vom SAT. Geöffnet vom 20.6. – 20.9., Pedrottihütte bew., Materialseilbahn, 60 B. mit Wäsche und 60 B. ohne Wäsche in der Tosahütte, 20 B. ohne Wäsche und 20 Matratzenlager am Dachboden, Winterraum. Tel. 0461/47316. Die Hütte steht knapp unterhalb der Bocca di Brenta auf einem dort ansetzenden Karrenplateau in freier, schöner Lage, in unmittelbarer Nähe von rot-gelben Felstürmen und Wänden, mit direktem Blick auf den doppelkegeligen Croz dell'Altissimo. Neben der Hütte eine schöne kleine Bergkapelle.

Aufstiege:
1. Von Madonna di Campiglio über die Vallesinellahütte zur Brenteihütte. Von hier ab auf gut bez. Weg 318 durchs Val Brenta Alta in gleichmäßiger Steigung in die schon von weitem sichtbare Bocca di Brenta, 2552 m, einer schmalen Scharte zwischen der Cima Brenta Bassa und der Cima Brenta Alta, die von hier mit einer prachtvollen senkrechten Kante aufsteigt. Auf diesem Weg wird der innerste Teil des Val Brenta Alta – einer der schönsten Felsenräume der Brenta – durchschritten. Er mündet unmittelbar am Fuße der Guglia in einen schneegefüllten Kessel, hier immer breit ausgetretene Spur bis zu den schrofigen Felsen. Über diese mit Hilfen von Drahtseilen und über ein zweites Schneefeld bald in die Scharte. Von hier aus ist die Pedrottihütte schon zu sehen, dahinter der Hüttenklettertum Croz del Rifugio und hinter ihm der breit ausladende Stock des Monte Daino. Die Hütte wird aus der Scharte in wenigen Minuten erreicht. Ab Madonna di Campiglio 4½ – 5 Std., ab Brenteihütte 1½ – 2 Std.
2. Von Molveno auf breitem Weg 319 in 5 – 6 Std. zur Hütte. Bei Benutzung des Sessellifts 4 – 5 Std.
Nordwestlich auf Weg 319 in das Val delle Seghe, im hintersten Winkel dieses Hochtales links ab über eine Steilstufe und in vielen

Serpentinen zur Selvatahütte, 1630 m, kleiner Berggasthof mit Übernachtungsmöglichkeit. Von hier aus großartiger Blick auf die Riesenwand des Croz dell'Altissimo. Über eine zweite Steilstufe zum Baito Massodi, 1982 m, einem flachen, begrünten Karrenboden, hinter dem sich jetzt der Sfulmini-Kamm immer eindrucksvoller aufzubauen beginnt. Der Weg zieht sich von hier in ein Felstal hinein, das gegen die Bocca di Brenta hinaufführt, hält sich aber links im schrofigen Gehänge und erreicht zuerst die Tosahütte und dann die etwas höher gelegene Pedrottihütte. Eine fühlbare Erleichterung und Verkürzung des Aufstiegswegs um 1 – 2 Std. bringt der erste Teil des Sessellifts von Molveno zum Pradèl, 1346 m. Vom Pradèl führt der schöne Wanderweg 340 fast eben in das Val delle Seghe. Am Fuß der riesigen Südwestwände des Croz dell'Altissimo trifft man nach ¾ Std. auf die Croz-dell'-Altissimo-Hütte, 1500 m. Von dort 1 Std. zur Selvatahütte und weitere 2 Std. zur Pedrottihütte.

Agostinihütte, 2410 m (Rif. Silvio Agostini), CAI-SAT, Sektion Trient (bis 1975/76 privat). Im Süden der Brenta, im Val d'Ambièz. Erbaut 1937, vergrößert 1975. Geöffnet und bew. vom 27. 6. – 20. 9. Versorgung mit Jeep seit 1968. 51 B. nach Wunsch mit oder ohne Wäsche, 22 B. im Winterraum. Telefon 0465/74138.
Die Lage der Hütte im innersten Winkel des Val d'Ambièz ist außergewöhnlich eindrucksvoll. Neben der Hütte hübsche Bergkapelle. Aufstieg von San Lorenzo in Banale, 792 m. Auf schmalem Fahrweg (für Jeep) 5 – 6 Std. Autofahrer können 2,5 km bis Gaststätte Dolomiti fahren (Parkplatz). Mit einem Jeep Gepäck- und Personenbeförderung bis zur Hütte möglich.

Aufstieg von San Lorenzo in Banale:
Der Weg 325 führt durch das gesamte, in mehreren Geländestufen aufgebaute Val d'Ambièz. Von der Ortschaft den d'Ambièzbach aufwärts bis zur Ponte di Brocca, 1309 m. Nach einer ersten Steilstufe erreicht man die Malga Prato di Sotto und nach einer weiteren Steilstufe die Cacciatorihütte. Dort eröffnet sich ein großartiger Blick: Die ganze Umrahmung des innersten Val d'Ambièz mit gewaltigen Wänden und Türmen breitet sich in einem weiten Halbkreis aus und hält den grünen Almboden umschlossen. Von der Cacciatorihütte aus zweigt der markierte Fußweg 325 nach links, nordwestwärts, vom Fahrweg ab und endet erst kurz vor der Hütte.

Zugang von der Pedrottihütte zur Agostinihütte: Der „Sentiero Palmieri" ist ein leicht begehbarer, prächtiger Höhenweg, der die kürzeste und bequemste Verbindung zwischen den beiden wichtigen Stützpunkten im südlichen Felsenraum der Brenta darstellt; er ist auch bei Schlechtwetter begehbar und daher eine mögliche Alternative oder Ausweichtour zum anspruchsvolleren Sentiero Brentari.

Man folgt von der Pedrottihütte zunächst der Markierung Nr. 304, dem Beginn des Sentiero Brentari. Der Weg 304 leitet um den Felsaufbau der Cima Brenta Bassa herum und verläuft am oberen Rand der riesigen Doline der Pozza Tramontana. Nach links zweigt bald Weg 320 ab, der am Rande des Dolinenlochs tief hinabführt, um dann wieder ständig, zum Schluß ziemlich steil mit vielen Kehren, in die Scharte der Forcolotta di Noghera, 2423 m, anzusteigen. Hier führt der Steig in einen neuen Bergraum, in das innerste Val d'Ambièz, und läuft unter den Felswänden der Cima Ceda, 2757 m, dahin. Blickbeherrschend treten die Punta dell'Ideale und die Ostwand der Cima d'Ambièz in Erscheinung, und bald ist auch die Agostinihütte erreicht. Gehzeit: Rif. Pedrotti – Rif. Agostini 2 Std.

Zwölf-Apostel-Hütte, 2489 m (Rif. Dodici Apostoli, auch Rif. Garbari), CAI-SAT, Sektion Pinzolo, geöffnet vom 20.6.–20.9., Materialseilbahn (kein Rucksacktransport). Erbaut 1908, vergrößert 1953. 12 B. mit Wäsche, 12 B. ohne Wäsche, 24 L. in Baracke. Telefon 0465/51309.

Die Hütte steht auf einem vom Glazialeis rund geschliffenen, riesigen Felsbuckel, unmittelbar vor dem Wandabbruch. Großartiger Blick nach Westen auf die Adamello-Presanella-Gruppe. In den Wandfuß des Croz dei Dodici-Apostoli ist eine kleine Kapelle als Gedenkstätte für die in den Bergen Verunglückten gehauen. Ein Felsstollen bildet den Zugang und ein gewaltiges, aus der Wand geschlagenes Kreuz den Abschluß. Durch vier Kreuzfenster kommt das Tageslicht in das Innere dieses einmaligen Felsenkirchleins, in dem öfters Bergmessen gelesen werden.

Aufstiege:
1. Von **Pinzolo** mit Gondelbahn und Sessellift auf den Doss del Sabion, 2101 m, einen der Brentagruppe vorgelagerten Bergrücken, von dem aus man einen unvergleichlichen Blick auf das Panorama der Brenta im Osten und der Adamello-Presanellagruppe im Westen hat. Berggasthaus auf dem Gipfel. Vom Gipfel aus sieht man bereits die Zwölf-Apostel-Hütte und ihre gesamte Bergumrahmung. Ferner hat man einen prachtvollen Einblick in das wilde, felsige Val Nardis, durch das der Anstieg zur Hütte führt.

In ½ Std. steigt man zum Passo Bregn de l'Ors (= „Futtertrog des Bären", im Volksmund und auf den Wegweisern „Brandalors"), 1830 m, ab. Hier kleine, offene Kapelle. Vom Paß ist nach Norden über eine Wiese ein direkter Abstieg in das Val d'Agola möglich 3 Min. weiter östl. kommt man zu einer Abzweigung nach Süden, die über einen noch vorgelagerten breiten Almrücken, den Passo del Gotro, ohne Markierung in das Val d'Algone führt.
Zur Hütte (2½ Std.) führt von dieser Abzweigung geradeaus ein schöner Weg (Nr. 307) leicht fallend durch Wald in einen ebenen begrünten Boden, das Pian di Nardis. Von hier zieht ein relativ guter Steig auf der linken Talseite durch eine Schuttzone, überwindet dann in vielen Serpentinen eine Steilstufe mit Drahtseilstellen, quert abermals ein Schuttkar und erreicht dann festen Karrenfels. Durch die Karrenrunsen auf die massive Felsplatte, auf welcher die Hütte steht.
2. Von Norden durch das Val d'Agola, von **Pinzolo** oder **Madonna di Campiglio.** In beiden Fällen fährt man zunächst auf der Autostraße nach S. Antonio, 1122 m, und auf der Forststraße bis zum Lago di Val d'Agola, 1595 m, für Pkw gut befahrbar. Von hier führt der Steig, immer gut mit 324 bez. durch lichten Wald steil ansteigend in das Val Nardis und erreicht Pian di Nardis, wo er in den von Pinzolo heraufführenden Weg 307 einmündet. Weiter auf diesem wie bei Aufstieg 1.
Aufstiegsdauer vom Lago d'Agola 2½ – 3 Std. Der Weg hat also Vorteile, wenn man fahren kann, sonst nicht.
3. Von Süden durch das Val d'Algone führt von **Stenico oder Tione** eine gute Forststraße bis zur Malga Movlina, 1746 m (Parkplatz). Von hier auf leichtem ebenem Pfad zur Abzweigung nahe dem Passo Bregn de l'Ors, von hier weiter wie Aufstieg 1.; 2½ Std. von der Malga.
4. Von der Brenteihütte über die Bocca dei Camosci, 2770 m. Der gut bez. Steig gehört zu den schönsten Übergängen in der Brenta und vermittelt ohne besondere Mühe eine Fülle der schönsten und nachhaltigsten Eindrücke. Von der Brenteihütte auf Weg 327 südwärts hinab in den Grund des Val Brenta Alta. Auf der anderen Talseite leitet der Weg 327 steil und in Kehren knapp unter die Felsen des Crozzon, quert bequem einige Zeit darunter hin und führt dann ganz knapp unmittelbar unter dem steilen Aufbau der herrlichen Crozzon-Kante in das Val dei Camosci hinein; bei der Kante einer der herrlichsten Blickpunkte auf den Sfulmini-Kamm.
Das Steiglein führt jetzt, markiert und auch mit Steindauben gekennzeichnet, knapp unter den Westwänden des Crozzon steil auf-

wärts durch grobblockiges Gelände auf eine Moränenkrone zu und über sie steil hinauf. Der Felskamm ist nunmehr ausgefüllt von der Vedretta dei Camosci, einem kleinen Gletscher, der vollständig von senkrechten Wänden umschlossen ist. Erst hoch oben betritt man den harmlosen Gletscher auf flachem Firnboden. Man quert den Firnkessel nach rechts direkt auf die schon von weitem sichtbare Bocca dei Camosci, 2770 m, zu. Die Bocca dei Camosci ist ein markanter Punkt: Man verläßt den bisher durchschrittenen Felskessel, hat aber aus der Scharte heraus einen grandiosen Blick zurück auf die rotgelben Wände der Cima Tosa. Schon nach wenigen Metern entschwindet dieser Blick und ein ganz neuer, bisher völlig verborgener Raum liegt weit geöffnet da: der Bergraum um die Zwölf-Apostel-Hütte, die schon zu sehen ist. Ein prächtiges Steiglein (Nr. 304) führt ständig bergab, ein schöner, kleiner Gletscher, die Vedretta d'Agola, begleitet es und bietet schöne, hochalpine Landschaftsbilder. Etwas später treten noch zwei weitere kleine Gletscher in volle Sicht: die Vedretta Pratofiorito und die Vedretta dei Dodici Apostoli. Der weite Karrenraum am Fuße dieser Gletscher wird gequert und die gastliche Zwölf-Apostel-Hütte erreicht. Gehzeit 4 Std.

Casineihütte, 1825 m, privat, erbaut 1909, vergrößert 1970, geöffnet und bew. vom 15.6.–10.10., Materialseilbahn, 24 B. mit Wäsche, 28 B. ohne Wäsche. Telefon 0465/42708. Die Hütte liegt etwa ¾ Std. oberhalb der Vallesinellahütte am Wege zur Tuckett- oder Brenteihütte.

Überblick über das Klettersteigsystem

Das Wegsystem der Klettersteige gliedert sich in folgende Abschnitte:

Nord-Süd-Richtung:

Sentiero Alfredo Benini (Tour 130): Passo del Grostè (Seilbahn-Bergstation) – Bocca di Tuckett (Tucketthütte).

Sentiero delle Bocchette Alte (Tour 131): 1. Teilabschnitt „Sentiero Enrico Pedrotti": Bocca di Tuckett – Bocca Bassa di Massodi (Alimontahütte, Brenteihütte). 2. Teilabschnitt „Sentiero Umberto Quintavalle": Bocca Bassa di Massodi – Bocca degli Armi.

Variante zum 2. Teilabschnitt: „Sentiero Oliva Detassis": Bocca Bassa di Massodi – Alimontahütte.

Sentiero delle Bocchette Centrale (früher Via delle Bocchette; Tour 132): Bocca degli Armi – Bocca di Brenta (Pedrotti/Tosahütte).

Varianten zu Tour 131 und 132:

Via delle Bocchette (Sentiero SOSAT, Tour 133): Tuckethütte – Brenteihütte, von hier zur Bocca degli Armi und über Tour 132 zur Pedrotti/Tosahütte oder: auf Weg Nr. 318 direkt zur Pedrotti/Tosahütte (Umgehung des Hauptkammes auf der Westseite).

Sentiero Osvaldo Orsi (Tour 134): Tuckethütte – Pedrotti/Tosahütte (Umgehung des Hauptkammes auf der Ostseite).

Ost-West-Richtung:

Sentiero Brentari und **Sentiero dell'Ideale** (Tour 135): Pedrotti/Tosahütte – Sella di Tosa – Bocca di Tosa – Bocca d'Ambièz – Bocca dei Camosci – Zwölf-Apostel-Hütte.

Alternative:

Sentiero Ettore Castiglioni (Tour 136): Pedrotti/Tosahütte – Sella di Tosa – Agostinihütte – Zwölf-Apostel-Hütte.

Zusammenstellung der Wegzeiten von Hütte zu Hütte:

Grostè-Seilbahn – Tuckethütte auf dem Sentiero A. Benini, Tour 130	4 Std.
Tuckethütte – Alimontahütte auf dem Sentiero delle Bocchette Alte, Tour 131	5 Std.
Alimontahütte – Pedrottihütte auf dem Sentiero delle Bocchette Centrale, Tour 132	3 Std.
Pedrottihütte – Zwölf-Apostel-Hütte auf dem Sentiero dell'Ideale, Tour 135	4½ Std.
Pedrottihütte – Agostinihütte auf dem Sentiero Brentari, Weg Nr. 304/358, Tour 135	4 Std.
Pedrottihütte – Agostinihütte auf dem Sentiero Palmieri, Weg Nr. 304/320	3 Std.

Agostinihüte – Zwölf-Apostel-Hütte
auf dem Sentiero Ettore Castiglioni, Tour 136   2¼ Std.
Zwölf-Apostel-Hütte – Brenteihütte
auf Weg Nr. 304/327/392   3 Std.
Brenteihütte – Tucketthütte
auf dem Sentiero SOSAT, Weg Nr. 305, Tour 133   3 Std.
Tucketthütte – Grostè-Seilbahn
auf Weg Nr. 316   2 Std.
Brenteihütte – Pedrottihütte
auf Weg Nr. 318   2 Std.
Tucketthütte – Pedrottihütte
auf dem Sentiero Orsi, Weg Nr. 303, Tour 134   4 Std.

Von der Grostè-Seilbahn aus kann man also ohne Eile in 5 bis 6 Tagen das gesamte Klettersteigsystem begehen und innerhalb dieses Zeitraumes auch auf niedriger gelegenen Wegen zum Ausgangspunkt zurückkehren.

130 Sentiero Alfredo Benini

Vom Grostèpaß zum Tuckettpaß

Die gegen Norden vorgeschobene Weganlage ist von der Szenerie her phantastisch und reiht sich würdig in das grandiose Karussell der Brenta ein. Ausdauernde „Ferratisten" haben nach dem „Sentiero Benini" zudem die empfehlenswerte Möglichkeit, am Tuckettpaß ohne Höhenverlust direkt in die Trasse der „Via delle Bocchette Alte" einzusteigen (Tour 131).

Während dreieinhalb Wanderstunden erlebt auch der alpinistisch weniger geübte, jedoch schwindelfreie Brenta-Liebhaber – aber nicht der völlig Unerfahrene! – auf dem „Sentiero Benini" ein überwältigendes, rasch wechselndes Panorama, das ausnahmslos jeden fasziniert.

Am angenehmsten begeht man den Beniniweg als Tagestour vom Grostèpaß aus, wohin man per Schwebebahn vom Campo-Carlo-Magno-Paß oberhalb Madonna di Campiglio gelangt.

Wegverlauf: Am Grostèpaß, 2443 m, findet sich gleich nach dem Ausgang aus der Seilbahnstation eine Steinplatte mit der Nr. 305 und der Aufschrift „Sentiero Alfredo Benini". Von hier entlang der fortlaufenden Markierungen zunächst in südöstlicher Richtung über eine kleine Kuppe, rechts Schleppliftstationen. Nun steigt der Pfad über großflächige Karrenfelder mit sehenswerten Dolinen und über abgeschliffene, schräge Steinplatten leicht in Richtung Cima Grostè an, die an ihrem Nordfuß gequert wird. Bevor man in die eigentliche Südostflanke des Felskammes hineinquert, findet sich nach der ersten Wegstunde, auf etwa 2600 m Höhe, die Bronzetafel „Sentiero Alfredo Benini". Auf deutlichem Steiglein geht's weiter aufwärts, zunächst fast rund um die Cima Grostè herum.

Grandios öffnet sich nach Süden der Blick über verwitterte, vorgelagerte, niedrigere Felsriegel, mit der Crosara di Fibion und der Cima di Vallazza, samt den dazwischen eingelagerten, glattgeschliffenen Platten und trümmerbesäten Karrenfeldern, die den Eindruck einer Mondlandschaft auf niemanden verfehlen.

Nach dem „Bivacco del Mattino" – einer größeren Felsnische – passiert man den schmalen Einschnitt der Bocca dei Camosci, 2770 m, mit erregendem Blick in die jenseitige, steile Firnrinne, die zur Vedretta Vallesinella hinunterreicht. Ein schmales drahtseilgesichertes, teilweise exponiertes Band zieht entlang des Campaniletto

Cima Brenta vom Sentiero Alfredo Benini. Foto: H. Frass

und des Campanile dei Camosci. Gut markiert und wo notwendig, mit Drahtseilen gesichert, wird unmerklich steigend die Wand der Cima Falkner durchquert. Dann steht man am höchsten Punkt des Weges, etwa 2900 m, bevor man über Rinnen und Absätze eine gut gesicherte Felsnase fast 100 m abklettert. Über Terrassenbänder des Campanile di Vallesinella erreicht man nahe der Rocca delle Val Perse, etwa 2845 m, einen prachtvollen Rast- und Aussichtsplatz. Jetzt wechselt man auf die Westseite hinüber und wird überraschend mit einem neuen Panorama konfrontiert. Der Blick ins Val Perse und auf die dunklen Nordfelsen der gegenüber liegenden 3150 m hohen Cima Brenta, mit dem eingeschnürten Hängegletscher, ist ein kaum zu überbietender Höhepunkt (1¼ Std.).

Über ein mäßig steiles Gletscherfeld, das von zwei kurzen Felsabsätzen durchzogen ist, geht es zunächst westlich hinunter, bis sich die Spur deutlich nach links (gegen Südwesten, Stange) zu den Felsen des Dente di Sella hinwendet.

Wichtige Variante: Bleibt man auf der rechten Spur, erreicht man über ein Kar, aus dem der Felszahn des Castelletto Superiore herauswächst, eine breite Block- und Schuttrinne (gute Markierungen), die steil abwärts zu einer breiten Moränenkrone führt. Von dort in ein paar Minuten zum darunter vorbeiführenden Steig, auf dem man kurz darauf die Tuckethütte erreicht (1 Std. ab Rocca Val Perse). Dieser Abstieg ist etwas kürzer und evtl. zu empfehlen, falls der Tuckettgletscher während niederschlagsarmer Jahre im Herbst stark vereist ist.

Der eigentliche Sentiero Benini umgeht zunächst jedoch den westlichen Gipfelaufbau des Dente di Sella, wendet sich gegen Süden, um nach mehreren, geröllbedeckten Steilstufen und einem glatten Kamin, der etwas Zupacken erfordert, an der Randkluft der Vedretta Tuckett zu enden. Eine feste Schneebrücke und Firnrücken verbinden mit dem wichtigen Knotenpunkt Tuckettpaß, 2656 m. Über den harmlosen Gletscher (gute Spur) und Moränenschutt ist der Steig bald erreicht, den man bis zum Rifugio Tuckett verfolgt. 1¼ Std.

Abstieg, Rückweg oder Fortsetzung:

1. Rückweg zum Grostèpaß: Nach Durchquerung des Sentiero Benini kann man von der Bocca di Tuckett zur Tuckethütte absteigen und über den sehr schönen Weg Nr. 316, entlang des zertrümmerten Castello di Vallesinella in 1¾ Std. nordwärts wieder zum Ausgangspunkt Grostèpaß zurückkehren.

2. Abstieg von der Tuckethütte nach Madonna di Campiglio siehe S. 295.

3. Fortsetzung: Bei normalen Wegverhältnissen ist die Fortsetzung des Klettersteigvergnügens durchaus noch am selben Tag zu empfehlen. Dafür gibt es folgende Möglichkeiten:

a) Man kann von der Bocca di Tuckett gleich in die Führe des „Sentiero delle Bocchette Alte" einsteigen und bis zur Alimontahütte, bei sehr guter Kondition, auf dem Sentiero delle Bocchette Centrale, bis zur Pedrotti/Tosahütte gelangen (siehe Tour 131 und 132).

b) Ein leichter Fortsetzungsweg zur Pedrotti/Tosahütte ist der Sentiero Orsi (siehe Tour 134).

c) Nur mäßig exponierte und technisch unschwierig ist der Sentiero SOSAT zur Brenteihütte oder zur Alimontahütte (s. Tour 133).

Gehzeit: Bergstation Grostè-Seilbahn – Tuckethütte 2½ – 3 Std.
Schwierigkeit: Technisch relativ problemlos, Trittsicherheit und Schwindelfreiheit Voraussetzung.
Siehe Karte Nr. 18.

131 Sentiero delle Bocchette Alte

Von der Bocca di Tuckett zur Bocca degli Armi

Dieser Wegabschnitt beginnt am Tuckettpaß, zieht unterwegs alle Register der Brenta-Superlative und endet auf der Bocca degli Armi. Bruno Detassis, jahrzehntelang Hüttenwirt auf der Brenteihütte, gebührt der Dank für die Erschließung dieser großartigen Felsszenerie: Ein einzigartiges Wegsystem aus Seilen und Klammern führt über gebänderte Wandstufen, glatte Monolithe und bizarre Türme – eine dolomitische Korallenwelt, die sich vor 200 Millionen Jahren im Ur-Mittelmeer emporreckte. Fünf Stunden bewegt man sich auf diesem „Sentiero" in einer durchschnittlichen Höhe von 2750 m. Trotz aller Sicherungen und Markierungen darf man den hochalpinen Charakter des „Hohen Bocchetteweges" nie unterschätzen, ein Wetterumschwung kann winterliche Verhältnisse herbeiführen. Der letzte Abschnitt dieses großartigen Hauptabschnittes wurde 1969 eröffnet.

Wegverlauf: Die Bocca di Tuckett, 2656 m, erreicht man entweder über den „Sentiero Benini" (siehe Tour 130) oder von der Tucketthütte (siehe Seite 294) aus, von der man über die Moräne und eine Spur im Firn der harmlosen Vedretta di Brenta Inferiore 1 Std. aufsteigen muß. Fast auf der Schartenkimme, rechts in den Felsen, befindet sich der Einstieg und die Bronzetafel „Enrico Pedrotti – Coro del SAT" – der erste Abschnitt ist einem der Gründer des SAT-Chores gewidmet.

Mit Leitern und Drahtseilen bestückt und zudem sehr gut markiert, führt die Ferrata himmelwärts, anfangs auf dem früheren etwas verwickelten Normalanstieg auf die Cima Brenta. Nach dem ersten, sehr luftigen Felsaufschwung gelangt man auf ein schräg abfallendes Geröllfeld (Orientierungsstange) mit großartigem Blick zum Molvenosee, der aus dem Dunst der Tiefe heraufglitzert. Nach 1 Std. ab Tuckettpaß erreicht man das bekannte „Garbariband", den Beginn des Abschnittes „Sentiero Carlo e Giuseppe Garbari". Bequem, ausreichend breit und gesichert durchschneidet es fast eben in luftiger Höhe von etwa 3000 m die Ostwand der Cima Brenta und endet in leichtem Schrofengelände. Bei einem Markierungshinweis, etwa an der Garbaritafel, Einstieg zur Cima Brenta – bei guten Verhältnis-

Auf dem Dorotea-Foresti-Weg des Sentiero delle Bocchette Alte.
Foto: K. Klarn

sen für Geübte unbedingt zu empfehlen! (Siehe Tour 139.) Um ein Felseck herum erreicht man ein weiteres, etwas schmäleres und ziemlich ausgesetztes Band, die Cengia Alta, von wo sich ein herrlicher Tiefblick zum Orsiweg und auf die grünen Hochtäler ergibt. Kurz danach steht man vor der problematischsten Stelle der gesamten Route – einer exponierten und steilabfallenden, steinschlaggefährdeten Firnrinne, die vom Gipfel heruntersteicht. Eine doppelte Seilsicherung hilft über die tückische Passage hinab: eine längs der Felsen, die zweite als Firntraverse – ein Seil mit Halteschlingen – die man je nach Schneelage benutzt. Bei Vereisung der schattigen Rinne müssen zur Überquerung Stufen mit dem Pickel geschlagen und schwächere Partner am Seil gesichert werden. Auf diese Rinne folgt ein Band, das zu einem terrassenartigen Aussichtspunkt, der Spalla di Brenta führt, mit 3020 m die höchste Stelle des Weges. Die Aussicht auf die zackigen Dolomitengruppen im Osten, die Gletscherberge im Westen, auf den Torre di Brenta und den Spigolo Castiglioni ist einzigartig. Hier stand in den Jahren 1968 und 1969 von Juli bis Oktober das gelbe Zelt des jungen Bergführers Pietro Vidi, der einen Großteil der schwierigen Sicherungsarbeiten im Alleingang fertigstellte. Dreimal täglich stand er in Funkverbindung mit dem Schutzhaus Brentei, dessen Dach und Hubschrauberlandeplatz von dort oben zu sehen sind. Vidi tätigte die notwendigen Sprengungen nur nachts, um die tagsüber am Orsiweg wandernden Touristen nicht zu gefährden.

Der folgende Abschnitt, der „Sentiero Mario Coggiola", beeindruckt durch eine ganze Reihe von wilden Kaminen, Wandln und Schartln; über Geschröf und kurze Leitern geht es abwärts zur engbrüstigen Bocchetta Alta di Massodi, 2950 m, von der eine luftige Leiter, die „Scala degli Amici" („Leiter der Freunde" – sie wurde von Freunden der Detassis finanziert) mit 67 Sprossen bis knapp unter den gemütlichen, breitflächigen, höchst aussichtsträchtigen Gipfel, Spallone di Massodi, 2998 m, hinaufreicht. In alten Führern scheint er auch als Cima Butler auf, eine Erinnerung an den englischen Erstbesteiger. Die Markierung führt nun zuerst auf einem Steiglein, nur wenige Aufstiegsminuten unterhalb des Gipfels, südlich weiter, bis Seile und Leitern über Geschröf und ein schmales Band gegen Südosten schwenken. Dann wieder in einem Bogen zu einem westlich eingelagerten Geröllsattel. Über eine lange Leiternserie – zum Teil überhängend – steigt man durch die Südwand hinunter bis kurz oberhalb der Bocca di Massodi, 2790 m, die zwischen Spallone di Massodi und Cima Molveno eingelagert ist. Die von beiden Seiten heraufstreichenden, steilen Eisrinnen verstärken den unheimlichen, düsteren Eindruck der engen Scharte. Hier gibt es zwei sehr lohnende Varianten zur Fortsetzung des Weges:

a) Sentiero Umberto Quintavalle: Jenseits der Gratschneide führen über die Nordflanke Leitern und Drahtseile 100 Höhenmeter aufwärts zur schuttbedeckten Nordschulter der Cima Molveno, 2890 m. Nun geht es endgültig – wiederum mit Drahtseilhilfe und über eine Leiter – hinunter zum Ausstieg am Wandfuß. Dort erinnert eine Tafel an den Gönner Umberto Quintavalle. Unter der anschließenden Cima Armi entlang quert man den Sfulminigletscher und erreicht die Bocca degli Armi.

b) Sentiero Oliva Detassis: Auf der Bocca Bassa di Massodi weist ein Schild „Rif. Alimonta, 50 Min." zu einem kleinen Felsgendarm. Ein paar Schritte westwärts und man steht vor einem langen und sehr kühnen Leiternsystem, mit insgesamt etwa 300 Sprossen, das teilweise sogar über gebauchte Felsen herabführt; besonders keck die „Scala degli Dei" – „Götterleiter". Am Ende des unwahrscheinlich waghalsigen Leiternsystems steigt man nun längs der engen, glatten Eisrinne über die gelbschwarze Wand zum Rand des sich fächerartig ausbreitenden Brenteigletschers hinunter. Den Brenteifirn gegen links querend, gelangt man bis unter die gespaltenen „Zwillinge" und um diese herum ohne Höhenverlust zur Karrenfläche mit dem Rifugio Alimonta. Diesen überaus kühnen Wegabschnitt haben die Brüder Detassis nach ihrer Mutter benannt – daher auch „Sentiero Mamma Oliva".

Rückweg, Abstieg oder Fortsetzung:
1. Von der Alimontahütte Rückweg zur Brenteihütte; von dort Rückweg über den „Sentiero SOSAT" oder „Sentiero Bogani" zur Tukketthütte, von hier Rückweg zur Bergstation der Grostè-Seilbahn oder Abstieg über die Casineihütte nach Madonna di Campiglio.

2. Von der Brenteihütte Übergang zur Agostinihütte oder Dodici-Apostoli-Hütte.

3. Fortsetzung des Klettersteigunternehmens von der Bocca degli Armi über den „Sentiero delle Bocchette Centrale" bis zur Pedrotti/Tosahütte auf der Bocca di Brenta. Die gesamte Wegstrecke vom Tuckettpaß zur Bocca di Brenta fordert 8 – 9 Std.

Gehzeiten: Tucketthütte – Alimontahütte etwa 5½ – 6 Std.
Schwierigkeit: Hochalpiner Übergang, stellenweise sehr exponiert, Rinnen mit Steinschlag- und Vereisungsgefahr, Pickel und Seil dringend angeraten. Schwächere Partner nur in Begleitung erfahrener Alpinisten.
Siehe Karte Nr. 18.

132 Sentiero delle Bocchette Centrale

Von der Bocca degli Armi zur Bocca Brenta (Pedrotti/Tosahütte)

Auf diesem schon 1936 erbauten Höhenweg erlebt man das berühmte und daher auch reichlich überlaufene Zentralstück der klassischen Brenta-Klettersteige, deren einzelne Wegstrecken wiederum die Namen von berühmten Alpinisten oder verdienten Spendern tragen und wirklich überwältigend schöne und wuchtige Eindrücke vermitteln. Zwischen der Bocca degli Armi und der Bocca di Brenta komprimiert sich das Bocchette-Weg-Erlebnis am intensivsten, dieser Abschnitt darf als absoluter Höhepunkt gelten. Ausgezeichnet markiert, mit durchlaufenden Drahtseilen, festen Leitern, Klammern und ausgemeißelten Tritten ausgestattet, ist es ein Wegstück zum Schauen, Bewundern und Genießen. Wer ausreichend schwindelfrei ist, erlebt hier bei gutem Wetter unvergeßliche Stunden. Dieser Wegabschnitt hieß früher ganz allgemein „Via delle Bocchette" und galt als Teilabschnitt des Wegsystems Tucketthütte – Sentiero SOSAT – Brenteihütte – Alimontahütte – Bocca degli Armi – Pedrotti/Tosahütte.

Wegverlauf: Zur Bocca degli Armi, 2749 m, gelangt man in ½ Std. von der Alimontahütte zuerst über Schuttböden, dann über die harmlose Vedretta di Sfulmini. Aus dem Firn der felsigen Scharte beginnt der Abschnitt „Sentiero B. Figari" mit einer Leiternserie, die auf ein luftiges Band, die höchste Stelle des Weges, führt und bis zur östlichen Schulter des Torre di Brenta hinüberleitet. Der anschließende „Sentiero C. B. de Stanchina" verläuft als Felsband auf der Ostseite des aus vier spitzen Türmen bestehenden Sfulmini-Kammes bis zum Campanile Alto unterhalb der Bocca Bassa degli Sfulmini, auf die man jedoch nicht aufsteigt.
Der „Sentiero A. Castelli" führt auf der östlichen Schulter des Campanile Alto in fast ebenem Felsspaziergang entlang, bis sich plötzlich die Guglia in all ihrer Eleganz und Schlankheit aufbaut; nun abwärts zum Fuße dieser berühmten Felsgestalt; ungefähr 150 m tiefer taucht man in den Grund der düsteren Gugliascharte ein – hier bei Vereisung oder Hartschnee eine etwas heikle Stelle – und erreicht über die Stufen und Sprossen die Nordwestseite der Brenta Alta, die sich oberhalb des Steiges atemberaubend aufsteilt. Der letzte Wegabschnitt, der „Sentiero O. Gottstein" leitet nun das Fina-

le dieser großartigen Route mit einem Felsband ein, das von zwei überbrückten Schluchten unterbrochen wird. Ein faszinierender Ausblick auf den Crozzon begleitet den Wanderer auf dem ausklingenden Bändersystem, von dem man über kurze Leitern schließlich auf das Schneefeld absteigt; hier kommt der Weg Nr. 318 von der Brenteihütte herauf. Nun in wenigen Minuten zur Bocca di Brenta empor, wo sich Pedrotti- und Tosahütte befinden.

Rückweg, Abstieg oder Fortsetzung:
1. Rückweg auf Weg Nr. 318 zur Brenteihütte, von hier gegebenenfalls Abstieg über die Casineihütte nach Madonna di Campiglio.
2. Rückweg auf dem „Sentiero Orsi" zur Bocca di Tuckett (siehe Tour 134).
3. Fortsetzung des Klettersteigunternehmens auf dem „Sentiero Brentari" und „Sentiero Ideale" (siehe Tour 135).
4. Übergang zur Agostinihütte auf dem „Sentiero Palmieri" (siehe Seite 298).

Gehzeit: Alimontahütte – Pedrotti/Tosahütte 4–5 Std.
Schwierigkeit: Hochalpiner Übergang, stellenweise sehr exponiert, Rinnen mit Vereisungsgefahr, Pickel, Steigeisen und Seil je nach Verhältnissen angeraten.
Siehe Karte Nr. 18.

Aus der Lehrschriftenreihe des Bergverlages

Sepp Gschwendtner

Sicher Freiklettern
Technik und Training

Wandkletterei – Reibungskletterei – Piaztechnik – Rißklettern – Kaminklettern – Spezielle Klettertechnik – Abklettern – Training – Das Sichern mit Klemmkeilen.
128 Seiten. Zahlreiche Abbildungen und Skizzen. 1. Auflage 1981.

Zu beziehen durch alle Buchhandlungen

Bergverlag Rudolf Rother GmbH · München

133 Via delle Bocchette, Sentiero SOSAT

Von der Tucketthütte zur Brenteihütte und über die Alimontahütte zur Bocca degli Armi

Der 1961 erbaute „Sentiero SOSAT", das erste Teilstück des Weges, ist ein mittelhoch gelegener, gut gesicherter Felsenweg zur Brenteihütte und eine leichtere Variante zum hochalpinen „Sentiero delle Bocchette Alte"; er erreicht zwar nicht dessen einmalige Wegführung, ist aber dennoch reich an interessanten und aussichtsreichen Passagen und auch für den anspruchsvollen Klettersteigliebhaber eine genußreiche und empfehlenswerte Unternehmung. In Fortsetzung des „Sentiero SOSAT" erreicht man die Alimontahütte und gewinnt bei der Bocca degli Armi wieder den Anschluß an das hochalpine Terrain: Hier setzt sich der „Sentiero delle Bocchette Alte" im „Sentiero delle Bocchette Centrale" fort.

Wegverlauf: Von der Tucketthütte zunächst auf dem Weg zur Bocca di Tuckett ostwärts bis unter die Gletschermoräne. Vor der Zunge der Vedretta di Brenta Inferiore biegt bei einem Wegweiser der Weg südwärts ab und führt aus dem Schutt über die erste kurze Leiter in die Schrofenzone der Nordseite der Punta Massari. Zuerst westwärts, an einer Quelle vorbei, ansteigend, dann allmählich südwärts umbiegend in ein Bergsturzgebiet mit riesigen Blöcken (bei Nebel auf Markierung achten!). Es folgt eine interessante Querung mit Leitern, Klammern und Seilen. Eine 15 m hohe, senkrechte Leiter überwindet in luftigem Auf und Ab eine von den Ausläufern der Cima Mandron und der Punta di Campiglio gebildete, tiefe Felsschlucht. Der Steig biegt bald um eine Kante – man steht auf einem Band hoch über dem Val Brenta und wird mit einem Blick auf die zerhackte Sfulmini-Kette und die glatte Crozzon-Kante überrascht. Am Ende des Bandes steigt man über Leitern durch einen kurzen Kamin ab. Danach etwa 400 m eben weiter nach Osten. Nun entweder abwärts zur schon sichtbaren Brenteihütte oder, links haltend, auf gutem Steig wieder empor zu einer flachen Karrenrampe, auf der die Alimontahütte steht. Wer über den „Sentiero delle Bocchette Centrale" weitergehen will, steigt nun zuerst über Schuttböden, dann über die harmlose Vedretta Sfulmini zur engen Felsscharte auf – hier auf der Bocca degli Armi, 2749 m, ist man wieder im hochalpinen Zentralstück des Klettersteigsystems, zwischen dem Sentiero delle Bocchette Alte und dem Sentiero delle Bocchette Centrale. Weitere Wegbeschreibung zur Pedrotti/Tosa-Hütte siehe Tour 132.

Rückweg oder Abstieg, Übergänge oder Fortsetzung:
1. Rückweg zur Tucketthütte: Der **„Sentiero Bogani"**, Weg Nr. 328/318, ist ein schöner, tief gelegener Bergwanderweg, der sich für einen eventuell beabsichtigten Rückweg anbietet. Bei den schönen Hochlärchenbeständen bietet sich ein herrlicher Blick auf das Castelletto Inferiore, weiter durchquert man eine Felssturzzone mit eindrucksvollen Ausblicken auf den Felsraum um die Bocca di Tuckett.
2. Abstieg zur Casineihütte oder zur Vallesinellahütte zunächst wieder auf dem „Sentiero Bogani", in der Mitte des Weges jedoch auf dem Weg 328 nordwestlich hinab.
3. Übergang zur Dodici-Apostoli-Hütte über die Bocca dei Camosci (siehe Seite 300), unschwierig.
4. Übergang zur Agostinihütte über die Bocca d'Ambièz (siehe Tour 135), unschwierig.
5. Aufstieg zur Bocca degli Armi und Überschreitung des „Sentiero delle Bocchette Centrale" bis zur Pedrotti/Tosahütte (siehe Tour 132), schwierig.

Gehzeiten: Tucketthütte – Brenteihütte 2½ – 3 Std., Tucketthütte – Alimontahütte 2½ Std., von hier zur Bocca degli Armi nochmals etwa ½ Std.
Schwierigkeit: Technisch relativ unschwierig und problemlos, aber stellenweise luftig.
Siehe Karte Nr. 18.

Crozzon di Brenta vom Sentiero O. Gottstein. *Foto: W. Fischer*

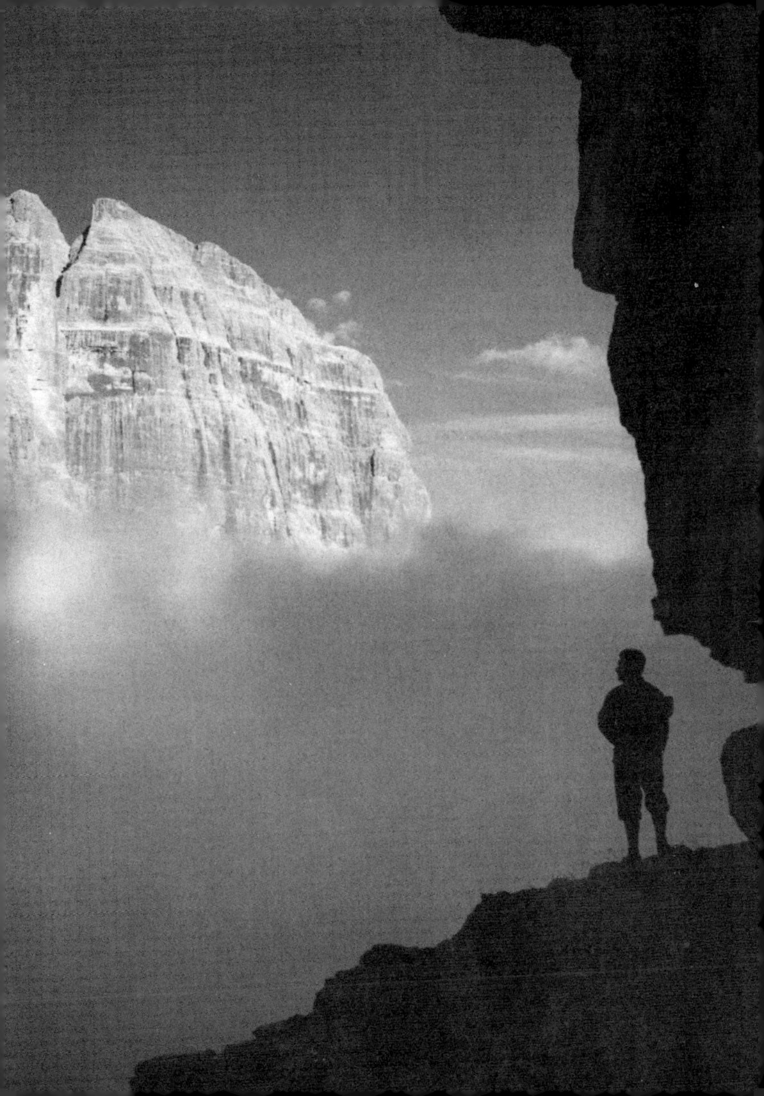

134 Sentiero Orsi
Von der Tucketthütte zur Pedrotti/Tosahütte

Deutsche Bergsteiger bezeichnen scherzhalber den Bocchetteweg als „Oberen Radfahrweg", im Gegensatz zum „Sentiero Osvaldo Orsi", den sie zum „Unteren Radfahrweg" abstempeln. Dieser wunderschöne Höhenweg durchzieht das Herzstück der Brenta an ihrer Ostseite und bietet eine nicht abreißende Szenerie herrlichster Wandfluchten, kühnster Türme und himmelstrebender Nadeln. Höhepunkt dieses rund vierstündigen Wander- und Schauvergnügens sind die Karausbuchtungen (Buse), aus denen sich die klassischen Gestalten der Guglia, der Sfulmini, Torre di Brenta, Cima d'Armi, Cima Molveno, Spallone di Massòdi, Cima Brenta usw. herausheben. Wenn diese Klettersteigvariante auch vergleichsweise problemlos ist, so verdient sie auf Grund ihrer einzigartig schönen Wegführung durchaus Interesse.

Wegverlauf: Von der Tucketthütte zunächst über den harmlosen Tuckettgletscher auf den Tuckettpaß, hier schöner Rückblick auf den wuchtigen Aufbau der Cima Brenta und in die Gletscherschlucht, die bis zu ihrem Gipfel hinaufzieht. Dann steiler Abstieg in das oberste Val Perse. Man hält sich auf der linken Seite, das erste Wegstück ist durch ein langes Drahtseil gut gesichert. Bei einem großen Felsklotz setzt der Orsiweg als guter Bergsteig, gut bez. (303) rechts abbiegend an. Er führt ständig knapp unter der mächtigen Ostwand der Cima Brenta entlang und zeigt besonders eindrucksvoll den herrlichen Wandabsturz der Cima Roma, 2827 m, gegen das Val Perse. Der Weg beginnt gleichmäßig zu steigen und erreicht die markante Sega Alta, ein breites Felsband mit Drahtseilsicherung längs eines senkrechten Wandabbruches unter einem mächtigen Überhang. Gleich darauf folgt ein Felsrücken mit dem Naso (= Nase), 2527 m, an seinem Ende, schönster Blickpunkt am ganzen Weg. Letzte Schau auf das Val Perse mit seiner mächtigen Wandumschließung und erster, großartiger Einblick in das obere Massòdikar mit seinen kühnen Nadeln und Türmen: Spallone di

Der Orsiweg: Luftig, aber unschwierig; das leichtere Gegenstück zum Sentiero delle Bocchette Centrale. *Foto: K. Puntschuh*

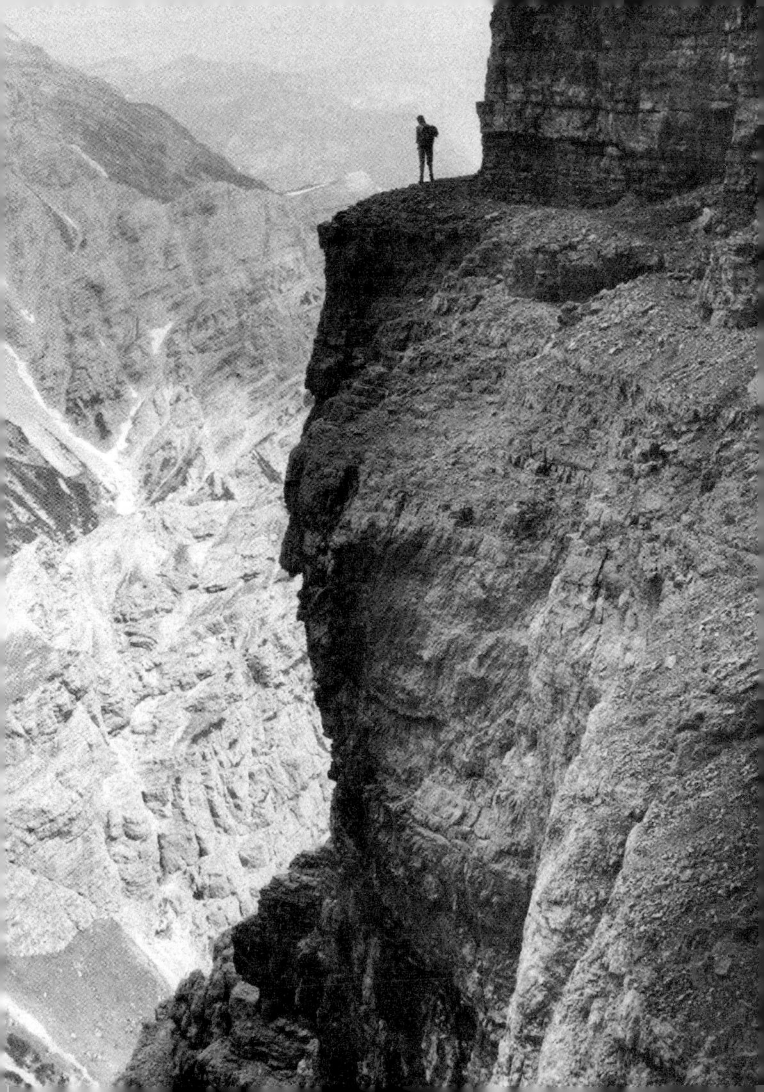

Massòdi, 2999 m, Cima Molveno, 2911 m, und Cima d'Armi, 2935 m, umschließen mit herrlichen Wänden das weite Felskar. Es wird gequert, unter einem Pfeiler durch mündet der Weg in das untere Massòdikar. Hier ragt das Schaustück der Brenta, eine der klassischen Berggestalten der Alpen in den Himmel: die unvorstellbar kühne, schlanke, elegante Nadel der Guglia, 2877 m (ital. Campanile Basso), begleitet von den mächtigen Felsburgen des Torre di Brenta, 3008 m, des Campanile Alto, 2937 m, und der großartigen Erscheinung der Cima Brenta Alta, 2969 m. Ein Felsenreich von seltenem Eindruck; herrliche Wandfluchten mit rotgelber Felsfärbung umschließen das von riesigen Bergsturztrümmern erfüllte Kar. Nach Querung desselben Abstieg in das Felstal, das von der Bocca di Brenta abzieht. Es wird gequert, dann letzter kurzer Aufstieg zur Pedrottihütte.

Rückweg, Abstieg oder Fortsetzung: Rückweg von der Pedrotti/Tosahütte zurück zum Ausgangspunkt entweder a) auf dem „Sentiero delle Bocchette Centrale" und dem „Sentiero delle Bocchette Alte" (schwierig) oder
b) auf dem „Sentiero delle Bocchette Centrale" bis zur Bocca degli Armi, dann westwärts ab und auf dem „Sentiero SOSAT" zurück zur Tuckethütte (erste Hälfte schwierig), oder
c) auf Weg Nr. 318 zur Brenteihütte, von hier auf dem „Sentiero SOSAT" zurück zur Tuckethütte, vergleichsweise problemlos.
Abstieg: Ins Tal von der Brenteihütte auf Weg Nr. 323/380 oder, besser, auf Weg Nr. 318 (Sentiero Bogani) über die Casineihütte.
Fortsetzung des Klettersteigsystems über den „Sentiero Brentari" und „Sentiero dell'Ideale" oder über den „Sentiero Castiglione".

Gehzeit: Tuckethütte – Pedrotti/Tosahütte 4 Std.
Schwierigkeit: Technisch problemlos.
Tip: Bergsteiger mit schweren Rucksäcken gehen besser von der Tuckethütte auf den bequemen Wegen über die Brenteihütte zur Pedrottihütte, lassen dort ihr Gepäck und begehen dann unbeschwert den herrlichen Orsiweg. Dabei genügt es, bis zum erwähnten Blickpunkt Naso di Massòdi zu gehen und von dort wieder zurückzuwandern.
Siehe Karte Nr. 18.

135 Sentiero Brentari und Sentiero dell'Ideale

Von der Pedrottihütte zur Dodici-Apostoli-Hütte oder von der Agostinihütte zur Dodici-Apostoli-Hütte

Die beiden Wegabschnitte, bereits 1932 fertiggestellt, sind die ältesten Teile des Klettersteigsystems der Brenta. Der hochalpine vergletscherte Übergang durchzieht ihre Herzräume, er gehört zu den landschaftlich großartigsten Bergwegen in den Südlichen Kalkalpen und bietet eine Überfülle an verschiedenartigen Eindrücken in Fels und Firn.

Wegverlauf: Von der Pedrotti/Tosahütte führt der Steig 304 zunächst westwärts um den Sockel der Cima Brenta Bassa herum, quert den oberen Rand eines gewaltigen Dolinenloches (Pozza Tramontana) und gelangt südwärts in einen faszinierenden Felsenkessel, der von der großartigen Ostwand der Cima Tosa, der Südwand der Cima Margherita und dem kühnen Aufbau der Cima Brenta Bassa umschlossen wird. Nach einer weiteren Geländestufe führt der Steig in einen kleinen Firnkessel, von dem aus man die Guglia sehr schön sieht; der Pfad steigt von hier bis zum Normaleinstieg zur Cima Tosa (siehe Tour 141) und quert von dort, mäßig steigend, auf den flachen Felsrücken der Sella di Tosa, 2860 m, von wo sich ein beeindruckender Blick auf die gebauchten, glatten Ostwand der Cima d'Ambièz auftut. Das anschließende Wegstück, der sog. „Sentiero Brentari", ist ein gut gesicherter Klettersteig und führt bequem und von herrlichen Landschaftsbildern begleitet zunächst zur Bocca di Tosa, dem Einschnitt zwischen dem Tosamassiv und der grandiosen, auffallend spitzen Punta d'Ideale, nach welcher der nächste Wegabschnitt benannt ist.

Von Blitz und winterlichen Schneestürmen verbogene Eisenleitern führen nun hinunter an den oberen Rand der Vedretta d'Ambièz, über deren Firn die Spur von der südwärts, links unten, sichtbaren Agostinihütte heraufführt (Steig 358).

Je nach Verhältnissen nun zuerst etwas links zu einer kurzen steilen Firnrinne, deren Beginn manchmal glatt und spaltendurchzogen ist. Am leichtesten steigt man noch in der Mitte (meist Tritte) auf. Führen über die in warmen Sommern überraschend breite Randkluft keine sicheren Schneebrücken, so steigt man links zwischen Ambièzwand und Firn über ausgeaperte Felsstufen und Absätze zur Bocca d'Ambièz, 2871 m, empor, welche Cima Tosa und Cima d'Ambièz verbindet. Vom Sattel steigt man an einem frei auf dem Firn liegenden Drahtseil über eine kurze Steilrinne zur Vedretta dei Camosci ab und quert nun möglichst hoch nach links hinüber; von rechts kommt Weg 327 von der Brenteihütte herauf (siehe Seite 300).

Der großartige Camoscikessel gehört zu den überraschenden Momenten dieser hochalpinen Überschreitung – er ist von drei Seiten von den Felsen des Crozzon, der Tosa und Ambièz umschlossen, gegenüber ragt die Fracinglospitze empor und teilt mit ihrem Felsfuß wie ein Schiffsbug die beiden Gletscher. Man gelangt nun über das obere Firnfeld des Camoscigletschers zur Bocca dei Camosci, 2770 m, hier Felstrümmer mit Markierung. Jenseits dieses Sattels öffnet sich ein völlig neues Landschaftsbild. Ein guter Pfad führt längs der Vedretta d'Agola westwärts hinunter, über einen letzten kurzen Anstieg erreicht man schließlich die gastliche Dodici-Apostoli-Hütte auf dem gletschergeschliffenen Karrenplateau.

Rückweg, Abstieg oder Fortsetzung:
a) Leichterer Rückweg zur Agostinihütte und zur Pedrotti/Tosahütte über den „Sentiero Castiglione" (Tour 136) und „Sentiero Palmieri" (siehe Seite 298).
b) Übergang zur Brenteihütte siehe Seite 300.
c) Abstieg nach Pinzolo siehe Seite 299.

Gehzeit: Pedrotti/Tosahütte – Dodici-Apostoli-Hütte $4^1/_2 - 5$ Std., Agostinihütte – Dodici-Apostoli-Hütte $4 - 4^1/_2$ Std.
Schwierigkeit: Hochalpiner, vergletscherter Übergang, nur für sehr sichere Klettersteiggeher mit Hochgebirgserfahrung. Steigeisen und Eispickel u. U. notwendig.
Siehe Karte Nr. 18.

Exponiertes Leiternsystem auf dem Castiglioni-Steig.   *Foto: Th. Hanschke*

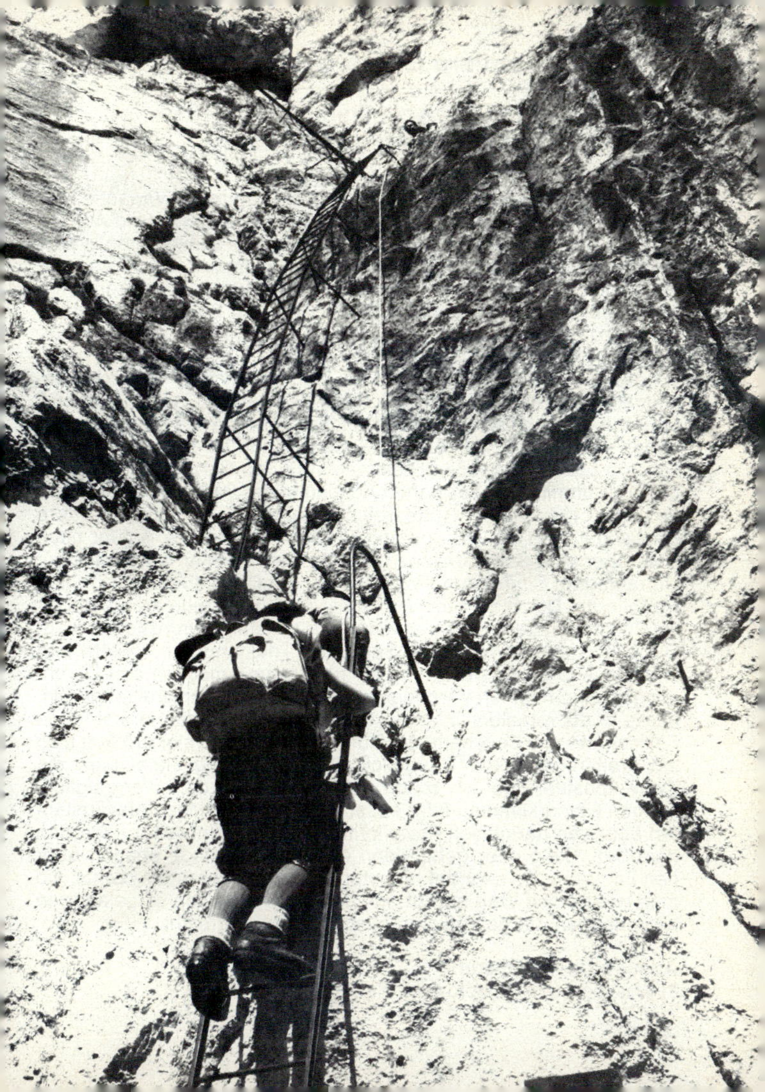

136 Sentiero Ettore Castiglioni
Von der Agostinihütte zur Dodici-Apostoli-Hütte

Der „Sentiero Ettore Castiglioni" ist eine leichtere Variante zum hochalpinen vergletscherten Übergang über die Bocca d'Ambièz und die Bocca dei Camosci. Im Kessel vor der senkrechten Wandstufe präsentiert sich die Felsenwelt der Brenta in eindrucksvoller Größe, in der Wand erlebt man einen Felsenweg von außergewöhnlicher Schönheit und Kühnheit. Der Abstieg zur Zwölf-Apostel-Hütte gehört zu den heiteren Momenten im Klettersteigzirkus der Brenta.

Wegverlauf: Wer von der Tosahütte kommt, quert bei der vorher beschriebenen Route (Tour 135) nach den letzten Leitern bequem über die spaltenlose Vedretta d'Ambièz abwärts auf guten Spuren gegen den Felsfuß der Ambièz-Ostwand und trifft im Moränengeschiebe bei einem großen Steinmann auf den Serpentinensteig Nr. 358, der unmittelbar zur nahen Agostinihütte, 2410 m, führt (½ Std. ab Leiter). Kurz vor der Hütte trifft man auf die Tafel „Sentiero Ettore Castiglioni" und die Abzweigung Nr. 321 nach rechts. Auf ihr nach links über eine Schrofenzone in ein kleines Felskar mit grandioser Umrahmung: Cima d'Ambièz, Ostwand der Cima d'Agola und Cima Pratofiorito. Der Steig führt bis unmittelbar unter eine Wand, die etwa 200 m senkrecht auf herrlichem Felsensteig durchstiegen wird: Die Leitern zählen etwa 300 Sprossen! Trittklammern, Leitern und Drahtseile lösen das technische Problem und machen den Durchstieg zu einem reinen Vergnügen. Dazu gewinnt man großartige Einblicke in die rotgelben Wände. Unerwartet quert man in eine enge Felsscharte, die Bocchetta dei Due Denti, 2859 m; hier eröffnet sich ein großartiger, freier Rundblick. Der Felsenweg endet hier, die Zwölf-Apostel-Hütte ist schon zu sehen und dem vergnüglich-luftigen Emporklimmen folgt ein ebenso vergnügliches Abwärtslaufen über den harmlosen Pratofiorito-Gletscher. Entweder folgt man dem bez. Steig oder geht, wenn es die Schneelage erlaubt, über den Firn mühelos sehr tief hinunter, hält sich aber unten rechts, wo man wieder den Weg antrifft, auf dem man über den vorgelagerten Karrenboden die gemütliche, gastliche Hütte erreicht.

Abstieg oder Rückkehr:
a) Abstieg nach Pinzolo (vgl. Seite 299).

Pedrottihütte, dahinter der Croz del Rifugio. Foto: Heldwein

b) Übergang zum Rif. Brentei (vgl. Seite 300).
c) Rückkehr zur Agostinihütte auf dem „Sentiero dell'Ideale" (vgl. Seite 320).

Gehzeit: Rif. Agostini – Rif. Dodici Apostoli 2 Std.
Schwierigkeit: Technisch wenig anspruchsvoll (Wandstufe sehr luftig.) Siehe Karte Nr. 18.

Wilde Brenta: Torre di Brenta, Sfulmini und Campanile alto (von links).
Foto: Schön

Gipfelbesteigungen im Bereich der Klettersteige

Leicht erreichbare, also auf gebahnten Wegen zugängliche Gipfel, wie sie Bergwanderer mögen, gibt es in der Brenta überhaupt nicht. In ihrem zentralen Bereich sind fast alle Erhebungen nur auf schwierigen bis sehr schwierigen Kletterführen zu ersteigen. Die Klettersteigbauer sind hier der ursprünglichen Absicht treu geblieben, die Gipfel selbst nicht zu erschließen, sondern nur ihre wichtigsten Zugänge – natürliche Bändersysteme, Verbindungsgrate und Übergänge – zu sichern. Dennoch besteht für den geübteren Klettersteiggeher bei guten Verhältnissen durchaus die Möglichkeit, auf sog. „Normalwegen" einige der großartigsten Gipfel zu erreichen, ohne über ausgesprochene Kletterfähigkeiten verfügen zu müssen. Die getroffene Auswahl enthält durchwegs attraktive Ziele, der Schwierigkeitsgrad II wird bei Anstiegen stellenweise erreicht, aber nicht überschritten. Abstieg grundsätzlich auf dem selben Wege. Siehe Karte Nr. 18.

137 Cima del Grostè, 2897 m
Im Bereich des Sentiero Benini

Vom Ausgangspunkt Grafferhütte, 2261 m, oder von der Bergstation der Grostè-Seilbahn, 2437 m, geht man zunächst auf dem Sentiero Benini (Tour 130), den man über großflächige Karrenfelder leicht ansteigend in Richtung Cima del Grostè verfolgt, bis man rechts zu einer Blockrinne kommt. Hier eine Bronzetafel im Fels. Die Blockrinne wird völlig durchstiegen, wobei man allerdings einige Male die Hände zu Hilfe nehmen muß. Dann auf die breite Kuppe der Grostèspitze und hier wieder auf gutem Steiglein zum nahen Gipfel. Bis auf die Blockrinne unschwierig. Von der Bergstation 2½ Std.

138 Cima Sella, 2911 m
Im Bereich des Sentiero Benini

Vom Ausgangspunkt Tucketthütte, 2268 m, zunächst über den harmlosen Tuckettgletscher zum Tuckettpaß. Hier nach links, nordwärts über die Leitern auf den Sentiero Benini (siehe Tour 130 in umgekehrter Richtung) in ein weites Kar am Fuße der hier schon sichtbaren, breit gebänderten und wie ein Schrägdach aufgebauten Cima Sella. Aus diesem Kar nach rechts bequem zu einem breiten Sattel zwischen dem Felszahn des Castelletto Superiore, 2696 m, und der Cima Sella, mit prächtigem Blick auf die Cima Brenta. Vom Sattel unschwierig über Karrenplatten und Schrofen bis unmittelbar an den Gipfelaufbau der Cima Sella heran. Bis knapp unter den Gipfelaufbau Steig und Markierung, dann weglos, nur noch sehr vereinzelt Steinmänner. Man hat nun ständig kurze Wandstufen (6 bis 10 m hoch) zu überklettern und dann wieder auf den dazwischen liegenden breiten Bändern möglichst hoch anzusteigen, worauf wieder die nächste sperrende Wandstufe überwunden werden muß, bis man den Gipfel erreicht.
Berg- und Kletterfahrung Bedingung; die Schwierigkeiten sind nicht groß, aber ohne Klettern geht es nicht, deshalb Ungeübte nur in Begleitung erfahrener Kameraden. Von der Tucketthütte 3 Std.

139 Cima Brenta, 3150 m

Im Bereich des Sentiero delle Bocchette Alte

Der zweithöchste Gipfel der Brenta wird aus dem Bereich des Garbaribandes sehr häufig bestiegen; der Einstieg befindet sich am Ende dieses Bandes kurz vor der Garbaritafel (s. Seite 307). Die Führe ist ungesichert und unmarkiert aber durch Steinmänner klar bez. und führt über Felsstufen und seichte Kamine auf einen Absatz. Von hier aus bietet der (im Sinne des Aufstiegs) linke Ast einer Doppelschlucht den besten Anstieg. Über steile Felsstufen (Schwierigkeitsgrad I und II) geht es anschließend weiter aufwärts. Man erreicht dann ein Felsköpfl, steigt einige Meter ab und überschreitet einen ebenen Firngrat von etwa 30 m Länge, von dem nach rechts sehr steil eine Eisrinne bis auf den Firn am Tuckettpaß hinunterzieht (links senkrechte Abbrüche und Überwächtung). Perfekte Seilsicherung für ungeübte Partner dringendst angeraten, für Einzelgänger gegebenenfalls Pickel und Steigeisen zu empfehlen. Nach Überschreitung des Firngrates über die schrofigen Felsen der Gipfelkuppe und problemlos nach wenigen Minuten zum breiten Gipfel mit Gipfelbuch und kleinem eisernen Gipfelkreuz.

Etwas Klettererfahrung notwendig, Ungeübte nur am Seil eines erfahrenen Begleiters. Firngrat gefährlich! Von der Forestitafel 1¼ Std., von der Tucketthütte 4 Std.

140 Monte Daino, 2685 m

Im Bereich der Pedrotti/Tosahütte

Von der Pedrotti/Tosahütte auf Weg Nr. 326 zum Passo di Ceda so weit hinab, bis der Steig sehr steil abzusteigen beginnt. Man hat hier bereits den Felskörper des Croz del Rifugio umgangen und befindet sich auf einem grünen Geländeriegel, von dem aus man sehr leicht in die dahinter liegenden Felskare des Monte Daino einsteigen kann. Durch diese steigt man hinauf, hält sich dabei ständig nach rechts und erreicht dann über breite Schuttbänder und kleine Wandstufen den Gipfel. Die Besteigung lohnt sich wegen des herrlichen Blicks auf die Brentakette von Osten her.

Die Besteigung ist weglos und unmarkiert, jedoch unschwierig. Von der Pedrotti/Tosahütte 2 – 3 Std.

141 Cima Tosa, 3173 m
Im Bereich des Sentiero Brentari

Die Cima Tosa, der höchste Brentagipfel, ist das Traumziel auch vieler Kletersteiggeher und wird sehr häufig erstiegen.
Von der Pedrotti/Tosahütte folgt man zunächst dem Weg Nr. 304 bis zum Tosaeinstieg. Von hier über einige vorgelagerte Schrofen an den Wandfuß. Rechts eines dunklen, senkrechten Kamins über die gut kletterbare Wandstufe empor (II, oben Abseil-Ringhaken). Auf diese Kletterstelle folgt überraschend reines Gehgelände; zunächst den zahlreichen Steindauben entlang über Schrofen steil hinauf bis zum Gipfelfirn. Über die ausgedehnte Firnkuppe auf einen breiten Schneerücken und fast eben bis zum Gipfel mit großartiger Fernsicht.

Wegen der Kletterstelle am Wandfuß nur sehr Geübten anzuraten, Seil gegebenenfalls erforderlich. Ungeübte nur mit erfahrenem Partner. Von der Pedrotti/Tosahütte 2½ – 3 Std.

142 Cima Pratofiorito, 2900 m
Im Bereich des
Sentiero Ettore Castiglioni

Von der Dodici-Apostoli-Hütte folgt man zunächst dem „Sentiero Ettore Castiglioni" (Tour 136), Weg Nr. 321, bis zum Beginn des kleinen Gletschers (Vedretta Pratofiorito). Hier bei einem kleinen Gletschersee nach rechts und über den Firn direkt in den deutlich sichtbaren Passo del Vallon, 2796 m. Im Schlußteil des Aufstiegs ist der Firn sehr steil. Aus dem Paß sehr schöner Blick in den waldumschlossenen oberen Kessel des sehr einsamen Vallon (Busa di Vallon Alto, 2585 m). Aus dem Passo del Vallon erfolgt der Aufstieg nach links hinüber über eine Schrofenstufe auf einen breiten Felsrücken und über ihn rasch auf den Gipfel. Großartiger Blick auf Cima d'Ambièz und Cima Tosa.

Aufstieg nicht schwierig, jedoch Bergerfahrung und Trittsicherheit Bedingung. Für Ungeübte ohne erfahrenen Begleiter dringendst abzuraten. Pickel empfehlenswert. Kein Weg, keine Markierung. Von der Dodici-Apostoli-Hütte 3 Std.

Karl Tiefengraber

Alpines Panoptikum

Ein gelungener Versuch von Franz Xaver Wagner, dem langjährigen Kolumnist Karl Tiefengraber in der Zeitschrift Bergwelt, Bergsteiger auf den Arm zu nehmen, sie auf satirische Gipfel zu tragen und ihnen die Aussicht von dort oben zu zeigen. Daß dabei Ähnlichkeiten mit tatsächlichen Verhältnissen sichtbar werden, ist der zunehmenden Annäherung alpiner Wirklichkeiten an satirische Übertreibung zuzuschreiben. Das Büchlein gehört in die geistige Rucksackapotheke jedes Bergsteigers!

Illustriert von Sebastian Schrank, Größe 12 × 16 cm, kartoniert.
112 Seiten. 2. Auflage 1980.

Zu beziehen durch alle Buchhandlungen

Bergverlag Rudolf Rother GmbH · München

143 Sentiero Gustavo Vidi – Sentiero Claudio Costanzi Cima Sassara, 2892 m

Nördliche Brentagruppe
Vom Passo del Grostè zum Nuovo Rifugio Peller oder zum Passo Campo Carlo Magno (Giro della Pietra Grande)

Die nördliche Brenta gilt als kaum erschlossen und ist trotz der neuen Markierungen zwischen Passo del Grostè und dem Nuovo Rifugio Peller kaum begangen. Wer sich in diese außerordentlich lange und verwickelte Route mit ihren zahlreichen ermüdenden Gegenanstiegen begibt, findet zwar keine alpinen Sensationen wie auf den Paradestücken der Bocchettewege, dafür aber ein Bergerlebnis von meist absoluter Einsamkeit in einem überraschend unberührten, landschaftlichen Rahmen. Wer am Abend ohne verkehrstechnische Probleme wieder sein Auto erreichen möchte, für den empfiehlt sich die hier beschriebene, bis zum Rand ausgefüllte Rundtour; wer vom Sasso Rosso noch zum Nuovo Rifugio Peller weiterwandert, sollte vorher um die Rückfahrt auf den weiten Straßenstrecken besorgt sein (ein Auto am Ausgangspunkt, ein weiteres am Endpunkt abstellen!).

Wegverlauf: Am Grostèpaß weist gleich am Ausgang aus der Seilbahnstation eine Tafel auf den „Sentiero Gustavo Vidi" (Weg 390) hin. In wenigen Minuten steht man auf dem flachen Passo del Grostè, 2443 m, von wo man bereits ein großes, rotes Schild in der Felsflanke ausmachen kann. Ein kurzes Stück eben nordwärts, dann in steilen Kehren in die Ostflanke und auf schmalem Band bis zu der roten Tafel. 5 Minuten auf ebenem Pfad über ein schuttbedecktes Band, unter dem der Fels jäh abbricht.
Vor einem großen Schuttkessel wendet sich der Pfad wieder mäßig steil empor, leitet durch die schutt- und grasdurchsetzte Flanke und erreicht schließlich den recht gutmütigen Grat. Über ein Grasband weiter in den nun ansteigenden Grat, ein enger Felsspalt wird an ersten Seilen durchquert. Mitten am grasigen Gratbuckel wendet sich der Pfad hinab in die Westflanke. Es folgt eine lange, waagrechte Querung durch eine grasdurchsetzte Schuttflanke; hier ist es morgens recht schattig und kühl, nur die obersten Zacken des Grates

werden von der Morgensonne angestrahlt. Unterhalb des Pfades gähnt der Abgrund, deshalb Vorsicht bei Nässe, Schnee oder gar Vereisung. Der einzige Gratausläufer – mit einer kecken Felsnadel unterhalb des Weges – wird gesichert umgangen und bald folgt eine flache Leiternfolge hinauf in Schrofengelände. Das Band führt, jetzt durchgehend gesichert, etwas höher weiter. Durch einen flachen, harmlosen Kamin gut gesichert hinab. Nun führt der Pfad weiter eben, teilweise auch fallend, durch eine mäßig steile Geröllflanke. Einige etwas abdrängende Passagen fordern Vorsicht. Für kurze Zeit folgt wieder eine auch am Morgen sonnige Passage, die in einen weiten, grasigen Gratausläufer mündet. Hier lohnt sich ein letzter Blick zurück auf das geschlossene Panorama der gesamten Brenta. Bei der Tafel „Sentiero G. V. 1960", etwas unterhalb dieser Bergwiese, gabelt sich der Pfad. Links geht's, ausreichend gesichert, über die Steilstufe wieder hinab zum Weg 336 und über das Rifugio Giorgio Graffer zur Bergstation der Seilbahn (kürzeste Variante des Giro della Pietra Grande; bequemer Halbtagsausflug, jedoch ohne allzu tiefe Eindrücke). Weiter geht man nun wieder in die schattige Westflanke, quert ein Schuttkar und gelangt zu einem breiten, sonnigen Gratausläufer mit einer fast ebenen Bergwiese. Die hier ansetzende, flache Rückfallkuppe (10-Min.-Abstecher) bietet nochmals einen unvergleichlichen Blick auf die gesamte Brenta. Über weite, grüne Matten und gutmütige, flache Schutthänge sehr gemütlich weiter; tief unten bimmeln die Kuhglocken auf der Malga Mondifra.

Der dritte Gratausläufer eröffnet ein neues Panorama. Ein großes Kar ist in die Westflanke der Cima Vagliana eingelagert, ein riesiges, scheinbar schlüssellochförmiges Felstor mitten im wildesten Grat funkelt im Gegenlicht. Hinab ins Kar bis zu einem Felsblock mit der Inschrift: „Graffer 2 Std., Peller 7 Std.". (Hier zweite Rückzugsmöglichkeit durchs Val Gelada zum Weg 336 und zum Rifugio Giorgio Graffer oder direkt zur Malga Mondifra, anfangs streckenweise jedoch nicht bez.).

Nun steil durch Schutt zum Passo Tre Sassi, benannt nach den drei Felszacken, die wie Zahnstummel aus dem zerfransten, sonst schon zu Schutt zerfallenen Gratjoch emporragen. Unterm Paß die Tafel „Sentiero Claudio Costanzi, 1974, Nr. 336", mit dem Foto des

Abstieg von der Cima Brenta. Im Hintergrund Passo del Grostè und Pietra Grande.
Foto: K. Puntschuh

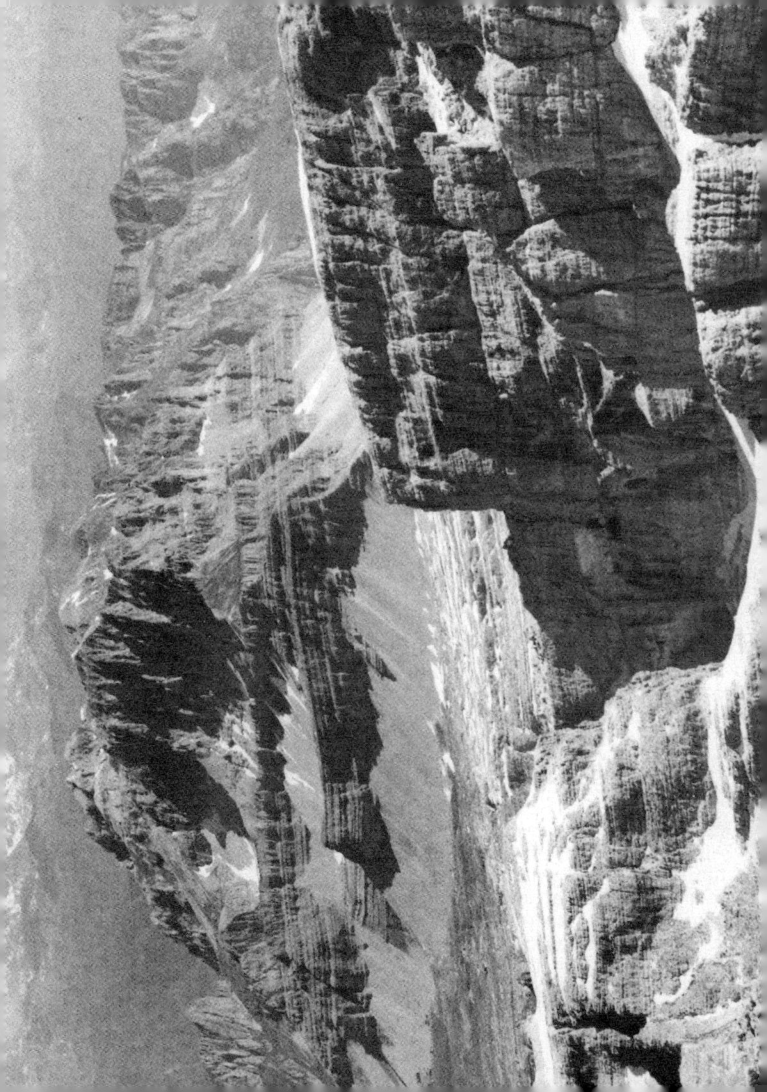

bärtigen Hünen. Die Bocchetta Tre Sassi bietet einen schönen Blick hinab ins Val delle Giare. Nur eine undeutliche, unbez. Pfadspur führt hier ostwärts hinab. Vom Paß steil, zunächst durch Schutt, dann durch schrofige Felsen zu einem kleinen, grasigen Plätzchen nahe dem Grat empor. Auf breitem Band bequem und eben weiter. Die einzige Felsstelle ist seilgesichert. Um ein weites Tal zum nächsten Paß. Hier bez. Wegabzweigung ostwärts hinab (Malga Tuenno-Lago Tovel, Weg 380). Nun anfangs sehr steil und mühsam durch Schutt, dann auf festem Pfad bis zum Felsansatz. Eine Leiter und gute, neue Stahlstifte führen bequem und sicher über die kurze Felsstufe auf den nächsten, gutmütigen Schuttgrat. Seile leiten hier wieder vom Grat weg nach links auf ein Schotterband, das anfangs felsüberdacht und nur etwa 1 m hoch ist. Hochbepackte Rucksäcke muß man hier abnehmen. Seilgesichert hinab zu einer kleinen Scharte im Grat und nun auf der Ostseite des Grates weiter bis zum schuttbedeckten Gipfelaufbau der **Cima Sassara,** 2892 m, die man in wenigen Minuten über einen Geröllpfad erreicht (5-Min.-Abstecher, unbedingt lohnend). Ein großes Eisenkreuz von 1977 krönt diesen Gipfel. Nun nicht zum Pfad zurück hinab, sondern völlig problemlos über den ebenfalls gut bez. Gipfelgrat nordwärts zu einem Hubschrauberlandeplatz und zum **Bivacco Bonvecchio,** äußerlich eine Aluminiumschachtel, im Innern ein sauberes und überraschend gemütliches Hüttchen mit sechs tadellosen Betten. Von der trostlosen Schuttfläche des Biwakplatzes auf ein luftiges Grasband und gut gesichert über eine schrofige Steilstufe zum Grat empor. Vor einer Felsbarriere rechts ab und auf rassiger Steilstufe zum nächsten Grat mit mehreren Edelweißbuschen. Es folgt eine beschauliche Wanderung teils am Grat, teils westl. unter ihm. Nach der nächsten großen Felskuppe steil drahtseilgesichert hinab; ein kräfteraubendes Auf und Ab zwischen Gipfelchen und Höckern, Rinnen und Scharten. Ein kurzer Kamin ohne Sicherungen ist im Abstieg sehr luftig (II–), doch dann löst ein gemütlicher Bummel bergab die Spannung. Für einen erneuten Höhepunkt ist jedoch bald gesorgt. Die Bez. umgeht nun in recht aufregenden Passagen den gesamten, folgenden Gratverlauf. Eine kurze Stelle ist auch im Aufstieg reichlich luftig (II–). Hier ist unbedingt auf die Bez. zu achten, die eine völlig naturbelassene, wilde Gras- und Schrofenflanke quert. Nach ½ Std. erreicht man wieder am Grat. Ein tiefer Einschnitt, rechts davon ein großes Schneefeld, dann wieder über einen schrofigen Buckel auf und ab. Den nächsten Buckel, den Sasso Alto, 2804 m, ersteigt man nur zur Hälfte. Auf halber Höhe geht's wieder nach links, westwärts, durch die Flanke. Man erreicht nun ein Schild „ Sentiero Claudio Costanzi" mit dem (rückläufigen) Hinweis „Sasso Alto". Ein einfaches ebenes Gratstück, dann ein Hinweis „Peller". Hier links quer durch eine flache Blockflanke und über ebenes Gelände mit plattigem Gestein in weitem Bogen um einen völlig abgesplitterten, kleinen Gratturm herum. Nun taucht ein ungewöhnlich rötlicher Berg auf – der Sasso Rosso, 2645 m. An seinem Südfuß, am Passo di Pra Castron, 2503 m, kreuzen die Wege 310 und 329 den hier weiterführenden Pfad 336 zum Nuovo Rifugio Peller (zwei Hinweisschilder: Peller, Sasso Alto). Der Weg 336 quert eben die Ostflanke des Sasso Rosso und erreicht ansteigend das Joch am Nordabhang dieses Berges. Er führt von hier abwärts durchs Pian della Nana, über die Baita di Nanno, als Weg 306 über den Passo della Forcola, 2103 m, zur Malga di Cles, 1885 m, und von hier als Weg 308 über zwei Gegenanstiege endlich zum Nuovo Rifugio Peller, 2022 m (Gesamtgehzeit vom Passo del Grostè 7 – 9 Std.). Will man noch am selben Tag ohne Verkehrsprobleme zurück zum Auto, empfiehlt sich hier – am Wendepunkt einer ausgefüllten Tagestour – der Abstieg westwärts ins Val del Vento.

Abstieg: Man folgt also der Bez. nach links. Das karge, borstige Gras ist hier noch ohne Pfadspur, daher genau auf alle Markierungen achten. Bei einem deutlichen Wegweiser wendet sich Nr. 329 in rechtem Winkel südwärts und führt hinab an die südliche Steilwand des oberen Val del Vento. Nun leitet der Pfad in großen Kehren von einer Talseite auf die andere (herrliche Flora). Man hüte sich hier vor verlockenden Wegabkürzungen, denn das Tal ist besonders im obersten, völlig unübersichtlichen Baum- und Strauchgürtel, von mehreren gefährlichen Abbrüchen durchzogen. Nach einer flachen Wegpassage plätschert das erste Wasser über eine fast unzugängliche Felswand. Aber schon eine Minute später trifft man auf ein winziges Brünnchen mitten zwischen zwei Felsabbrüchen. Diese erste Erfrischungsmöglichkeit nach gut 8 Std. Gehzeit wird wohl niemand unbeachtet lassen. Der Pfad führt nun auf weichem Fichtennadelboden durch eine Waldstufe bis zur verlassenen Malga Scale, 1562 m. Nun aufpassen. Man folge keinesfalls den beiden Wegen, die westwärts weiterleiten.

Der Weg 355 nach Madonna di Campiglio ist ein häßlicher Traktorenweg, der unmittelbar südwärts in den Wald emporführt. Hier hat eine Holzfällerstraße den alten Pfad zerstört. Diese Straße steigt zunächst mäßig, dann bald recht steil an, bis man die erste ursprüngliche Pfadspur mit Markierung erreicht. Nach einer Verflachung geht's kurzzeitig sehr steil bergab. Einer kurzen Strecke Holzfällerweg folgt wieder der alte Steig, der jedoch bald wieder in einen Fahrweg mündet. Man hält sich bei der nächsten Wegverzweigung links und gelangt auf die breite Fahrstraße, welche zur Malga Mondifra, 1636 m, emporführt. Man steigt nochmals eine steile Straßenkehre nach links empor und gelangt auf der Straße bis zu der großen Alm. Auf der Fahrstraße abwärts bis zur Talstation der Grostè-Seilbahn.

Gehzeiten: Bergstation Funivia Grostè – Passo di Pra Castron – Talstation Funivia Grostè (empfohlene Route) 10 – 12 Std., Bergstation Funivia Grostè – Nuovo Rifugio Peller etwa 9 – 10 Std., kürzeste Wegvariante des Giro della Pietra Grande (Abstieg unmittelbar westl. der Pietra Grande, mit Rückkehr zur Bergstation) etwa 3 – 4 Std., mittlere Wegvariante mit Abstieg durchs Val Gelada – entweder auf Weg 334 über die Malga Mondifra zur Talstation oder auf Weg 336 zur Bergstation – je 6 – 8 Std.
Schwierigkeit: Bis auf zwei kurze, luftige Passagen technisch unschwierig, jedoch aufgrund der enormen Weglänge nur sehr ausdauernden Gehern zu empfehlen. Keinesfalls bei Nebel oder Schneelage aufbrechen. Trotz der guten Markierung dann große Verirrungsgefahr. Wegen der Einsamkeit ist ein Alleingang nur bei entsprechender Erfahrung anzuraten.
Stützpunkte: Am Ausgangspunkt Rifugio Giorgio Graffer (s. Seite 294). – Etwa auf halbem Weg Bivacco Bonvecchio, unbew., 6 B., Platz für einige Notlager. – Am Endpunkt ggf. Nuovo Rifugio Peller, 2022 m, CAI-SAT, 56 B., bew. vom 15. 6. bis 25. 9.
Hinweis: Man übernachte auf dem Biwak nur im Notfall oder bei vollkommen sicherer Wetterlage. Ein Wettersturz über Nacht mit Nebel oder Schneefall kann für den Biwakierer unangenehme Folgen haben!
Siehe Karte Nr. 19.

Mendelkamm, Salurner Berge und Gardaseeberge

Im Bereich des Mendelkammes, in den Trientiner Hausbergen, in den Bergen um den Gardasee entstand während der vergangenen 15 Jahre eine Reihe mehr oder weniger attraktiver Eisenwege, die nachstehend beschrieben sind. Diese Vie ferrate eignen sich auf Grund der besonders günstigen klimatischen Verhältnisse und wegen der verhältnismäßig geringen Ausstiegshöhen ganz besonders gut für die Übergangszeiten im Frühjahr und Spätherbst; ja, einige der Steige können sogar fast über das ganze Jahr hinweg begangen werden. Die Auswahl reicht von kurzen, jedoch schwierigen Anlagen mit Klettergartencharakter (Monte Albano, Cima Garzolet) über großzügige Anstiege mit beträchtlichen Höhenunterschieden (Via dell'Amicizia) bis zu eher beschaulichen Bummeleien hoch über dem Etschtal mit Ausstieg in eine malerische Bergbauernidylle (Unterfennberg, Burrone-Steig).

Vor allem landschaftliche Eindrücke beleben diese Steiganlagen; so etwa der faszinierende Tiefblick von den Höhen der Rocchetta auf den Gardasee oder die 2000-Höhenmeter-Schau vom Scheitel des Rhönbergs auf die Weinbaugebiete um Kaltern und Tramin. Vielfach reicht der Ausblick von den Zinnen der Dolomiten bis zur wilden Brenta und in die vergletscherte Ortlergruppe.

148 Rhönberg, M. Roen, 2116 m, gesicherter Steig durch die Ostflanke

Mendelkamm

Gantkofel, Penegal, Corno di Tres, Rhönberg heißen die markanten Gipfel des Mendelkammes. Letzterer genießt den Vorrang, höchste Erhebung dieses aussichts- und blumenreichen Bergzuges zu sein – fast zweitausend Höhenmeter überragt sein Scheitel das „Unterland". Weniger der kleine Eisenweg von der Überetscher Hütte durch die Ostabstürze des Rhönberges tragen zu dessen bergsteigerischem Interesse bei als vielmehr die phantastische Rundsicht vom Gipfel, die an klaren Tagen ihresgleichen sucht. Der gesicherte Steig selbst ist hier eher würzige Zutat zu einem grandiosen Schau-Erlebnis!

Zugang: Vom westlichen Ortsrand Tramins der Bez. Nr. 10 folgend in nordwestlicher Richtung empor. Bald leitet die Bez. 10 nach rechts (Norden) ab. Man verfolgt den Weg mit Markierung „T" durch das Tal des Höllenbaches hinauf und trifft westlich des Großen Göllers, 1653 m, auf den von Kaltern heraufführenden Weg mit der Bez. 523. Auf ihm in westlicher Richtung zur Überetscher Hütte.

Aufstieg: Vom Schutzhaus leitet eine gut gesicherte Steiganlage (Bez. Nr. 523) durch steile Rinnen auf den Kamm südlich des höchsten Punktes. Vom Ausstieg in ¼ Std. zum Gipfel.

Abstiege:
a) Entweder auf dem Anstiegsweg zur Überetscher Hütte zurück oder
b) der Bez. Nr. 501 südlich folgend zum Schwarzen Kopf, 2030 m. Weiter auf das Wetterkreuz, 1830 m, und östlich der Bez. Nr. 6 entlang über den Zogglerhof nach Tramin. Oder
c) nördlich absteigen zur Malga di Romeno, 1773 m, die auch von der Überetscher Hütte in etwa ½ Std. (Bez. Nr. 10 und 560) erwandert werden kann. – Die Malga di Romeno kann von Amblár, 986 m (Nonsberg), auf einem 7 km langen Fahrsträßchen (Bez. Nr. 531) mit Pkw erreicht werden; somit auch rascheste Anstiegsmöglichkeit zur Überetscher Hütte und für den Rhönberg, jedoch bei weitem nicht so einsam und reizvoll wie die Wege von Tramin aus.

Höhenunterschied: Tramin 276 m – Überetscher Hütte 1775 m – Rhönberg 2116 m. Reine Steiganlage etwa 250 Höhenmeter. Rhönberg – Malga di Romeno 350 Höhenmeter.
Gehzeiten: Tramin – Überetscher Hütte etwa 4–5 Std., Überetscher Hütte – Rhönberg etwa 1 Std., Rhönberg – Tramin über das Wetterkreuz etwa 4–4½ Std., Rhönberg – Malga di Romeno ¾ Std.
Schwierigkeit: Die Steiganlage ist zwar steil, bietet jedoch keine nennenswerten Schwierigkeiten.
Stützpunkt: Überetscher Hütte (Rif. Oltreadige), 1775 m, CAI, 17 B., bew. von Mitte Mai bis Anfang Oktober.
Tip: Bergsteiger, die den Anstieg Tramin – Rhönberg ohne Übernachtung auf der Überetscher Hütte bewältigen möchten, tun gut daran, sich, wenn möglich, von der Malga di Romeno mit Pkw abholen zu lassen. (Anfahrt von Tramin über Kaltern – Mendelpaß – Ronzone – Cavareno – Amblár).
Siehe Karte Nr. 20.

149 Unterfennberg, 1090 m, Margreider Klettersteig

Mendelkamm

Südwestlich von Bozen erstreckt sich – zwischen Etsch- und Nonstal – der Mendelkamm. Sein höchster Gipfel ist der Rhönberg (M. Roen), 2116 m (Tour 148), der Tramin und den Kalterer See um 1900 (!) Höhenmeter überragt. Unterfennberg mit seinen malerischen Bergbauernhöfen ist dem südlichen Eckpunkt der Mendel, dem Corno di Tres, 1812 m, gegen Salurn hin vorgelagert. Nach Osten, gegen das Etschtal, fällt die Hochfläche mit einer breiten, steilen und felsigen Flanke ab. Auf halber Strecke zwischen Margreid an der Weinstraße und Aichholz befindet sich unmittelbar an der Straße der Beginn eines reizvollen Eisenweges, der von der einheimischen Bergsteigerschaft als „Margreider Klettersteig" angesprochen wird und durch die erwähnte Steilflanke leitet.

Aufstieg: Nach einem kurzen, steilen Waldstück wird der senkrechte, jedoch gut gesicherte Einstiegskamin erreicht. In der Folge führen Klammern, Leitern und Seile teilweise sehr luftig, jedoch ungemein reizvoll in den bedeutend flacheren, begrünten mittleren Teil der Flanke. Auf mitunter verwachsenem Steiglein gelangt man erneut zu einer steilen Felszone. Nach einer längeren Querung unmittelbar unter der Steilstufe nach links (südlich) steigt man zuerst gerade empor, dann, unter einem mächtigen Überhang, rechts heraus (Kassette mit „Wandbuch") und erreicht wieder begrüntes Gelände. Auf bez. Steig (Büchel- oder Putzwald) weiter nach Unterfennberg (Einkehrmöglichkeit).

Abstieg: Entweder auf dem Anstiegsweg oder nach Norden auf einem mit Nr. 3 bez. Weg, der, zuletzt südlich umbiegend (Markierung 3A) nach Margreid leitet. Von dort südlich auf der Straße zurück zum Fahrzeug.

Höhenunterschied: Margreid 220 m – Unterfennberg 1090 m. Reine Steiganlage etwa 400 Höhenmeter.
Gehzeiten: Parkplatz – Unterfennberg etwa 2½ – 3 Std., Unterfennberg – Margreid und Rückweg zum Fahrzeug etwa gleiche Zeit.
Schwierigkeit: Der Einstiegskamin fordert etwas Klettergewandtheit. Alle anderen Passagen bieten auf Grund der hervorragenden Sicherungen keine technischen Schwierigkeiten.

Ausstieg aus einer Leiter im Margreider Klettersteig. Foto: H. Höfler

Tip: Beste Jahreszeiten sind Frühjahr (März bis Mai) und Herbst (Oktober / November). Während des Hochsommers ist die Steiganlage auf Grund der meist vorherrschenden Schwüle nicht empfehlenswert.
Siehe Karte Nr. 21.

150 Burrone-Steig
Mendelkamm

Mit mächtigen, rund 500 m hohen Wänden bricht der Mendelkamm zwischen Bozen und Mezzocorona zum Zusammenfluß von Etsch und Noce ab. An der Westseite dieses Etschdurchbruchs, der „Salurner Klause", leitet ein landschaftlich prächtiger, wenig schwieriger, jedoch teilweise luftiger Eisenweg – an tosenden Wassern vorbei – steil hinauf zu einer sanftgewellten Hochfläche.

Zugang: Es ist empfehlenswert, das Fahrzeug auf dem Marktplatz bei der Kirche in Mezzocorona zu parken. Vom Ort geht man westlich, an der Nocebrücke vorbei, immer möglichst nahe am Wandfuß und dann durch Weingärten bis zu einem Bach, der aus einem hohen Felsspalt tritt. Hier befindet sich ein Schild mit der (unverbindlichen) Empfehlung, sich mit Karabiner und Reepschnur zu sichern. Der eigentliche Klettersteig beginnt allerdings noch nicht an dieser Stelle. Vielmehr gibt es von dort zwei Zustiegsmöglichkeiten:
a) Auf einer kleinen Brücke über den Bach und an ihm entlang (teilweise Waalweg) zu einem Wasserfall hinauf. An seinem Fuß rechts zu einer etwa 25 m hohen Eisenleiter. Über sie empor und auf Steig nach rechts, bis man die Einmündung von Zugangsweg b) erreicht.
b) Auf kleinem Fußweg etwa 60 Höhenmeter empor bis zur Vereinigung mit Zustieg a).
Von hier dem Steig folgend noch etwa 40 Höhenmeter empor bis zu einer 5 m hohen Leiter, die über einen Felsspalt führt. Danach noch etwa 100 m aufwärts bis zum Eingang in die Schlucht. Sie wird über einige Leitern und über ein Band erreicht. Anfangs schon eng, wird sie bald zur Klamm. Nach einer Stangenbrücke tief im Klammgrund über kurze Leitern und überwiegend auf kleinen Steigen höher. Die Klamm verbreitert sich zu einem Kessel (rechts hoher Wasserfall). Danach in der wieder schmäleren Schlucht teilweise neben, teils im Bachbett empor. Einige Eisenklammern helfen über nasse und glatte Stellen. Dann nochmals etwa 20 m hinauf und durch einen weiteren Kessel, in den von drei Seiten kühles Naß rinnt (bei Hitze sehr angenehm!). Nun über eine etwa 10 m hohe Leiter auf eine Stangenplattform empor. Dem Bach entlang zu einer 4 m hohen Leiter und bald an einigen künstlichen Griffen aus der feuchten Schlucht heraus in den Wald (Ausstieg auf etwa 700 m Höhe). Jetzt an einer alten Eibe vorbei und weiter durch den Waldgürtel mit vie-

len Eiben (eine in Südtirol nicht eben häufig vorkommende Baumart). Dort oben trifft man wieder auf die Bezeichnung Nr. 505, die von links kommt; in dieser Richtung und die Schlucht westlich umgehend kann man wieder zum Ausgangspunkt (Schild) absteigen. Wesentlich schöner aber ist der Weiterweg nach rechts, auf schönem Waldweg nach Monte, 891 m. Hier mehrere Unterkünfte und ein Albergo, wo man sich in frischer Höhenluft – nach Wahl im Sonnenschein oder im Schatten – erholen kann.

Abstieg: Von Monte fährt man entweder mit der steil angelegten Seilbahn in wenigen Minuten nach Mezzocorona hinunter, oder man benützt den kleinen Fußweg, der, raffiniert entlang der Felswand gebaut, in etwa 1 Std. in den Ort hinableitet (Markierung Nr. 504). Die Seilbahn ist von 12.00 Uhr bis 15.00 Uhr außer Betrieb!

Höhenunterschied: Mezzocorona 212 m – Monte 891 m.
Gehzeiten: Mezzocorona bis Burrone-Ausstieg 2 Std., Abstieg nach Westen 1 Std., über Monte 2 – 2½ Std.
Schwierigkeit: Unschwierig, jedoch ausgesetzt.
Tip: Von der Hochfläche bei Monte sowie vom Burrone-Ausstieg kann man über Bez. 504 bzw. 506 mit einem zeitlichen Mehraufwand von 2 bis 3 Std. den südlichsten Gipfel der Nonsberge, den 1671 m hohen Pontalt, besteigen. Beide Routen leiten zum Fuß einer durch die Südwand der Nonsberge herabziehenden Rinne und durch diese auf den Kamm. Vom höchsten Punkt dieses Übergangs gelangt man in wenigen Minuten zum Gipfel.
Siehe Karte Nr. 21.

Ein Wasserfall in der Schlucht. *Foto: P. Werner*

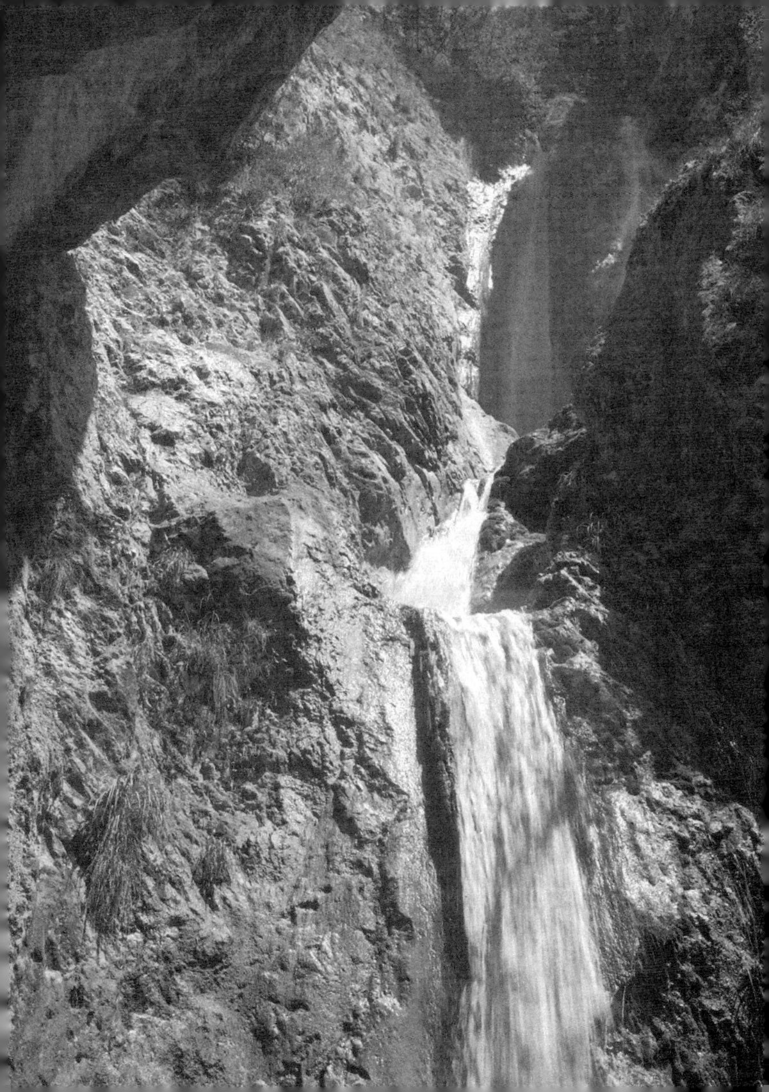

151 Via attrezzata Rio secco
Salurner Berge

An der Salurner Klause, wo das deutsche Sprachgebiet endet, beginnt heute das Klettersteigparadies des Trentino – mit dem älteren, sehr beschaulichen Burrone-Steig und dem erst 1985 errichteten, vergleichsweise tollkühnen Klettersteig durch den Rio secco. Zwei gleichermaßen wilde Klammen – zwei grundverschiedene Wege: Der Burrone-Steig ist fast schon ein Touristensteig, der Rio secco dagegen gilt als heißer Tip unter Klettersteigexperten. Der Rio secco – „trockener Fluß" – ist eine wilde, streckenweise senkrecht herabstürzende Felsschlucht in der breiten Felswand südlich von Salurn, die ihre nackten Steilflanken großenteils hinter dichten Strauchgürteln verbirgt. Ermüdende Zustiege gibt es nicht, Rucksack und Brotzeit sind überflüssig, ein Gipfelerlebnis findet nicht statt. Schon nach wenigen Minuten ist man mitten drin in einer faszinierenden Szenerie aus glattgeschliffenen Schluchtfelsen, stillen Gumpen, dunklen Höhlen und Grotten. Verwegen und betont sportlich zieht ein eher dünnes Drahtseil kreuz und quer durch diese stille, schummrige „Unterwelt" der Felsen, die sich nach Wolkenbrüchen in ein tosendes und brodelndes Inferno verwandeln kann – wehe, wenn man hier davon überrascht wird!

Nur wenige Trittstifte entschärfen senkrechte Querungen und trittlose Wandabbrüche, meist muß man mit List ein paar Trittleisten suchen, und wenn es feucht ist, hilft nur noch rohe Gewalt. Das Fazit ist ein berauschend schöner, stiller Felsgang durch eine faszinierend schaurige enge Klamm – die rassige Routenwahl und die dramatischen Überraschungsmomente lassen keinen Augenblick Langeweile aufkommen. Die Rückkehr in den Lärm und die gehetzte Betriebsamkeit der großen Straßen ist geradezu schmerzlich.

Ausgangspunkt: Salurn, 226 m, etwa 13 km südlich der Autobahnausfahrt Neumarkt (Auer/Egna/Ora). Genau 5 km südlich des südlichen Ortsschildes von Salurn liegt hart an der alten Landstraße ein großes Ristorante mit riesigem Parkplatz. Der Beginn des Zustieges befindet sich an der Bergseite direkt südlich der großen achteckigen Kapelle, 215 m.

Aufstieg: Ein Übersichtsplan am Wegbeginn gibt genaue Vorstellungen über die Wegführung. Der steile Zugang leitet nur wenige

Minuten durch den lichten Strauchwald, quert den Rio secco am ersten eindrucksvollen Absturz und leitet schon nach ¼ Std. zum ersten Klettersteigabschnitt, dem „Salto dei Caprioi". Man quert am Seil in die südl. Schluchtwand hinein und steigt an der gegenüberliegenden Schluchtseite an drei senkrechten Wandln mit guten Tritten empor. Nach kurzem Schrofenpfad bei einer Gumpe wieder in die Schlucht („Passagio dei Gabbiani") und mit einer sehr rassigen Querung südseitig wieder heraus. Nach 10 Min. Strauchpfad am südlichen Schluchtrand wieder quer hinein in die Felsrinne und sehr luftig an der Wand empor, teilweise unter überhängendem Fels. Quer durch eine Gumpe, an der nordseitigen Wand steil empor, durch zwei weitere Gumpen und über eine stets feuchte Steilrinne sehr anstrengend heraus. Nach 2 Min. Graspfad trifft man auf den „Rientro d'emergenza", hier richtiger auch „Rientro alternativo" genannt. Wer es bis hierher geschafft hat, geht sicherlich nach links in die Schlucht weiter bis zur „Grotta del Basalisch". Am Grunde der hier ausnahmsweise recht zahmen Klamm über glitschige, völlig glatte rundliche Riesensteine, dann steil, sehr glatt und verwegen an der südl. Felsflanke weiter. Man gelangt schließlich zu einer kleinen Höhle mit Wandbuch und Marmormadonna („Grotta della Mariota"). Mit einigem Kraftaufwand meistert man den glatten, teils überhängenden Ausstieg aus der Wandbuch-Grotte und gelangt nun zu einer riesigen, dunklen Höhle. An glattem Steilfels rechts aus dem Dämmerlicht des Höhleneinganges heraus und a wenigen Trittstiften gesichert die südseitige Schluchtwand empor bis zum abrupten Ende der Felsklamm: Die reißende Klamm zeigt sich hier noch als gutmütiger Wildbach zwischen Wald und Schrofen („Ometi" 625 m). Nach ein paar Schritten folgt der Hinweis „Cadino alto e Faedo", nach weiteren 5 – 10 Min. erreicht man über einen steilen, z. T. gesicherten Pfad einen ebenen Weg mit dem Hinweis „Rientro attrezzato" und den Wegweisern nach Cadino alto und Faedo.

Abstieg: Man folgt dem „Rientro" nach links, nordwärts, bummelt zunächst eben bis an den Fuß einer Felswand. Ein sehr steiler Abstiegspfad führt nun in engen Serpentinen durch den dichten Strauchgürtel, im obersten Teil mit dünnem Seil gesichert; zuletzt abermals mit einem Seil zu einer soliden Leiter, mit deren Hilfe man bequem über die letzte Felsstufe absteigt. Von hier meist nur noch mäßig steil, z. T. auch eben quer durch den verstrauchten Steilhang, kurz vor dem Ausgangspunkt mündet noch der „Rientro alternativo" in den Abstiegsweg.

Höhenunterschied: 410 m.

Gehzeiten: Zugang ¼ Std., Klettersteig 1¾ Std., Abstieg ¾ Std.
Schwierigkeiten: Streckenweise sehr anspruchsvolle, z. T. nur mit Seil gesicherte Passagen über glatten, trittarmen Fels, bei Feuchtigkeit oder Nässe einige Stellen sehr anstrengend. Nichts für Kinder und Anfänger!
Hinweis: Der „Rio secco" und der auf der anderen Talseite gelegene Burrone-Steig (Mendelkamm) können bequem an einem Tag bewältigt werden.

Aus der Lehrschriftenreihe des Bergverlages

Pit Schubert
Die Anwendung des Seiles in Fels und Eis

Seilschaft – Seilknoten – Anseilen – Anwendung des Seiles zur Sicherung – Abseilen – Anwendung des Seiles als Kletterhilfe – Klemmknoten und Seilklemmen – Sicherung auf Gletschern – Sicherung auf gesicherten Klettersteigen.

Zahlreiche Fotos und Zeichnungen. 33. Auflage 1985.

Zu beziehen durch alle Buchhandlungen

Bergverlag Rudolf Rother GmbH · München

152 Cima Palon, 2098 m, Via ferrata Pero Degasperi

Monte Bondone, Gardaseeberge

Der Monte Bondone ist der „Winter-Hausberg" der Bergsteiger- und Skifahrerstadt Trient; im Winter ein quirliger Skizirkus, im Sommer dagegen ein eher verschlafener Schauplatz typisch italienischer Sonntagsausflüge, also scheinbar ein Berg ohne nennenswerte alpine Reize. Die Nordflanken sind von Hotellerie übersät und von Sesselliften aller Art erschlossen, der Gipfel ist von einem gigantischen Fernsehmast weithin sichtbar „gekrönt" und auch noch von streng bewachten militärischen Radaranlagen geschändet. Es erscheint auf den ersten Blick kaum noch möglich, diesem Berg ein elementares Naturerlebnis zu entlocken – und doch ist es gelungen! Durch die abweisende Nordwand führt ein Klettersteig, der nie überlaufen sein wird – dafür ist der langwierige Zugang auf schmalem Steig oberhalb gähnender Schluchten einfach zu beklemmend. Der routinierte Klettersteiggeher findet hier – am Rande der Großstadt – einen Weg durch ein unberührtes Naturparadies mit üppiger Flora, dazu einen rassigen, aber nur mäßig schwierigen Klettersteig mit ungewohnten Ausblicken auf das von Verkehr, Technik und Zersiedelung gezeichnete Tal. Das Gipfelerlebnis beschränkt sich allerdings auf eine lohnende Rundsicht und die Genüsse, die ein Gipfelrestaurant bieten kann. Der Abstieg ist leider eintönig.

Zugang: An der Autobahnausfahrt Trient befinden sich überall deutliche Wegweiser auf die Paßstraße zum „Monte Bondone". Auf etwa 1480 m Höhe steht unmittelbar neben einer Straßenkehre das deutlich beschilderte Hotel „Baita Montesel", ein dreigeschossiger Bau mit großem Parkplatz und Telefonzelle. An der großen Sessselliftstütze deutlicher Hinweis auf den Zugangsweg Nr. 690 zum Klettersteig.

Aufstieg: Ein schmaler Graspfad führt zunächst wenige Schritte in Richtung weiterer Sessselliftstützen, unter denen man quert und auf einen Fahrweg gelangt. Auf dem flachen, weiten Sattel vor einem kreuzgeschmückten, niedrigen Grasmugel (Monte Vason, Dos de Croce, 1581 m) weist ein Schild südwärts. Man quert auf kaum sichtbarem Pfad über die Wiese und erreicht sofort den deutlich ausgetretenen Steig, der quer durch die grasige, teilweise strauch-

bewachsene Flanke oberhalb des Val di Gola führt. Der Pfad verläuft zunächst überwiegend eben, später mehrfach abwärts und zum Teil über offenes, strauchbewachsenes oder bewaldetes Gelände, das streckenweise unangenehm luftig ist. Man erreicht eine felsige, trockene Wasserrinne, die man vorsichtig quert. Die zweite Hälfte des Zugangs überrascht mit einem abschüssigen, langen, sehr abdrängenden Felsband, das mit einem Drahtseil gesichert ist. Es folgen mehrere luftige, gesicherte Felsvorsprünge, ehe man mit steilem Anstieg nach 1½ Std. endlich den Klettersteig erreicht.
Zunächst zieht die Seilsicherung über ein Felsband mäßig steil schräg nach links zu einem kleinen Sattel hinauf. Von dort sieht man bereits den Gipfel. Nun ungesichert auf einem spärlich markierten Pfad kurz im Schrofengelände empor. Bald folgt das Anschlußseil und das längste und anstrengendste Stück der Route: die Sicherung führt durchgehend an steilem, jedoch gut gestuftem und trittreichem Fels empor. Zwei bauchige Aufschwünge im oberen Teil werden an Klammern anstrengend, aber sicher überwunden. Nach der zweiten Klammernreihe wird der Fels merklich flacher und das Seil leitet zum Nordrücken hinüber, wo man nach der lehmigen Ausstiegsrinne nach weiteren 1½ Std. den latschenbewachsenen Gipfelhang erreicht. Eine Wegteilung lädt zum Gipfelbesuch ein (Cima Palon). Müde können hier sofort nach rechts absteigen (Vason). Der Gipfel wird auf ödem Pfad gemütlich in 20 bis 30 Min. erreicht.

Abstieg: Vom Gipfel weglos über Pistengelände unter den Seilbahnstützen oder auf Fahrwegen etwas eintönig hinunter zum Parkplatz.

Höhenunterschiede: Ausgangspunkt 1480 m – Cima Palon 2098 m.
Gehzeiten: Parkplatz – Einstieg 1½ Std., Klettersteig 1½ Std., Gipfelpfad ½ Std. Gesamte Aufstiegszeit 3½ Std., Abstieg 1½ – 2 Std.
Schwierigkeit: Zugang luftig, bei Regen gefährlich. Klettersteig im Mittelteil mäßig schwierig, sonst problemlos.
Stützpunkt: Gipfelrestaurant, 2098 m.
Hinweis: Der Zugangspfad ist bei Nässe, auch bei starkem morgendlichem Tau gefährlich und nur bei trockenem Wetter problemlos zu begehen.

Der Verlauf des Pero-Degasperi-Steiges. *Foto: J. Führer*

Palon
2091

Ravina

M.Bondone

153 Dos d'Abramo, 2140 m, Via ferrata Giulio Segata

Monte Bondone, Gardaseeberge

Südlich der massigen Cima Palon, jenseits der weiten, blühenden Wiesen der „Viotte", ragen drei zierliche Gipfel auf: die „Tre Cime del Bondone": Cornetto, Dos d'Abramo und Cima Verde. Im Gegensatz zur verbauten Cima Palon ist das Gebiet dieser „Drei Zinnen" völlig naturbelassen. Der gesamte Taltrog des Val dei Cavài, der sich westlich unterhalb der Gipfelkämme bis an die verwachsenen Kare hinaufzieht, ist streng gehütetes Naturschutzgebiet. Der Gang von der Viotte über die drei Gipfel ist die wohl beliebteste und sicherlich auch lohnendste Bergwanderung, die man von Trient aus ohne nennenswerten Aufwand unternehmen kann. An schönen Wochenenden lagern die Sonnenanbeter auf den Wiesen, und die Bergsteiger wandern über die Tre Cime. Die mittlere von ihnen, der Dos d'Abramo, ist eine auffallend schroffe Felsburg, die nur an zwei drahtseilgesicherten „Schwachstellen" problemlos zu ersteigen ist. An der Ostseite, wenige Meter neben dem dortigen Normalweg, wurde ein kurzer, dafür aber außerordentlich anspruchsvoller und exponierter Klettersteig durch die meist senkrechte Wand gelegt. Er beginnt und endet mit einem Felsloch, in den beiden Seillängen dazwischen wären ohne das straffe, feste Stahlseil Kletterrouten V. oder VI. Grades. Ohne Zweifel handelt es sich bei dieser Via ferrata um einen der schwierigsten gesicherten Steige überhaupt.

Zugang: An der Autobahnausfahrt Trient, aber auch auf der Landstraße von Riva nach Trient sieht man überall deutliche Beschilderungen zur Paßstraße auf den Monte Bondone. Die weite Hochfläche südlich des von einem Fernsehturm gekrönten Palongipfels heißt Viotte und ist Ausgangspunkt für die Wanderung zu den drei Zinnen. In dem großen halbkreisförmigen Bogen, den die breite Straße quer durch diese Hochfläche zieht, zweigt südostwärts eine Straße nach Garniga ab (fast gegenüber der Abzweigung zum Rif. Alpino Fratelli Tambosi). Man fährt hier wenige Meter bis zu einem großen Parkplatz (Skischulgebäude, Telefonzelle). Von dort nochmals auf der Straße 300 m zur Abzweigung eines geschotterten Fahrweges, der nach 700 m zu einem Parkplatz führt. Am südl. Rande dieses Parkplatzes erstes Hinweisschild „Via ferrata al Dos d'Abramo".

Dos d'Abramo. Via ferrata Giulio Segata. Foto: P. Werner

Aufstieg: Die Beschilderung weist in Richtung einer verfallenen Skiliftstation. Man wandert in verwachsenden Fahrspuren südwärts weiter und steigt am westlichen Rand des Val dei Cavài auf breitem Geröllpfad oder auch wenige Meter westwärts davon auf der ehemaligen Piste, stets in Richtung des höchsten Gipfels, empor. Der breite Kammrücken westlich des Taltroges verengt sich immer mehr, ehe sich die Pfade am Südfuß des Cornetto, 2180 m, verzweigen. Eine Besteigung des Cornetto ist allemal ein lohnender Auftakt; alle Pfadspuren auf der flachen Westseite führen auf den Gipfel, besonders amüsant ist der Aufstieg durch einen schmalen Felsspalt an der Südostecke. Ostseitig führt ein bequemes Band um den hier senkrecht aufragenden Felsaufbau, an der Nordseite steigt man in das weite Joch zwischen Cornetto und Dos d'Abramo ab. Am schmalen Grasrücken zwischen den beiden Gipfeln steht das Schild „Riserva integrale Tre Cime". Hier geradeaus weiter und über den Grasrücken hinab auf einen Pfad an der Südostseite des Dos d'Abramo, der etwa 50 m direkt unter der Felswand verläuft. An einer Wegabzweigung geht man nicht mehr unterhalb der Felsen, sondern auf dem tiefer verlaufenden Pfad zunächst an der Südost-, dann an der Ostseite weiter, bis man wieder an den Wandfuß und schließlich zum Einstieg gelangt. Nach dem sanften Zugang ist der Anblick des Einstiegskamins fast schockierend. Ein straffes Seil zieht durch ein Felsloch im Überhang empor. Gute Tritte erleichtern zunächst den Einstieg. Oberhalb des Felsloches geht es senkrecht und extrem luftig bis zu einem Band, das nach rechts zu einer „Wegteilung" hinüberleitet; nach rechts gelangt man zur Normalroute (wer sich der ersten Vertikale nicht gewachsen fühlte, sollte hier abzweigen). Die „Direttissima" führt abermals etwa 40 m senkrecht empor. Einige Trittbügel im oberen Teil dieser Seillänge entschärfen den Aufstieg in fast trittlosem Fels. Von einem Standplatz weiterhin senkrecht, aber gut gesichert und reich gestuft durch einen etwa 15 m hohen Schacht auf das latschenbestandene, weite Gipfelplateau. Ein Steig führt in wenigen Minuten zum Kreuz.

Abstieg: Wenige Meter nördl. des Ausstiegs führt eine harmlose, seichte, gut gesicherte Felsrinne hinab auf das Verbindungsband zwischen dem „Giulio Segata" und dem Ausstieg am nördlichen Wandfuß, den man nach wenigen Schritten erreicht. Man kann nun am Zustiegsweg zurückgehen oder die Felsburg des Dos d'Abramo auf der Westseite umrunden. Ein weiterer, teilweise gesicherter und bez. Steig führt in Richtung Cornetto hinab. Wesentlich lohnender ist der kurze Aufstieg über den flachen Gratrücken zur Cima Verde, 2102 m, und der Abstieg über den flachen Nordabhang, der durch eine märchenhafte Vegetationsfülle überrascht.

Höhenunterschied: Viotte 1560 m – Dos d'Abramo 2140 m.
Gehzeiten: Viotte – Dos d'Abramo 2 Std., Abstieg 1 – 1½ Std. Alle drei Gipfel sind in etwa 5 bis 6 Std. zu überschreiten.
Schwierigkeit: Sehr gemütlicher Zustieg. Die nur etwa 100 m hohe Via ferrata Giulio Segata ist zwar sehr kurz, die zwei Vertikalen sind jedoch extrem anspruchsvoll und exponiert. Abstieg harmlos.

154 Klettersteig Monte Albano
Gardaseeberge

Ein unscheinbarer, teilweise begrünter Felsabbruch – das ist der erste, eher enttäuschende Eindruck, wenn man die Autobahn bei Rovereto-Süd verläßt und mit dem Wagen auf Mori zusteuert. Und doch leitet über diesen steilen Felsabbruch eine der anspruchsvollsten Vie ferrate überhaupt; meist hilft nur ein dünnes Führungsseil über die schwierigen Passagen, ähnlich der Via Tomaselli an der Südlichen Fanisspitze oder der Via ferrata Costantini in der Moiazzagruppe.

Wer an einem Samstag oder Sonntag zum Einstieg hinaufwandert, glaubt sich in einen Klettergarten versetzt: Lautstarke Kommandos, Karabinergeklirr, Flüche, Tränen – eine Menschenschlange von beachtlicher Länge steht schon vor den ersten Felsen und wartet, je nach Mentalität mehr oder weniger geduldig, aufs Drankommen ...

Wer also den Monte Albano in seinen Klettersteigurlaub mit einbeziehen möchte, wähle einen Wochentag, wenn die Bergsteiger von Mori, Rovereto und Riva ihrer Arbeit nachgehen müssen.

Zugang: Vom Ort Mori zur Wallfahrtskirche Monte Albano (bez.) und weiter über eine Wiese, durch Buschwerk und lichten Wald zum Einstieg.

Aufstieg: Durch einen kurzen Riß (3 m, III, keine Sicherung!) auf ein Band, über dieses nach rechts, dann links empor zu einer kleinen Terrasse mit auffallenden Zacken. Es folgt ein Aufschwung von etwa 10 m, der zu einem ausgesetzten Quergang führt (Al Gufo – zur Königseule). Weiter zu einem etwa 70 m hohen Kamin, der anstrengend, jedoch gut gesichert überwunden wird. Nun folgt ein sehr luftiger Quergang von etwa 30 m auf grasigen und teilweise glatten Bändern (Sicherungen) zu einer kleinen Steilwand. Danach über einen geröllbedeckten Steig längere Zeit nach links zu einer großen Verschneidung, die wiederum zu einem 70-m-Kamin leitet, der sehr steil und luftig zum Ausstieg bringt.

Abstieg: Vom Ausstieg des Klettersteigs verfolgt man einen Weg, der sich nach etwa 150 m verzweigt:
a) Nach links auf dem „Sentiero Rietro" (breiter Fahrweg) ohne jede

Luftiger Quergang am Klettersteig Monte Albano bei Mori.

Foto: W. Rauschel

Schwierigkeit wieder zur Wallfahrtskirche Monte Albano und nach Mori zurück.
b) Nach rechts zweigt ein Pfad mit der Hinweistafel „Rietro attrezzato" ab. Nach 50 m folgt ein Drahtseil. 5 m schräg aufwärts, dann 20 m langer, sehr luftiger Quergang nach rechts. Nun den Seilen folgend steil abwärts und auf bez. Weg zur Wallfahrtskirche Monte Albano.

Höhenunterschied: Mori 197 m – Wallfahrtskirche Monte Albano 330 m – Einstieg etwa 400 m – Ausstieg etwa 660 m. Länge der fixen Seile etwa 450 m.
Gehzeiten: Mori – Einstieg etwa ½ Std., Einstieg – Ende der Sicherungen etwa 1 – 1½ Std. – Abstieg nach Mori etwa ½ – ¾ Std.
Schwierigkeit: Diese Via ferrata ist nur sehr geübten, vollkommen schwindelfreien und klettergewandten Eisenweggehern anzuraten. Sie gehört zu den anspruchsvollsten und ausgesetztesten Steiganlagen überhaupt.

155 Klettersteig Gerardo Sega
Monte Baldo, Gardaseeberge

Das Massiv des Monte Baldo, die östliche Umrahmung des Gardasees, ist als Aussichtsberg bekannt. Sein langgestreckter, flacher Gipfelkamm wird von Malcesine bequem mit der Seilbahn erreicht. Ein Aufstieg durch den steilen, dichten und meist schwülen Waldgürtel wird kaum unternommen. Auch die weitläufigen Almreviere, die Wald- und Wiesenzonen der Ostseite, werden kaum von Touristen aufgesucht. Selten nur schaut man von der Autobahn auf die wilden Schluchten und gebänderten Türme zwischen Ala und Avio. Daß es dort oben, in dieser scheinbar unzugänglichen, überwucherten Wildnis, einen Klettersteig gibt, würde man niemals vermuten. Das Erlebnis, das sich nach dem recht öden Zustieg bietet, übertrifft daher alle Erwartungen. Weder der märchenhafte Wasserfall Preafessa noch der lange Gang durch dichten, geheimnisvoll stillen Laubwald lassen die riesige Felsaushöhlung ahnen, durch die kühne Kletterer einen natürlichen, wenn auch recht komplizierten Durchstieg gefunden haben. Die raffinierte Route über die unteren Felsbänder stellt auch verwöhnte Brentafreunde zufrieden, und die Spannung hält bis zum Ausstieg an. Daß man auf einer Fahrstraße herauskommt, und daß der Abstieg ebenso enttäuscht wie der Beginn des Aufstiegs, muß man allerdings in Kauf nehmen.

Zugang: Man verläßt die Brennerautobahn an der Ausfahrt Ala-Avio (13 km südlich der Ausfahrt Gardasee-Nord), fährt bis Avio und biegt am südwestl. Ortsende, bei der sehenswerten Kirche Madonna delle Pieve Pedemonte, nordwestlich in Richtung Valle dei Molini ab. Vom Ortsende-Schild in Avio fährt man noch genau 2 km bis zu einem kleinen Parkplatz vor der Brücke über die Aviana (kleine Lourdes-Grotte im Fels).

Aufstieg: Ein Hinweisschild führt zunächst auf einen alten, gepflasterten Karrenweg, der aber nach wenigen Minuten in einen breiten, brutal angelegten Arbeitsweg mit unangenehmer Steigung einmündet. Von einem flacheren Abschnitt dieser Planierraupenstraße, die den alten schönen Wanderweg Nr. 652 zerstört hat, weisen deutliche Bezeichnungen nach rechts auf den Pfad zum Klettersteig (Wegnummer 685). Schlagartig wechselt die öde Szenerie in eine „Märchenwelt". Man quert das trockene Bachbett und tritt in dichten dunklen Laubwald, dem Rauschen eines Wasserfalls entgegen. Wohl mehr als 100 m stürzen hier die Wasser über rötliche Felskaskaden hinab, und eine üppige Flora umwuchert die schäumenden Gumpen und gurgelnden Rinnsale. Der gut markierte Pfad Nr. 685 zieht längere Zeit fast eben und gelegentlich kurz steigend um einen mächtigen Felssporn herum und quert noch einmal ein trockenes Bachbett. Unmittelbar danach quert man unter Überhängen zu einer Felsszenerie, die zu den schönsten Naturwundern der Alpen zählen dürfte: eine monumentale Felsenapsis, an die 200 m hoch und breit, und oben etwa 50 m weit überdacht. Am oberen Rand wiegen sich die Bäume im Wind, und in den kaum zugänglichen Tiefen der Höhlung kreisen Vögel. Ein stimmungsvoller, letzter Rastplatz nach 2 Stunden Anstieg; durch dichtes Gestrüpp kann man eine Wasserstelle erreichen. Eine einzige, kurze und problemlose Leiter neben der Widmungstafel führt über den steilen Felsaufschwung. Kurz über Geröll zum ersten Band. Es führt bequem und nur leicht steigend, jedoch sehr luftig schräg links empor. Nach einer kurzen, ungesicherten Stelle rechts weiter. Sicherungen an Bäumen führen durch ein kurzes Waldstück. Danach am Stahlseil über zwei sehr steile Felsstufen empor. Ein sehr ausgesetztes ungesichertes Grasband leitet nun zu einem gesicherten Kriechband. Dann steht man vor dem großen Band in der Mitte der Felsenapsis. Es führt bequem auf die rechte Seite des Felsbogens und in den dort beginnenden Wald hinüber. Nach längeren, erholsamen Waldstrecken weist ein Pfeil nach links zu Sicherungen im Fels. Nur teilweise gesichert geht es jetzt durch steiles, bewaldetes Gelände zu einer Aussichtskanzel, die einen atemberaubenden Blick in die Schlucht bietet. Der Pfad führt nun rechts weiter zu den sehr steilen, jedoch gut gegliederten Ausstiegsfelsen, die man an durchlaufenden Stahlseilen erklettert. Ein nur schwach ausgeprägter Pfad führt vom Ausstieg auf etwa 1100 m Höhe durch lichten Wald und über Wiesen zu einem verwachsenen Fahrweg, wo man den ersten Hinweis „685 ritorno" findet.

Abstieg: Man achte im folgenden genau auf die knappen, aber ausreichenden Hinweise, die einen problemlosen Rückweg garantieren. Man geht auf dem Fahrweg nach links weiter, bis dieser bald in eine bessere, geschotterte Fahrstraße einmündet. Hier abermals nach links und der Straße folgend in weitem Bogen über sanfte Hänge hinab. Bald sieht man jenseits eines breiten Tales auf flacher Anhöhe die Wallfahrtskirche Madonna della Neve (ohne Kirchturm). Die Fahrstraße zieht in das erwähnte Tal hinab und endet im Tal-

grund scheinbar vor dem Bächlein. Ein Schild weist hier auf einen Fahrweg am gegenüberliegenden Ufer. Auf diesem verfallenen und zunächst ansteigenden Weg erreicht man die meist verschlossene, äußerlich schmucklose Kirche, 1081 m.
Man geht nun auf einem kurzen Straßenstück bis zu der komplizierten Straßen- und Wegkreuzung, an der das ebenfalls meist verschlossene Rifugio Madonna della Neve, 1120 m, steht. Dort weist ein Schild auf den Fahrweg nach links, der sich sanft zum Waldrand nahe der Schlucht senkt. Kurz bevor man dieses Wäldchen verläßt, findet man den letzten Wegweiser (685 ritorno Avio), der zum Anstiegsweg Nr. 652 zurückführt. Schon bald gelangt man wieder auf den häßlichen Arbeitsweg, der zum Ausgangspunkt leitet (die letzte Abzweigung auf den alten Weg nicht übersehen!)

Höhenunterschied: Ausgangspunkt an der Brücke des Aviana-Flusses 200 m – Ausstieg 1100 m.
Gehzeiten: Ausgangspunkt – Klettersteigbeginn 2 Std., Klettersteig 1 Std., Abstieg 3 Std.
Schwierigkeit: Klettersteig teilweise sehr ausgesetzt und verhältnismäßig lang, absolute Schwindelfreiheit und Trittsicherheit sind erforderlich. Nichts für Anfänger.
Stützpunkt: Die benachbarten Bergrestaurants Albergo Alpino (Tel. 0464/86569) und Rifugio Monte Baldo, beide etwa $1/4$ Std. westl. der Wallfahrtskirche gelegen, bieten einen sehr willkommenen Restaurantbetrieb. Sie sind jedoch auf Autoausflügler ausgerichtet und haben nur während der Hochsaison geöffnet.

156 Sentiero attrezzato Corne de Bes
Monte Baldo, Gardaseeberge

Aus den nordöstlichen ehemaligen Almregionen des Monte Baldo, oberhalb der modernen Freizeitsiedlung bei San Valentino, erhebt sich aus welligen, grünen Matten die steile Felsflanke des Corne de Bes. Ein harmloser, gutmütiger Steig, tadellos gesichert, führt auf schmalem grasigem Band quer durch die südseitige Felsflanke auf eine Hochalm. Ein archaischer Almhüttentyp und eine berauschend üppige, subalpine Vegetation sind die Haupteindrücke dieses sehr kurzen Felsganges, der auch Kindern und Anfängern zu empfehlen ist.

Als selbständige Tour ist der Corne de Bes freilich nicht ergiebig genug. Wer aber dem Klettersteigabenteuer Gerardo Sega (siehe Tour 155) noch einen landschaftlichen Schlußakzent aufsetzen möchte, ist mit einer Rückfahrt über die sehr gut ausgebaute Bergstraße vom Valle dei Molini (Avio) über San Valentino, San Giacomo und Bretonico nach Mori und einem kurzen Abstecher zu diesem Steiglein gut beraten.

Ausgangspunkt: Albergo San Valentino, 1314 m; auf der Bergstraße zwischen Avio und Mori gelegen, vom Ortsende-Schild von Avio 14,9 km. Bei der 200 m entfernten Straßenabzweigung noch 500 m westwärts zu den Hinweistafeln „Riserva naturale" und, kurz dahinter, „Sentiero attrezzato"; Parkgelegenheiten.

Aufstieg: Der Steig führt, vorbei an einer urtümlichen Almhütte mit Steinplattendach, in bequemer Steigung in Serpentinen durch hellen Buchen- und Mischwald bis zum Wandfuß und auf felsigem Pfad bis zum ersten Seil. Es geht nun recht bequem, z.T. gesichert, auf grasigem Band unter dem Felsfuß durch die Südostflanke. Auf Steinstufen in wenigen Serpentinen empor zur großen Hochfläche der Malga Bes. Der gesicherte Steig endet am Hinweisschild „Corna Piana", wo man über einen eindrucksvollen Weidezaun aus Felstrümmern steigt, der das Vieh vor dem Absturz in die Wand bewahren soll. Der höchste Punkt der eingefriedeten Alm liegt bei 1550 m neben herrlichem altem Baumbestand. Die Malga Bes, 1513 m, besitzt neben modernen Almgebäuden ebenfalls noch eine urtümliche Almhütte mit eindrucksvollem Steinplattendach und rundbogigem Werksteinportal.

Sentiero attrezzato Corne de Bes. Foto: P. Werner

Abstieg: Nach dem kurzen Rundgang zwischen Alm und „Gipfelplateau" ist der Abstieg auf dem selben Weg sinnvoller als ein langatmiger Rundweg.

Höhenunterschied: Etwa 230 m.
Gehzeiten: Aufstieg etwa ¾ Std., Abstieg etwa ½ Std.
Schwierigkeit: Völlig problemloser Steig, Kinder gegebenenfalls ans Seil.
Hinweis: Nur lohnend in Verbindung mit anderen Unternehmungen am Monte Baldo.

157 Cima SAT, 1260 m, Via dell'Amicizia

Gardaseeberge

Riva und Torbole am Nordufer des Gardasees sind nicht nur das Mekka aller Windsurfer, sondern auch günstig gelegene Ausgangsorte für ein Klettersteigparadies zu allen Jahreszeiten. Da von hier aus vier Eisenwege als bequeme Halbtagstouren zu machen sind, können surfende Klettersteigliebhaber auch noch den scharfen Nachmittagswind auf dem See voll ausnutzen. Der älteste und bekannteste dieser vier Steige ist die „Via dell'Amicizia", die direkt von Riva aus auf die Cima SAT, einen Vorgipfel der Rocchetta, emporführt. Der Tiefblick vom Gipfel auf den weit mehr als 1000 m tiefer liegenden See gehört zu den schönsten Erlebnissen am Gardasee überhaupt. Die mehrfachen, durchwegs faszinierenden Abstiegsvarianten haben schon so manchen zu einer mehrmaligen Begehung des überraschenden Wegnetzes verleitet.

Zugang: An der Umgehungsstraße westlich des Ortskerns von Riva, 300 m nördlich vom Hafen, beginnt ein Promenadeweg mit deutlichen Hinweisen auf den Klettersteig (sehr genaue Panoramatafel). Man folgt den Wegbezeichnungen (Weg Nr. 404), verläßt bald die bequeme Promenade und steigt rechts steil in vielen Kehren am bewaldeten Hang bis zum kleinen Rifugio S. Barbara, 560 m, empor.

Aufstieg: Von der Hütte zunächst in Richtung der kleinen Kapelle weiter, doch nach wenigen Minuten rechts ab und auf kühnem, gut bez. Steig (teilweise Sicherungen) durch das immer wildere Felsengelände steil empor. Die erste Leiter, mit einem eisernen Zwischenpodest zum Verschnaufen, führt 45 m hoch sehr luftig an der fast senkrechten Wand empor. An Drahtseilen weiter zur zweiten Leiternfolge, die mit 70 m Höhe und außergewöhnlicher Exponiertheit überrascht. Weitere Drahtseilpassagen und kurze Leitern führen auf den luftigen Gipfelfelsen mit atemberaubendem Tiefblick. Auch der kurze Abstieg von diesem Aussichtsfelsen bis zu den folgenden Wegvarianten ist überraschend rassig.

Cima Capi und Rocchetta von der Mündung der Sarca in den Gardasee aus gesehen. Rechts der Routenverlauf der Via dell' Amicizia.   *Foto: P. Werner*

Cima SAT

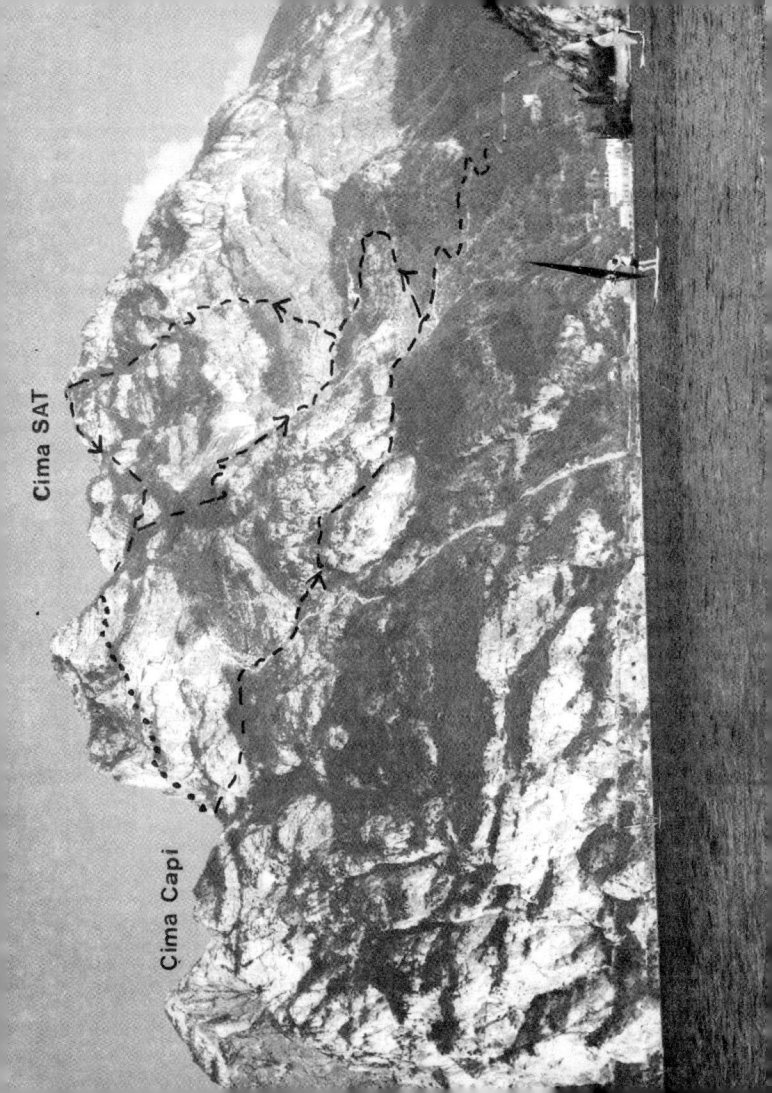

Cima Capi

Abstiege: a) Nordwärts auf Weg Nr. 418 (zuletzt Weg Nr. 402) bequem zurück nach Riva (am Beginn dieses Weges ein kleiner Soldatenfriedhof).
b) Südwärts weiter und in Kehren zum Gipfelaufbau der Rocchetta. Zunächst östlich um den Gipfelstock herum (Bez. Nr. 413), dann an einem Schützengraben aus dem Ersten Weltkrieg entlang und an zwei Kavernen vorbei. Auf etwa 1450 m Höhe zweigt ein Steiglein nach links ab, das zur Südwestseite des Gipfels führt. Zuletzt Abstecher über einen Grasrücken zum Gipfel der Rocchetta, 1521 m. Auf dem Anstiegsweg zurück zu den zwei Kavernen, dort rechts ab und auf Weg Nr. 404 über den südostwärts verlaufenden Grat zu einer Scharte vor dem Monte di Riva. Steil auf schmalem Steig östlich hinab, später nordwärts und über eine bequeme Leiter auf den nun breiteren Weg. Nun leicht bergab zum Rif. S. Barbara und von dort zurück zum Ausgangspunkt.
c) Noch weiter ausholend und streckenweise überwältigend schön ist der Abstieg über die Bochet dei Concoli. Man folgt dem Weg Nr. 413 südlich bis zu einem breiten Joch, von dem der Weg Nr. 417 nach Biacesa hinausführt. ½ Std. unterhalb der Bochet dei Concoli zweigt Weg Nr. 405 links ab und leitet fast eben entlang eines Schützengrabens aus dem dichten Wald in eine Scharte mit faszinierendem Blick auf die Cima Capi und den See. Hier Wegtafel „Sentiero attrezzato Fausto Susatti, Nr. 405". Man folgt diesem Weg bis zur Mitte der tiefen Einsattelung zwischen der Cima Capi und dem viel höheren östlichen Gipfelstock bis zu einem weiteren Wegweiser, der auf den Weg zurück nach Riva (Nr. 405) hindeutet. Zunächst an einem drahtseilgesicherten Band aufwärts, dann stets flach bergab; bald überrascht ein origineller Rastplatz mit frischem Wasser, das man mit einer Pumpe aus einer betonierten Kriegszisterne heraufholt; daneben Kavernen und Bunker. Es folgt bald der einzigartige Aussichtspunkt Belvedere della Grola in 600 m Höhe. Durch herrlichen Mischwald zurück auf den Weg Nr. 404.

Höhenunterschied: Riva del Garda 78 m – Cima SAT etwa 1260 m – Rocchettagipfel 1521 m. Reine Steiganlage etwa 600 Höhenmeter.
Gehzeiten: Riva – Cima SAT 3½–4 Std., Cima SAT – Rocchettagipfel 1–1½ Std., Rocchettagipfel – Riva 2–2½ Std. Cima SAT – Bochet dei Concoli – Weg Nr. 417 – Weg Nr. 405 3 Std.
Schwierigkeit: Die Eisenleitern sind durchwegs sehr luftig und mitunter fast senkrecht. Absolute Schwindelfreiheit und Trittsicherheit sind erforderlich.
Stützpunkt: Rifugio S. Barbara, 560 m, an den Osthängen des Rocchettamassivs gelegen. Während der Sommermonate meist einfach bewartet, jedoch keine Übernachtungsmöglichkeit.

158 Cima Capi, 927 m, Via ferrata Fausto Susatti

Gardaseeberge

Dieser Klettersteig benützt zum Teil alte Frontwege, teilweise führt er durch verfallene Schützengräben oder auf deren Brüstungen entlang. Besonders über 600 m Höhe gelangt man zu einer fast ununterbrochenen Reihe von Kavernen, Beobachtungsständen (zum Teil gesprengt) sowie deren Verbindungswegen, die teils durch Wald und teilweise über den Südgrat des Berges zum Gipfel leiten. Im unteren Abschnitt führt ein schmaler Weg über den Vorbau hinweg, der, teils von Wasser überronnen, in der Hauptsache aus üppigen Grashalden, Schrofen und Buschwald besteht. Eine reiche, südalpine Flora zeichnet diesen Teil des Anstiegs aus.

Zugang: Von Riva (siehe Tour 157) kurz auf der westlichen Gardaseestraße bis zur Straßenabzweigung ins Ledrotal. Hier, nach deren viertem Tunnel, befindet sich eine große Einbuchtung mit einem kleinen Parkplatz. Dort Ausgangspunkt (etwa 2 km von Riva).

Aufstieg: Auf gutem Weg in ein Wäldchen hinein und nach links an die Felswand. Nun nach rechts in Richtung einer Schlucht, dann wieder nach links ab und über die Grashänge oberhalb der Uferfelsen (herrliche Ausblicke über den See). Nach 1 – 1½ Std. Aufstieg wird der Blick auf die Ostwand der Cima Capi frei. Hier, in 600 m Höhe, erreicht man die ersten, ausgesprengten Kavernen. Nun beginnen auch die Sicherungen. Man folgt diesen, immer gut bez., zum Südgrat. An ihm entlang weiter aufwärts, mit freien Ausblicken zum See, und an vielen, mehr oder weniger zerstörten Festungsbauten vorbei, zum Gipfel mit Fahnenstange.

Abstieg: Wie Aufstieg. Oder:
a) nach Norden, einem Kriegssteig folgend, hinunter. Nach etwa ½ Std. bei einer Abzweigung geradeaus und nach rechts auf einem Band durch eine steile Wand. Über eine kleine Scharte und bald zur Vereinigung mit Abstieg b) von Tour 157.
b) Wie oben nach Norden, bei der Abzweigung jedoch nach links (Bez. „Grotta Daei"), über den Nordgrat hinweg und längere Zeit an einem verfallenen Schützengraben entlang bis zu einer Weggabelung im hintersten Val Vasotina. Dort links ab und auf Weg durch

Die Cima SAT, Vorgipfel der Rocchetta, auf dem die Via dell' Amicizia endet.
Foto: S. Brandl

das bewaldete Tal, an der verfallenen Vasotina-Alm vorbei, hinunter nach Biacesa (etwa 400 m hoch im Val di Ledro gelegen). Von hier Busverbindung nach Riva oder zum Ledrosee.

Höhenunterschied: Straße ins Ledrotal etwa 150 m – Cima Capi 927 m.
Gehzeiten: Straße ins Ledrotal – Cima Capi etwa 2½ Std. Cima Capi – Riva 1½ – 2 Std., Cima Capi – Biacesa etwa gleiche Zeit.
Schwierigkeit: Keine nennenswerten Schwierigkeiten.
Hinweis: Nicht geeignet für sehr heiße Tage. Beste Zeit siehe Tour 157.
Tip: Wer nach der „Via dell'Amicizia" noch genügend Kraftreserven besitzt, kann wie bei Tour 155 unter c) beschrieben absteigen und noch die Via ferrata Fausto Susatti „anhängen".

159 Sentiero attrezzato dei Colodri
Gardaseeberge

Unmittelbar nördlich des berühmten Burgfelsens von Arco erhebt sich, durch eine breite Einsattelung getrennt, ein weiterer, nur wenig höherer Felsklotz, dessen Ostseite teilweise mit senkrechten Wänden gegen das Tal abbricht. Diese Wände sind ein beliebtes Ziel für gute Kletterer. Als bequemen Abstiegsweg für diese, wohl aber auch als Attraktion für gemäßigt-sportliche Bergfreunde hat man einen zwangsläufig sehr kurzen und technisch auch anspruchslosen Klettersteig angelegt. Er eignet sich bestens für Kinder und Anfänger, für Geübte ist er ein amüsantes Abendprogramm oder ein lustiger Klettersteigauftakt nach langer Anfahrt.

Zugang: In Arco zweigt von der Staatsstraße, direkt neben der Brücke über die Sarche, an deren westlichem Ufer ein Sträßchen ab, das geradewegs nach Norden führt. Von dieser Abzweigung sind es nur noch 800 m bis zum „Camping Arco" mit dem alpinen Zusatzschild: „Centro di arrampicata – Sportkletterzentrum". Links öffnet sich, am Fuße einer gewaltigen Bergsturzzone, ein kleiner Olivenhain. Dort beginnt ein markierter Trimmpfad („Partenza per corso vita"). An seinem höchsten Punkt, kurz vor dem Holzprügelsteg, zweigt nach rechts ein markierter Pfad zum Einstieg ab.

Aufstieg: Dünne Sicherungsseile leiten über natürliche Bänder und leichte Felsstufen. An glatteren, steileren Stufen stecken Bügel. Nach einem flachen, grasigen Band in der Wandmitte folgt ein kurzer, schräger Riß und danach eine steilere Verschneidung mit Tritthilfen. Ein weiterer schräger Riß führt zum Ausstieg. Der markierte Pfad zum Gipfel leitet an zauberhaften Erosionsformen entlang.

Abstieg: Am besten wie Aufstieg.

Höhenunterschied: Arco 85 m – Colodri 340 m.
Gehzeiten: Aufstieg etwa 50 Min., Abstieg 30 Min.
Schwierigkeit: Für Anfänger geeignet.

160 Cima Garzolet, 967 m
Via attrezzata Rino Pisetta

Gardaseeberge

Wo der eisige Bergfluß Sarca erstmals aus den gewundenen Schluchten des westlichen Berglandes in das Talbecken nördlich der Gardaseefurche tritt, um nun südwärts nach Torbole zu strömen, liegt der kleine Ort Sarche. Nördlich der Häuserzeilen, hinter einem schmalen Wald- und Strauchgürtel ragen die kühnen Felswände der Cima Garzolet auf, durch die sich einige extreme Kletterführen ziehen. Im Jahre 1982 ist eine dieser Führen mit einem straff gespannten Stahlseil gesichert worden. Die fast vollständig naturbelassene Führe wäre ohne die durchgehende Stahlseilsicherung mit dem Schwierigkeitsgrad V zu bewerten. Trotz der luftigen, anfangs sehr kräfteraubenden Seilführung hat auch dieser Steig eher Klettergartencharakter und kann bei gutem Wetter ohne Gepäck angegangen werden.

Ausgangspunkt: Sarche, 250 m, 22 km nördlich von Torbole; an der Straßenkreuzung Hinweisschilder und Übersichtszeichnung.

Aufstieg: Auf gut bez. Steig mäßig steil in Serpentinen bis an den Wandfuß in 570 m Höhe. Das Stahlseil leitet unmittelbar senkrecht in die Wand empor und zieht nun im wesentlichen schräg südwärts, wobei in der unteren, kaum gegliederten Hälfte dieser Südostwand völlig senkrechte, trittarme Passagen mit etwas leichteren Bändern wechseln.

Nach einer besonders verwegenen Steilstelle erreicht man im oberen Wanddrittel leichteres Gelände; zwischen Gesträuch und begrünten Bändern bauen sich immer wieder Felstürmchen mit rassigen Kletterstellen auf, doch sind die Anforderungen hier schon merklich geringer. 20 m nach dem letzten Führungsseil nach rechts ab und auf zunächst erdigem Pfad durch Gesträuch. Zuletzt steil über Schotterpfad empor und über einen kurzen, problemlosen Felsgrat mit Führungsseil zur verstrauchten Cima Garzolet.

Abstieg: Man folgt dem Wegweiser „Ranzo". Der gemütliche Waldweg führt nach etwa 20 Min., am ersten Haus vorbei, auf Wiesenflächen. An der ersten Wegeinmündung, an zwei Felsblöcken des ersten Steinhanges findet sich der Hinweis „Sarche". Man folgt dem

Pfeil scharf nach rechts und trifft in wenigen Minuten abermals auf eine Wegverzweigung, direkt neben dem Haus mit dem großen Bildstock des Hl. Jakobus. Hier abermals nach rechts und nun längere Zeit auf dem uralten steingepflasterten Weg durch dichten Wald abwärts. Man übersehe nicht den abermaligen Hinweis „Sarche", der nach etwa 20 Min. von diesem Weg auf einen schmalen Waldpfad scharf nach rechts weist. Etwa 10 Min. steil durch den Wald hinab bis auf einen Fahrweg. Nach rechts bis zu einer Brücke, bei der ein schmaler Pfad zunächst eben weiterführt: Gegensteigung. Nach 10 Min. leitet der Pfad auf ein bequemes Band, anfangs mit Führungsseil; zuletzt leicht fallend auf den Anstiegsweg, auf dem man bis zum Ausgangspunkt zurückgeht.

Höhenunterschied: 717 m.
Gehzeiten: Aufstieg 2 Std., Abstieg 1½ Std.
Schwierigkeiten: In der unteren Wandhälfte außerordentlich exponierte und technisch anspruchsvolle Wandstellen ohne jegliche Trittbügel. Trotz durchgehender Seilsicherung einer der schwierigsten Klettersteige überhaupt, jedoch ohne hochalpine Gefahren.
Stützpunkte: keine.

Cima Garzolet mit Via attrezzata Rino Pisetta. Foto: P. Werner

Einteilung der Klettersteige nach Schwierigkeiten

Es erscheint wenig sinnvoll, die Schwierigkeitsgrade des freien Kletterns auf das Klettersteiggehen übertragen zu wollen. Die folgenden Vergleiche basieren auf Empfindungen des (auch) kletternden Begehers gesicherter Steige. Eine zutreffende Schwierigkeitsbewertung aus der Kletterei wäre allenfalls „A0" — für alle Klettersteige. Das würde jedoch niemandem nützen. Deswegen hält die Neuauflage nach wie vor in etwa an der bisherigen Klettersteig-Schwierigkeitseinteilung fest. Als kleine Bewertungshilfe sei gegeben:

Pisciadù-Klettersteig	entspricht dem Kraftaufwand für eine Freikletterei im Schwierigkeitsgrad I
Via ferrata Zacchi	entspricht dem Kraftaufwand für eine Freikletterei im Schwierigkeitsgrad II
Via ferrata Bolver-Lugli, Via Tomaselli	entspricht dem Kraftaufwand für eine Freikletterei im Schwierigkeitsgrad III
Via ferrata Piazzetta, Via ferrata Costantini, Via ferrata Segata, Via attrezzata Rino Pisetta	entsprechen dem Kraftaufwand für eine Freikletterei im Schwierigkeitsgrad IV

a) Für trittsichere Bergwanderer, auch mit Kindern (am kurzen Seil) und Anfängern, leicht und problemlos:

- 5 Große Tschierspitze, gesicherter Steig
- 7 Sass Songher, gesicherter Steig
- 22 Piz Boè, Lichtenfelser Steig
- 30 Sass de Roca, Sentiero attrezzato dedicato a Lino Pederiva
- 54 Monte del Vallon Bianco, Via della Pace
- 57 Kleiner Lagazuoi, Felstunnel
- 67 Averau und Nuvolao, gesicherte Steige
- 110 Gronton und Cima Bocche, Via attrezzata del Gronton
- 115 Croce del Chegùl, Sentiero attrezzato Giordano Bertotti
- 116 Val Scura, Sentiero Clemente Chiesa
- 118 Monte Cornetto und Monte Baffelan, gesicherte Steige
- 156 Monte Baldo, Sentiero attrezzato Corne de Bes
- 159 Sentiero attrezzato dei Colodri

b) Für geübte Bergwanderer mit Schwindelfreiheit, leicht:

- 1 Peitlerkofel, Südgrat
- 2 Tullen, Günther-Messner-Steig
- 4 Piz Duledes, gesicherter Steig
- 11 Roßzähne und Maximilianweg
- 15 Kesselkogel, Überschreitung
- 16 Passo di Lausa, Scaletteweg
- 17 Großer Latemarturm, Sentiero attrezzato Campanili del Latemar
- 51 Heiligkreuzkofel, gesicherter Steig
- 65 Col di Lana, gesicherter Steig
- 66 Hexenstein, gesicherter Steig
- 78 Monte Campedelle, Bonacossa-Weg
- 83 Sextener Rotwand, gesicherter Steig
- 134 Sentiero Orsi
- 148 Rhönberg, gesicherter Steig durch die Ostflanke
- 158 Cima Capi, Via ferrata Fausto Susatti

c) Etwas Erfahrung, Trittsicherheit und Schwindelfreiheit notwendig:

- 6 Tschierspitze V, Klettersteig
- 13 Rotwand und Via ferrata Masarè
- 14 Santnerpaß
- 18 Punta Polse, Sentiero attrezzato Attilio Sieff
- 28 Cima Dodici — Sass Aut — Punta della Vallaccia, Sentiero attrezzato di Sass Aut dedicato a Franco Gadotti
- 33 Cima Ombretta, Sentiero attrezzato Cima Ombretta
- 34 Cima di Costabella, Via alta attrezzata Bepi Zac
- 36 Cima dell'Auta Orientale, Via ferrata Paolin-Piccolin
- 42 Sentiero attrezzato Dino Buzzati
- 43 Cima di Val di Roda, Sentiero attrezzato Nico Gusella
- 53 Via ferrata Barbara
- 63 Tofana di Dentro, Via ferrata Lamon
- 64 Tofana di Dentro, Via ferrata Formenton
- 71 Monte Cristallo, Höhenweg Ivano Dibona
- 111 Cima d'Asta, Sentiero attrezzato Giulio Gabrielli
- 117 Sentiero alpinistico attrezzato delle Cinque Cime dedicato a Gaetano Falcipiero

d) Unbedingt Trittsicherheit und Schwindelfreiheit notwendig:

- 3 Sass Rigais, Überschreitung
- 20 Pisciadù-Klettersteig, Via ferrata Brigata Tridentina
- 21 Boèseekofel, Via ferrata Piz da Lec
- 35 Cima del Uomo, Via ferrata Bepi Zac
- 41 Via ferrata del Velo, Cima della Madonna
- 45 Forcella dell'Orsa, Sentiero attrezzato del Dottore
- 50 Hochalpenkopf, Olanger Klettersteig
- 55 Südliche Furcia-Rossa-Spitze, gesicherter Steig
- 70 Punta Fiames, Via Michielli (Strobel)
- 72 Monte Cristallo, Via ferrata Renè de Pol
- 73 Cristallo-Mittelgipfel, Klettersteig Marino Bianchi
- 75 Monte Piano, Hauptmann-Bilgeri-Gedächtnissteig
- 76 Monte Piana, Heeresbergführer-Steig
- 77 Nordöstliche Cadinspitze, Via Merlone
- 80 Paternkofel, gesicherter Kriegssteig De Luca — Innerkofler
- 81 Paternkofel, Schartenweg
- 82 Toblinger Knoten, rekonstruierter Kriegssteig
- 86 Alpiniweg, Strada degli Alpini
- 97 Via ferrata Sperti
- 119 Cima Carega, Via ferrata Carlo Campalani
- 120 Cima Madonnina und Cima Carega, Sentiero alpinistico Cesare Battisti
- 123 Monte Gramolòn, Via ferrata Angelo Viali
- 124 Monte Grappa, Sentiero attrezzato Carlo Guzzella
- 125 Monte Boccaòr, Sentiero attrezzato Sass Brusai
- 130 Sentiero Alfredo Benini
- 132 Sentiero delle Bocchette Centrale
- 133 Via delle Bocchette (Sentiero SOSAT)
- 136 Sentiero Ettore Castiglioni
- 149 Unterfennberg, Margreider Klettersteig
- 150 Burrone-Steig, Einstiegsvariante
- 155 Klettersteig Gerardo Sega
- 157 Rocchetta, Via dell'Amicizia

e) Zusätzlich Bergerfahrung und Klettergewandtheit notwendig:

- 10 Plattkofel, Oskar-Schuster-Steig
- 29 Collàc, Via ferrata dei Finanzieri
- 32 Marmolata, Westgrat zur Punta Penia

- 44 Croda Grande, Via ferrata Fiamme Gialle
- 52 Cunturinesspitze, gesicherter Steig
- 60 Col Rosà, Via Ettore Bovero
- 61 Tofana di Rozes, Via Giovanni Lipella
- 84 Sextener Rotwand, Via ferrata Mario Zandonella
- 85 Via ferrata Aldo Roghel — Cengia Gabriella
- 90 Umrundung der Sorapìsgruppe
- 91 Civetta, Via ferrata degli Alleghesi
- 92 Civetta, Via ferrata Attilio Tissi
- 96 Via ferrata Zacchi
- 98 Via ferrata Berti
- 99 Via ferrata Marmòl
- 122 Torrione Recoaro, Sentiero alpinistico del Vaio Scuro und Sentiero Alto del Fumante
- 131 Sentiero delle Bocchette Alte
- 135 Sentiero Brentari und Sentiero dell'Ideale
- 143 Sentiero Gustavo Vidi, Sentiero Claudio Costanzi
- 151 Via attrezzata Rio Secco
- 152 Cima Palon, Via ferrata Pero Degasperi

f) Gute Klettersteigtechnik an sehr steilem Fels erforderlich:

- 19 Piz Selva, Pößnecker Steig
- 31 Bec de Mezdì, Via delle Trincèe
- 40 Via ferrata Bolver-Lugli, Cimone della Pala
- 46 Monte Agnèr, Via ferrata Stella Alpina
- 56 Südliche Fanisspitze, Via Cesco Tomaselli
- 62 Tofana di Mezzo, Via ferrata Giuseppe Olivieri
- 93 Palazza Alta, Via ferrata Fiamme Gialle

g) Perfekte Klettersteigtechnik an senkrechtem Fels erforderlich:

- 23 Piz Boè, Via ferrata Cesare Piazzetta
- 94 Cresta delle Masenade, Cima Moiazza Sud, Via ferrata Gianni Costantini
- 121 Cengia Pertica, Via ferrata Giancarlo Biasin
- 153 Dos d'Abramo, Via ferrata Giulio Segata
- 154 Klettersteig Monte Albano
- 160 Cima Garzolet, Via attrezzata Rino Pisetta

Register

Die Ziffern beziehen sich auf den Klettersteig, nicht auf die Seiten

Abramo, Dos d' 153
Achilleo Papa, Rif. 117
Adolf-Munkel-Weg 1
Agnèr, Monte 46
Agostinihütte 131, 132, 136
Aldo-Roghel —
   Cengia Gabriella,
   Via ferrata 85
Alfredo Benini, Sentiero 130, 131
Alimontahütte 131, 132
Alleghesi, Via ferrata degli 91
Alpiniweg 85, 86
Ambièz, Bocca d' 133
Amicizia, Via dell' 157
Angelo Viali, Via ferrata 123
Anna, Punta 62
Angheràz, Valle d' 45
Antermojahütte 15, 16
Arco 159
Armi, Bocca degli 131, 132, 134
Asta, Cima d' 11
Astaldi, Via ferrata 62
Attilio Sieff, Sentiero 18
Attilio Tissi, Via ferrata 92
Auronzohütte 78, 80
Aut, Sass 28
Auta, Cime dell' 36
Auta Orientale, Cima dell' 36
Averau 67
Averau, Rif. 67

Baffelan, Monte 118
Baldo, Monte 155
Ball, Cima di 41, 43
Bamberger Hütte 19
Barbara, Via ferrata 53
Battaglione Cadore, Biv. 85
Bassano, Rif. 124, 125
Battisti, Rif. 120, 121, 122
Bellavista 11
Bepi Bertagnoli, Rif. 123
Berti, F., Via ferrata 90
Berti, Rif. 84, 85, 86
Berti, Via ferrata 98
Bianca, Cresta 71
Bianchet, Furio, Rif. 96
Bianco, Sasso 30
Biasin, Biv. 46
Boccaor, Monte 125
Bocche, Cima 110
Bocchetta Campiglia 117
Bocchette Alte, Sentiero delle 131, 139
Bocchette Centrale, Sentiero delle 130, 131, 132
Boé, Piz 21, 22, 23
Bogani, Sentiero 131, 133
Bolver-Lugli, Via ferrata 40
Bonacossa-Weg 78
Bondone, Monte 152, 153
Bonvecchio, Biv. 143
Bosi, Rif. 75—76
Brenta, Bocca 132
Brenta, Cima 131, 139
Brentari, Sentiero 132, 134, 135
Brentari, Rif. 111
Brenteihütte 131, 132, 133
Brigata Tridentina, Via ferrata 20

Büllelejoch-Hütte 80, 81
Burrone-Steig 150
„Bus de Tofana" 62

Cacciatore, Sentiero 41, 42
Cadinspitze, Nordöstl. 77
Campanile Basso 134
Campedelle, Monte 59
Canali, Cima 41
Canali, Val 41, 42, 44
Cant del Gal, Rif. 41, 42, 43
Cantoi, Van dei 94
Cantoni, Val dei 40
Cantore, Rif. 61
Capanna G. Lorenzi, Rif. 71, 72, 73
Capanna Pradat 7
Capi, Cima 158
Carducci, Rif. 85, 86
Carega, Cima 119, 120
Carestiato, Rif. 94
Carlo Campalani, Via ferrata 119
Carlettini, Rif. 111
Carlo Guzzella, Sentiero 124
„Carlo Minazio" 90
Casineihütte 131, 132
Castelletto Superiore 138
Castelli A., Sentiero 132
Catinaccio, Rif. 16
Cengia Gabriella 85
Cengia Pertica 121
Cesare Battisti, Sentiero alpinistico 120
Cesare Piazzetta, Via ferrata 23
Chegùl, Croce del 115
Chiesa, Biv. della 56
Ciapèla, Malga 32
Cimirlo, Passo 115
Cimone della Pala 40
Cinque Torri, Rif. 67

Civetta 91, 92
Claudio Costanzi, Sentiero 143
Clemente Chiesa, Sentiero 116
Coldai, Rif. 91, 92
Collàc 29
Colmeàn 36
Colodri, Sentiero 159
Comici, Biv. 90
Contrin, Rif. 29, 33
Contrinhaus 32
Corne de Bes, Sentiero 156
Cornetto, Monte 118
Cortina d'Ampezzo 71, 72
Costabella, Cima di 34
Costantini, Via ferrata 94
Cristallino d'Ampezzo 71, 72
Cristallo-Mittelgipfel 73
Cristallo, Monte 71, 72
Cristallo, Ponte 71, 72, 73
Croda Grande 44
Cunturinesspitze 52

Daino, Monte 140
De Luca-Innerkofler 80
Dentro, Tofana di 63, 64
Dibona, Rif. 61, 62
Dina Dordei, Biv. 45
Dino Buzzati, Sentiero attrezzato 41, 42
Dodici-Apostoli-Hütte, Rif. 131, 135, 136
Dodici, Cima 28
Donato Zeni, Biv. 28
Dottor, Sentiero del 45
Drei-Zinnen-Hütte 80, 82
Duca d'Aosta, Rif. 62
Duledes, Piz 4
Duran, Passo 94

Edelweißhütte 6
Emilio Comici, Biv. fisso 90
Ettore Bovero, Via 60

371

Ettore Castiglione, Rif. 32
Ettore Castiglione, Sentiero 134, 135, 136

Faneshütte 52, 54, 55
Fanisspitze, Mittlere 52
Fanisspitze, Südliche 56
Farangole, Sentiero delle 40
Fausto Susatti, Via ferrata 157, 158
Fedajasattel 31
Feldkurat-Hosp-Steig 82
Fiames, Punta 70
Fiamme Gialle, Biv. 40
Fiamme Gialle, Via ferrata (Palagruppe) 44
„Fiamme Gialle", Via ferrata (Civettagruppe) 93
Finanzieri, Ferrata del 29
Fogo, Croda del 90
Fonda Savio, Rif. 77, 78
Formenton, Via ferrata 64
„Friedensweg" 54
Friedrich-August-Weg 10
Furcia-Rossa-Spitzen 54, 55

Gabitta d'Ignotti, Via ferrata 40
Gardecciahütte 15
Garzolet, Cima 160
Geislerhütte 3, 4
Gerardo-Sega-Klettersteig 155
Giancarlo Biasin, Via ferrata 121
Giordano Bertotti, Sentiero 115
Giovanni Paolo I., Baita 36
Giralba, Monte 85
Giulio Gabrielli, Sentiero 111
Giulio Segata, Via ferrata 153
„Giussani", Rif. 61, 62, 63
Gottstein, O., Sentiero 132
Graffer, Rif. 137, 143
Gramolon, Monte 123

Grappa, Monte 124
Gronton 110
Grostè, Cima del 137
Grostè, Passo del 130, 143
Guglia 134
Günther-Messner-Steig 2
Gusela del Vescova 96, 97
Gusela-Scharte 96, 97
Gustavo Vidi, Sentiero 143

Hauptmann-Bilgeri-Gedächtnisweg 75
„Heeresbergführersteig" 76
Heiligkreuzkofel 51
Hexenstein 66
Hochalpenkopf 50
Hochbrunnerschneide 86

Ideale, Sentiero dell' 132, 134, 135
Ivano-Dibona-Höhenweg 71, 72, 73

Kalterer See 149
Karerpaß 13, 14
Kesselkogel 15
Kölner Hütte 14
Kreuzbergpaß 85

Lagazuoi, Großer 56
Lagazuoi, Kleiner 56, 57
Lamon, Via ferrata 63
Lana, Col di 65
Langkofelhütte 10
Lastei d'Agnèr 46
Lasties, Val 19
Latemar, Biv. 17
Latemarturm, Gr. 17
Lavaredo, Rif. 80
Lec, Piz da 21
Ledro, Val di 158
Lichtenfelser Steig 22

Lipella, Via 61
Lusia, Passo 110

Madonna, Cima della 41, 43
Madonna di Campiglio 130, 131
Madonnina, Cima 120
Mamma Oliva, Sentiero 131
Manzoni, Rif. 28
Maòr, Sass 41
Maranzo, Rif. 115
Marcora, Croda 90
Margreider Klettersteig 149
Marino Bianchi 73
Marmolata 32
Marmolata, Rif. 32
Marmol, Biv. 98, 99
Marmol, Via ferrata 96, 99
Masenade, Cresta delle 94
Massodi, Bocchetta Alta di 131
Mattia, Fopa di 90
Mattino, Biv. del 130
Maximilianweg 11
Meierlahn 17
Merlone, Via 77
Mesdì, Val de 19
Mèsola 31
Mezzo, Tofana di 62, 63
Michielli (Strobel), Via 70
Misurina 77, 80
Mittagsspitze 31
Moiazza-Ghedini, Biv. 94
Moiazza Sud, Cima 94
Molveno, Cima 131
Monte Albano, Klettersteig 154
Montesel 152
Mori 154

Negher, Forcella dei 36
Nevere, Forcella delle 94
Nico Gusella, Sentiero attrezzato 43

Oliva Detassis, Sentiero 131
Olivieri, Sentiero 62
Olivieri, Via ferrata 62, 63
Ombretta, Cima 33
Ombrettapaß 32, 33
Orsa, Forcella dell' 45
Orsi, Sentiero 134
Oskar-Schuster-Steig 10
Ospitale 72

Pala di San Martino 41
Palon, Cima 152
Paolinahütte 14
Paolin-Piccolin, Via ferrata 36
Passo de Selles, Rif. 34
Passo Lusia, Rif. 110
Paternkofel 80, 81
Pedraces 51
Pellegrino, Passo del 34, 35
Pedrotti/Tosahütte, Rif. 131, 132
Peitlerkofel 1, 2
Peller, Rif. Nuovo 143
Penia, Punta 32
Pero-Degasperi-Steig 152
Pertica, Passo 119, 120, 121
Piana, Monte 76
Piano, Monte 75, 76
Pietra Grande, Giro della 143
Pisciadùhütte 19
Pisciadù-Klettersteig 19, 20
Plattkofel 10
Plattkofelhütte 10
Pößnecker Steig 19
Polse, Punta 18
Pomagagnonscharte 70
Pomèdes, Rif. 62
Popèra, Monte 85
Popèra, Vallon 85
Pordoipaß 23
Portòn, Forcella del 41, 43
Portòn, Via ferrata del 41, 43

Posporcora, Passo 60
Prà, Col di 45
Pradidali, Cima 43
Pradidali, Rif. 41, 42, 43
Pragser Wildsee, Hotel 50
Pratofiorito, Cima 142
Pratofiorito, Vedretta 142
Principe, Rif. 16
Puezhütte 3, 6

Raiser, Col 2, 3
Ranzo 160
Ra Valles, Rif. 62, 64
Refavaie, Rif. 111
Reali, Biv. 44
Revolto, Rif. 119, 120
Renato De Pol 71, 72
Rhönberg 148
Rigais, Sass 3
Rino Pisetta, Via attrezzata 160
Rio secco, Via attrezzata 151
Riva 157, 158
Rocca, Punta di 32
Rocchetta 157
Roen, M. 148, 149
Rosà, Col 60
Rosengarten-Hütte 14
Rosettahütte 40, 41
Rosso, Sasso 143
Roßzähne 11
Roterdspitze 11
Rotwand 13
Rotwandhütte 13
Rotwandköpfe 83
Rotwandwiesenhütte 83
Rozes, Tofana di 61

Salurner Klause 150, 151
S. Barbara, Rif. 157
S. Vito di Cadore 90
San Croce, Rif. 51

San Lucano, Valle di 45
San Marco, Rif. 90
San Nicolo, Passo di 30
San Nicolo, Val di 28
Santnerpaß-Schutzhütte 14
Sarche 160
Sass Brusai, Sentiero 125
Sassara, Cima 143
SAT, Cima 157
Scaletteweg 16
Scalorbi, Rif. 119, 120, 121, 122
Scarpa, Rif. 46
Schlüterhütte 1, 2
Scotoni, Cima 56
Scotoni, Rif. 56
Sella, Cima 137, 138
Sellajoch 10, 19
Selva, Piz 19
Serauta, Mont 32
Sesto, Croda Rossa di 83
Setùs, Val 19, 20
Sextener Rotwand 83, 84
Sextenerstein 82
Sexten-Moos 83
Sief, Monte 65
Slàtaper, Biv. 90
Songher, Sass 7
Sorapis 90
Sorapis, Rif. al 90
Sorgazza, Malga 111
SOSAT, Sentiero 130, 131, 133
Sperti Gianangelo, Biv. 97, 99
Sperti, Via ferrata 97
Stanga, Cima 41, 42
Stella Alpina, Via ferrata 46

Taibon Agordino 45
Taramelli, Rif. 28
Tierser-Alpl-Schutzhaus 11

Tissi, Via ferrata 91, 92
Toblinger Knoten 82
Tomaselli, Via 56
Tomè, Rif. 94
Tonio Giuriolo, Rif. 118
Toni-Demetz-Hütte 10
Torrani, Rif. 91, 92
Torre di Pisa, Rif. 17
Torrione Recoaro 121
Tosa, Cima 135, 141
Tosa, Rif. 132
Tre-Croci-Paß 71, 72, 73
Tres, Corno di 149
Tre Sorelle, Rif. 90
Trincèe, Via delle 31
Tschierspitze 5, 6
Tuckett, Bocca di 130, 131
Tucketthütte 130, 133
Tullen 2

Überetscher Hütte 148
Ugo Dalla Bernardina, Biv. 96, 97
Umberto Quintavalle, Sentiero 131
Unterfennberg 149
Uomo, Cima del 35

Vajolethütte 14, 15
Vallaccia 28
Vallaccia, Punta della 28
Vallaccia, Torre di 28
Vallesinellahütte 133
Valparola, Rif. 65
Valparola, Paßhöhe 66
Vallon Bianco, Monte del 54
Val Roda, Cima di 43
Val Scura 116
Vandelli-Klettersteig 90
Vandelli, Rif. 90
Vani Alti, Cime dei 44
Vani Alti, Sentiero dei 44
Vazzolèr, Rif. 92, 93
Velo della Madonna, Rif. 41, 42, 43
Velo, Via ferrata del 41
Vento, Val del 143
Verde, Col 40, 41
Verde, Forcella 72
Vescovà, Val di 96
Vezzana, Cima della 40

Wasserrinnental 3
Wolkenstein 4

Zacchi, Via ferrata 96, 97, 99
Zandonella, Via ferrata 84
Ziano di Fiemme
Zoldo, Forno di 94
Zsigmondyhütte 86

Kartenteil

Die 21 farbigen Kartenblätter der folgenden Seiten sind dem Wanderkarten-Werk 1:50 000 des Verlages Freytag-Berndt und Artaria entnommen. Es handelt sich um Ausschnitte aus den Blättern WKS 3 (Pustertal — Bruneck — Drei Zinnen), WKS 5 (Cortina d'Ampezzo — Marmolada — St. Ulrich/Ortisei), WKS 7 (Überetsch — Kalterer See — Südtiroler Unterland), WKS 10 (Sextener Dolomiten — Ampezzo — Marmarole), WKS 11 (Brenta, — Madonna di Campiglio — Presanella).
Ein entsprechender Blattschnitt auf der Beilagenkarte zeigt im Überblick, welche Gebiete von diesen Kartenausschnitten erfaßt sind. Der Abdruck der Kärtchen erfolgt mit freundlicher Genehmigung des Verlages Freytag-Berndt und Artaria, Wien.

Edelweiß H.
1866
Halslhütte
Halsl
(Kofel J.)
Im Gunggan
Brixner Dolomitenstraße
Kompatsch Ws
2058
2093
Rodelwand
Kofel Sp.
1975
Rodelwiesen
G. Messner Steig
Aferer Geisle
Peitlerkofel
2875
Sass de Putia
Ros da Putia
2223
Peitlerwiesen
Peitlerkofel
Schartenb.
eißlahngrat
2535
Tullen
2653
2494
Rueffen Bg
2601
2590
2459
Kofel A.
G. Messner Gedächtnisweg
Wälscher Ring
2540
Ring Sp.
Confin Sp.
2533
2357
Peitlerscharte
Petzes Alm
R. d' Vig
Gruppe
Ötz B.
2141
Kreuzberg
2300
Wörndljoch A.
Zendleser Kofel
2422
Caserill B.
1712
Zannser Alm
Zannser B.
Schlüterhütte
Rif. Genova
2340
Kreuzkofeljoch
2013
C. le Ciancidel
Seres B.
1621
Misci
Campill B.
Sass Rigais
1689
Bürstling
1975
Gampen A.
2301
2062
Bronsoi J.
2399
Zannser A.
St. Zeno B.
Wald
Auf de Gampen
2486
2361
1602
Medalges
2454
Sobutsch
Düsler A.
1782
1902
Glatsch A.
Tschantschenon
1928
Medalges Alpe

(Topographic map — text labels only)

- Weißbrunneck 1952
- Weißbrunn
- 1875
- Adolf Munkel Weg
- 2081
- Geisler Spitzen
- Sass Rigais 3025
- 3030
- Furchetta
- Wasserkofel 2946
- Cresta di Longiarù
- 2967
- Torkofel
- Klettersteig Via ferrata
- Mittag Sch. 2597
- 2832
- Gr. Odla 2752
- 2814
- Kl. Fermada 2873
- Sass Mesdì
- Pana Sch.
- Gr. Fermeda
- Wassertal
- Plan di Frea
- 2642
- Wasserscharte
- 13A
- Piz Du
- Forc. della Roa 2617
- 2732
- 2490
- Troier A.
- P. Longia A. 2297
- Col de Coi 2301
- 2261
- Kanzeln
- V. della Roa
- Nives Scha 2740
- Fermeda Htt. 2081
- 2111
- Clancon
- 2074
- 2030
- Col Raiser 2107
- Rif.
- 2007
- Sangon Htt.
- Larsei
- Regensburger Htt. (Geisler Htt.) Rit. Firenze
- Montischella 2644
- Forces de Sielles
- Forc. Forces Sielles 2505
- Col da la Pières 2747
- La Pizza 2489
- 2555
- Forc. d. Pizza
- 2348
- 2490 Pela de Vit
- Steviahütte 2312
- 1916
- St. Sylvester Scharte
- 1955
- Schuatsch Htt. (Rif. Juac)
- 1755
- 2142
- 1632
- 2153
- Crespeina
- Langental
- Val
- Tubla
- Daunei
- R. Wolkenstein
- Kreuzweg
- Ciampac
- St. Sylvester
- 1967
- Lärciuper
- Rotspitzen
- Piz Kle 2224
- 1986
- Rif. 2315
- la Pozza
- la Selva 1567
- Wolkenstein
- Selva 1563
- St. Maria 1645
- Stern
- Danterceppies

Map: Puez-Geisler / Naturpark

Peaks and elevations

- Col da Oi 1860
- Zwischenkofel 2884
- 2471
- Somamunt 2366
- Piz Somplunt 2374
- 2130
- 2247
- 2085 — Zwischenkofel A.
- West- 2018 / Östl- 2913 -Puez Spitzen
- 2492
- Puez J. 2571
- 2676
- Piz Ciampani 2668
- Puez Kofel △ 2725
- Col de Montigela
- Gardenatscha Ho
- Gardenàcc
- 2475
- Puezhütte / Rif. del Puez
- Col de la Sone 2633
- Garde / Rif.
- 2141 (Puez B)
- 2461
- 2097
- Puezgrup
- Val Culea
- Pso. d. Gardenaccia 2543
- 2497
- Ciampatsch J. 2366
- △ Crespeina de dite 2419
- Ciampatsch See 2173
- 2615
- v. di Lietres
- 2435
- Val di Sa
- 2374 Crespeina S.
- Dolomiten Höhenweg 2 / Alta Via della Dolomiti
- Crespeina Hochfläche
- Ciampatschseekofel 2654
- Sass Songh 2665
- 2548° / Dora / M. de Soura 2578°
- Crespeina J.
- 2452
- Sass di Ciampatsch 2672
- 1824
- Edelweiß Htt.
- Cap. Prad 2036
- Tschier 2469
- Col Turónd 2655
- chier Sp. Cir 2592
- Rif. Clark
- Rif. Forcelles 2101
- Pescost
- Mga. Cir 2110
- Mersa
- Kolfuschg / Colfosco
- Pezzèl
- Salven See / Bad

(2)

Map: Naturpark Schlern

Peaks, huts, and locations:

- 2009 Aussichtspunkt
- 2014 Berghs. Joch (Panorama)
- 1809
- 1695 Sa...
- Laurin Htt.
- Hot. Flora Alp
- Hot. Hubertus
- Joch
- Hot. Paradies
- Lanzinger
- Zatzer
- 1738 Berghot. Demetz
- 1927
- Hot. Goldknopf
- 2078
- Grünser Bühel
- Mulser 1934
- Tirler A. 1741
- Feger
- Ochsen W.
- Peter Lacke
- 2033 Partschott
- Pseiersenne
- 2249 Goldknopf
- 2188
- 1858 Curosoa W.
- Tanezza A.
- 1898
- Radell A.
- Molignon Haus
- Mahlknecht – Schwaige
- 2053
- Tomaset 1998
- Wiedner A.
- 2463
- **Naturpark Schlern**
- Rif. Alpe di Siusi
- Seiser Alpenhaus
- Roßzähne
- Denti di Terrarossa
- Klettersteig 2580
- 2143
- Auf der Schne...
- Maximilian 2655
- Roterd Sp.
- 2287
- Tierser Alpl-Hütte
- 2436
- Mahlknecht 2188
- 2247
- Friedrich Au...
- 594
- Tierser Alpioch
- R. delle vechia
- 532
- Alpenplattein 2394
- Croda d. Alpe 2684
- 2288
- Bärenloch
- Alpenklippen
- 2382
- Molignon P. 2598
- Mga. Docolda
- 2072
- Grasleiten Sp. 2675
- 2695
- Le Cime 2852
- Molignon
- 555
- 578
- Grasleitenhütte
- Rif. Bergamo
- 2129
- Lauranzi Klettersteig Via ferrata
- Pso. Duron 2282
- 2391
- Kleine Valbuon T.
- 2900 See Kgl. 2811
- 2806 Croda d. Lago 2665
- 580
- Große Valbuon T.
- Valbuon Kgl. 2832
- L'Antermoia 2495
- Cime di Dona
- 583
- 2497 2516
- 2601
- Sattel Sp.
- Pso. d. Mantello 2567
- Pia
- Grasleitenpaß 2599
- Rif. Antermoia
- Tschamin Sp.
- Grasleitenpaßhütte
- Catinaccio d'Antermoia
- Kessel Kg.
- Rif. Passo Principe 2398 3002
- 2749 2770 2876 Pso. di Lausa 2700
- Vajolet Sp.
- Pso. d. Antermoia
- Cima di Lausa
- Pso. Scaliéret
- Polentor

Große Priese
Schwaige
Piz Ciaulong
Santner Weg
Confinboden
Sassa
Sass Fendu
526A
526, 528
Rif. E. Comici
Langkofel
Sasso Lu
3
2836
3181
3158
Biwakschach
2153
525
526
527
Hohes Eck
2101
7
7A
Langkofelkar
Langkofelhütte
Rif. Vicenza
2253
Langkofeleck
Plattkofelkar
Plattkofel
Sasso Piatto
Langkofelkar Sp.
2821
3081
Langkofel S
2681
Rif. T.
2439
2092
527
Zallingerhütte
2958
10
Inner
kofler T.
2998
Fünffinger Sp.
Schuster-
Klettersteig Via ferr.
3000
3072
Grohmann Sp.
2037
2054
Joch A.
1997
tampf A.
9
2964
Zahnkofel
3114
Sell
Plattkofelhütte
Fassa J.
Friedrich-August-Weg
Pian de Sass
Grohmann H
2248
2256
Mga. del
Sasso Piatto
4
Fr. August Htt.
2305
alaccia
2351
Weg
533
2298
Ciaslat
Col Rode
Rif. Rodella
Chiarvenna
R. de Pegn
Gabbia
Steffin
532
Baita da Lino Brach
Mga. Miravalle
1860
Sofos
533
578
Pescosta
Alpe Duron
532
578
529
di Grevena
Valle di Duron
1850
Baita Fraina
1784
1919
la Bassa
2218
Rif. Micheluzzi
Rif. Duron
Rivo Duron
Pozzates
Elbetina
Rif.
Bosco da
Fator
2121
532
577
di Dona
Pra. Molin
2043
578
Pian
Ponsin
2283
Campitello
di Fassa
1414
Dociuril
Fossaz
577
2355
Crous
Borest
1964
dai
2303
Sot Cresta
Schidi
Sot Palacia
2241
577
577
1382
1395
di sopra
Al Vidoi
Palacia

Cogolo di Larsec
Crepe di Lausa
Lo Scarpello
Vajolethütte
Preußhütte
Rosengarten Sp.
Palaccia
Catinaccio
Dirupi di Larsec
Pso. d. Scalette
Aut da Monzon
Gran Cront
Piccol Cront
Mazzin
Roncolin
Torre Gardeccia
Crepa di Socorda
Pale dei Mezzodi
Colle Barbolada
Rif. Stella Alpina
Rif. Gardeccia
Rif. Catinaccio
Ronch
Monzon
Fraine da Soiàl
R. di Soiàl
T. Avisio
Rosengarten Htt.
Rif. Aleardo Fronza
Kölner H.
Pso. d. Coronelle
Cima di Curaton
Valle del Vaiolet
Fassaner Höhenweg
Ruało
Pera
Col del
Pso. dei Mugoni
Pso. delle Cigolade
Cigolade
Rif. Negritella
Ciapedie
Rif. Larsec
Rif. Ciampedie
Ciampedie
Pozza di Fassa
Meida
S. Nicolò
Mugoni Sp.
Pale Rabbiose
C. Vaiolon
Pso. d. Vaiolon
Vaiolon
Rote Wand
Rondolae
R. di Chiesa
Alloch
Mga. Alloch
Cima di S. Giuliana
Stallone di Vael
Klettersteig
Via ferrata
Rotwandhütte
Rif. Roda di Vael
Baita Pederiva
Roda d. Diavolo
Pta. d. Masare
Ciampaz
Giuliana
R. di Valle
Valle di Fassa
Sorgente Minerale
Mg. Alloch
S. Giovanni
Vigo di Fassa
Baumannkamm
Hirzel Weg

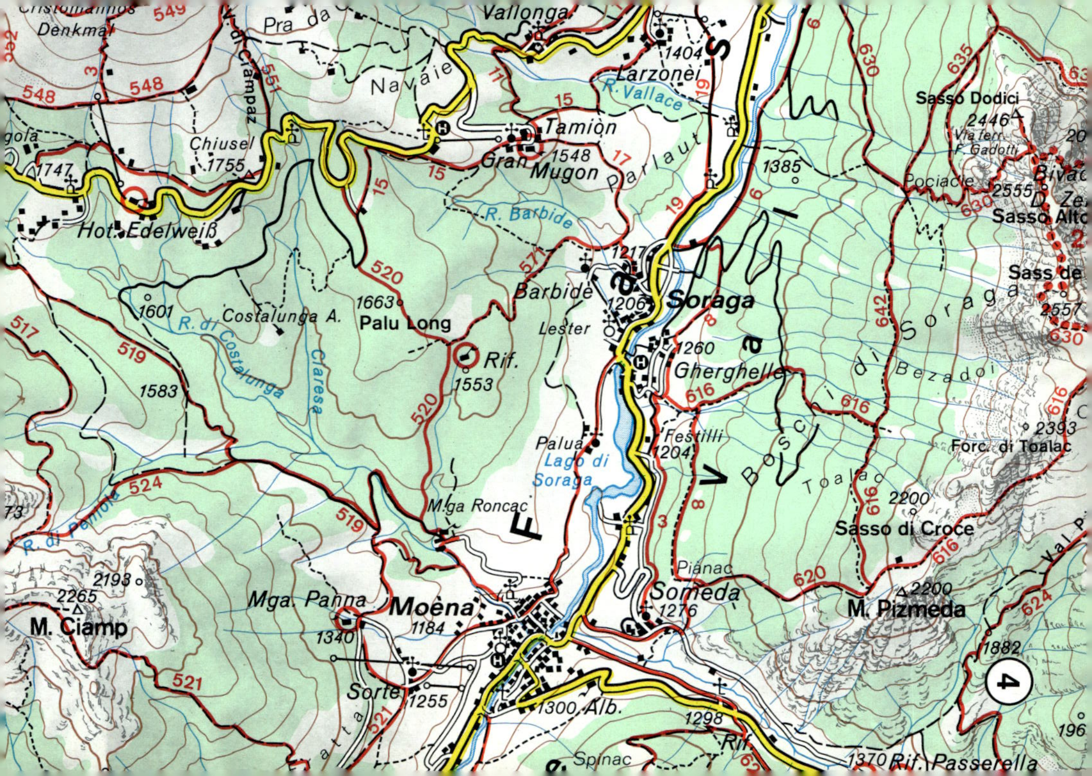
Denkmal
Pra da
Vallonga
Navaie
Larzonei
1404
R. Vallace
Tamion
1548
Gran Mugon
Parlaut
Chiusel
1755
V. di Ciampaz
1747
Hot. Edelweiß
R. Barbide
1385
Sasso Dodici
2446
Via ferr. F. Gadotti
Pociacie
2555
Sasso Alto
Bivac
Sass de
2557
1217
Barbide
1206
Soraga
Lester
1260
Gherghelle
1663
Palu Long
Rif.
1553
1601
Costalunga A.
R. di Costalunga
Claresa
1583
Val di Soraga
Bezadoi
2393
Forc. di Toalac
Bosc di Toalac
Palua
Lago di Soraga
Festilli
1204
2200
Sasso di Croce
M.ga Roncac
Val di Fassa
Pianac
Someda
1276
2200
M. Pizmeda
1882
Mga. Panna
1340
Moèna
1184
Sorte
1255
1300 Alb.
1298
Rif.
Spinac
1370 Rif. Passerella
2193
2265
M. Ciamp
R. di Pentola
4
548
549
551
11
15
17
19
6
9
3
8
520
571
517
519
524
521
616
620
624
630
635
642

Map labels

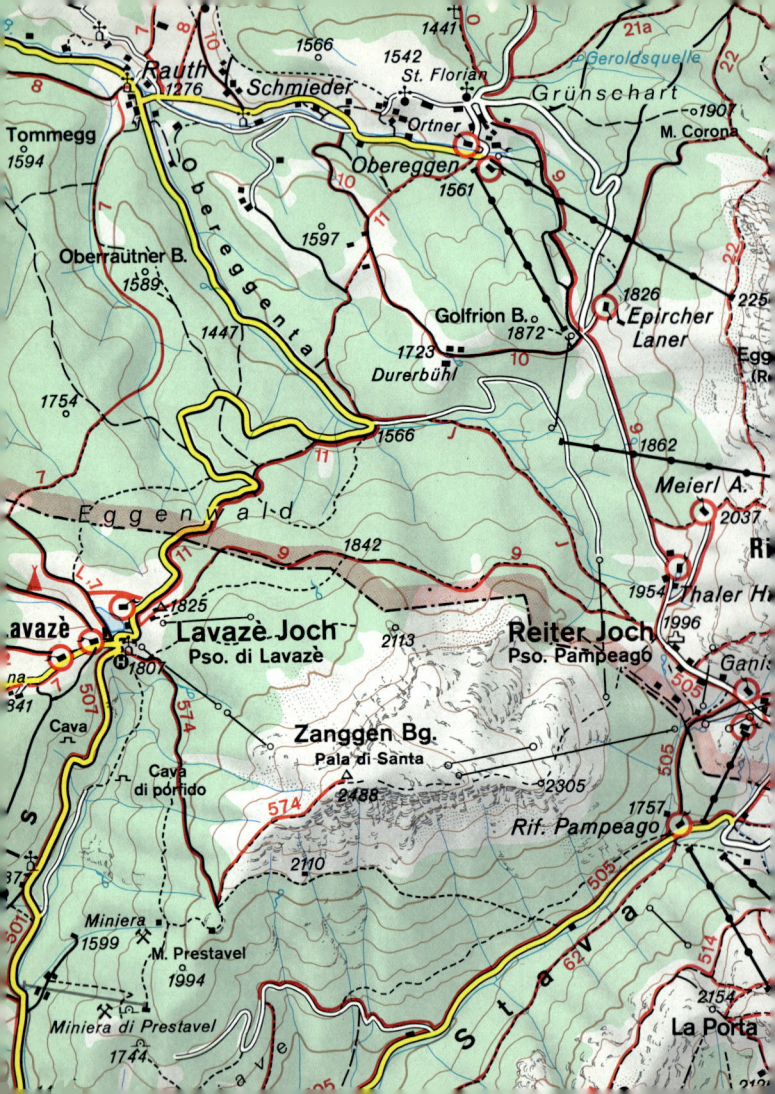

- 1441
- 1566
- 1542 St. Florian
- 21a Geroldsquelle
- Rauth 1276
- Schmieder
- Grünschart
- Ortner
- 1907 M. Corona
- Tommegg 1594
- Obereggen 1561
- Oberrautner B. 1589
- 1597
- 1447
- Golfrion B. 1872
- 1826 Epircher Laner
- 225
- 1754
- 1723 Durerbühl
- Egg (R
- 1566
- 1862
- Eggenwald
- 1842
- Meierl A. 2037
- Ri
- 1825
- Lavazè Joch Pso. di Lavazè
- 2113
- Reiter Joch Pso. Pampeago
- 1954 Thaler H 1996
- Lavazè
- 1807
- Ganis
- 505
- na 341
- 574
- 507
- Zanggen Bg. Pala di Santa
- Cava
- Cava di pórfido
- 574 2488
- 2305
- 1757 Rif. Pampeago
- 301
- 2110
- 505
- 37
- Miniera 1599
- M. Prestavel 1994
- 62 V
- 514
- Miniera di Prestavel 1744
- Stava
- 2154
- La Porta

Latemar- Gruppe

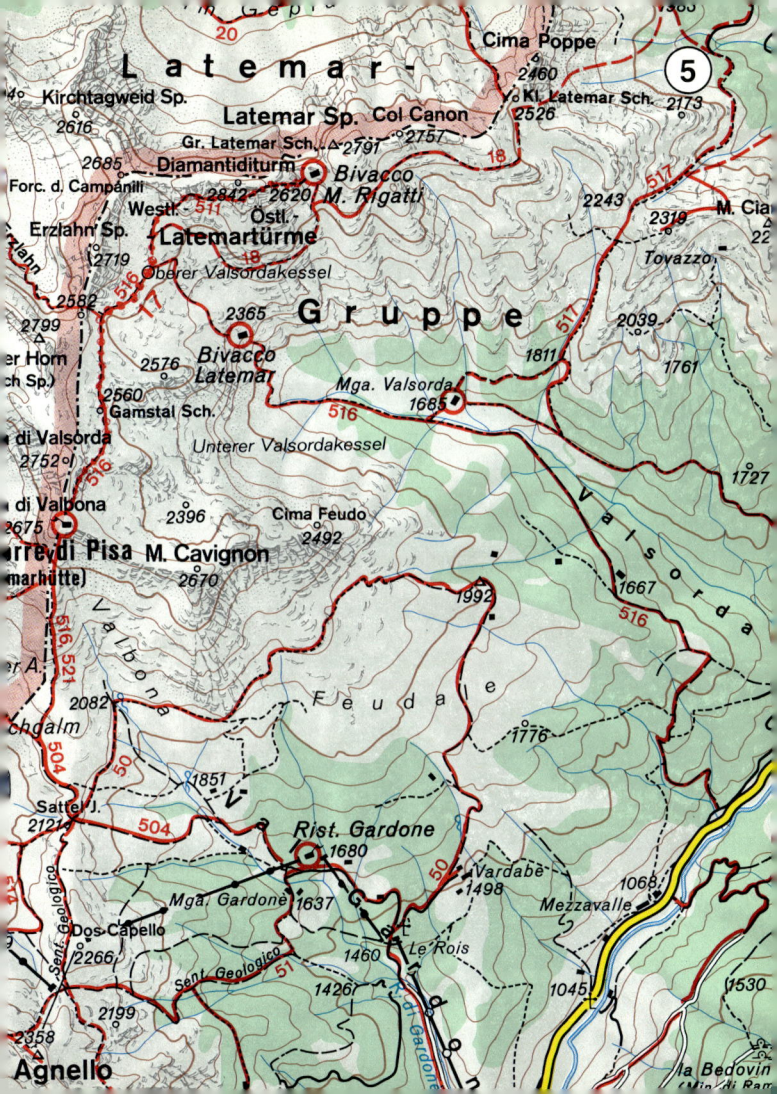

- Cima Poppe 2460
- Kirchtagweid Sp. 2616
- Latemar Sp.
- Col Canon
- Kl. Latemar Sch. 2526
- 2173
- Gr. Latemar Sch. 2791
- 2757
- 2685
- Diamantiditurm 2842
- Bivacco M. Rigatti 2620
- Forc. d. Campanili
- Westl. 511
- 2243
- 2319 M. Cia
- Erzlahn Sp. 2719
- Östl.
- Latemartürme
- Tovazzo
- 2582
- Oberer Valsordakessel
- 516 517
- 2799
- Hom (Sp.)
- 2365
- 517
- 2039
- 1811
- 1761
- 2576
- Bivacco Latemar
- 2560 Gamstal Sch.
- Mga. Valsorda 1685
- 516
- 1727
- di Valsorda 2752
- Unterer Valsordakessel
- di Valbona 2675
- 2396
- Cima Feudo 2492
- Valsorda
- rre di Pisa (marhütte) M. Cavignon 2670
- 1667
- 1992
- 516
- Valbona
- 516 521
- 2082
- Feudale
- 504 50
- 1776
- chalm
- 1851
- Sattel J. 2121
- 504
- Rist. Gardone 1680
- 50
- Vardabè 1498
- 1068
- Mezzavalle
- Mga. Gardone 1637
- Dos Capello 2266
- Sent Geologico
- Le Rois 1460
- 1045
- 1530
- 51
- 1426
- 2199
- 2358
- Agnello
- la Bedovin

Map: Sella Group / Pordoi area

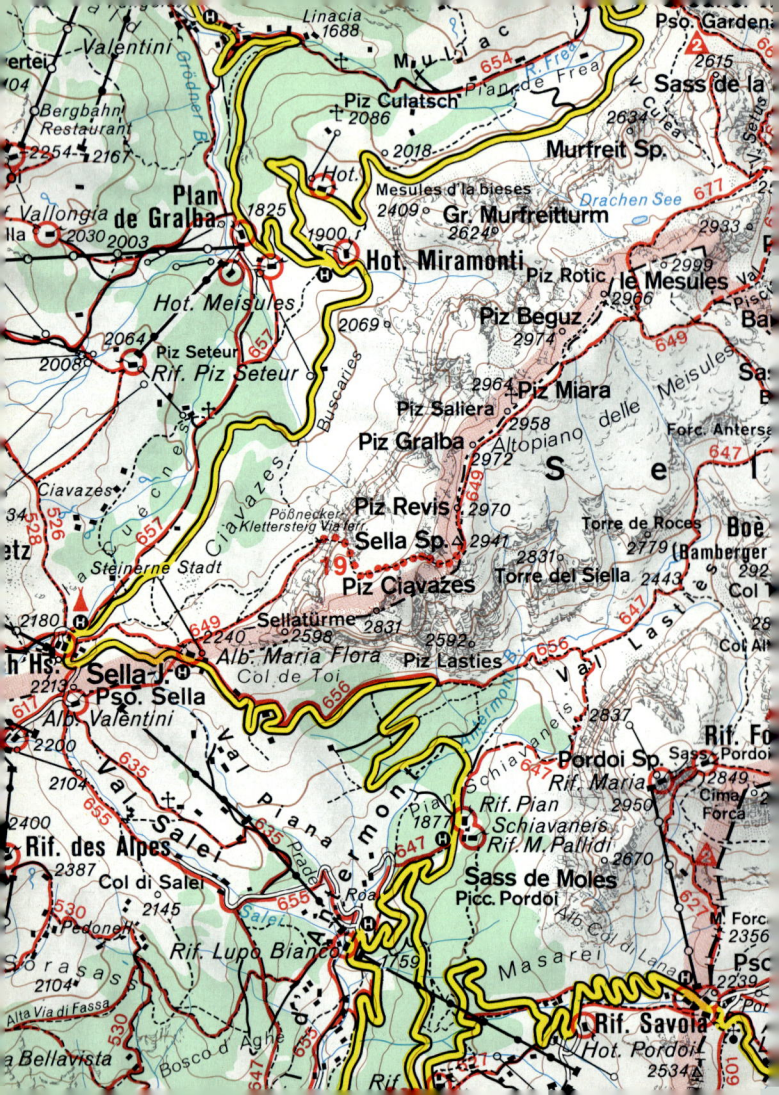

- Pso. Garden
- Valentini
- Linacia 1688
- Muliac
- Sass de la
- Bergbahn Restaurant
- 2954 — 2167
- Piz Culatsch 2086
- R. Frea
- Pian de Frea
- 654
- 2615
- 2634
- Murfreit Sp.
- 2018
- Hot.
- Plan de Gralba
- Vallongia 2030 2003
- 1825
- Mesules d'al bieses 2409
- Gr. Murtreitturm 2624
- Drachen See
- 677
- 2933
- 1900
- Hot. Miramonti
- Piz Rotic
- le Mesules 2999 2966
- Hot. Meisules
- 2064
- 2069
- Piz Beguz 2974
- Ba
- 2008
- Piz Seteur
- Rif. Piz Seteur
- 655
- 2964 Piz Miara
- Meisules
- Buscaries
- Piz Saliera 2958
- 649
- Ciavazes
- Piz Gralba 2972
- Altopiano delle
- S e
- Quenes
- 657
- Forc. Antersa
- 647
- 528 536
- Pössnecker Klettersteig Via fer.
- Piz Revis 2970
- Torre de Roces 2779
- Boè (Bamberger
- Steinerne Stadt
- Sella Sp. 2941
- 2831
- Torre del Siella 2443
- 292
- Col I
- 2180
- 19
- Piz Ciavazes
- 28
- Col Al
- 649
- Sellatürme 2598 2831
- 2592
- Val Lastiess
- h'Hs
- 2240
- Alb. Maria Flora
- Piz Lasties
- 655
- 647
- Sella J. 2213
- Col de Toi
- Tiermol
- Rif. Fo
- Pso. Sella
- Val Piana
- 2837
- Pordoi Sp. Sass Pordoi
- Alb. Valentini
- 617
- 635
- Schiavaneis
- Rif. Maria
- 2849
- 2200
- 2104
- Val Salei
- Rif. Pian Schiavaneis
- 2950
- Cima Forca
- 2400
- Rif. des Alpes
- 655
- 647
- Rif. M. Pallidi
- 2670
- 621
- 2387
- Col di Salei 2145
- Pian 1877
- Sass de Moles Picc. Pordoi
- M. Forc 2356
- 530
- Salei
- Roa
- Alb. Col di Lana
- (Pedonel) Sorasas 2104
- Rif. Lupo Bianco
- 655
- Psc 2239
- Alta Via di Fassa
- Aermont
- Masarei
- Rif. Savoia
- Bellavista
- Bosco d'Aghe
- 1159
- Hot. Pordoi 2534
- Rif.
- 530

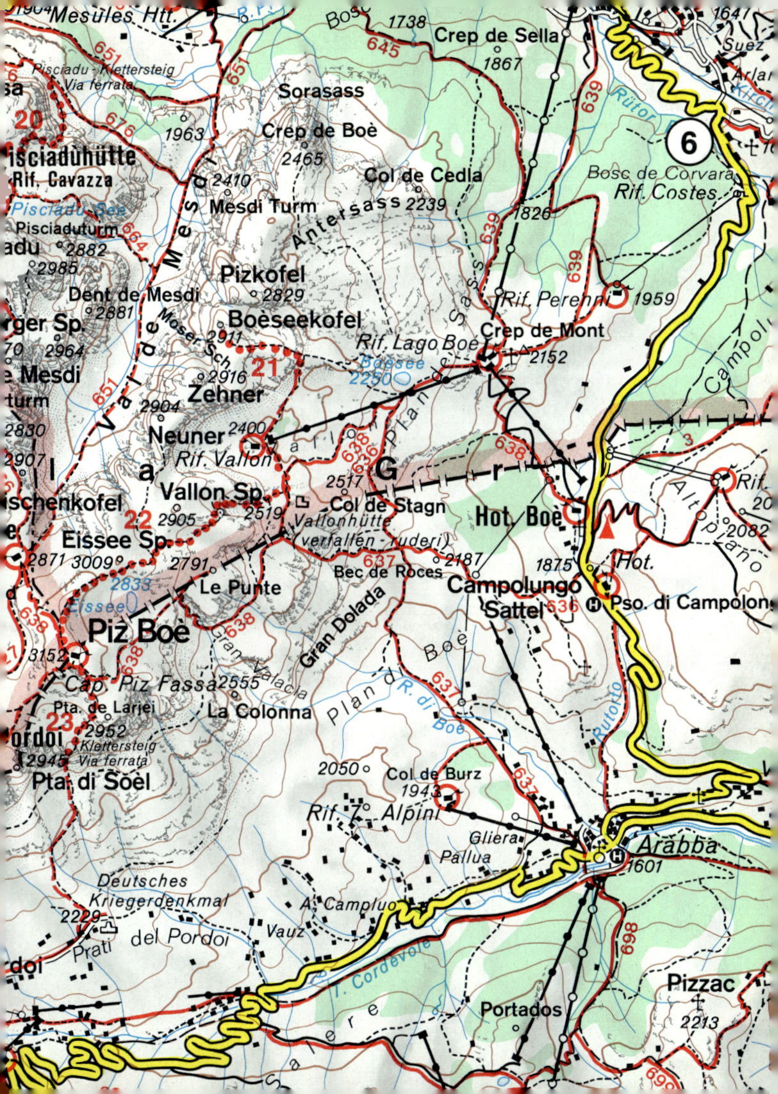

Mesules Htt.
Pisciadu-Klettersteig
Via ferrata
Sorasass
Crep de Sella
1867
1738
Crep de Boè
2465
1963
Pisciadùhütte
Rif. Cavazza
Col de Cedla
2239
2410
Mesdi Turm
Antersass
Pisciadu-See
Pisciaduturm
2882
2985
Val de Mesdi
Pizkofel
2829
Dent de Mesdi
2881
Boèseekofel
2911
Moser Sch.
2964
Mesdi
2916
Zehner
2904
Neuner
2400
Rif. Vallon
2830
2907
Vallon Sp.
2519
2905
Eissee Sp.
2871
3009
2791
Le Punte
2833
Eissee
Piz Boè
3152
Cap. Piz Fassa
2555
La Colonna
Pta. de Larjei
2952
Klettersteig
Via ferrata
2945
Pta. di Soèl
Gran Valacia
Gran Dolada
2517
Col de Stagn
Vallonhütte
(verfallen - ruderi)
Bec de Roces
2187
Rif. Lago Boè
Boèsee
2250
Plan de Sass
Crep de Mont
2152
Rif. Perenni
1959
1826
Bosc de Corvara
Rif. Costes
Rütor
Suez
Arlar
1647
Campolongo
Altopiano
Hot. Boè
1875
Hot.
Campolungo Sattel
Pso. di Campolongo
2082
Plan de Boè
R. di Boè
Rutort
2050
Col de Burz
1943
Rif. 7 Alpini
Gliera
Pallua
Arabba
1601
Deutsches Kriegerdenkmal
2229
Prati del Pordoi
Vauz
A. Campluo
T. Cordevole
Salere
Portados
Pizzac
2213
6
20
21
22
23
645
651
676
664
639
638
636
637
698

Val di Contrin
Baita Locia Contrin
Cogolma
V. Cogolmai
R. di Cirelle
T. Avisio
Alba
Penia
Costa
Eisstadion
Verra
Pian de Pianaz
Rif. C
Vernadais
Col Ombert
Pso. di S. Nicolo
Rif. Passo di S. Nicolo
Rivo di Campo di Mezze
Ciamp de Mez
i Varos
Pra di Contrin
Pra delle Vacche
il Collac
Via ferr. Finanzieri
Klettersteig
Forcia Neigra
Sasso Nero
Sasso Bianco
Sass de Rocca
Roseal
Brunec
Sla. d. Brunec
Rif. Ciampac
Tobia del Jagher
Sou l'Aut
Rif. Crepa Neigra
Rif. T. Valeruc
la Lasta
la Crepa Nèigra
M. Forzella
Val di Crepa
R. Cernadoi
Ruisate
Ardonèi
Pozze
Sla. di Ciamol
Ciamòl
Sass d'Adam
Sass d. Porcel
Buffaure di sopra
Masonade
Munt de Pozza
Mezzaselva
Freina
Fosc
Ciampie
Baita Ciampie
Val S. Nicolo
Col del Lares
Pont dela Chiere
Pian da
R. di S. Nicolo
Frainella
Col Bel
Foram
Drio le Pale
Val Giumela
Ciamp di Vigo
Col de Valvacin
M. Giumellino
Culant
Rif. Buffaure
Buffaure di sotto
I Maerins
Col de Mesdì
Ciamp di Pozza
29
30
602
644
645
646
648
608
613

Crocifisso
M. Palon
M. Pecol
d. Palaccia
2302
Alpe Forca
609
Lagusel
2103
2252
Il Piev
V. Ombert
e Vallacia
635
641
2186
dei Monzoni
1792
Gardeccia
640
Sass dal Piev
Sass da Lastei
2731
Forc. di Ciadin
Cima dell'
2202
2522
Ciamorciaa
Costabella
2837
na Undici
1792
Baita Monzoni
Bte. dei Monzoni
Pta. dell' Ort
Gr.
34
2730
2664
Cima d. Vallate
2762
35
Zoccol
2689
Lastei
2716
2737
2805
2373
Mga. Monzoni
Pale de Carpella
Pta. dell' Uomo
Sasso Morin
1862
2507
Picc.
Cima di Campagnaccia
Via ferrata
Klettersteig
603
Rif. Le Selle
2483
llaccia
Uomo
604
2531
Pso. delle Selle
Ciadin
Gardeccia
2046
V. d. Selle
2593
624
Rif. Taramelli
Riccioni
Pta. d. Selle
V. Tegnousa
Cigo
Monzoni
616
Campagnaccia
616
2582
Rizzoni
2170
604
La
C. Malinverno
2630
2431
2674
L. di Campagnola
Cap. Margherita
2364
Ricoletta
Colifon
Sasso dal Mus
2000
Pale Rabbiose
Pso. Ricoletta
2229
Martinet
Alb. Costabella
Alb. Ospizio S. Pellegrino
Alb. Mira
607
omo
Col Dalista
Ciamp dal Pecol
623
Mga. Sarcine
Allochet
2229
Rif.
1819
Masarè
Alb.
1918
Rio
Negritella
Alb. Monzoni
Pso. di S. Pellegrino
L. di S. Pellegrino
Mga.
Cas
Cigolade
Caviette
2204
la Fraina
1807
Mga. Campo d'Orso
7
Fango
623
628
658
1643
Pellegrino
2110
633
Rif. Ricoletta
Alb.
Col delle Palùe

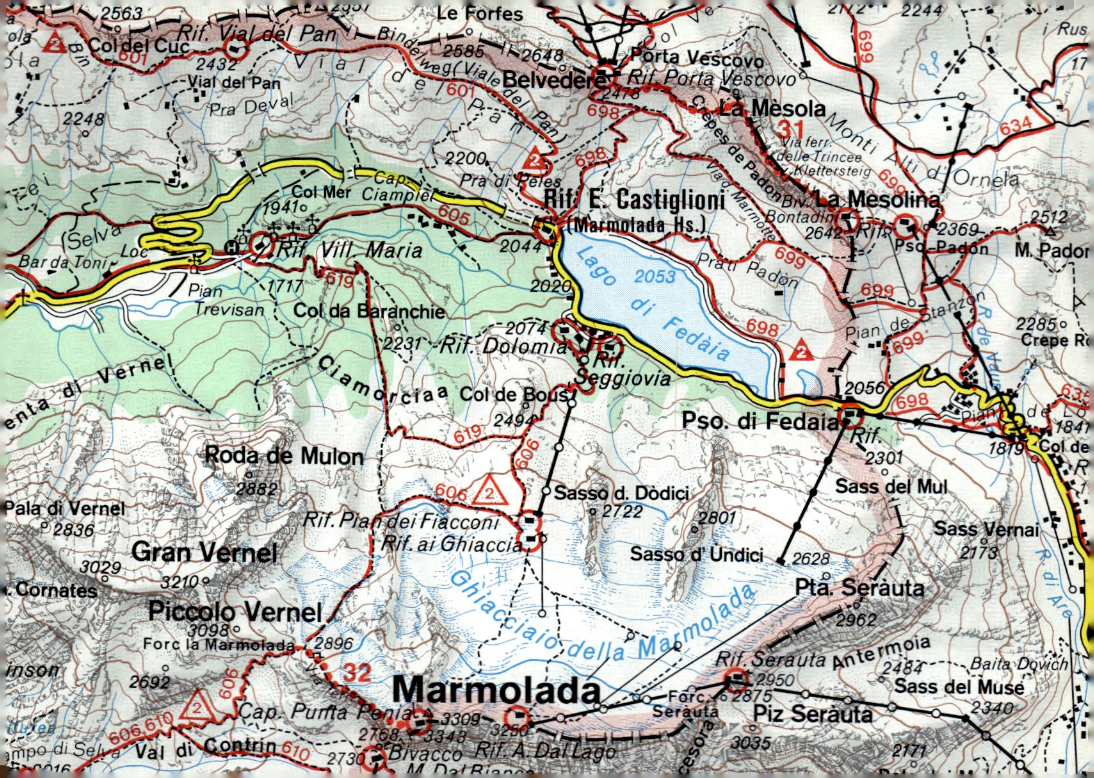

Le Forfes
Col del Cuc
Rif. Vial del Pan
Vial del Pan
Bindelweg (Viale del Pan)
Pra Deval
Belvedere
Porta Vescovo
Rif. Porta Vescovo
La Mèsola
Crepes de Padon
Monti Alti d'Ornela
Via ferr. delle Trincee Klettersteig
La Mesolina
Biv. Bontadini
Pso. Padon
M. Padon
Pra di Peles
Rif. E. Castiglioni (Marmolada Hs.)
Col Mer
Cap. Ciampiè
Selva
Loc. Bar da Toni
Rif. Vill. Maria
Pian Trevisan
Col da Baranchie
Lago di Fedàia
Prati Padon
Pian de Stanzon
Crepe Ro
R. de Vaus
Rif. Dolomia
Rif. Seggiovia
Ciamorcia a Col de Bous
Pso. di Fedaia
Rif.
Col de
Roda de Mulon
Sasso d. Dòdici
Sass del Mul
Sass Vernai
Pala di Vernel
Rif. Pian dei Fiacconi
Rif. ai Ghiaccia
Sasso d' Ùndici
Gran Vernel
Cornates
Pta. Seràuta
Piccolo Vernel
Ghiacciaio della Marmolada
Forc la Marmolada
Rif. Serauta
Antermoia
Baita Dovich
Sass del Musè
Marmolada
Forc. Seràuta
Piz Seràuta
Cap. Punta Penia
Bivacco
Rif. A. Dal Lago
Val di Contrin
R. di Are

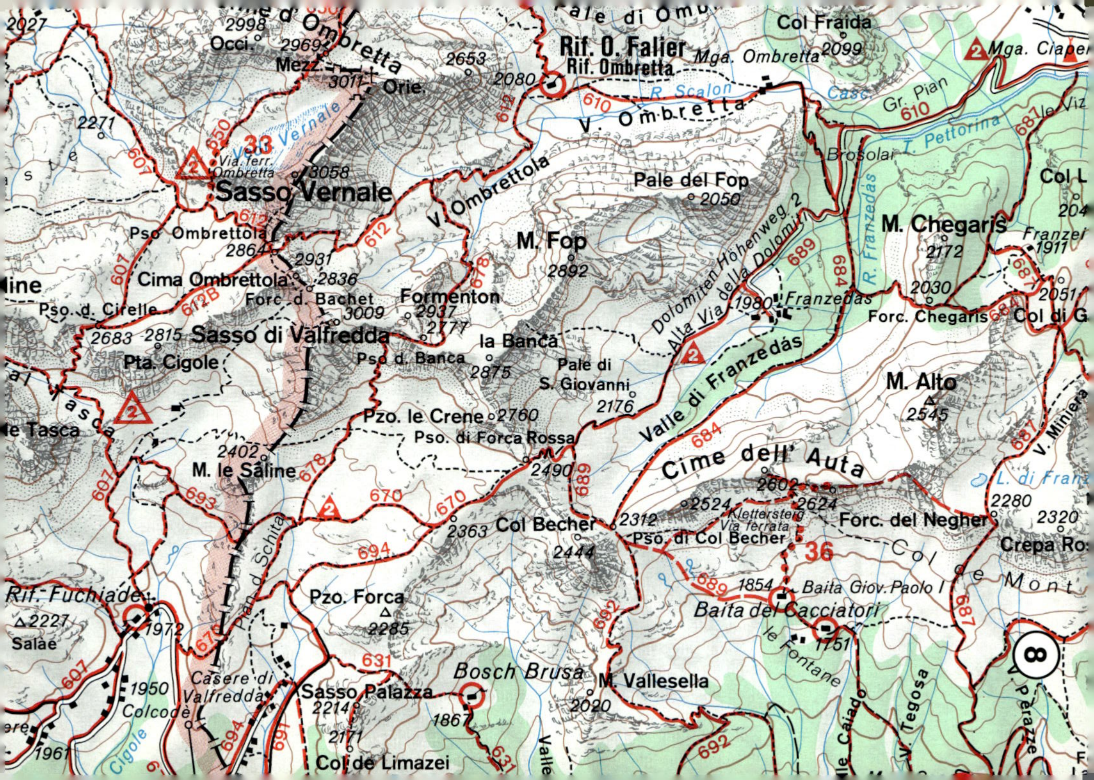

Col Fraida
Rif. O. Falier
Rif. Ombretta
Mga. Ombretta
V. Ombretta
Pale del Fop
M. Fop
M. Chegaris
Forc. Chegaris
M. Alto
Cime dell' Auta
Forc. del Negher
Valle di Franzedás
Franzedás
Alta Via della Dolomiti 2
Dolomiten Höhenweg 2
Col Becher
M. Vallesella
Baita dei Cacciatori
Baita Giov. Paolo I
Pso. di Col Becher
Pale di S. Giovanni
la Banca
Formenton
Pzo. le Crene
Pso. di Forca Rossa
Pso d. Banca
Sasso di Valfredda
Sasso Vernale
Cima Ombrettola
Pso Ombrettola
V. Ombrettola
Pta. Cigole
M. le Saline
Pzo. Forca
Sasso Palazza
Col de Limazei
Bosch Brusa
Rif. Fuchiade
Casere di Valfredda
Colcodè
Pso. d. Cirelle
Forc. d. Bachet
Crepa Ro
V. Tegosa
V. Miniera
Brosolai
T. Pettorina
R. Franzedás
R. Scalon
Gr. Pian
Mga. Ciaper
Occi.
Mezz.
Orie.
Via ferr. Ombretta
Klettersteig Via ferrata
le Fontane
Pian d. Schita
Salae

Cimone d. Pala
3185
3192
Cima della Vezzana
2938
Pso di Travignolo
Bivacco Fiamme Gialle
3005
716
40
Via ferr. Bolver-Lugli
712
2960
Croda della Pala
703
704
721,18
Rif Col Verde
1897
1965
Cma. Corona
2768
Rif. Malga Pala
21
19,701
706
Rif Pedrotti alla Rosetta
Lago di Mar
2595
2581
701
707
Cma. della Rosetta
Rif Funivia di Rosetta
S. Martino di Castrozza
2743
708
Cusiglio
702
Cma. di Roda
Pta. Figlio della Rosetta
2510
2360
2694
724,33
24,702
21,725
2278
Cma. Fede
24,702
Pala di S. Martino
2987
Bivacco Guide Alpine
Cma. Immink
709,708
2855
Corno Smith
T. Cismon
Cma. Pradidali
22,724
Campanile di Val di Roda
2774
2443
Pso di Ball
Pradidali
43
2278
Rif Pradidali
50
Cma. di Ball
2802
Cma. Val di Roda
2605
22,724
Via ferrata del Velo
713
739
Malga Civertaghe
Mga. Sopra Ronz
734
41
719
Rif. S.A.T. Velo della Madonna
Cma. della Madonna
2814
709
2752
Sass Maor
2358
42
Bellestraie
Valmesta
C ma della Stanga
2550
Cimerlo
2503

9
Col. del Fagher
Casera di M.
1866
705
1048
Cas. d'Angheràz bassa
M. Agnèr
2872
Bivacco Biasin
2645
ostone di Miel
Lastei d' Agnèr
2844
46
2460
2762
1309
Sasso delle Capre
2520
Biv. Dordei
Forc. di Miel
Cma. della Beta
2708
767
45
Rif. Scarpa
707; 705
2469
Pso dell'Orsa
2330
Cima del Marmor
'so di Canali
2574
2728
Biv. R. Reali
316
Cma.d Alberghetto
2670
2650
Mga. di Luna
Croda Grande
C.ma del Coro
ma.
anstorna
Sent. Reali
44
2837
Cma. di Lastei
705; 707
Sasso di Campo
2352
Cme. Vani Alti
2690
Sent. Vani Alti
Cma. S. Anna
2529
Forc Vani Alti
2461
Pala del Rifugio
2634
Forc S. Anna
2394
Sasso d'Ortiga
Cra. di Campo
1631
Rif. Canali
2244
Forc. d'Ortiga
Pta. della Madonna
2524
720
2450
1737
Cma. Storcelloni
Cra. Pianlong
Villa di S. Andrea
1679
Pta. Caldrolon
Cra. Cavallera
2288
T. Tegn

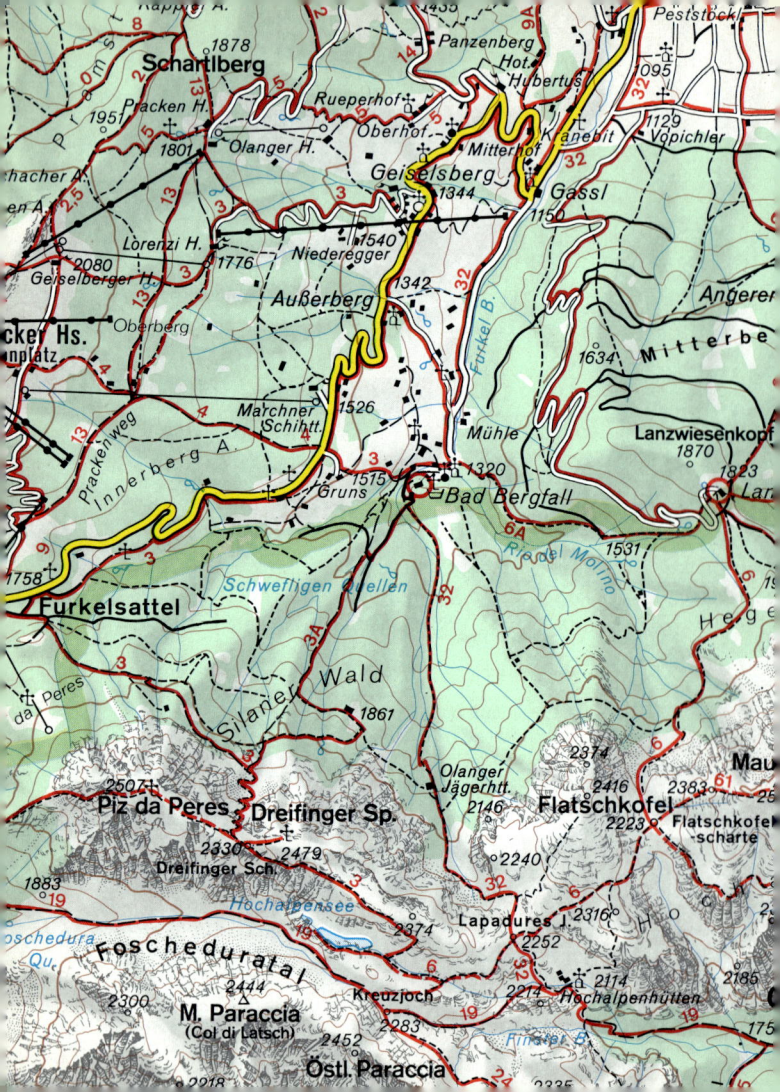

(Map excerpt — topographic map)

- Peststock
- Rappl A.
- Schartlberg 1878
- Panzenberg
- Hot. Hubertus
- 095
- Pracken H. 1951
- Rueperhof
- 1129 Vopichler
- 1801
- Olanger H.
- Oberhof
- Mitterhof
- Kanebit
- 32
- hacher A.
- en A.
- 2,5
- 13
- Geiselsberg 1344
- Gassl 1150
- Lorenzi H.
- 1776
- 1540
- Niederegger
- 2080 Geiselberger H.
- 13
- Außerberg
- 1342
- 32
- Angerer
- cker Hs.
- nplatz
- Oberberg
- 1634
- Mitterbe
- 4
- Packenweg
- 13
- Marchner Schihtt.
- 1526
- Mühle
- Lanzwiesenkopf 1870
- Innerberg A.
- 1515 Gruns
- 1320
- Bad Bergfall
- 1823 Lar
- 9
- 1758
- Schwefligen Quellen
- Riedel Molino
- 1531
- Furkelsattel
- 32
- 6A
- 6
- da Peres
- 3
- 3A
- Silane Wald
- 1861
- Hege
- Olanger Jägerhtt.
- 2374
- Mau
- 2507
- 2146
- 2416
- 2383
- 61
- Piz da Peres
- Dreifinger Sp.
- 2240
- Flatschkofel
- 2223
- Flatschkofelscharte
- 2330 2479
- Dreifinger Sch.
- 1883
- 19
- Hochalpensee
- 2374
- Lapadures J. 2316
- 2252
- 2185
- Foscheduratal
- 2444
- 19
- oschedura Qu
- 2300
- M. Paraccia
- Kreuzjoch
- 2114
- Hochalpenhütten
- (Col di Latsch)
- 2452
- 2283
- Rinder B.
- 19
- 175
- Östl. Paraccia
- 2218

Welsberg
Monguelfo
10
Sallahof
1239
Pörn-bacher
1110
Pülanderhof
1133
Neuhaus
Ried
1144
1087
1180
Lettner
39
57
Plon
1297
1420
Walde
35
1172
6A
1401
1235
Innerberg
Brunsta
Brunst B.
20
1376
Brunstriedl
2028
Welsberger
1889
Brunst A.
Brunst
20-6
Burgstall (Durrakopf)
2020
1948
Pragser
Riepen B.
Burg
Bach
1432
Wöggen
St. Veit
Almsteig
1926
2100
Kühwiesenkopf
2140
20A
1627
50
2542
2414
2279
1909
Hochalpen K.
Kühwiesen-hütten
Steinwandhof
1394
Oberha
Pragser Furkl.
Kaserhütte
1937
61
2225
2280
Spitzkofel
2266
2085
2071
22A
Riedl
1563
1535
1534
58
Schwarzl Bg.
1983
2142
Hot. Pragser Wildsee
Grünwaldt
19
2123
1494
Gr. Apostel
1995
Wildsee

Neuner Sp.
2968
Grüne Scholle
2667
Fanes
Plan de Salin
2459
2016
2400
2274
2081
3026
Zehner Sp.
2657
Castello di Fànes
Lago Secco
Alpe
Hospiz
Hl. Kreuz
a Croce
2038
2045
Kreuz Kofl
Sasso della Croce
Heiligkreuzkofel
(Roßhaut Kofel)
2907
Pta. Cavallo
Kl. Fanes
Alpe Fànes Piccola
Lago della Foppa
2452
2360
2384
51
Picci Crap
2612
Kreuzkofel Sch.
2455
Lago Paron
2311
Wald
Medes Ws.
Val Medisc Joch
(La Varella Sattel)
2533
2252
Stiga Sp.
2786
Peraguda
Paron
Cima Paron
2953
2151
La Varella
3034
3055
1954
Lisines
Busc da Stlii
2518
Lago Cunturines
R. Paron
2470
2123
Zweischarten Sp.
Sant. Cima Cunturines
2690
Taibun Sp.
2928
1733
R. di Maserei
Cunturines Sp.
52
3064
2896
Col da Pistic
1928
Cunturines Zahn
St. Kassian
S. Cassiano
Rio Bianco
Dente d. Cunturines
2777
2693
Plan
Dlira
Fontana

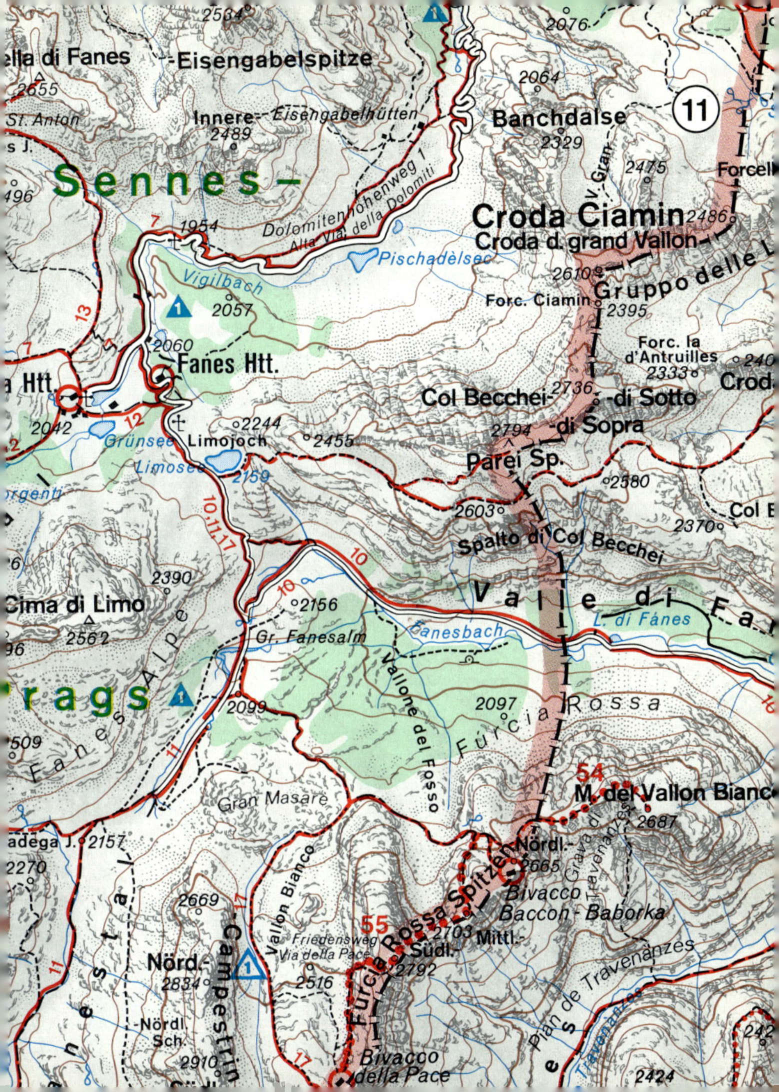

Eisengabelspitze
Innere-
Eisengabelhütten
2489
2534
2655
St. Anton
Sennes –
Dolomitenhöhenweg 1
Alta Via della Dolomiti
1954
Pischadèlsee
Vigilbach
2057
2060
Fanes Htt.
2042
Grünsee
Limojoch
Limosee
2159
2244
2455
2064
2076
Banchdalse
2329
2475
11
Croda Ciamin
2486
Croda d. grand Vallon
2610
Gruppo delle
Forc. Ciamin
2395
Forc. la d'Antruilles
2333
Col Becchei-
2736
-di Sotto
2794
-di Sopra
Parei Sp.
2580
2603
2370
Spalto di Col Becchei
Valle di Fa
L. di Fánes
Fanesbach
Cima di Limo
2390
2562
2156
Gr. Fanesalm
Vallone del Fosso
2097
Furcia Rossa
Fanes Alpe
2099
Gran Masare
54
M. del Vallon Bianco
2687
Nördl.-
2665
Bivacco Baccon-Baborka
Grava di Travenanzes
Furcia Rossa Spitzen
55
2703
Mittl.-
Südl.
2792
Friedensweg
Via della Pace
Vallon Bianco
2157
2270
2669
Nörd.-
2834
Campestrin
2516
Nördl. Sch.
2910
Bivacco della Pace
Pian de Travenanzes
2424

Tofana di Dentro o III.
3238
Biv. Baracca degli Alpini
Nemesis
2755
Tofana di Mezzo o II.
3244
Forc. Fontana Negra
Rif. Giussani
2561
Rif. Cantore (Tofanahütte)
2542
Pta. Marietta
2973
Tofana di Ròzes o I.
3225
Grotta d. Tofana
Castelletto
Gallerie
Ròzes
2183
Cason de Ròzes
Cian Zopè
Bàita Landries
1776
Tre Dita
2694
W. Glanvell Htt. (zerstört rudere)
Malga Travenanzes
Torre Fànis
2922
Torre Travenanzes
2446
Cadin di Fanis
Nördl.-
2969
Mittl.-
2989
Fanis Sp.
Cima del Lago
2654
2480
Forc. d. Lago
Rif. Scotoni
1985
Lago di Lagazuoi
Sasso Ghiacciato
2214
Sallareskopf
2283
Col Boccià
2405
Bivacco G. della Chiesa
Forc. Grande
2804
Lagazuoi Grande
Pta. Nord
2835
Pta. Sud
2503
Forc. Col de Bos
2331
Forc. Travenanzes
2507
Forc. di Lagazuoi
2778
2572
Cima Bos
2559
Lagazuoi Piccolo
P.ta Berrino
2728
Rif. Lagazuoi
2750
Torri di Falzàrego
2296
Galleria Tunnel
Pso. di Valparola
2192
Sasso di Stria (Hexenstein)
2477
Klettersteig Via ferrata
Trai Sassi
Rif. Col Gallina
Sorgenti Valparola
Cim. di guerra
Valparola
2168
Travenanzes
Val Travenanzes
Vallon
M. Cavallo
2912
2565
2701
Punta Anna
Rif. Pomedes
2050
1831
1985
1900
2036
2105

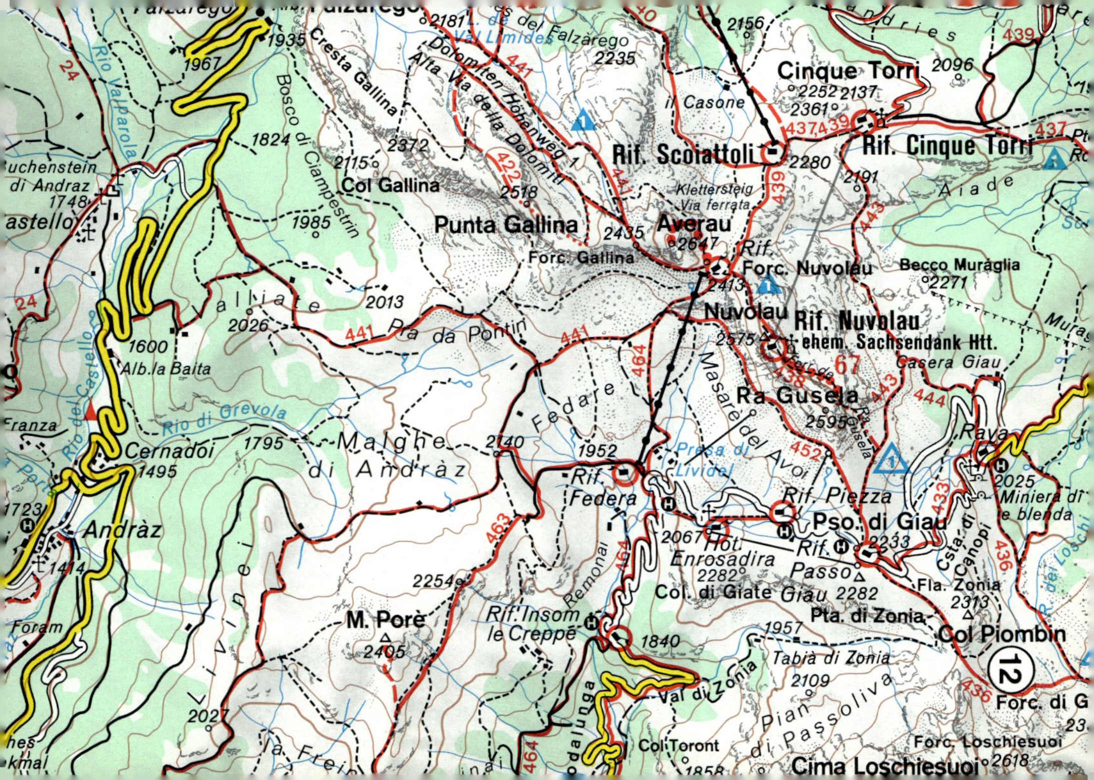

Cinque Torri
Rif. Cinque Torri
Rif. Scoiattoli
il Casone
Averau
Rif. Forc. Nuvolau
Nuvolau
Rif. Nuvolau
ehem. Sachsendank Htt.
Becco Muràglia
Casera Giau
Ra Gusela
Punta Gallina
Forc. Gallina
Col Gallina
Cresta Gallina
Dolomiten Höhenweg 1
Alta Via della Dolomiti
Klettersteig
Via ferrata
Bosco di Ciampestrin
Val Limides
Rio Valparola
Castello
Buchenstein di Andraz
Alb. la Baita
Cernadoi
Andràz
Rio di Grevola
Rio del Castello
Malghe di Andràz
Valliate
Pra da Pontin
Fedare
Rif. Federa
Masarè del Avoi
Presa di Livideî
Rif. Piezza
Pso. di Giau
Rif. Passo Giau
Hot. Enrosadira
Col. di Giate
Pta. di Zonia
Fla. Zonia
Csta. di Canopi
Col Piombin
Miniera di blenda
Raya
M. Porè
Rif. Insom le Creppe
Remonai
Val di Zonia
Tabià di Zonia
Pian di Passoliva
Col Toront
Forc. Loschiesuoi
Cima Loschiesuoi
Forc. di G
Aiade
Livinei
12

Cadin
Buco d'Ancona
2366
2164
2154
2141
Croda d'Ancona
Ciade
1525
Antruilles
al d'Antruilles
Bosco di Castello
1491
Taburio
2261
Pian de Loa
R. Hubertus
S. Uberto
Rif. Alb. Ospitale
Pte. d'Ancona
Bahnweg
R. Felizon
1418
53
Cascata
R. Fanes
1513
R. Peutelstein
(Podestagno)
Ponte Felizon
Val Gr
Ponte Alto
Pezzovico
2015
1999
T. Boite
1483
Ponte dei Cadoris
Col Rosa
Via Ferr. E. Bovero
2166
60
1303
1762
Pezzories
2348
Piandera Spines
1711
Pso. Posporcora
Gusela di Pa
2252
Pomagagnon
V. Fiorenza
Canalone Ra Ola
70
Pta. Fiammas
Forc. Pomagagn
Ferr. M. Strobel
2178
2300
2310
2460
Alb. Fiames
Fiames
Pian de Fiames
Campanile Dimai
Croda Pomagagnon
243
Testa di Bartolo
Ferr. Te
2300
Valles di Sotto
Tondi di Cianderau
Vallon dera Foia
Camping Olimpia
Pte. de ra Sia
1760
1316
2273
Val
Crepe de Cianderau
1753
2229
Ra Cesta
2420
Britti di Cadin
Hot. Nord
Ra Valles
Tofana
L. Ghedina
di sopra Verra
1419
Alpes
Cadin
Chiave
Rif. Lago Ghedina
Cademai
Rif. Guargne
2300
Forc. Ra Valles

13
Rufreddo
L. Nero
Rufreddo
Pian del Fora
Val Felizon
il. Forame
Sent. Fer. De Pol
2445
Forame di fuori
2413
Forc. Gialla
2450
Forc. Verde
2380
72
233
2346
P. Pra del Ve
Costabella
2310
2598
2722
2481
Schönleitenta
2343
Cima Fumo
2126
Val Fonda
Rauhkofel
221
Schönleiten Sp.
Rauhkofel Sp.
2320
1929
Sorgente del Felizon
Forame di Dentro
Col dei Stombi
2168
2363
Zurlon
Sent. Ivano Dibona
Gruppo del Cristallo
Vecchio del Forame
Via Rene de Pol
2529
2378
2868
Cristallino d' Ampezzo
2918
Rif. G. Lorenzi
Pta. Mich
Cresta Bianca
2932
Forc. de Staunies
73
Cima di Mezzo
3154
Ghiacc. di Val Fonda
Piz Popena
3152
3221
2812
71
2487
Alpe Padeon
1841
M. Cristallo
Pso. del Crista
Malga di Padeon
1900
203
204
Rif. Som Forca
2215
Punta Erbing
2301
2165
Crepe de Zumeles
2072
Forc. de Zumeles
Garoles
205
2230
Perosego
2130
2328
Grava de Cerigeres
Col da Varda
Rudav
221
Som Forca
203
1690
1572
516
Federa
Pso. Tre Croci
1809
Alb.
209
Rif. Mietres
1710
Spesses
1790
R. Gere
206
209
Hot. Tre Croci
1515
1664
Rif. Col Tondo
Lareto
Strada di Valbona
Cap. Rio Gere
1871
1693
215

Sextener Dolomiten
Forc. Bulla
Rauhe Kopf
Schwalben Kfl.
Morgenkopf
Schusterplatte
Hangenalpel
Innichbacher Gr.
Bull Tal
Schwalben J.
Gr. Wildgraben J.
Morgen A.
Rautkofel
Innichriedlknoten
Innichriedl
Schwabenalpen Kopf
Gwengalpen J.
Toblinger Knoten
Landro
Rienztal
Schwaben A.
Drei Zinnen Htt.
Toblinger Riedel
Bödenseen
Böden A.
Rienzhüttl
Rienz
Schwarze Rienz
Schwabental
Rienzboden
Lange Alpe
Paternkofel
Bödenknoten
Forc. Passaporto
Passporten K.
Scoglio di S. Marco
Costa dei Ba
Cr. d. Arghena
Col. Forcellina
Drei Zinnen
Tre Cime di Lavaredo
Paternsattel
L. di Lavaredo
Forc. dell' Arghena
Forc. C. di Mezzo
West.- Gr.- Kl.
Toblacher Kreuz
Wege des Friedens
Pionierweg
V. di R
Piano
Forc.

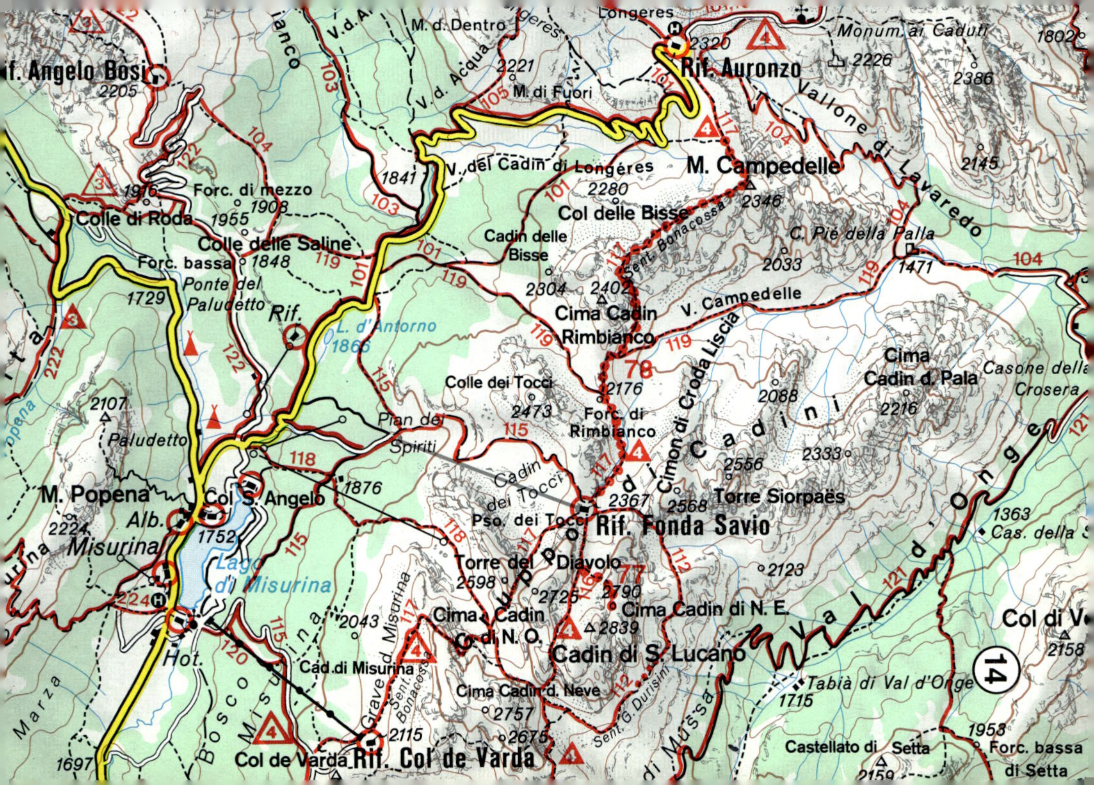

Rif. Auronzo
2320
Longeres
M. d. Dentro
M. di Fuori
2221
V. d. Acqua
Monum. ai Caduti
2226
1802
2386
2145
Vallone di Lavaredo
M. Campedelle
2346
V. del Cadin di Longéres
2280
Col delle Bisse
Cadin delle Bisse
2304
2402
C. Piè della Palla
2033
1471
V. Campedelle
Cima Cadin Rimbianco
Sent. Bonacossa
Cimon di Croda Liscia
Cadini
Cima Cadin d. Pala
2216
Casone della Crosera
2088
2176
Forc. di Rimbianco
Colle dei Tocci
2473
2556
2333
Torre Siorpaës
2568
2367
Rif. Fonda Savio
Cadin dei Tocci
Pso. dei Tocci
Pian dei Spiriti
Torre del Diavolo
2598
2725
2790
Cima Cadin di N. E.
2839
Cima Cadin di N. O.
Cadin di S. Lucano
2123
Val d'Onge
1363
Cas. della S
Col di V
2158
14
Tabià di Val d'Onge
1715
Cima Cadin d. Neve
2757
2675
Cad. di Misurina
Grave d. Misurina
Sent. G. Durissini
di Mussa
Castellato di Setta
2159
1953
Forc. bassa di Setta
Rif. Col de Varda
Col de Varda
2115
2043
Bosco Misurina
Marza
1697
Hot.
Lago di Misurina
1752
Col S. Angelo
1876
Alb.
Misurina
M. Popena
2224
Paludetto
2107
L. d'Antorno
1866
Rif.
Ponte del Paludetto
Forc. bassa
1848
1729
Colle delle Saline
1955
Forc. di mezzo
1908
1976
Colle di Roda
f. Angelo Bosi
2205
1841

Zum Rudi
Fischleinboden
Kreuzbergpaß
Pso. M. Croce di Comelico
Schellaboden
Beim Feichten
Burgstall
Weißer B.
L. degli Orsi
Pti. di M. Croce
Rotwandköpfe
Anderter A.
Talschlußhütte
Fischleintal
Dolomiten
Bacherntal
Bachern B.
Rotwand Sp.
Rotwand Klettersteig
Via Ferr. Croda Rossa
Neunerkofl
Forc. Pian d. Bisca
Cima dei Colesei
Elferscharte
Sentinella Sch.
Elferkofel
Alpinisteig
Strada degli Alpini
Vallone Popera
Crs. di Popera
Rif. O. Sala rud.-verfallen
Bivacco Mascabroni
Zsigmondykopf
Rif. Lunelli a Selvapiana
Einserkofel
Oberbachern Sp.
Dolomitenhöhenweg 5
Alta Via delle Dolomiti
Panettone
Kanzel
Rif. Zsigmondy-Comici
Äuß. Loch
Hochleist
Inn. Loch
Rif. A. Berti
Cma. Popera
Hochbrunner Schneid
Oberbachern J.
Sandebühel
Eissee
Forc. Cengia
Zwölferkofel
Forc. Giralba
M. Giralba
di sopra
Campil. di Popera
Bivacco Btg. Cadore
Via Ferr. Roghel

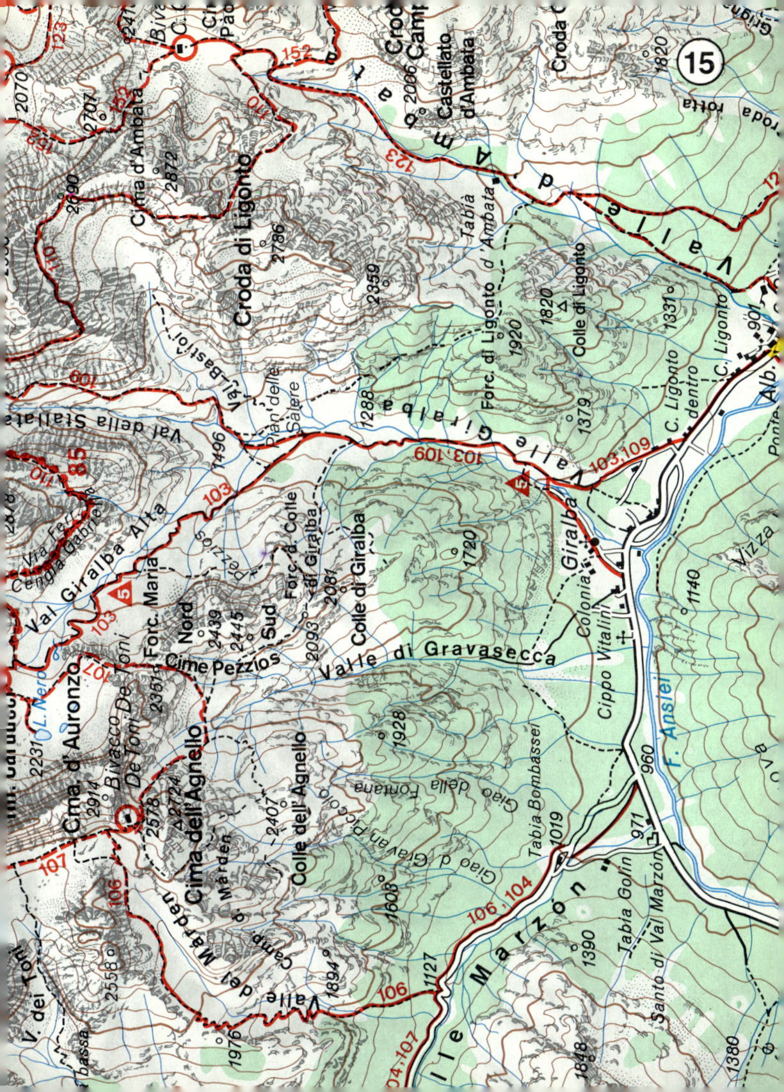
15
Croda di Ligonto
Cima d'Ambata
Castellato d'Ambata
Valle d'Ambata
Tabià d'Ambata
Forc. di Ligonto
Colle di Ligonto
Valle Giralba
Val della Stallata
Val Bastioi
Pian delle Salere
Val Giralba Alta
Cengia Gabriella
Via Ferr.
Forc. Maria
Cime Pezzios
Nord
Sud
Forc. d. Colle di Giralba
Colle di Giralba
Valle di Gravasecca
Giralba
Colonia Vitalini
Cippo Vitalini
Cma. d'Auronzo
Bivacco De Toni
L. Nero
Cima dell'Agnello
Colle dell'Agnello
Màrden
Valle del Marden
Giao della Fontana
Giao d. Gravan Piccolo
Tabia Bombassei
Valle Marzon
Tabia Golin
Santo di Val Marzon
F. Ansiei
C. Ligonto
C. Ligonto dentro
V. dei Toni
2786
2872
2359
1920
1820
1331
1379
1288
1496
2081
2093
1720
2439
2445
2351
2914
2231
2724
2578
2407
1928
1608
1894
1976
2558
1019
971
960
1140
1390
1127
1848
1380
901
2706
2707
2690
2070
103,109
106,104
103
106
107
109
110
123
152
85

Hot. Tre Croci
Cap. Rio Gere
R. Gere
Strada di Valbona
Sora Coláz
T. Rudavoi
Rif. S. Lorenzo
Valbona
C. Zandegiacomo
C. Orsolina
Hot. Cristallo
Federavecchia
Ponte Gonnella
Soggiorno Alpin
Cos dal Pin
F. Ansiel
Valbona
Col Cucco
Malquoira
Coltondo
Costa dei Pennon
Bosco
R. Sorapis
Cime di Malquoira
Forc. di Cadin
Alpe Cadin
Cime di Laudo
La Cesta
Rif. Vandelli
(Sorapishütte)
L. Sorapis
Croda d. Fogo
Bivacco Comici
Croda del Banco
Dito di Dio
Pta. Emmy
Punta Nera
Sorapis
La Selletta
Croda Rotta
Forc. Falòria
Crepedel
Tondi di Faloria
Col Siro
Alpe Faloria
Cason dei Vitelli
P. de ra Bigontina
R. Bigontina
Scin

Pta. Sorapis
Forc. sora la
Cengia del Banco
3205
M. d. Caccia Grande
3154
3004
Croda Marcora
Centrale
Ghiacc.
2982
Tre Sorelle
Sent. Carlo Mi
1811
Cengia d. Doge
1457
2025
Col N
2542
Corno del Doge
2615
Val Grande
Via Ferr. F. Berti
2680
Fond de Rusecco
1941
Bivacco Slataper
de ra Mognes
2051
2691
2047
Bivacco Voltolina
2082
Val di Mezzo
Cima de Ma
2769
Costa Belpra
2862
1117
Dogana Vecchia
1326
Baita Peniés
2460
Torre dei Sabbioni
Pta. dei Ross
2531
T. Boite
1616
Ponte del Venco
1091
Pta. Tajola
2485
2255
2753
Cima Belpra
Pian dello Scotter
2284
1165
era Geralba
Forc. Grande
2917
i Bas
Salvaniera
1083
Cava di Pietra
Forc. Scotter
2486
1206
Nanezettò
997
Ponte Geralba
1432
Rif. San Marco
1823
Col da chi da òs
Cima Scotter
2716
16
S. Floriano
Chiapuzza
1877
Frates
Tabià Sorapiana
983
Rif. Scotter
1561
Becchi d'Imposponda
2087
2120
Forc. Piccola
Villa Maria Ausiliatrice
1376
la Sentinella
1624
Tabià Baujes
1278
1041
Costa
1429
Baita della Zoppa
R. Secco
Bosco
241
242
246
247
278
280
226
225
227
228
229
459
426
436

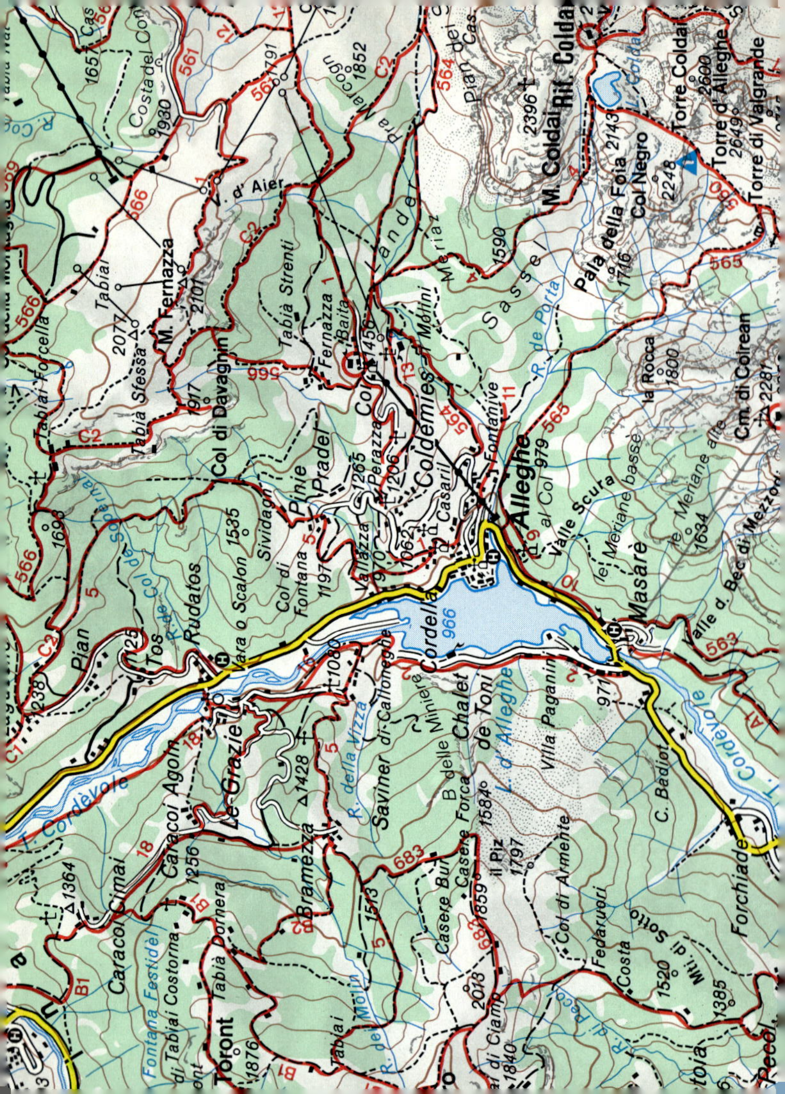

Alleghe
Masarè
L. d'Alleghe
Coldemies
Col di Davagnin
M. Fernazza
M. Coldai
Rif. Coldai
Pala della Foia
Col Negro
Torre Coldai
Torre d'Alleghe
Torre di Valgrande
Cm. di Coiréan
la Rocca
Valle Scura
Le Grazie
Bramezza
Saviner di Calloneghe
Chalet de Toni
Forchiade
Caracoi Agoin
Caracoi Cimai
Toront
T. Cordevole
Col di Fontana
Pradel
Pian
Tos
Rudatos
V. d'Aier
Sassel
Villa Paganin
C. Badiot
Col di Armente
Fedarupri
Costa
Mti. di Sotto
Caserè Forca
il Piz
Tabià Sfessa
Tabià Strenti
Tabiai
Sividagn

M. Civetta
Pta. Civetta
Punta de Gasperi
Piccola Civetta
Rif. Torrani
Bivacco C. Tomè
le Giazzer
Val Civ
Via Ferr. Alleghesi
Dolomiten Höhenweg 1
Alta Via della Dolomiti
Bec di Mezzodì
Forc. di Colrean
Casera Casamatta
Crep di Casamatta
Cas. di Colrean
Forc. Col Mandro
Cantoni di Pelsa
Cima di Mede
Cima della Busazza
Cantoni
Valle dei Cantoni
Torre Venezia
Torre Trieste
C. Favretti
Col de Camp
Rif. Vazzoler
Col Negro
V. di Foram
Valle Corpassa
Cap. Trieste
Cas. di Corpassa
la Pozza
Colon
Mga. Pelsa
Col Tondo
Klettersteig Fiamme Gialle Via ferrata
M. Alto di Pelsa
le Forcellette
La Palazza Alta
Le Pale
di Cencenighe
Zuiton
Via Ferr. A. Tissi
Van delle Sasse
le Sasse
Forc. di Mo
M. Moiaz
M. Moiazza
Cima delle S
Sent.
Varre
Avoscan
Sot Colaru
la Mont
Val di Caldiera
Val delle Bette
Ghisel
C. Bolp
Mandre
Collaz
C. Baldo
Chenet
Bastiani
Bricol
Foch
Vallesine
Campo
Ghirlo
Morbiac
1104
982
835
918
1198
1023
1651
2100
1557
1631
1218
1031
2107
2892
3220
3130
3207
3004
2420
2994
1895
2678
3040
2184
2032
2504
2894
2476
2727
2337
2458
2320
1827
1847
1714
1725
1720
2878
2259
2002
2417
2136
1829
1612
1097
1952
2200
2555
2081
1135
1460
2865
2264
2132
738
91
92
93
558
560
563
567
562
582
554
555
1
17

Corna Rossa
Rif. Grostè
Crosette
M. Turrion
M. Turrion alto
Rif. Vallesinella
di sopra
Cascate Alte
di Sotto
Mga. Vallesinella
Vallesinella
Mga. Brenta bassa
Rif. Casinei
Croz d. Casinei
Mga. Mandron
Freddolin
Sella dei Casinei
Rif. Tuckett
Rif. Q. Sella
Castelletto inf.
Castelletto sup.
Castello
Cima del Groste
Bocch. d. Camosci
Cima Fálkner
Campanile di Vallesinella
Vedr. di Vallesinella
Sent. delle Bocchette
Sentiero Benini
Giro del Brenta
Cima Sella
Bocca di V. Perse
Vedr. Flavona
Cima d. Vallazza
Bca. d. Vallazza
Cima Roma
Val Perse
Busa d. Acqua
Punta Massari
Bocca di Tuckett
Vedr. di Brenta inf.
Vedr. di Brenta sup.
Cima Brenta
Punte di Campiglio
Cma. Mandron
Sent. SOSAT
Sentiero Bogani
Pso dell' Orso
Brenta
Mga. Brenta alta
Rif. Maria e Alberto ai Brentei
Bocchette Alte
Sent. O. Orsi
Spallone d. Massodi
Vedr. Brentei
I Brentei
Rif. Alimonta
Vedr. d. Sfùlmini
Cima Molveno
Cima dei Armi
Bocca d'Armi
Torre di Brenta
Naso d. Massodi
Segaalta
Fracinglo
Bocch. di V. Larga
Val Brenta

Cima Tosa
Crozzon di Brenta
Bivacco E. Castiglioni
Cima Margherita
Cima Brenta Alta
Campanile Basso (Guglia)
Castelletto d. Massodi
Baito Massodi
Rif. Tosa
Croz d. Rifugio
Rif. Pedrotti
Cima Brenta Bassa
Monte Daino
Fontane fredde
Pso. d. Portella
Pso. di Cresole
M. Cresole
Cima Sparave
Croz d. Selvata
Cima Polsa
Sella d. Tosa
Bocca d'Ambiez
Cima d'Ambiez
P. l'Ideale
Bocca d'Agola
Cima d'Agola
Rif. S. Agostini
Cima Ceda Bassa
Pso. d. Cacciatori
Cima Ceda
Pso. di Ceda
Pozza Tramontana
Sent. Palmieri
Forc. di Noghera
Val Noghera
Dos di Dalun
V. Mazzadora
Monte Dion
Mga. Ceda alta
Val di Ceda
Rif. al Cacciatore
Mga. Prato di Sopra
Mga. Prato di sotto
Busa di Prato
Le Tose
Parol
Dos d. Mandra
Cima di Ghez
V. di Dalun
Busa di Dalun
I Rossati
Busa di Dion
Cima Soran
Cima Prato fiorito
Croz d. Selvate
Cima Padaiola
Cima di Vallon
Busa di Vallon alto
Busa di Vallon basso
Vallon
Corno di Senaso (M. Cresole)
Pso. di Cresole
Pra del Vescovo
Cima Nardis
Cima di V. Stretta
Val Stretta
Val Larga
Pso. di Nardis
Bocca d. Camosci
Vedr. dei Camosci
Vedr. d'Agola
Vedr. Prato fiorito
Vedr. del Crozzon
Pso. 12 Apostoli
Pso. d. Vallon
Sent. E. Castiglioni
Sent. Brentari
Busa Sfulmini
Bocca di Brenta
Val d'Ambiez
18

Pallon
Castellaccio
Paio di Sadron
Pso. della Nana
Cima Cesta
Pso. della Forcola
Castellazzo
Baito Nana
Pian della Nana
Cima Vallina
Cima Nana
le Pale
Sasso Rosso
Cima Uomo
Dosso Scrinzi
Pra Castron
Torrione d. Scale
Mga. Scale
Pso. di Pra Castron
Pra Castron di Tuenno
Centonia
Cima del Tovo
Benon
Dos della Mandra
Mga. di Tuenno
Val Madris
V. dell' Uomo
Sent. delle Palete
Sent. Costanzi
Valle del Vento
Tovo di Brenzi
Mga. Centonia
Tovo Largo
Valle della Vecchia
Mga. di Presson bassa
Dosso S. Brigida
Tovi Cornai
Mga. Selva Nera di Carciato
Selva Nera
Mga. di Sadron
V. del Poz
ex Mga. Brigida
T. Meledrio
Ronzola
Monti Alti
Folgàrida
Hot.
Alb.
L. delle Salare
Mga. Cavalli
Valle della Ro
V. Forn
Malghe
Piani
T. Rotian

Rif. Lago Tovel
Cima d. Scale
Cima del Vento
Cima d. Livezze
Cima Rocca
Cima Paradiso
Bivacco Bonvecchio (del Centenario)
Mondifrà basso
Mondifrà alto
Cima Sassara
Sasso Alto
Corno di Denno
Palete
Cima di Flavona
Pso. di Val Gelada
Val Gelada
V. Gelada di Tuenno
Bocch. d. Tre Sassi
Sent. Costanzi
V. delle Giare
Cima Vaglianella
Cima Vagliana
Pietra Grande
Orto d. Regina
Sent. G. Vidi
Rif. M.O. Graffer
Monte Spinale
Pozza d. Lame
Pozza di Boc
Mghe di Boc
Dosson di Vagliana
Mga. Vagliana
Mga. Vaglianella
Mga. Mondifrà
Mga. d. Mazza
Val Centonia
Val Pestacavre
Livezza piccola
Livezza grande
Mga. Denno
Pozzol di Tuenno
Costa Lucànica
Selvata
Flavona
S. Maria di Flavona
Mga. Pozzol di Flavona
Castron di Flavona
Sent. delle Palete
Bèrgia
Mga. di Flavona
Moncuc
Val Scura
Tovo del Salin
Sorg.
Val di Tuenno
Cima Pra
Darè
Vecchia
1525
2078
2294
2528
2831
2833
2510
2743
2894
2897
2918
2873
2403
1691
1656
1189
1414
1454
1627
2780
2761
2679
2386
2614
1828
1973
2099
2861
2180
1632
1786
1852
1860
2071
2332
2759
2937
2159
2261
2195
2036
1992
1963
1895
355
334
388
387
336
143
380
306
314
312, 314
312
330
390
315
19

1078
531
556
Rio di Lino
Rocce della
1225
Baito di Romeno
1477
531
Amblar
899
986
Don
976
1239
Pian delle Ortiche
1429
Halbwe
(Rif. Mez
Rispano
Valle Avena
onara
Salin
Vezzetta
1732
ell' Orso
Animanoa
1159
Bocca d. Valli
Valfredda
Cusina
Plazza della Casa
1356
V. di S. Giovanni
Pzo. d'Arsè
1501
V. della Forma
531
521
1264
Val Formaia
1773
Mga. D'Amblar (dir.)
1729
537
Bàito del Vescovo
1438
Mga. di Don
521
560
Paterk
Großer
1614
537
Mga. di Sanzeno
Tregiolo
2035
148
Überets
(Rif. Oltrad
2116
M. Roen
Fraine
1202
1442
1806
Malga Smarano
501
Schwarzer
2030
Scoretti
1046
1376
Val Maòr
1769
Mga. di Smarano
1668
501
Molini di Verdès
1038
1221
501
Val Ravadizzo
Mga. di Coredo